박승빈의 국어연구

시정곤
카이스트(KAIST) 인문사회과학부 교수.
주요 저서로는『국어의 단어형성 원리』(1998),『현대국어 형태론의 탐구』(2006),『현대국어 통사론의 탐구』(2006),『응용국어학의 탐구』(2006),『훈민정음을 사랑한 변호사 박승빈』(2015),『한글과 과학문명』(공저 2018) 등이 있다.

신지영
고려대학교 국어국문학과 교수.
주요 저서로는『말소리의 이해』(2000, 2014),『한국어의 말소리』(2011, 2014),『The Sounds of Korean』(공저 2012),『한국어 문법 여행』(2015),『언어의 줄다리기』(2018),『언어의 높이뛰기』(2021) 등이 있다.

장경준
고려대학교 국어국문학과 교수.
주요 저서로는『유가사지론 점토석독구결의 해독 방법 연구』(2007),『각필구결의 해독과 번역 1~5』(공저 2006~2009),『석독구결사전』(공저 2009),『유가사지론 권20의 석독구결 역주』(공저 2015),『대명률직해 1~4』(공저 2018) 등이 있다.

최경봉
원광대학교 국어국문학과 교수.
주요 저서로는『한글민주주의』(2012),『의미 따라 갈래지은 우리말 관용어 사전』(2014),『어휘의미론-의미의 존재 양식과 실현 양상에 대한 탐구』(2015),『근대 국어학의 논리와 계보』(2016),『우리말 강화』(2019) 등이 있다.

박승빈의 국어연구

초판 인쇄 2022년 3월 5일
초판 발행 2022년 3월 15일

지은이 시정곤 · 신지영 · 장경준 · 최경봉
펴낸이 박찬익
편 집 정봉선
펴낸곳 ㈜ **박이정** | 주소 경기도 하남시 조정대로45 미사센텀비즈 7층 749호
전화 031) 792-1195
홈페이지 www.pjbook.com | **이메일** pijbook@naver.com
등록 2014년 8월 22일 제2020-000029호
제작처 제삼P&B

ISBN 979-11-5848-685-3 93710

* 책값은 뒤표지에 있습니다.

박승빈의
국어연구

시정곤 · 신지영 · 장경준 · 최경봉 지음

(주)박이정

머리말

학범 박승빈 선생은 1880년 근대 개항기에 태어나서 신학문을 접하고 일본 유학을 통해 근대정신을 배웠으며, 개화와 자력갱생을 통해 자주독립국가로 나아가야 한다는 신념을 가진 분이었다. 귀국 후 검사로 법조계에 몸을 담았으나 국운이 기울어가는 시기 홀연히 검사를 그만두고 변호사가 되어 동포들을 위해 변론대에 섰다.

이후 학범은 계명구락부를 창립하여 고전 간행 및 신생활 운동을 펼치는 등 계몽가로서 민족문화 재건과 애국계몽 사업에 앞장섰으며, 주식회사를 설립하고 물산장려운동을 펼치면서 민족의 경제적 독립을 이루기 위해 온 힘을 기울이기도 했다. 보성전문학교 교장으로서 교육 현장에서 다양한 활약을 했으며, 체육인으로서 조선체육회 창립에 앞장서고 조선축구협회 초대 회장을 역임하는 등 우리나라 스포츠 발전에도 커다란 기여를 했다.

그 가운데서도 학범의 우리말글에 대한 열정은 남달랐다. 학범은 근대인으로서 언어의 중요성을 명확히 인식한 지식인 중 한 명이었다. 우리말의 특성을 살려 독창적인 우리말 문법 체계를 세웠으며, 훈민정음의 정신을 이어받아 일반인들이 알기 쉬운 철자법을 만들었고 이를 널리 보급하려고 노력했다. 조선어학연구회를 조직하고 기관지 『정음』을 발간하여 우리말글의 연구와 발전에 앞장섰으며, 국어 문법 이론의 집대성이라 불리는 저서 『조선어학』(1935)을 저술하기도 했다. 학범의 국어연구는 오늘날까지도 후학들에게 커다란 영향을 미치고 있다.

이 책에서는 학범의 국어연구 전반을 다루지 않고 그 가운데 몇 가지 특징적인 부분에 초점을 맞췄다. 그것은 이 책이 『한국어학』 89호(2020)에 실린 〈학범 박승빈〉 기획 특집 논문을 다듬어서 다시 엮은 것이기 때문이다. 2019년 박승빈의 후손(삼남 박유서의 차녀 박명희)의 선의로 '학범 박승빈 국어학상'이 한국어학회에 제정되었고 2020년 8월 20일에 첫 번째 시상식이 거행되었다. 학회에서는 이를 기념하기 위해 학범 박승빈을 집중 조명하는 기획 특집을 마련했고, 이 책에 실린 4편의 논문이 그때 발표된 것이다.

먼저 '박승빈의 생애와 국어연구'는 국어연구에 평생을 바친 박승빈의 연구 활동을 중심으로 박승빈의 생애 전반을 정리하였다. '박승빈 문법의 계보와 국어학사적 위상'은 국어학사에서 박승빈 문법의 위치와 의미를 체계적으로 조망한 논문이다. '박승빈의 언어 개혁 운동'은 일제강점기 계명구락부를 통해 박승빈이 벌였던 언어 생활 개혁 운동의 실상과 의미를 파헤쳐본 것이다. '박승빈의 『언문일치 일본국육법전서』(1908)에 대하여'는 박승빈이 검사 시절에 일본 법전을 우리말로 번역한 책을 소개하고 이 책에 담긴 표기법과 번역 어휘의 특징과 의미를 고찰한 것이다. 그리고 여기에 조선어학연구회의 기관지 『정음』의 성격과 의미를 고찰한 논문이 추가되어 책의 주요 내용을 꾸리게 되었다.

〈붙임〉에는 독자들이 박승빈의 국어연구 활동을 좀더 쉽고 구체적으로 이해할 수 있도록 하기 위해 몇 가지 자료를 붙였다. 먼저 박승빈의 논저 목록과 연보를 실어 박승빈의 생애와 국어연구 활동을 한눈에 조망할 수 있도록 했다. 또한 박승빈 문법을 핵심적으로 요약하여 도식으로 정리한 〈조선어체계일람〉 표를 덧붙였다. 이것은 1925년경에 작성되어 인쇄·배포된 것으로 보이는데 최현배의 『우리말본』(1928) 등을 비롯하여 조선어학계에 영향을 준 의미 있는 자료이다. 더불어 『언문일치 일본국육법전서』(1908)의 내용도 일부 소개한다. 이 번역서는 박승빈 문법의 얼개를 보여준 자료로서도 가치가 있기 때문에, 그 번역문을 구체적으로 살펴볼 수 있도록 헌법과 상법의 일부분을 일본어 원문 자료와 함께 실었다.

책이 나오기까지 여러분이 도움을 주셨다. 먼저 기관지 『한국어학』에 실린 논문을 책으로 엮을 수 있도록 허락해준 한국어학회에 감사드린다. 또한 책의 기획에서부터 출판에 이르기까지 세심한 배려와 도움을 주신 박이정 출판사의 박찬익 사장님께도 심심한 감사의 말씀을 드리며, 촉박한 일정에도 책다운 책을 만들기 위해 애써준 출판사 편집부에게도 감사드린다.

그동안 박승빈의 문법과 어문연구 활동은 국어학사에서 매우 중요한 위치를 차지하고 있음에도 불구하고 이를 체계적으로 밝히는 작업은 소홀하고 부족한 측면이 있었다. 앞으로 이에 대한 좀 더 체계적이고 깊이 있는 연구가 계속 이어져야 할 것이다. 이 책이 이를 위한 작은 디딤돌이 되기를 기대해 본다.

"진리는 당시에는 손가락질을 당할지언정 영구불변으로 끝까지 남게 되리라는 신임(信任)만 가지고 나의 연구를 힘있게 세워나갈 작뎡입니다." 1928년 학범이 했던 말이다. 학문에 대한 그의 신념과 열정이 지금 이 순간에도 생생하게 메아리치는 듯하다.

2022년 2월
지은이를 대표하여 시정곤 씀

차례

머리말

〈부록〉

박승빈의 생애와 국어연구

시정곤

1. 들어가기

이 글에서는 구한말 격변기에 태어나 평생을 법조인, 사회운동가, 교육자, 체육인, 그리고 국어연구자로 살아온 학범 박승빈에 대해 살펴본다. 이처럼 학범은 다방면에서 커다란 족적을 남겼다. 지면 관계상 여기서는 글의 성격에 맞춰 그의 생애를 간략히 조망하면서 국어연구에 헌신했던 그의 주요 활동을 간추려 기술하고자 한다.[1]

이 글에서는 먼저 1880년 박승빈의 출생부터 1943년 세상을 떠날 때까지 전 생애를 큰 흐름에서 정리한다. 생애의 전반기는 박승빈의 출생과 유년기, 상경과 첫 관직, 그리고 일본 유학 생활과 귀국 후 검사로 부임하기까지의 과정을 담았다. 이 시기에는 학범의 근대정신 함양과 민족 의식, 그리고 일본법전 번역을 통한 우리말글에 대한 관심

---

1 박승빈의 생애와 국어연구에 대해서는 졸저 『훈민정음을 사랑한 변호사, 박승빈』 (2015, 박이정)에서 자세히 다룬 바 있다. 이 글은 책의 내용을 간추려 작성되었다.

등이 싹트기 시작했다는 점이 특징이다.

생애 후반기에는 일제강점기로 조선을 대표하는 법조인으로, 사회를 개혁하려는 운동가로, 민족 교육을 수호하려는 교육자로, 국민의 육체적 건강을 위해 체육활동 진작에 앞장선 체육인으로, 그리고 국어 문법 체계를 새로 세우고, 철자법 정리와 보급에 앞장섰던 국어연구자로서의 면모가 등장하는 점이 특징이다.

이 글의 후반부는 박승빈의 국어연구 활동을 집약적으로 소개한다. 학범의 우리말글에 대한 인식과 관심의 출발점이 어디인지, 그의 문법관과 저서들은 어떠한지 알아본다. 또한 수십년 동안 조선어학회와 치열한 논쟁을 벌였던 철자법 논쟁도 소개한다. 더불어 학회와 기관지, 강습회 등을 통한 다양한 국어 활동도 간략히 조망하고자 한다.

2. 생 애

2.1. 전반기: 유년기에서 검사생활까지

박승빈은 1880년 강원도 철원 묘장면 대마동(절너머 박씨촌 청룡봉 아래 한옥집)에서 6남매 중 독자로 태어났다. 철원에서 한문 공부를 거의 다 마치고 수학과 영어 등 신학문도 혼자서 공부했다. 박승빈이 신학문에 대한 열망이 큰 것을 확인한 부친은 가족을 데리고 1898년에 서울로 상경했다.[2] 1894년 갑오개혁이라는 정치적 사건이 박승빈에게 미친 영향은 매우 컸다. 박승빈이 서양 유학을 가서 조국의 근대화에 앞장서고자 했던 꿈도 갑오개혁으로 인해 싹튼 것이었다.[3]

---

2 박찬웅(1972/1974) "절너머박씨 소고." 『절너머박씨파보』 참조.

박승빈은 20세가 되던 1899년에 서양 유학의 준비 일환으로 외부(外部)의 판임관이 된다.[4] 외부주사를 하면서 박승빈은 흥화학교와 중교의숙에서 영어 등 신학문을 공부하면서 서양 유학을 준비했으나 러일전쟁으로 각국 공사관이 문을 닫으면서 서양 유학의 꿈은 포기하고 일본 유학으로 방향을 튼다.[5]

박승빈은 1904년 법률가가 되기 위해 일본으로 유학을 떠났고, 조선 학생 중에서 최초로 우등생으로 선정되는 등 두각을 나타냈다.[6] 동경 유학생활 중 박승빈은 다른 학생과 함께 활발하게 유학생회 활동을 하기도 했다.[7] 특히 광무학회를 조직하여 애국계몽 정신을 고취시키고 단지학생(斷指學生) 사건 등 다양한 유학생회 활동을 펼쳤다. 1907년 『대한유학생회학보』에 실린 박승빈의 대담 내용에서 그의 사상의 단면을 엿볼 수 있다.[8] 유학 시절 박승빈의 애국애족의 사상과 리더십 등은 후에 박승빈이 펼치는 다양한 애국계몽 활동의 자양분이 되었으며 이때 싹트기 시작한 우리말글에 대한 관심은 이후 박승빈의 국어연구에 고스란히 연결된다.

박승빈은 일본 중앙대학을 졸업 후 1907년 8월에 귀국했다.[9] 귀국

---

3 '나의 추억 (12)', 『조선일보』, 1928년 12월 25일.

4 수석으로 합격한 박승빈은 1899년(광무3년) 5월 15일 '성진감리서주사(판임관 7등)(城津監理署主事 敍判任官七等)'로 발령받았고, 1900년(21세) 8월 9일자로 '외부주사 판임관 6등'으로 승진하여 서울로 다시 상경, 1901년 1월 28일에 '외부주사(판임관5등)'으로 승진한다. (『대한제국관보』, 광무3년(1899) 5월 15일자, 광무4년(1900) 8월 15일)

5 '그들의 청년학도시대, 박승빈씨', 『조선일보』, 1937년 1월 14일.

6 '그들의 청년학도시대, 박승빈씨', 『조선일보』, 1937년 1월 14일.

7 '賀光武學校盛況', 論說『황성신문』, 1906년 11월 6일.

8 박승빈이 유학 생활 동안 품었던 사상의 핵심은 '애국, 국가, 개화, 독립' 등이었다. 서로 사랑하고 독립심을 키우며, 경제력을 키우고, 법률적 정치적으로 성숙해지고, 새로워지려는 국민의 마음이 날로 커져갈 때, 결국 국민이 하나가 되고 개화되어 애국과 독립이 이루어진다는 생각이었다.('學凡朴勝彬傍錄' 擁爐問答, 『대한유학생회학보』 제2호, 1907년 4월 7일)

후 박승빈은 외부의 시험을 거쳐 그 다음해인 1908년 2월 8일 평양지방재판소 판사 및 검사로 임명된다.[10] 1908년 3월 박승빈을 비롯한 법조인 26명이 발기하여 우리나라 최초의 법학에 관한 학회인 법학협회를 창립하기도 했다.[11]

박승빈은 검사로 재직하던 1909년 3월 11일 평양공소원 검사직을 사임하고[12] 변호사로서 새로운 인생을 펼친다. 당시 그는 몇 안 되는 조선인 변호사 중 하나였고, 일본 유학파에 판검사 출신의 변호사라는 점에서 많은 주목을 받았다.[13] 변호사 개업을 한 박승빈은 1909년 7월 동료 변호사들과 함께 변호사회를 조직한다. 1907년 9월 최초로 한성변호사회가 설립되었지만 1909년 변호사법이 다시 제정되고 변호사 허가제가 실시되면서 변호사회도 다시 조직된 것이다.[14]

한일강제병합이 일어나고[15] 일제의 무단통치가 시작되자 여러 시국 사건이 발생했고 사회적 이슈가 되는 중요 사건 등에 적극 참여하여 변론에 앞장서면서 조선을 대표하는 변호사로서 그 입지도 확실히 굳힐 수 있었다. 이로 인해 장안의 화제가 되는 큰 사건은 자연스레 박승

---

9 1907년 8월 22일 『황성신문』 '卒業歸國'란에는 일본 동경에서 유학하다가 이번 여름에 졸업한 사람 12명의 명단을 싣고 있는데 "일본동경 중앙대학교 법률과 박승빈"이라고 제일 먼저 소개하고 있다.

10 '官報', 『황성신문』 1908년 6월 27일.

11 '廣告', 『황성신문』 1908년 3월 8일.

12 '官報', 『황성신문』 1909년 3월 16일.

13 당시 조선인 변호사의 수는 수십명 정도로 적었을 것으로 보인다. 1907년 6월에 처음 실시된 변호사시험 합격자와 1908년 11월에 실시된 제2회 변호사시험 합격자는 합해서 10명이었고(이국운 2015:170), 통감부 연감에는 1908년 12월 기준 조선인 변호사가 20인이라고 되어 있다(김효전 1997:155). 또한 1919년 말 조선인 변호사는 총 97인이었다고 한다(대한변호사협회, 2002:46).

14 '대한변호사협회', 『한국민족문화대백과』(한국학중앙연구원).

15 강제병합이 이루어진 날 박승빈은 방문을 걸어 잠그고 혼자 앉아서 통곡을 했다고 한다. 나라 잃은 슬픔과 원통함이 그를 짓눌렀음이 분명하다(박찬웅, 1993:.238-240).

빈에게 의뢰가 갔고, 명성과 더불어 경제적인 면에서도 커다란 성공을 거두게 되었다.[16]

1918년에는 일본변호사회(경성 제1변호사회)와 조선변호사회(경성 제2변호사회)로 이원화된 경성의 변호사회가 '경성변호사회'로 통합되어 초대 회장에 박승빈이 당선되었으나 일본측의 반대로 무산되기도 했다.

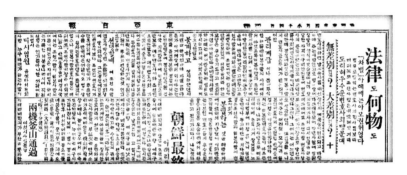

[그림 1] 일본인과 조선인의 차별문제를 다룬 1920년 5월 31일 『동아일보』 기사. 박승빈의 회장 당선이 번복된 것을 대표적 차별 사례로 지적하고 있다

2.2. 후반기: 3·1운동 이후 다양한 활동

3·1운동 이후 중일전쟁이 벌어지기 전까지가 박승빈이 여러 방면에서 가장 활발하게 활동한 시기이다. 법조인의 생활 이외에 계명구락부와 잡지 『계명』을 중심으로 펼친 사회운동가, 보성전문학교 교장 등 교육자로서의 면모와 조선체육회와 조선체육연구회를 중심으로 한 체육인으로서의 활동, 그리고 『계명』지를 통해 자신의 학설을 펼치면서

---

16 박승빈은 1914년 제5대 조선변호사회 회장이 된다.

[그림2] 박승빈 가족사진 1923년경. 두 번째 줄 오른쪽에서 두 번째가 박승빈, 왼쪽에서 두 번째가 그의 아내.

자신의 국어연구를 집대성한 저서 『조선어학』을 세상에 내놓는 등 실로 다방면에서 근대 지식인의 모습을 선보인다.

한편 3·1운동 직후 박승빈이 조선인의 참정권과 자치권을 주장하는 자치운동을 벌였다는 점도 그의 정치적 입장과 관련하여 짚고 넘어갈 부분이다. 자치운동은 일제의 무단통치를 비판하면서 민족동화나 내지 연장주의(內地延長主義)는 불가능하니 조선인 스스로 자치를 할 수 있도록 하자는 것이었다. 이른바 타협적 민족운동의[17] 일환으로 간주될 수도 있겠지만 저항적 민족주의자들에게는 이것은 결코 용납될 수 없

---

17 3·1운동 이후 문화정치가 실시되면서 조선인의 저항 세력은 비타협적 민족운동, 타협적 민족운동, 동화협력운동 등 세 부류로 분열된다(김동명, 2009:37–75).

는 일이었다.[18]

　박승빈은 변호사로서도 왕성한 활동을 펼쳐나간다. 애국당 사건이
나[19] 조선 독립선언 사건의 변론에 참여했던 것을 보면 박승빈의 정치
적 입장이나 견해를 미루어 짐작할 법도 하다.[20] 또한 일제의 경제 침
탈에 맞서 주식회사를 설립하고 조선물산장려운동을 펼친 것,[21] 특히
잡지 필화 사건이나 인권 탄압에 맞서 저항한 일[22] 등도 민족주의자로
서의[23] 박승빈의 면모를 잘 대변해 주고 있다.

　조선을 대표하는 변호사로서 박승빈의 국제적 활동도 이어진다.
1920년 일본 동경에서 열린 제1차 태평양연안국 변호사대회에 당시
경성조선인 변호사회 회장이었던 박승빈을 위시하여 7명이 대표로 참
가했고, 이듬해 10월 북경에서 열린 '국제 변호사대회'에도 박승빈을
비롯하여 장도, 허헌, 김병로 등 총 21명이 참가했다. 대회에서 정식
대표 자격을 두고 일본측에 맞서 대립한 결과 일본측이 퇴장해 버린
일화는 유명하다.[24] 또한 1921년 박승빈 등이 발기하여 조선변호사협

---

18 자치설을 주장한 이들이 대부분 구한말 정치운동을 했거나 일본유학을 경험한 인물이었
　다는 점에서, 이들 부르주아 세력이 식민지 상황에서 나름대로의 새로운 대응 방식을 모
　색한 결과로 보는 측면도 있다(이태훈, 2001:76). 박승빈의 자치운동과 관련한 자세한
　내용은 시정곤(2015:58-60, 105-107)을 참조할 것.
19 이때 변론을 맡은 변호사들은 허헌, 대부고, 최진, 정구창, 김우영, 박승빈, 김정묵 등
　이었다.
20 한인섭(2012:61-62) 『식민지 법정에서 독립을 변론하다』 경인문화사.
21 방기중(1996:106-106) "1920 · 30年代 朝鮮物産獎勵會 硏究" 『국사관논총』 67.
22 '잡지필화사건과 법조계의 분기', 『동아일보』, 1922년 12월 18일.
23 박승빈의 민족주의적 성향을 구체적으로 언급하기는 쉽지 않지만 김동명(2009)에 기대어
　박승빈의 애국 변론활동, 경제적 자립운동, 자치운동 등을 종합적으로 고려할 때 그는
　타협적 민족주의자에 가깝다고 하겠다.
24 1921년 10월 2일 『동아일보』 보도에 따르면 경성에서는 일본인 8인과 박승빈, 대구에서
　는 일본인 1인과 한국인 7인, 평양에서는 한국인 3인, 부산에서는 일본인 1인이 대표로
　참석했다.

회가 설립되었는데 이는 최초의 전국단위의 변호사 단체였다.[25]

1921년 계명구락부가 새로 탈바꿈하고 기관지 『계명』이 창간되자 박승빈은 이를 통해 자신의 사상과 계몽 운동을 실천하기 시작했다. 생각이 같은 지식인들을 규합하고 교류했으며, 여기서 마련된 신생활 운동을 지속적이고도 효과적으로 전개하는 데 앞장섰다.[26] 또한 구락부에서는 지속적으로 대중 강연과 강습회를 주최하여 사람들에게 새로운 생각을 전파하려고 노력했다. 잡지 『계명』을 통해서는 이러한 생각을 글로 기술하여 좀 더 많은 사람들이 오랫동안 보고 배울 수 있도록 했다.[27] 그런 의미에서 계명구락부는 박승빈에게는 사회 운동의 전초 기지였던 셈이다. 박승빈은 세상을 떠나는 순간에도 계명구락부 이사장이라는 직함을 갖고 있을 만큼 애정이 강했다.

박승빈은 신생활 운동을 자신이 직접 실천하면서 사람들에게 모범을 보였다. 인도의 마하트마 간디(1869–1948)가 신생활 운동을 몸소 실천하면서 국민들을 설득했던 것처럼 박승빈도 자신의 주장을 생활 속에서 실천했다.[28] 박승빈이 구체적으로 간디를 언급한 일은 없으나 당시 간디가 박승빈보다는 11살 위였고 변호사이면서 민족해방운동의

---

25 1919년 말 조선에서 활동한 조선인 변호사는 총 97인이었고, 일본인 변호사는 총 90인 이었다(대한변호사협회, 2002:46).

26 계명구락부의 신생활 운동에는 경어 사용, 우리말 사용 문제, 양력 사용 문제, 채색옷 착용 문제, 혼례 및 상례 간소화 등 가족 상호간에 존중하고 검소한 생활을 해나갈 수 있는 내용이 주를 이루었다.

27 박승빈은 문화가 높은 민족은 발달된 언문을 가지고 있고, 사회구조와 언문도 밀접한 관계가 있다고 주장했다. 또 평등제도에서는 언문이 보편적으로 성립되지만 계급제도에서는 차별적으로 성립된다고 하면서 언문을 사회의 핵심적인 구성요소로 보았다(박승빈, 1921, "조선언문에 관한 요구", 『계명』 창간호).

28 박승빈이 1924년 부친상을 당하자 상복이 희다는 이유로 흰 상복을 입지 않고 검은 연미복을 입어 주위를 놀라게 했다. 또 박승빈은 집에서도 매주 목요일에는 고기를 먹지 않고 간략히 식사를 했으며 손자들에게까지 경어를 썼던 일화는 유명하다.

지도자로 역할을 하고 있었다는 사실은 잘 알고 있었을 것이다.[29] 간디가 도덕적 자기개선을 통해 진리에 다다를 수 있다고 믿었던 것처럼,[30] 박승빈도 새로운 사상과 새로운 문화를 통해 우리 민족이 깨어나야 독립할 수 있다고 믿었던 것은 아닐까 생각해 본다.[31]

박승빈은 1925년부터 보성전문학교 교장을 맡으면서 교육 일선에서 다양한 활동과 교육 철학을 몸소 실천했다. 주업인 변호사 일을 모두 포기하고 학교일에 매달릴 정도로 박승빈은 온 힘을 쏟았다.[32] 학교 행정은 물론이고 조선어문법 등을 가르치면서 교육 현장을 경험했다. 박승빈이 교장을 인촌 김성수에게 넘긴 것도 우연만은 아닐 것이다. 법률가와 자본가로 두 사람이 걸어온 길은 다르지만 민족을 바라보는 관점은 서로 같지 않았나 생각해 본다.[33] 그밖에 문맹퇴치 교육, 의무교육, 학부모 참여 교육 등의 아이디어는 선진적인 생각이 아닐 수 없었다. 또한 일제가 공학제를 강제로 추진하려 하자 이에 맞서 조선어와 조선문화를 수호하고자 하는 강력한 의지를 표명

---

29 1920년대 조선에서 간디는 독립운동에 앞장선 세계적인 지도자로 존경받고 있었다. 최근 1926년 10월 12일에 인촌 김성수가 간디에게 보낸 편지가 발견되었는데, 그 내용에서 당시 상황을 짐작할 수 있다. 영문으로 쓰인 편지에는 "당신은 인도뿐 아니라 조선에서도 가장 존경받는 지도자다. 우리 조선민족에게 희망과 용기를 북돋워 주고 있다"고 밝히고 "중요한 전환점에 선 조선을 위해 새로운 일들을 시작하려는 우리가 추구해야 할 가치에 대해 선지자(先知者)인 당신의 고언을 청한다"는 내용이 담겼다. 이에 대해 간디는 "조선은 조선의 것이 되기를 바란다"는 짧지만 강렬한 의미를 담은 답장을 보냈고 이 소식은 『동아일보』 1927년 1월 5일자에 실려 독립을 갈구하던 우리 민족에게 큰 힘을 주었다고 한다. (『동아일보』 2010.07.07.)

30 '간디', 『철학사전』, 2009, 중원문화.

31 그가 '우리 민족이 흐지부지병이 있다'고 진단하고 무슨 일이든지 시작을 하면 끝까지 실행에 옮기려는 결단과 실천이 필요하다고 역설한 이유도 그의 신생활운동에 대한 집착이 얼마나 대단했는지를 알 수 있다('長短의 對照', 『별건곤』 제37호 1931년 2월 1일).

32 '法曹界 漫話 소식', 『별건곤』 제5호, 1927년 3월 1일.

33 보전 창립 30주년 기념사업을 위해 박승빈이 일천원의 기부금을 냈으며(1935년 3월 5일 『동아일보』), 보전 30주년 기념사업회에서 삼십만원 기부금 모집을 위한 실행위원으로 활동하기도 했다(『매일신보』, 1933년 11월 6일).

하기도 했다.[34]

박승빈이 체육단체에 참여한 것은 무엇보다도 그가 정신과 건강이 함양된 근대인을 양성하는 데 관심이 많았기 때문이다. 3·1운동 이후 문화정치기에 체육 활동은 조선인들이 자신들의 울분을 표출할 수 있는 창구 역할이기도 했다. 그런 의미에서 박승빈은 체육 활동이 중요하다고 생각했음이 분명하다. 박승빈은 축구, 야구, 송구 등을 비롯해 거의 모든 종목에 관심을 가졌으며, 여러 체육 단체의 임원을 맡으면서 조선 체육계가 발전하는 데에 커다란 역할을 한 것도 이러한 이유 때문이었다.[35]

이 시기 박승빈은 사회운동가로서뿐 아니라 국어연구자와 국어 운동가로서도 적극 활동했다. 박승빈의 국어 문법 이론과 그의 대표 저서인 『조선어학』이 바로 이 시기에 완성되며, 한글파와의 철자법 논쟁도 이 시기에 이루어졌기 때문이다. 어쩌면 이 시기에 박승빈은 국어학자로서 가장 치열한 삶을 살았다 해도 과언이 아니다. 이런 의미에서 그에게는 한편으로는 가장 바쁜 시기였지만 다른 한편으로는 학자로서 가장 행복한 시기였을 것이다.

박승빈은 1936년부터 세상을 떠날 때까지 이전부터 해오던 국어연구 및 다양한 사회문화 운동을 지속적으로 펼쳐갔다. 그러나 일제의 탄압이

---

34 일제는 1935년 일선융화(日鮮融化)와 내지연장주의(內地延長主義)를 실현하기 위해 학교에서 조선인과 일본인이 함께 공부하는 공학제를 밀어붙이려 했다. 박승빈은 "상상만해도 비참, 고유한 민족문화 옹호를 위하야"라는 제목의 글을 통해 조선어말살의 위험성을 지적하면서 단호히 반대했다('共學制와 各界輿論(4)-朝鮮語學硏究會 朴勝彬 談', 『조선일보』, 1935년 10월 10일).

35 박승빈은 1926년 7월에 조선체육회 위원장, 1927년 7월에는 조선체육회 위원, 1928년 10월에는 제9회 전조선 축구대회 본부위원, 1929년 7월에는 조선정구협회 평의원회 회장, 1929년 10월에는 제10회 전조선 축구대회 대회위원장, 1931년 9월에는 조선체육연구회 회장, 1933년 9월에는 조선축구협회 초대회장, 1934년부터 1935년에는 조선체육회 이사에 선임되는 등 여러 종목에서 체육활동에 헌신했다.

가중되고 민족말살정책이 구체화되자 조선어학연구회의 기관지인『정음』도 폐간이 되고, 박승빈이 몸담았던 여러 단체도 정부에 의해 통폐합되는 운명을 맞는다. 말년에는 일제 협력이라는 과를 피해 가지 못한 채36 심장병으로 투병 생활을 하다가 1943년 쓸쓸히 세상을 떠난다.

[그림3] 박승빈은 망우리 공동묘지에 묻혀 있다.

3. 국어 연구

3.1. 우리말글에 대한 인식의 출발

학범의 국어연구는 유학 시절부터 싹트기 시작했다.37 박승빈의 우

---

36 박승빈의 일제 협력과 관련한 자세한 내용은 시정곤(2015:93-96)을 참조할 것.
37 '過去 十年에 한 일 將來 十年에 할 일', 『삼천리』 제4호 1930년 1월 11일.

리말글에 대한 관심은 1908년 신문관에서 출간된 번역서 『言文一致日本國六法全書』라는 책으로 1차적인 결실을 맺었다. 이 번역서는 일본의 헌법, 민법, 상법, 민사소송법, 형사소송법, 형법 등 여섯 가지의 법률을 우리말로 번역한 것으로, 책 제목에 '언문일치'라 붙인 것에서 알 수 있듯이 전문가뿐 아니라 일반인도 알기 쉽도록 번역한 것이다. 특히 이 번역서에는 박승빈의 문법과 철자법이 그대로 반영되어 있다는 점이 특징이다.[38]

言文一致
日本國六法全書
分冊第一
憲法
學凡 朴勝彬 譯
漢城 新文館 發兌

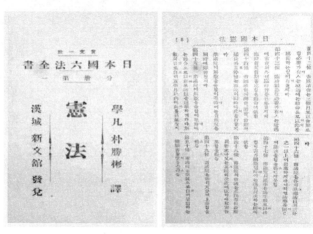

[그림4] 『언문일치일본국육법전서』 가운데 헌법 표지

(6) 日本國憲法

[그림5] 『언문일치일본국육법전서』 내용

38 번역서에 나타난 어학적 특징을 정리하면 1) 언문일치체 사용, 2) 한문훈독법 이용, 3) 용언의 표기 방식은 박승빈의 문법(용언활용법)을 따름, 4) 겹받침 표기를 허용하지 않음, 5) 받침은 8종성가족용의 원칙을 따름, 6) 경음 표기로 된시옷 사용 등이다. 이러한 문법(철자법)의 특징은 후에 박승빈의 저서 『조선어학』(1935)에 나타난 문법과 정확히 일치한다. 따라서 이 번역서를 작성할 때 이미 박승빈의 문법(또는 철자법)은 큰 얼개가 완성되었다고 볼 수 있다.

학범은 계명구락부 창설을 주도했고 1921년 기관지 『계명』의 창간에
도 핵심적인 역할을 했다. 『계명』이 창간되자마자 학범은 신생활운동과
더불어 자신의 문법과 우리말글에 대한 철학을 적극적으로 발표하기 시
작했다.[39] 『계명』을 통한 박승빈의 활약에 자극을 받아 조선어학회가
재결집하고 『한글』지가 태동하게 되었으니[40] 박승빈의 역할과 국어학
계에서 차지하고 있는 의미는 결코 작지 않다. 『계명』지에 발표한 글의
성격을 보면 이미 이때 박승빈의 문법의 얼개가 완성되었음을 짐작할
수 있다. 실증주의에 바탕을 둔 박승빈의 치밀한 언어분석관은 근대 신
학문의 소산이라 생각하며, 특히 논리적인 법학을 공부한 박승빈의 학
문적 배경도 이와 무관하지 않다고 본다. 또한 철자법에서 전통성과 실
용성을 한꺼번에 강조하면서도 문법원리에 입각한 치밀한 논증과정을
강조한 것도 박승빈의 문법관의 특징이라 할 수 있다.

[그림6] 『계명』 창간호 표지　　　　[그림7] 『계명』의 머리말 내용
(한국잡지백년, 현암사)

---

39 박승빈의 초기 문법관은 『계명』 창간호부터 실린 여러 논문과 8호까지 연재한 "언문후해
(諺文後解:언문뒤푸리)"란에도 잘 드러나 있다.
40 장지영(1978:36), "내가 걸어온 길", 『나라사랑』 29 (외솔회).

학범은 1927년과 1928년에 세 차례 걸쳐 『현대평론』에 "『ㅎ』는 무엇인가?"라는 논문을 발표하는데, 이는 학범 문법 이론에서 핵심적인 부분을 차지하고 있다. 박승빈은 주시경을 조선어 연구의 선각자이며, 최고의 공훈자로서 존경하지만 한편으론 그 학설에 문제가 있다는 점을 발견하고 독자적인 견해를 갖게 된다. 박승빈이 주시경과 달리 자신의 주장을 높이자 주위에서 곱지 않은 시선이 있었지만 학범은 이런 시선에도 굴하지 않고 조선어에 맞는 새로운 학설을 세우기 위해 연구에 매진했다.[41] 그러다가 『현대평론』에 발표한 논문에서는 자신의 문법을 더욱 공고히 하고 주시경 학설에 대해 본격적으로 비판한 것이다.[42]

3.2. 저서

박승빈의 저서에는 『조선어를 羅馬字로 기사함의 규례』(1931)[그림8], 『조선이학강의요지』(1931)[그림9], 『소선어학』(1935)[그림10], 『조선어학회사정』, 『한글마춤법통일안』에 대한 비판』(1936)[그림11], 『간이조선어문법』(1937)[그림12] 등이 있다.

첫째, 1931년 7월 13일에 출간한 『조선어를 羅馬字로 기사함의 규례』(경성:민중서원)은 박승빈의 로마자 표기안으로, 기존의 로마자 표기법의 문제를 수정하여 박승빈이 새롭게 만든 것이다. 5년 동안의 집필과정과 시험과정을 거쳐서 완성한 것으로 박승빈의 치밀함과 이론과

---

41 '書齋人 訪問記(七) 普專校長 朴勝彬氏', 『동아일보』, 1928년 12월 18일.
42 여기서 쟁점은 'ㅎ'를 지음(支音), 즉 받침으로 사용할 수 있느냐 여부였다. 주시경은 가능하다고 하면서 근거로 'ㄱㅎ'과 'ㅎㄱ'이 동일하게 'ㅋ'가 된다고 주장했다. 이에 대해 박승빈은 'ㅎ'는 형식상 자음이지만 모음의 속성을 갖고 있으며, 'ㄱㅎ'과 'ㅎㄱ'이 이론적으로 결코 동일하지 않고, 또한 '가ㅎ다〉가타'와 같은 축약형태를 고려하면 '갏다, 정겳다'와 같은 특이형태를 가정해야 하기 때문에 'ㅎ'를 받침으로 사용할 수 없다고 맞섰다.

[그림8]   [그림9]

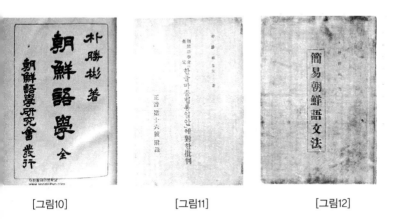

[그림10]   [그림11]   [그림12]

현장을 아우르려는 그의 연구방법과 철학이 고스란히 담겨있다. 둘째, 1931년 7월 30일 두 번째 저서인『조선어학강의요지』가 출간된다. 이 책은 1935년에 출간된『조선어학』의 요약판으로 미리 핵심적인 내용만을 간추린 문법서다.

셋째, 1935년 7월『조선어학』이 세상에 나왔다. 이 책은 박승빈의 문법 이론을 총 집대성한 것으로 박승빈의 국어연구 업적 가운데 가장 대표적인 것이다. 총 393쪽 분량으로 서론, 음리급기사법, 문법 등 크게 세 부분으로 이루어져 있다. 이 책에는 박승빈이 그동안 추구해 왔던 우리말의 음성이론 및 문법체계, 그리고 철자법에 이르기까지 박승빈 문법의 완결성과 특수성이 고스란히 담겨있다. 1925년부터 집필을 시작하여 5년간의 자료수집과 다시 5년 동안의 집필을 통해 마무리한 것이다. 책은 나오자마자 세간의 주목을 끌었다. 신문에 책의 출간 소식이 실렸고, 성대한 출판기념회도 열릴 만큼 많은 이들이 관심을 가졌다.[43]

넷째, 1936년 10월에는『한글마춤법통일안에 대한 비판』(경성:조선어학연구회)이라는 책이 출간됐다. 이 책은 1933년에 발표된 조선어학회의『한글마춤법통일안』을 비판하고 그 대안을 제시한 것이다. 그 내용은 이미『정음』 10호(1935년 9월)부터『정음』 13호(1936년 4월)까지 "朝鮮語學會 査定『한글마춤법통일안』에 對한 批判"이라는 제목으로 4회에 걸쳐 발표한 것이었다.

다섯째, 1937년 8월에는『간이조선어문법』(경성:조선어학연구회)

---

43 『동아일보』 1935년 7월 13일자에는 "朴勝彬 朝鮮語學全 박승빈 저. 정가 이원, 발행소 경성부 인사동 152 조선어학연구회"라는 책의 출간 소식과 함께 며칠 후에는 10명의 인사들이 발기하여 출판기념회를 연다는 소식이 소개되었다.

이 출간되는데, 박승빈의 마지막 저서였다. 이 책은 『정음』 창간호 (1934.2.15)부터 7호(1935.3.15)까지 "簡易朝鮮語文法"이라는 제목으로 연재된 것을 모아서 책으로 다시 펴낸 것이다. 이 책은 제목에서 알 수 있듯이 중등 학생과 일반 사람들을 위해 간편하고 쉽게 편집된 문법서였다.

3.3. 문법체계의 특징

박승빈의 문법은 국어 연구의 역사에서도 중요한 위치를 차지하고 있다. 이전과는 다른 새로운 언어관과 문법관, 오늘날 최신 언어이론에 버금가는 창의적인 생각, 치밀하고 실증적인 원리와 법칙 탐구 방법, 비교언어학적 관점에서 체계적인 언어 비교 등. 박승빈은 탁월한 언어학적 안목으로 독창적인 문법체계를 제시했다.[44]

음성학과 음운론의 측면에서 보면 선진적인 개념 도입이나 음절 중심의 소리 연구를 지향한 점, 치밀한 음성학적 고찰을 시도한 점 등 신개념의 사고와 논리로 앞선 이론체계를 구축했다는 점이 특징이다. 문법론의 측면에서도 박승빈은 매우 독특하고 체계적인 문법체계를 제시했다. 단어를 가장 치밀하게 분석하여 12 품사체계를 제안하고 조사와 어미를 하나의 품사로 묶어 동등하게 처리했으며, 지정사와 존재사를 설정하고, 조용사를 설정하여 분석주의의 극단을 보여주었다. 또한 소리 중심의 용언활용 체계를[45] 통해 새롭게 언어 분석을 시도한

---

44 박승빈 문법체계의 특징에 대해 자세한 내용은 시정곤(2015:381-430)을 참조할 것.
45 박승빈의 용언 활용설은 단어의 의미를 중심으로 하는 주시경의 학설과 달리 소리를 중심으로 하는 활용체계이다. 예를 들어 '머그니, 머그며, 머거서'에서 '니, 며, 서' 등은 조사로 간주하고 제외한 후, '머그/머거'만을 단어로 본 것이다. 이때 기본형에 해당하는 '머그'를 원단음이라 하고 여기에 '어'가 결합하여 변형된 '머거'를 변동단음이라 했다. 여

점 등도 매우 참신하고 치밀한 문법체계의 면모라 생각한다.

박승빈의 독창적인 문법체계에 대해 여러 국어학자는 다음과 같은 평가를 내렸다. 강복수(1972:53)에서는 박승빈의 『조선어학』을 최현배의 『우리말본』과 더불어 국어문법에 이론적 근거를 주려고 노력한 최초의 논저로 꼽고 우리 문법연구에 커다란 영향을 끼쳤다고 평가했으며, 송석중(1976)에서도 "저자가 조선어학회와 정면충돌하여 치열한 논쟁을 벌였던 1930년대로부터 반세기 가까운 세월이 흐른 오늘날 다시 한번 냉철하게 그의 이론을 비판하고 재평가하는 것은 비단 역사적 의의가 있을 뿐 아니라 앞으로의 우리말 연구에도 도움이 되리라고 굳게 믿는다."고 했다.

고영근(1985)에서는 "박승빈은 문법 연구에서 당시 최현배와 쌍벽을 이룬 학자로 주시경이나 최현배의 학설과는 전연 다른 이론으로 문법 체계를 수립하여 국어문법의 또 다른 면에서 크게 공헌하였다."고 평가했다.[46] 신창순(2014)에서는 박승빈이야말로 독창적인 문법을 창안했으며, 여러 학설을 참조하고 알타이제어의 특징을 잘 반영하여[47] 우리말 문법을 만든 것이라고 하면서 박승빈과 『조선어학』을 높이 평가하고 있다.

기서 변동하는 부분인 '그, 거'를 어미라 하고 나머지 변하지 않는 부분인 '머'를 어간이라 한 것이다. 이는 주시경식 어간/어미의 개념과는 달랐으며 원단/변동단의 용어가 일본문법과 유사하다는 이유로 여러 비판과 비난도 받았으나 이는 박승빈의 문법과 용언 활용체계를 제대로 이해하지 못한 데서 연유한 것으로 보인다. 이에 대해 자세한 내용은 시정곤(2015:412-424)를 참조할 것.

46 고영근(1985:305), 「국어학연구사: 흐름과 동향」 서울: 학연사.

47 정경해(1962:125)에서도 비슷한 주장을 한 바 있는데, "우리말은 우랄 알타이어족에 속하는 받침이 없는 말이었다는 점을 고려하여 받침의 숫자와 용언의 기본형을 잡아야 한다"고 했다.

4. 철자법 운동

1894년 갑오개혁으로 한글이 나랏글이 되자 표준이 되는 어문규범과 국어사전이 절실히 필요했다. 세종대왕 시절부터 통용되던 철자법이 있었으나 소리가 같은 여러 이형태가 사용되는 등 극심한 혼란을 겪고 있어서 철자법 통일이 무엇보다도 시급했다. 지석영과 주시경 등을 중심으로 1909년『국문연구의정안(國文研究議定案)』이 정부에 제출되었으나 한일강제병합이 일어나자 묻혀버리고 말았다. 이미 19세기 말에는 과거의 '8종성가족용'이나 연철표기와 같은 철자법 원칙이 상당히 무너져가고 있었고,[48] 주시경은 이를 전면적인 원칙으로 발전시킨 것이었다. 주시경의 형태주의 표기법은 이러한 배경에서 탄생한 것으로 보인다.

박승빈의 철자법이 언제 완성되었는지는 정확히 알 수 없으나 그가 번역 출간한『언문일치 일본국육법전서』(1908)에 이미 그의 철자법의 대략이 나와 있다는 점을 고려할 때(언문일치체, 용언활용법, 겹받침 불인정, 8종성가족용, 된시옷 사용 등) 그의 철자법은 매우 이른 시기에 독자적인 모습을 갖추었다고 볼 수 있다. 이는『훈민정음』의 철자법을 근간으로 하면서도 분철의 역사적 흐름을 받아들이고(체언의 활용에서는 분철 허용) 주시경식 철자법을 비롯하여 당대의 철자법을 수용하여 자신만의 철자법을 세운 것으로 보인다.[49]

박승빈은 1921년 9월『계명』3호에 발표한 논문(조선언문에 관한

---

48 신창순(2003:120~122),「국어근대표기법의 전개」태학사.

49 박승빈 본인도 주시경의 학설과 8~9할을 같고 다만 2~3할이 다를 뿐이라고 언급했다. (박승빈. 1922년 6월. "朝鮮文法에 對하야.",『시사강연록』4집)

요구(3))에서 총독부에서 편찬한 교과서의 철자법을 비판하고, 주시경식 철자법의 문제점을 공표하면서 주시경 학파에 맞서게 된다. 그리고 철자법 정리를 위한 7가지 원칙을 제시했다. 이 원칙은 그의 철자법의 근간이며 그의 문법이론의 중심축 역할을 했는데,[50] 이에 자극을 받은 한글파가 재결집하여 같은 해 10월 한글파가 공개토론회를 제안하고 양측이 3일간 청년회관에서 토론회를 열기도 했다.[51] 정음파와 한글파와의 철자법 논쟁도 이때부터 본격적으로 시작되었다.

총독부의 3차례에 걸친 철자법 개정의 방향은 1912년에는 표음주의를 택했다가 1921년에는 표음주의를 원칙으로 하지만, 형태주의를 어느 정도 인정하게 되고, 1930년 『언문철자법』에 와서는 기존과 달리 표음주의를 버리고 형태주의를 택했다. 이러한 방향 선회에는 주시경 학파의 끈질긴 노력이 있었다.[52]

총독부에서 1930년 철자법을 개정하기 위해 조사회를 만들어 전문가의 의견을 수렴하자 언론을 중심으로 철자법 통일에 대한 지상토론과 논쟁이 본격적으로 일어났다. 제일 먼저 1928년 11월 3일부터 28일까지 총 23회에 걸쳐 『동아일보』에 연재된 '한글 정리에 대한 제가(諸家)의 의견'이 그것이다.[53] 박승빈, 최현배, 이윤재, 신명균, 이병기, 이상춘, 김윤경 등의 당시 가장 저명한 조선어 연구자들에게 한글

---

50 박승빈의 7가지 원칙은 다음과 같다. 1) 발성원리의 천명, 2) 실용상 편이(便易), 3) 원소어(元素語)의 보호, 4) 고유조선어와 한문자의 배합, 5) 각지방의 언어의 채용, 6) 역사상의 언어의 채용, 7) 타민족의 어와 대조연구

51 장지영(1978:29-30), "내가 걸어온 길", 『나라사랑』 29집.

52 최현배, '나의 사우록(師友錄)', 『경향신문』, 1967년 12월 18일.

53 신문에서 주제로 삼은 질문 내용은 한글 整理에 關한 貴下의 意見 如何(현행 사용인가 개정인가), 병서와 표음의 가부 등에 對한 貴下의 意見 등이었다. (『동아일보』, 1928년 11월 3일)

철자법에 대해 각자의 견해를 들어보는 것이었다.

다음으로는 1932년 4월 1일 잡지『동광』제32호에 실린 철자법 논쟁에 대한 글이다. 이때는 총독부가『언문철자법』(1930)을 발표한 후였고, 이 철자법에 주시경식의 철자법이 대거 채택된 상태였기 때문에54 조선어학회 측과 조선어학연구회 측의 대립은 가장 극단으로 치닫고 있었다. 조선어학회 입장에서는 박승빈의 문제제기가 달갑지 않았다. 이제 막 주시경식 철자법이 총독부의 철자법으로 반영되었고 일상생활 속에서도 서서히 자리 잡아가고 있는 때에 주시경의 문법과 철자법에 문제가 있다는 박승빈의 지적이 달가울 리가 없었다.55

대립이 계속되자『동아일보』에서는 철자법 통일을 위한 '철자법 토론회'를 개최하기에 이른다. 토론회는 1932년 11월 7일부터 9일까지 장장 3일간 열렸다. 최후의 철자법 논쟁이었다. 연사로는 조선어학회 측에서는 신명균, 이희승, 최현배가, 조선어학연구회 측에서는 박승빈, 백남규, 정규창 등이 대표로 나서 강연과 토론, 그리고 질의응답으로 쟁점(쌍서 문제, 겹받침과 ㅎ받침 문제, 어미 활용 문제)에 대해 심도 있는 토론을 벌인 것이다.56 이후 1933년 조선어학회는 '한글맞춤법통일안'을 발표했다.

1934년 6월 22일에 조직된 〈조선문기사정리기성회〉는 신철자법에

---

54 예를 들어 된소리의 병서표기를 허용하고, 받침은 'ㄷ, ㅌ, ㅈ, ㅊ, ㅍ, ㄲ, ㄳ, ㄵ, ㄾ, ㄿ, ㅄ' 등을 허용하며 용언의 경우 어간과 어미를 구분하고, 체언과 토는 구분하여 적도록 한다는 것 등이었다. 이전의 철자법이 표음주의였다면 1930년의 개정된 철자법은 형태주의로 돌아선 것이었다.

55 신창순(1999:136-137)에서 지적한 대로 박승빈의 문제제기는 학술적 논쟁으로 시작되었지만, 본의 아니게 주시경식 철자법의 확산과 더불어 철자법 논쟁으로 번지고 더 나아가 조선어학회와 조선어학연구회의 대립으로까지 나아가게 된 셈이다.

56 '學說 다른 研究家招請 한글討論會開催',『동아일보』, 1932년 11월 5일.

대한 조직적인 반대 운동 단체였다.[57] 여기서 1934년 7월에 윤치호, 지석영, 최남선 등 1백여명의 지식인의 이름으로 '한글식 신철자법 반대 성명서'를 발표하기도 했다. 그러나 1934년 7월 9일 조선문예가 일동 명의로 〈한글 철자법 시비에 대한 성명서〉가 발표되고[58] 『조선일보』, 『동아일보』도 신철자법의 손을 들어주게 된다. 이후 신철자법은 대세로서 자리매김하게 된다.

조선어학회가 1933년 10월 『한글마춤법통일안』을 전격 발표하자 박승빈은 조선어학연구회에서 1933년 12월 4일 월례회부터 『한글마춤법통일안』에 대한 검토와 비판을 시도했다. 박승빈은 월례회에서 검토한 『한글마춤법통일안』에 대한 비판 내용을 다시 정리하여 조선어학연구회의 기관지인 『정음』에 총 4차례에 걸쳐 1935년 9월(10호)부터 1936년 4월(13호)까지 연재했다. 그리고 이 연재한 논문을 나중에 다시 한 권의 책으로 묶어 세상에 내놓게 되는데, 그 책이 바로 1936년 10월에 발간된 『한글마춤법통일안』에 대한 비판』이다. 통일안의 명칭, 총론을 비롯해 세부 항목에 대해 어떤 문제가 있는지를 상세히 비판한 내용이다.

박승빈은 이후에도 여러 대중 강연을 통해 새 철자법의 문제점을 지적하고 이를 대중들에게 알리고자 노력했다. 또한 『정음』지를 통해 총 4회로 나누어 자신의 철자법의 원칙을 자세히 정리하여 공개하기도 했으나 새 철자법의 큰 흐름을 막을 수는 없었다.

---

57 『동아일보』, 1934년 6월 24일.
58 '한글 綴字法 是非에 對한 聲明書', 『동아일보』, 1934년 7월 10일.

5. 어문 운동

박승빈의 어문 운동은 크게 세 시기로 나누어 살펴본다. 첫째는 박
승빈의 어문 운동의 중심축이었던 조선어학연구회와 기관지『정음』이
등장하기 이전의 초기 활동 시대이다. 두 번째는 조선어학연구회와 기
관지『정음』을 중심으로 왕성하게 활동한 시기이며, 세 번째는 조선어
학연구회와 기관지『정음』이후의 후기 활동 시기이다.

초기 운동으로 먼저 1921년 계명구락부와『계명』지를 통해 자신의
학설을 적극적으로 개진하면서 신생활 운동과 더불어 우리말글 바로
쓰기 운동을 벌였던 점을 언급할 수 있다. 더불어 이 시기 박승빈은
정음회와 같은 단체의 창립에도 적극 참여하면서 국어 운동의 최전선
에 나섰다.[59]

이와 더불어 박승빈의 문중에서 오래전부터 내려오던 책 중에『훈
민정음』(언해본)을 발견하여 세상에 공개한 것도 중요한 사실이 아닐
수 없다.[60] 1927년 2월『한글』지를 통해 신명균은 여러 판본을 비교
검토한 결과 박승빈 소장본이 진본에 가장 가깝다고 밝히기도 했다.[61]
박승빈은『훈민정음』을 "조선문화사상에 최대의 위업"이라 말하고,
당시 언어학적 사고 즉 음리적 고찰과 문법적 정돈이 심오하고 철저하
게 반영되어 있다고 평가했다.[62] 박승빈의 문법체계와 어문정리의 근
거와 틀이『훈민정음』에서 비롯되었음을 짐작할 수 있다.

국어사전 편찬 작업에도 박승빈은 중요한 역할을 했다. 비록 국어

---

59 '정음회(正音會) 창기(創起) 소식', 『동광』 제8호, 1926년 12월 1일.
60 '世宗大王時 頒布版 訓民正音原本' 『동아일보』, 1932년 5월 14일.
61 '訓民正音原本에 對하여', 『동아일보』, 1927년 10월 24일.
62 박승빈(1937:5), "訓民正音記念講話(稿)", 『정음』 21호.

사전이 조선어학회에서 마무리되었지만, 1927년 주시경 사후 표류하던 사전 편찬 작업을 완수하기 헌신했던 박승빈의 노고는 기억해야 한다. 박승빈을 중심으로 한 계명구락부가 표류한 사전 원고를 다시 모아서 작업했으나 이내 어려움에 봉착하고,[63] 박승빈은 1929년 10월에 결성된 조선어사전편찬회에 발기인과 위원으로 참여하여 사전 편찬 작업에 힘을 보탠다.[64] 이후 편찬회와 갈라서며 계명구락부에서 사전 편찬 작업을 계속하다가 1937년 조선어학연구회에서 사업을 인수하여 편찬 작업에 온 힘을 쏟았다.[65] 비

[그림20] 조선어학연구회 기관지 『정음』

록 박승빈이 자신의 손으로 국어사전을 완성하지는 못했지만 국어사전이 완성되는 데 있어 중요한 가교 역할을 한 것만은 분명하다.

박승빈은 한글연구와 보급에 힘쓴 공로로 1930년에 공로상을 수상하게 된다. 『동아일보』 창간 10주년 기념 사업으로 마련된 공로상 시상은 사회 각계에서 커다란 활약을 하고 있는 활동가에게 수여하는 것이었다.[66] 박승빈이 법률가로서 한글연구에 매진하여 독창적인 이론을 만들었고, 이를 학생들에게 보급하기 위해서

---

63 최경봉(2005:131-148)과 고재섭(1937), "조선어사전 편찬을 인수하면서." 『정음』 20호, 3쪽 참조.

64 '사회각계유지망라 조선어사전편찬회', 『동아일보』, 1929년 11월 2일.

65 1937년에 발간된 『정음』 20호 '머리말' 참조.

66 조선어문 공로자들은 박승빈을 비롯해 김두봉, 이상춘, 김희상, 권덕규, 이규방, 최현배, 신명균, 이윤재 등 총 9명이었다('조선어문 공로자 소개, 창간십주년기념사업(5)', 『동아일보』, 1930년 9월 6일).

애썼다는 점을 높이 산 것이다.

1931년에 창립된 조선어학연구회는 박승빈이 개설했던 조선어강습회의 연장선에서 이루어졌다는 점이 특이하다. 박승빈의 조선어강습은 정기적으로 오랫동안 이루어져 왔는데[67] 조선어학연구회는 그의 학설에 찬동하는 사람들이 자발적으로 발기하여 조직한 것이었다.[68] 조선어학연구회는 월례회를 통해 학술활동을 활발히 전개했다. 우리말글의 특징과 박승빈 학설에 대한 체계적인 연구가 학회 차원에서 이루어졌다.

박승빈은 1934년 2월 조선어학연구회 기관지 『정음』을 발간하면서[69] 우리말글에 대한 체계적인 연구에 박차를 가한다.[70] 더불어 한글파의 신철자법에 맞서 『정음』을 통해 자신의 주장을 견지해 나갔다. 『정음』지는 창간된 1934년 2월부터 1941년 4월 제37호로 폐간될 때까지 조선어학연구회의 어문연구의 산실이자 신철자법에 맞서 자신들의 주장을 펼 수 있는 마당 역할을 했다.[71] 마지막으로 박승빈은 세상을 떠날 때까지 강습회를 계속 열었으며 철자법에 대한 논문을 지속적으로 발표해 나갔다. 그의 우리말글에 대한 열정과 자신의 학설을 학

---

67 계명구락부에서는 매주 금요일마다 '조선어강좌'를 정기적으로 개최했으며, 강사는 박승빈이고 매주 두 시간씩 조선어강습이 이루어졌다('啓明俱樂部 納凉講話', 『동아일보』, 1928년 7월 31일).
68 '朝鮮語學研究會 不日創立總會', 『동아일보』, 1931년 12월 1일.
69 『정음』 창간호, 1934년 2월 15일.
70 『정음』은 『계명』이 폐간되면서 그 뒤를 이어 등장한 학술지였다. 1921년 『계명』의 등장이 『한글』의 출현에 영향을 미쳤고 『한글』이 다시 『정음』 출현에 영향을 미쳤다는 점을 고려하면, 세 잡지가 국어 학술잡지의 역사에서 차지하는 의미 또한 적지 않다(자세한 것은 이 책의 세 번째 논문인 '잡지 『정음』의 국어학사적 의미'를 참조)
71 『정음』 창간호부터 마지막 37호까지 학술적 글이 약 266편이 실려 있는데, 철자법(72개), 문자(53개), 음운(24), 문법(23), 언어규범(22), 원본/주석(17), 언어 일반(13), 계통(11) 등에 대한 내용이 주를 이룬다(자세한 것은 이 책의 세 번째 논문인 '잡지 『정음』의 국어학사적 의미'를 참조)

술적 논쟁을 통해 끝까지 관철하려는 학자적 집념을 엿볼 수 있는 대목이다.

6. 마무리

이상에서 우리는 박승빈의 생애와 국어연구 활동을 간략히 살펴보았다. 박승빈의 모습은 한 마디로 근대인이자, 계몽가요, 민족주의자였다. 근대 격변기에 태어나 일제강점기를 살아온 박승빈이기에 그의 삶은 시대적 소명과 의식을 온몸으로 느끼지 않을 수 없었다. 근대정신을 배워 개화와 자력갱생을 통해 자주독립 국가로 나아가야 한다는 신념을 가졌다. 이러한 신념을 바탕으로 박승빈은 국민을 깨우치기 위해 사회현장에서, 교육현장에서, 체육현장에서 열과 성을 다해 몸소 실천했으며, 민족주의자로서 동포를 위해 헌신하는 모습을 보였다.

무엇보다도 박승빈은 근대인으로서 언어의 중요성을 가장 명확히 인식한 지식인이었다. 그는 누구보다도 열심히 우리말글을 연구하고 이를 토대로 독창적인 우리말 문법체계를 세웠으며, 국어사전을 편찬하고자 했으며 일반인들이 알기 쉬운 철자법을 만들어 널리 보급하려고 노력했다. 그는 자신의 모든 것을 희생하면서까지 우리말과 우리글을 사랑한 국어학자였다.

이 과정에서 주시경 학파와 대립하는 것처럼 보였지만 박승빈은 연구자의 한 사람으로 진리를 추구하며 완전한 국어문법과 좀 더 체계적인 철자법을 완성하기 위해 치열하게 노력한 학자였다. 박승빈의 학술적 논쟁이 있었기에 우리말글의 연구와 어문정리 등이 좀 더 바람직한 방향으로 갈 수 있는 토대가 마련되었다고 믿는다.

"진리는 당시에는 손가락질을 당할지언정 영구불변으로 슻까지 남게 되리라는 신임(信任)만 가지고 나의 연구를 힘잇게 세워나갈 작뎡입니다." 1928년 12월『동아일보』와 인터뷰에서 박승빈이 한 말이다. 학문에 대한 그의 신념과 열정이 생생하게 메아리치는 듯하다. 앞으로 박승빈에 대한 객관적인 비판과 평가가 이어지길 기대해 본다.

참고문헌

강복수. 1971. "국어문법학의 계보."『국어국문학연구』(영남대학교국어국문학회) 13. 1-131.

고영근. 1985.『국어학연구사: 흐름과 동향』서울: 학연사.

김동명. 2009. "일본제국주의에 대한 저항과 협력의 경계와 논리: 1920년대 조선인의 정치운동을 중심으로."『한국정치외교사논총』31(1). 37-75.

김효전. 1997. "근대 한국의 변호사들",『동아법학』23. 131-277.

대한변호사협회. 2002.『대한변협50년사』금영문화사.

박찬웅. 1972/1974. "절너머박씨 소고."『절너머박씨파보』48-52.

박찬웅. 1993.『정치·사회·문화평론』서울: 도서출판 아우내.

방기중. 1996. "1920·30년대 조선물산장려회 연구."『국사관논총』(국사편찬위원회) 67. 95-144.

송석중. 1976. "박승빈의 조선어학소고."『어학연구』12-1. 133-146.

시정곤. 2015.『훈민정음을 사랑한 변호사, 박승빈』서울: 박이정.

시정곤. 2022. "잡지『정음』의 국어학사적 의미."『박승빈의 국어연구』서울: 박이정

신창순. 1999. "이른바 "철자법논쟁"의 분석 – 박승빈의 주시경 철자법이론 비판 –"『한국어학』10. 135-189.

신창순. 2003.『국어근대표기법의 전개』서울: 태학사.

신창순. 2014. "『우리말본』활용설 비판과 국문법학사." (수고본).

이국운. 2015. "한국 법조인양성제도의 역사 로스쿨 제도 이전".『저스티스』통

권 제146-2호, 167-189.

이태훈. 2001. "1920년대초 자치청원운동과 유민회의 자치구상." 『역사와현실』 (한국역사연구회) 39. 69-99.

장지영. 1978. "내가 걸어온 길." 『나라사랑』 (외솔회) 29. 21-43.

정경해. 1962. 『원형개정론』 서울: 대재각.

최경봉. 2005. 『우리말의 탄생』 서울: 책과함께.

한인섭. 2012. 『식민지 법정에서 독립을 변론하다』 서울: 경인문화사.

박승빈 문법의 계보와 국어학사적 위상

최경봉

1. 머리말

본고에서는 박승빈 문법이 형성된 맥락과 그의 문법론이 국어학의 전개 과정에 미친 영향을 살펴보면서 박승빈 문법의 계보와 국어학사적 위상에 대해 논의하고자 한다.

"역사의 흐름에서 소외된 한 인물"(김완진, 1985: 193), "조선어학계의 방외인"(최경봉, 2016: 254) 등의 언급에서 볼 수 있듯이, 그간 박승빈은 근대 국어학사의 계보에 포함하여 설명하기 어려운 인물로 평가되었다. 이런 평가는 전적으로 박승빈이 제안한 표기법이 채택되지 못한 데에 따른 것이지만, 이를 박승빈 문법에 대한 평가와 동일시하는 경향이 고착되면서, 박승빈 문법에 대한 국어학사적 논의가 협소하게 진행된 측면이 있다. 박승빈 문법은 주로 그가 주장했던 표기법의 원리를 설명하는 차원에서 부분적으로 거론되었고,[1] 문법론적 접

---

1 박승빈 표기법의 원리에 대한 본격적인 연구로는 신창순(1999), 최호철(2004) 등을 들

근이 이루어진 경우에도 박승빈 문법의 국어학사적 위상과 계보에 대한 논의는 심화하지 못했던 것이다.[2]

또한 박승빈 문법이 일본어 문법을 모방한 것으로 폄훼한 견해[3]가 과도하게 부각되면서, 국어문법의 체계화와 관련한 박승빈의 문제의식이 국어문법 연구사에서 어떤 의미를 지니는지에 대한 논의가 진지하게 이루어지지 못한 측면이 있다. 그러나 대부분의 근대 문법가들이 일본어와 한국어의 문법적 유사성에 주목하고 일본어 문법과의 대조를 통해 국어문법을 체계화하고자 했던 만큼, 활용론에서의 기술 방식이 일본어 문법과 유사하다는 점을 부각하여, 박승빈의 문제의식과 박승빈 문법의 형성 맥락에 대한 논의를 위축시키는 것은 바람직하지 않다.

이런 점에서 박승빈 문법의 계보와 국어학사적 위상에 대한 본고의 논의가 소기의 성과를 거두기 위해서는 '표기법을 제안하는 것에서부터 시작된 박승빈의 문법 연구 과정을 살펴보며 그의 문제의식을 포착하는 논의' 그리고 '당대의 문법 논쟁과 그에 대한 박승빈의 대응을 살펴보며 박승빈 문법의 특징을 파악하는 논의'를 심화할 필요가 있을 것이다. 본고의 논의 순서는 다음과 같다.

2장에서는 표기법 논쟁의 흐름에서 박승빈의 표기법이 어떤 의미를

수 있다.

2 박승빈의 문법 연구 성과를 언급한 논의로는 송석중(1976), 김완진(1985), 시정곤(2000), 시정곤(2015), 김병문(2016) 등을 들 수 있다. 이중 가장 방대한 연구인 시정곤(2015)에서는 박승빈 문법의 전모를 밝히는 성과를 거두었지만, 계보론적 관점에서 박승빈 문법을 자리매김하는 데까지는 이르지 못했다.

3 박승빈과 대척점에 섰던 최현배는 박승빈의 활용론을 "일본문법을 흉내낸 것"이라고 했고, 이러한 평가는 철자법 논쟁에서 박승빈의 주장을 공격하는 데 활용되었다. 1928년에 집필한 『우리말본』(원고본)에는 박승빈 문법을 "일본말본을 본뜬 것"이라 했다가 이를 "일본말본을 흉내낸 것"으로 고친 흔적이 있다. 이는 박승빈 문법을 보는 최현배의 시각을 단적으로 보여준다.

지니는지, 그리고 박승빈이 제안한 표기법의 원리가 박승빈 문법과 어떻게 연계되는지 살펴보면서, 박승빈 문법의 형성 맥락에 대해 논의할 것이다.4 3장에서는 문법 논쟁과 관련하여 형성된 박승빈의 문제의식을 살펴보고, 박승빈 문법의 특징을 포착해 그 계보와 국어학사적 의의를 밝힐 것이다. 이를 위해 본고에서는 첫째, 당대 문법 논쟁의 쟁점을 파악한 후 이와 관련지어 박승빈 문법의 계보 문제에 접근할 것이며, 둘째, 당대 주류 문법학파였던 주시경 학파와의 상호 영향 관계를 살펴보면서 박승빈 문법의 국어학사적 위상에 대해 논의할 것이다.

2. 표기법 논쟁과 박승빈 문법의 형성 맥락

근대 초기의 문법 연구가 문란한 표기를 규범화하는 차원에서 진행되면서, 문법 연구는 표기법 연구로 이해되기도 했다. 이런 상황에서 국어문법과 관련한 근대 국어학자들의 문제의식이 표기법에 대한 문제의식에서 비롯된 것은 자연스러운 일이다. 그렇다면 박승빈 문법의 형성 맥락을 파악하기 위해서는 표기법 논쟁의 흐름을 짚어보며 표기법과 관련한 박승빈의 문제의식을 포착하고, 이를 박승빈 문법과 연결 짓는 논의가 필요할 것이다.

2.1. 표기법 논쟁과 박승빈의 문제의식

근대적 어문 규범화 과정에서 이루어진 첫 번째 표기법 논쟁은 정부

---

4 본고에서는 표기법 문제 중 문법론과 연관되는 문제만 다룰 것이다. 따라서 음운론과 관련된 표기법 문제는 논의 대상에서 제외한다.

가 "신정국문"(1905)의 표기법을 공식화하면서 시작되었다. 이 논쟁은 국문연구소가 설립되어 2년여 논의 끝에 『국문연구의정안』(1909)을 제출하면서 마무리되었다.

(1) "신정국문"과 『국문연구의정안』의 표기법

가. "신정국문"
初聲終聲通用八字 ㄱ, ㄴ, ㄷ, ㄹ, ㅁ, ㅂ, ㅅ, ㅇ / 初聲獨用六字 ㅈ, ㅊ, ㅋ, ㅌ, ㅍ, ㅎ

나. 『국문연구의정안』
(토의 주제) 終聲의 ㄷ ㅅ 二字用法及 ㅈ ㅊ ㅋ ㅌ ㅍ ㅎ 六字도 終聲에 通用當否
(결론) 初聲諸字를 原則에 依ㅎ야 斷然 通用홈이 正當ㅎ도다

위에서 제시한 종성 표기에 관한 규정을 보면, "신정국문"에서 제안한 표기는 음소주의 표기법을 따른 것이었고, 『국문연구의정안』에서 수용한 표기법은 형태주의 표기법을 따른 것이었다. 이때 국문연구소가 종성에서 발음되지도 않는 'ㅈ, ㅊ, ㅋ, ㅌ, ㅍ, ㅎ'를, 표기 관습을 거스르면서까지, 종성에 표기하기로 결정한 이유는 어근과 이에 결합하는 문법형태소의 형태를 고정적으로 표시하는 것의 장점을 인정했기 때문이다. 이런 맥락에서 볼 때 국문연구소가 형태주의 표기법을 수용한 것은 관습적 표기보다는 문법적 표기를 선택한 것이라 할 수 있다. 이러한 선택은 문법 연구와 표기법 연구를 일치시켜온 결과이면서 동시에 이러한 경향을 심화하는 계기가 되었다.

(2) 형태주의 표기법의 양상

가. 任 법法 맡아도 맡으면 맡고 맡는
　　속俗 마타도 마트면 맛고 맛는
　　　　맛하도 맛흐면 맛고 맛는
　　　　맛타도 맛트면 맛고 맛는
　　　　　(주시경, 『대한국어문법』, 1906, 35쪽)
나. 한 소리 나 한 소리 以上 으로 무슨 意思 를 나타내 는
　　낯 으로 되 ㄴ 말 을 씨 라 함(이규영, 『현금 조선문전』,
　　1920, 17쪽)

(2가)를 통해 주시경은 법에 따라 어근의 형태를 밝혀 적음으로써 표기의 통일성과 일관성을 확보할 수 있음을 강조하였는데, 형태주의 표기의 장점은 법(法)과 속(俗)의 대비를 통해 확인할 수 있다. (2나)는 띄어쓰기를 통해 문법적 형태 분석의 결과를 보여주는 표기의 예인데, 이규영은 이 책을 통해 주시경의 분석적 문법을 표기법에 완벽하게 구현하려 했던 것으로 보인다. 그런 점에서 (2나)는 표기법과 문법 원리를 일치시킬 때 나올 수 있는 극단적인 사례라 할 수 있다.

이처럼 문법 원리에 따른 형태주의 표기법을 통해 표기의 일관성을 실현하려는 시도가 이루어지는 가운데, 관습적인 표기를 바탕으로 한 음소주의 표기법이 조선총독부의 "보통학교용 언문철자법"(1912)으로 공식화되면서, 표기법 논쟁은 '문법'과 '관습'의 대립 양상을 띠게 되었다.

(3) 조선총독부 보통학교용 언문철자법

가. 받침을 'ㄱ, ㄴ, ㄹ, ㅁ, ㅂ, ㅅ, ㅇ, ㄺ, ㄻ, ㄼ'으로 제한

나. 『조선어독본』에 적용된 사례

　　이것은 어적게 퓐 곳치요(32과)

　　가을에 곡식이 익을 째가 되면 논과 밧헤 無數히 모이는

　　것을 보리다.(65과)

　　그 개는 慾心이 나서 그 고기까지 쌔앗을 싱각으로 나려

　　다보고 지젓소.(67과)

　받침 표기를 중심으로 보면, 조선총독부의 표기법이 문법보다는 관습적 표기를 수용하는 차원에서 이루어졌음을 알 수 있다. 이 표기법이 표기법 논쟁을 촉발하면서 아래와 같은 표기법이 등장하는데, 변화의 큰 흐름은 받침 표기에서 형태주의 표기법의 수용 폭을 확장하는 것이었다.

　　(4) 형태주의 표기법의 수용

　　　가. "언문철자법"(1930): 받침 11개 추가 (ㄷ, ㅌ, ㅈ, ㅊ,
　　　　ㅍ, ㄲ, ㄳ, ㄵ, ㄾ, ㄿ, ㅄ) 사례: 밭치 되여서 그러타.
　　　　구치다
　　　나. 『한글 마춤법 통일안』(1933): 받침 18개(ㅋ, ㅎ, ㅆ, ㄶ,
　　　　ㄺ, ㅀ, ㅁ 추가) 사례: 밭이 되어서 그러ㅎ다. 굳히다

　　(4)를 보면 "언문철자법"에서 『한글 마춤법 통일안』으로 이어지면서 관습적 표기와는 더 멀어지고 문법적 원리는 더 강조되었음을 알 수 있다. 이러한 상황에서 박승빈은 '형태주의 표기와 언어 현실의 괴리' 그리고 '관습 표기와 문법 원리의 괴리'라는 두 가지 모순에 문제의식을 가지게 된 것으로 보인다. 이러한 문제의식은 아래 글을 통해 확인할 수 있다.

(5) 그 3派의 文法이란 것은 一은 官用式이니 至今 總督府에서 編
纂한 教科書에 用한 文法이오, 一은 周氏式이니 故 周時經氏의
傳受한 文法이오, 一은 不敢하나마 本人의 研究한 바이라 함
니다. 그런데 <u>官用式은 엇더하냐 하면 文法보담 通俗의임으로 文
法上에는 不規則한 點이 甚多합니다.</u> 例컨대 '앞에(前)'를 '압헤'
라 하는 例이니 綴字가 不規則함을 싸라서 字音이 變한 것이
올시다. (중략) 文法에 對한 一部分만 말하랴 한 것이올시다.
그런데 本人의 研究한 바가 周氏式으로 더브러 相異한 點을
말하자면 거의 相同하고 相異한 點으로는 十의 二三에 不過하
고 十의 八九는 相同합니다. (박승빈, "조선문법에 대하야",
『시사강연록』제4집, 1926(초판 1922), 51-53쪽)

위의 글에서 '문법'은 '표기법의 원리'와 같은 뜻으로 쓰였는데, 밑
줄 친 부분을 볼 때, 박승빈은 관습적 표기의 문법상 불규칙에 문제의
식을 느꼈음을 알 수 있다. 그렇다면 박승빈의 문제의식은 (2)에서 본
주시경의 문제의식과 같은 것이라 할 수 있겠지만, 박승빈의 표기법은
주시경의 표기법과 달리 관습 표기에 가까운 모습을 띤다는 특징이 있
다. 이 때문에 박승빈 표기법의 특징을 관습적 표기를 수용한 데에서
찾기도 하지만[5], 이러한 관점만으로는 박승빈의 문제의식을 제대로
설명하기 어렵다. 위의 글에서 박승빈은 자신의 표기법이 문법 연구의
결과이고 그것이 주시경의 연구 결과와 큰 차이가 없음을 강조하고 있
기 때문이다.

---

[5] 김완진(1985: 194-195)에서는 박승빈 표기법의 특징을 체언과 용언의 표기 기준을 달리한
데에서 찾으면서, 체언의 표기 기준과 용언의 표기 기준을 달리한 표기법, 즉 체언의 경우
는 그 끝 자음을 받침으로 적는 반면 용언은 소리나는 대로 연철하는 표기법이 조선조 중
엽부터 자연발생적으로 등장한 표기 추세를 존중하는 태도에서 비롯한 것으로 설명한 바
있다. 이는 박승빈 표기법이 관습적 표기에 바탕을 둔 것임을 강조한 것이다.

박승빈의 표기법이 관습 표기의 특징을 띠고 있음에도, 그가 문법을 강조하면서 관습 표기의 문법상 불규칙에 비판적이었다면, 박승빈의 핵심적 문제의식은 '관습 표기에서 문법의 원리를 도출하고 이를 통해 관습 표기를 규칙화해야 한다는 것'이었다고 해야 할 것이다. 그렇다면 박승빈은 관습과 문법의 대립 차원에서 전개되던 표기법 논쟁이 문법 논쟁의 차원으로 전환하게 된 결정적 계기를 제공한 인물로 볼 수 있을 것이다.

2.2. 박승빈의 표기법과 박승빈 문법의 형성 맥락

박승빈이 표기법에 대해 고민하기 시작한 시점은 근대 문법 연구가 시작되는 시점과 거의 일치하는 것으로 보인다. 그가 고안한 표기법의 모형이 1908년 출간한 『언문일치 일본국육법전서』에 제시되었기 때문이다. 앞 절에서 가정했던 박승빈의 문제의식, 즉 관습 표기에서 문법의 원리를 도출하고 이를 통해 관습 표기를 규칙화해야 한다는 문제의식은 이미 1908년에 제안한 훈독식 국한문 표기에서 확인할 수가 있다.

(6) 『언문일치 일본국육법전서』의 훈독식 국한문

가. 日本臣民은 法律에 依함이 아니고 逮捕, 監禁, 審問, 處罰을 受^바ㄷ는 일이 無^업슴. (日本國憲法 第一章 天皇 第二十三條)

나. 會社가 아니고 商號 中에 會社임을 示보이는 文字를 用^쓰ㅁ을 得^어ㄷ지 못함 會社의 營業을 讓受한 時^째에라도 亦^또한 同^가틈. (商法 第三章 商業登記 第十八條)

위에 제시된 훈독식 국한문 표기의 특징은 용언 표기에서 두드러지는데, 체언 표기의 연장선에서 보면 용언의 어간은 한자 어근에 대응시키지만 어미는 고유어 용법 그대로 국문으로 표기하는 형식을 취한다고 볼 수 있다. 그런데 한자 어근 '受', '無', '示', '用', '得', '同'에 대응하는 고유어 어간이 '바', '업', '보', '쓰', '으', '가'라는 것은 받아들이기가 쉽지 않다. 한자 어근의 의미와 고유어 어간의 의미가 일치한다고 볼 수 없기 때문이다. 같은 예를 (2)의 관점에서 표기한다면, 이들 한자 어근에는 '받', '없', '보', '쓰', '읃', '같'이 대응될 것인데, 주시경은 의미를 기준으로 어간의 형태를 '받, 없, 보, 쓰, 읃, 같'으로 고정하여 뒤이어 오는 문법형태소와 구분하는 원칙을 세웠던 것이다.

그렇다면 박승빈은 훈독식 국한문에서 왜 이러한 표기를 제시했던 것일까? 이를 이해하기 위해서는 문법의 틀에 맞춰 관습 표기를 규칙화하고자 했던 박승빈의 문제의식을 먼저 이해할 필요가 있다. 이와 관련한 문제의식은 『조선어학』(1935: 281)에 잘 나타나 있다.

(7) 그러나 '먹, 걷, 불, 앉, 쌓, 긇'이 『語根』이 안임은 우에 이믜 論述한 바이어니와 假設로 그것이 語根이라고 하드라도 右와 같히 語根은 반드시 區分하야서 記寫할 것이라 함은 不當한 主見이라. <u>文法學上 『語根』을 論議하는 趣意는 各 單語의 成分에 對한 分析的 考察을 說明함에 잇는 것이오, 一般的으로 使用하는 言語의 記寫는 單語의 發音 그것을 記寫하는 것이라, 고로 言語의 記寫에는 첫재로 音節의 區分에 依하고, 다음에는 單語의 區分에 依하야 記寫하는 것이오, 單語의 語根이 記寫 區分의 標準으로 되는 것은 안이라.</u>

위의 밑줄 친 부분에는 박승빈의 문법관이 분명하게 나타나는데, 여기에서 주장하는 것은 단어의 구분에 따라 형태를 밝혀 적되, 단어

내부에서는 형태를 구분하지 않고 발음에 따라 표기하는 것이 표기법의 일반 원리에 부합한다는 것이다. 박승빈은 이러한 원칙에 따라 단어의 구분에 대한 연구를 구체화하게 되는데, (6)의 표기는 이러한 연구에 기반하여 이루어졌다고 할 수 있다. (6)의 예에서 용언에 해당하는 한자 어근과 한자 어근에 부기된 국문 표기는 박승빈 문법의 핵심이라고 할 수 있는 어간, 어미, 용언 조사[6]에 대응되는 것이다. 그렇다면 박승빈은 어간, 어미, 용언 조사의 개념을 어떻게 사용하여 훈독식 국한문 표기를 구상하였을까? '없(無)'이 '업스니', '업서서', '업슴' 등처럼 활용하는 현상의 설명을 통해 그가 표기를 구상한 원리를 가늠해 볼 수 있을 것이다.[7]

박승빈의 문법론에서는 '업스니', '업서서', '업슴'에서 '니', '서', 'ㅁ'을 용언 조사로, '업스'와 '업서'를 용언으로 분석하며, 용언 '업스'와 '업서'를 어간 '업'과 어미 '스, 서'로 분석한다. 이때 어미 '스'와 '서'의 형태 차이는 용언 활용상의 어미 변화로 설명한다. 이런 분석 원칙을 세우면, '업스니'와 '업서서'와 같은 관습적 표기를 문법 원리에 따라 설명할 수 있는 길이 열리게 되는 것이다. '업스니'는 단어인 용언 '업스'와 단어인 용언 조사 '니'가 결합한 형태이니, 하나의 단어 내에서 형태를 구분하여 '없으'라고 표기하지 않고 '업스'로 표기하는 이론적 근거가 만들어지기 때문이다. 그런데 (6)의 표기 방식을 보면, 이러한 원칙이 이미 『언문일치 일본국육법전서』를 발간할 때 확고하게

---

6 현재 국어문법에서 '어미'로 보는 부분을 박승빈은 '어미'와 '용언 조사'로 분석한다. '어미'는 용언의 일부로 '용언 조사'는 그 용언에 붙는 '조사'로 본 것이다. 이에 대한 상세한 논의는 3장에서 이루어질 것이다.

7 박승빈의 훈독식 국한문 표기의 원리에 대한 설명은 최경봉(2020ㄴ)에서 이루어진 바 있다. 여기에서는 최경봉(2020ㄴ)에서의 설명을 토대로 박승빈이 제안한 국한문 표기의 문법론적 의의를 밝힌다.

수립된 것으로 보인다.

의미상 '無'는 '없' 혹으 '업스'에 대응된다고 볼 수 있지만, 박승빈이 '無'에 '업'을 대응시킨 것은 위에서 설명했던 표기 원칙에 따른 것이다. 즉, '업스'가 아닌 '업'에 '無'를 대응시킨 데에서는 변동 요소인 어미 '스, 서'를 표기상 어간과 구분해야 한다는 의식을 확인할 수 있는 것이다. 이처럼 용언이 어간과 어미로 구성되고 여기에 용언 조사가 결합한다고 보는 박승빈의 문법론은 일찍이 자신이 고안한 훈독식 국한문 표기법으로 구현되었다. 그런데 아래의 예를 보면, 박승빈 표기법에 나타난 단어 구분 의식이 전통적인 음독식 국한문 표기법을 통해 구체화되었음도 확인할 수 있다.

> (8) 形容詞의 變動段音을 語幹으로 하고 語尾 『하』가 添加하야 語尾
> 『하』動詞의 單語가 組成되는 境遇에 『어』音을 짜로 써이면 그
> 『어』는 무엇이라고도 說明할 길이 업슴. 예 義 부러워하오,
> 好 됴하하며, 悲 스러하네 (중략) 이와 같이 『부러워, 됴하,
> 스러』는 『義, 好, 悲』의 單一의 意味를 가져쓸 쑨이고 무슨
> 助詞의 意味가 添加되야잇디 아니 한 것임이 明白함. (박승빈,
> 『조선어학』, 1935, 272-273쪽)

위에서처럼 박승빈은 '하다'가 붙은 어간이 하나의 단어라는 근거를 그것이 한자에 대응된다는 데에서 찾았다. 위의 설명을 보면 박승빈은 '부러워(羨)하오', '됴하(好)하며', '스러(悲)하네'의 '부러워', '됴하', '스러'를 의미상 羨, 好, 悲 등의 한자 어근에 대응되는 용언으로 봤음을 알 수 있다. 박승빈은 이러한 인식을 기반으로, '부러워', '됴하', '스러' 등이 하나의 단어라면 이를 '부러우+어', '둏+아', '슬+어'로 형태 분석해 표기하는 것은 합리적이지 못한 것이라 하였다. 그리고 주

시경의 주장대로 '부러우'라는 용언과 '어'라는 조사(잇씨)가 결합한 것이라면 '어'가 무슨 뜻의 조사인지 설명해야 하는데, 동사의 세(勢) 만을 나타내는 '하'가 첨가된 구성에서 '어'의 뜻을 제대로 설명할 수 없음을 강조하였다.

이러한 점들을 감안해보면, 박승빈은 [羨하오], [好하오], [悲하오] 등과 같은 음독식 국한문 표기를 통해 용언 단어의 경계를 확인하였고, 이를 토대로 훈독식 국한문 표기를 모색하면서, 용언의 어간과 어미를 구분하는 문법 의식을 확립한 것으로 추정할 수 있다.[8] 따라서 (8)에서처럼 "형용사의 변동단음을 어간으로 하고 어미『하』가 첨가하야 어미『하』동사의 단어가 조성되는 경우"를 훈독식 국한문으로 표기한다면 [羨^{부러워}하오], [好^{됴하}하오], [悲^{스러}하오] 등으로 썼을 것이지만, 형용사의 변동단을 어간으로 하지 않는 경우, 즉 어미 '하'가 첨가되지 않는 경우에는 형용사의 변동단인 '부러워, 됴하, 스러'를 어간과 어미로 분석하여 [羨^{부러}워서], [好^됴하서], [悲^스러서] 등으로 썼을 것이다.

이처럼 박승빈은 훈독식 국한문을 쓸 때부터, 문법 원리에 근거한 국문 표기 방식을 고안하면서 대중들의 관습적인 표기 의식을 원리화해 표기에 반영하고자 했다. 그리고 자신의 표기법이 관습 표기와 상통하면서도 문법 원리에 충실하다는 것을 강조하면서, 이를『한글 마춤법 통일안』의 문제점을 비판하는 핵심 논리로 삼아 표기법 논쟁에 뛰어들었다.

(9) 周時經氏는 [먹, 걷, 불, 앉, 쌓, 싫] 등을 語根으로 觀察한
    것이 안이오 單語의 不變하는 형상으로 觀察하얏는 故로 그것

---

8 최경봉(2020ㄴ)에서는 박승빈과 유길준이 모색한 국한문의 규범화에 대해 논의하면서, 국문의 규범화와 국한문의 규범화가 연동되어 이루어졌음을 지적한 바 있다.

들을 그 아래에 承接하는 助詞와 區分하야 記寫함을 主張한
바임. 言語의 發音의 單位는 音節이오 朝鮮文은 音節文字의 制
度로 成立되야서 古今 全民衆이 조곰도 疑念이 업시 了解하야
온 바이라. 그러한데 語音의 記寫를 語根의 標準으로 그 分界를
사마서 써 歷史的이며 大衆的으로 確定되야잇는 音節文字의 制度
를 破壞하랴 함은 全然히 錯誤된 見解이라. (박승빈, 『조선어학』,
1935, 281쪽)

위의 내용은 문법의 원리를 내세워 대중의 관습화된 표기 의식을 뒤
집는 것은 잘못임을 지적한 것인데, 이는 다른 한편으로 『한글 마춤법
통일안』 작성을 주도한 최현배의 학설에 대한 반박이기도 하다. 최현
배는 용언에 붙는 문법형태소를 토씨로 설정한 주시경 문법을 비판하
면서 이를 어미 변화, 즉 활용의 차원에서 설명하는 것이 바람직하다
고 하였지만 표기법에 있어서는 주시경의 안을 수용하였다. 박승빈이
지적하는 것은 최현배의 견해에서 나타나는 문법 원리와 표기법의 모
순이다. 즉, 용언의 변화를 용언과 토씨의 결합이 아닌 용언의 어미
활용으로 설명하면서 토씨 설정에 근거한 주시경식 표기법을 유지하
는 것은 모순이라는 것이다.

이를 보면 표기법 논쟁이 문법 연구와 함께 진행되면서 문법 논쟁이
표기법 논쟁으로 귀결되기도 했지만, 최현배의 경우처럼 새로운 문법
학설을 전개하면서도 기존 표기법의 원칙을 지키기 위해 문법의 논리
가 정교해진 측면도 있었음을 알 수 있다.[9] 박승빈 또한 전통적 표기
법을 수용하는 차원에서 표기의 원칙을 수립하였고, 이 과정에서 자신

---

9 김병문(2016)에서는 최현배가 보조어간을 설정한 것이 형태음소적인 표기법 자체를 근본적
  으로 뒤흔드는 박승빈의 활용 개념에 대응하는 것이었다고 설명한 바 있다.

의 문법론을 체계화했다. 아래의 예는 『조선어학』에서의 용례인데, 이를 통해 박승빈의 문법론이 그의 표기법에 어떻게 반영되었는지를 가늠해볼 수 있다.

> (10) 『조선어학』에서의 용례 표기
>   가. 늘근 漁父가 큰 고기를 만히 <u>자바쓰오</u>.
>   나. 태산이 <u>높다</u> 하되 하늘 아래 뫼이로다.
>   다. 담을 <u>높(高)히고</u>
>   라. 화원에는 매일 모양이 어엿브고 <u>빛이</u> 고온 <u>꽃이</u> 퍽 만히
>   푸이오.

'빛이'나 '꽃이'와 같이 체언과 체언 조사를 분리 표기하면서 체언의 원형을 밝혀 적는 것, '높다'와 같이 용언과 용언 조사를 분리 표기한 것, '높히고'와 같이 용언과 조용사와 용언조사를 분리 표기하면서 단어의 구분을 표기에 명확히 반영하는 것 등은 주시경의 형태주의 분석 방법론을 수용하면서 관습과 문법의 괴리를 좁히려는 시도로서 주목할 필요가 있다.[10]

특히 (10가)의 밑줄 친 표기 '자바쓰오'는 관습 표기를 원리화하려 했던 박승빈 문법의 문제의식이 잘 드러난 예인데, 이는 '자바'를 용언 '자브'의 변동단으로, '쓰'를 과거 표시 조용사로, '오'를 용언 조사로 분석하는 박승빈 문법이 반영된 표기이다. 그런데 이는 또한 '잡았오'의 표기를 원리화하는 주시경 문법에서 발생할 수 있는 문제, 즉 토씨의 의미와 기능과 형태를 일관성 있게 제시할 수 없는 문제[11]를 극복

---

10 최경봉(2020ㄴ)에서는 박승빈의 표기법을 음소주의로 단순화하는 것의 문제를 지적한 바 있다.

11 '자바쓰오'에 대응하는 표기 '잡았오'는 이를 용언 '잡'과 토씨 '았오'로 분석하는 주시경 문법이 반영된 결과이다. 박승빈은 이러한 문법 분석은 동일한 토씨가 '았오', '었오', '쓰

하기 위한 문법론적 모색이기도 했다.

그렇다면 "(『한글 마춤법 통일안』) 作成者들은 종래의 表記法을 제멋대로 소리나는 대로만 적은 것이라고 하여 一顧의 價值도 없는 것으로 생각하였던 것"(이기문, 1963: 163)이라는 비판과 관련지어, 관습적 표기에서 문법적 원리를 추출하고 이를 통해 표기를 규칙화하고자 했던 박승빈의 문제의식을 새롭게 평가할 필요가 있을 것이다.

지금까지 논의 내용 중 박승빈 문법의 형성 맥락을 파악하는 차원에서 주목할 점은 박승빈의 표기법이 단어를 형태 표기의 분계로 삼는 주시경의 분석 방법론에 바탕을 두고 구체화되었다는 점이다. 활용론의 차이에서 비롯한 표기법의 차이가 두드러지지만, 이 또한 단어를 형태 표기의 분계로 삼는 주시경의 분석 방법론을 벗어나지는 않는다. 결국 박승빈은 용언 조사의 형태를 고정하면서 그 앞의 요소를 용언으로 분리해 냈고, 분리된 용언을 음절 단위로 표기하는 표기법을 제시했기 때문이다. 물론 박승빈이 용언의 원단으로 제시한 '업스'의 형태와 주시경이 기본형으로 제시하는 '없'의 형태는 표기법상 큰 차이라 할 수 있다. 그러나 문법론의 차원에서 보면 이는 용언의 표면형에 대응하는 심층형을 어떻게 설정하느냐의 차이란 점에서 방법론상 근본적인 차이라 볼 수 없다.

그럼에도 불구하고 박승빈 문법이 주시경 문법의 대척점에 섰다는 평가가 일반화된 것은 박승빈이 주시경의 표기법에 바탕을 둔 『한글 마춤법 통일안』에 대항하여 표기법 논쟁에 뛰어들었기 때문일 것이다. 표기법 논쟁이 비타협적으로 진행되면서 표기법의 이론적 기반이

오'로 형태를 달리한다는 점, 토씨 '오'를 토씨 '었오'의 구성성분으로 봐야 한다는 점 등에서 일관성이 떨어진다고 비판한 바 있다.

된 문법의 차이를 대척적인 것으로 보게 된 것이다. 이는 표기법적 대립과 다른 차원에서 문법론적 영향 관계를 고찰해야 하는 이유를 말해준다.

3. 근대 초기의 문법 논쟁과 박승빈 문법론의 계보

3.1. 문법 논쟁과 박승빈의 문제의식

박승빈의 문법의식이 문법체계로 구체화되는 시기는 규범문법을 정립하기 위한 논쟁이 본격화한 시기와 겹친다. 따라서 문법과 관련한 박승빈의 문제의식을 확인하기 위해서는 먼저 규범문법 논쟁의 양상을 확인할 필요가 있다. 근대 초기 규범문법 논쟁은 품사와 관련한 문법체계 논쟁이었다고 할 수 있는데, 당시 주요 쟁점 사항은 김두봉의 『깁더조선말본』(1922)을 통해 짐작해 볼 수 있다.

> (11) 우리말에는 옳지도 당ㅎ지도 아니한 남의 말본을 그냥 본받은, 『이다』따위를 『동사.조동사』니 『큰』따위를 『형용사』니 『크』 따위를 『큰』의 『변한 것』이니 『어미변화』니 심지어 『무슨 항, 몇단 동사』니 하는 따위의 일들을 한 때의 몇 사람에게 는 쉽음이 될지 모르나 긴 때의 많은 사람에게는 길을 두고 뫼로 가라 함보다 다름이 없겟기로 이를 좇지 아니함이오 (김두봉, 얽말(總論), 『깁더조선말본』, 1922. 『역대한국문법 대계』1-23에서 재편집한 내용을 인용하였음.)

위에서 김두봉은 당시 통용되던 문법서의 문법체계와 문법 용어의 문제를 지적하며, 자신의 문법서가 규범적인 문법서로서 역할을 할 수 있음을 강조하고 있다. 김두봉의 비판을 보면, 그가 비판적으로 본 것은 주로 김규식의 견해이고, 여기에 더해 유길준과 그의 문법을 잇는 안확의 견해도 비판의 대상이 된 것으로 보인다. 이를 통해 1920년대 조선어학계에서 김규식, 유길준, 안확 등의 문법이 주시경 학파와 대척점에 있었음을 알 수 있다.

김규식은 '이다'를 동격동사로, '큰'을 형용사로, 형동사(形動詞) '크다'는 형용사 '큰'과 동격동사 '이다'가 결합한 것으로 설명하였다. 또한 어미변화를 용언의 변체식(變體式)으로 설명하였는데[12], 김규식은 변체식에서 용언뿐만이 아니라 체언의 어형변화까지를 포함하여 다루고 있다. 반면, 주시경과 김두봉은 체언과 용언에 붙는 문법형태소를 독립된 품사 토씨로 보면서, 이를 '긋(맺씨)', '잇(잇씨)', '겻(겻씨)' 등으로 분류했다. 그리고 '이다'를 종결토(긋)로, '큰'을 형용사 '크'에 토씨 'ㄴ'이 결합한 것으로 설명했다. 이를 보면 김규식의 문법은 주시경과 김두봉의 관점과 극명하게 대조됨을 알 수 있다.

'이다'를 조동사로 보는 견해는 안확의 『중등교육 대한문법』(1910)에서 나오는데, 안확의 견해는 어미를 조동사로 보는 유길준의 견해를 잇는 것으로 볼 수 있다.[13] 여기에서 안확은 조동사가 동사만 돕는 것이 아니라 다른 품사도 도와서 활용을 하는 일이 있다고 하면서, 명사를 돕는 것으로 "영웅이라'의 '이라', 대명사를 돕는 것으로 "그이올시다"의 '올시다'를 제시하고 있다.[14]

---

12 變詞法이라 홈은 各 詞字가 文章에 入用될 時에 各其 相關되ᄂ 詞意를 表ᄒ기 爲ᄒ야 各 品詞의 語尾가 變化되ᄂ 法式을 云홈인듸 (중략) 日 品詞의 變體式이오 日 語吐活用(或文章에 語尾)이니라. (김규식, 『대한문법』, 1909, 44쪽)
13 정승철(2012)에서는 안확의 『조선문법』이 유길준의 『대한문전』을 기초로 하되 자신의 문법 인식 체계에 맞추어 그 내용을 수정한 문법서임을 논증한 바 있다.
14 『중등교육 대한문법』(1910)의 내용은 이은경(2016)에 의해 소개된 바 있다. 『수정조선문

(11)의 내용을 보면 당시 문법론의 주요 쟁점을 관통하는 문제의식은 우리말의 특성을 제대로 설명할 수 있는 문법체계를 확정해야 한다는 것이었음을 알 수 있다. 이때 우리말의 특성을 나타내는 요소로 주목받은 것은 문법적 기능을 하는 교착 요소라 할 수 있는데, (11)의 쟁점들도 결국 교착적 요소에 어떤 자격을 부여하느냐는 문제로 귀결된다.

김민수(1954)에서는 문법론을 세 가지로 유형화하면서 국어문법학사의 서술 방안을 제시한 바 있는데, 이 유형을 적용하면, 조사와 어미 등 교착적 요소를 독립 품사로 분석하는 유길준, 주시경, 김두봉 등의 문법론은 제1유형에 속한다고 볼 수 있으며, 조사와 어미의 부착을 어형변화로 설명하는 김규식은 제2유형이나 제3유형에 속하는 것으로 볼 수 있다.[15] 그렇다면 초기 문법의 세부적인 체계는 달랐지만, 김규식을 제외하면 대체로 교착적 요소에 일정한 품사적 자격을 부여하였다고 할 수 있다.

그런데 여기에서 특히 주목해야 할 것은 교착적 요소에 품사 자격을 부여하는 것과 관련한 고민은 주시경의 문법체계가 변동되는 계기가 되었다는 점이다. 주시경은 『국어문법』(1910)에서 서술어의 역할을 하는 '크'만을 '엇(형용사)'으로 보고, '큰'은 명사를 수식한다는 점에서 '언(관형사)'에 포함하였다. 그 후 주시경의 『말의 소리』(1914)에서는 단어를 크게 '몸씨'와 '토씨'로 나누었는데[16], 이 체계에서 '큰'은

법』(1923)에서는 어미 및 보조용언에 대응되던 조동사의 범위가 접미사와 보조용언으로 축소되는데, 여기에서는 '이다'의 '이'를 '으'와 같은 조음소로 봤다.

15 조사와 어미의 부착을 모두 어형변화로 보는 것이 제3유형에 해당하고, 체언에 붙는 조사만을 독립 품사로 보는 것이 제2유형에 해당하는데, 김규식 문법은 이 유형으로 명확히 구분하기 어려운 점이 있다. 김민수(1980: 220)에서는 김규식 문법이 "제2, 제3유형의 문법체계를 태동하게 한 점에서도 역사적 가치가 적지 않다"고 평한 바 있다. 이러한 평가는 체언과 용언의 어형변화를 체계적으로 설명하면서도 일부 문법적 형태소를 후사와 접속사에 소속시킨 점을 지적한 것이라 할 수 있다.

'ㅋ'(엇)와 'ㄴ'(겟)의 결합으로 설명할 수 있다. 이를 보면 주시경 문법이 단어를 최대한 분석하여 품사 체계를 구축하는 방향으로 변화하였음을 알 수 있다.

여기에서 문법체계상 변화로 두드러진 것은 『국어문법』(1910)에서는 체언에 붙는 토씨를 가리켰던 '겟'이 『말의 소리』(1914)에서는 체언에 붙는 토씨와 용언에 붙는 토씨를 아우르는 품사로 확장되었다는 점이다. 김두봉의 『조선말본』(1916)에서는 이를 정교화하여 '겟씨'를 '임자겟, 딸림겟, 매임겟, 돕음겟'으로 하위분류하면서 'ㄴ'을 '딸림겟'으로 분류하였다. 이를 보면 김두봉은 주시경이 『말의 소리』에서 제안한 문법체계를 정교화하는 방식으로 문법체계를 구축했고, 이를 근거로 김규식, 유길준, 안확 등의 문법체계를 비판하면서 규범문법을 정립하고자 했었음을 알 수 있다.

주시경과 김두봉을 비롯하여 1유형 문법을 지향하는 문법가들의 문법체계가 1910년대와 20년대 초반까지 주류였던 현실을 고려하면, 제1유형의 문법론을 정교화하는 것은 당대 문법학의 주요 목표였을 것이고, 박승빈도 이러한 흐름을 의식하면서 문법 연구를 시작했다고 할 수 있다. 이는 김두봉이 쟁점으로 파악한 사항에 대한 박승빈의 설명을 통해서도 확인할 수 있다.

첫째, 박승빈은 '이다'를 '이'와 '다'로 분리하면서, '이'를 '지정사'로 '다'를 '용언 조사'로 설명하였다. '이'를 용언의 한 부류인 '지정사'[17]

---

16 『말의 소리』에서는 '몸씨'를 '임, 엇, 움'으로, '토씨'를 '겟, 잇, 긋'으로 하위분류하였다.

17 최현배는 『우리말본』(1937: 748-749)에서 "풀이씨의 한 가지로 이 잡음씨란 것을 세우기는 이 책이 처음이다."라고 밝히고 있지만, 박승빈의 1931년 『조선어학강의요지』(1931)에 이미 잡음씨에 해당하는 '지정사'를 설정한 것으로 보아 최현배의 언급은 박승빈의 논의와 관련없이 『우리말본』의 집필 과정에서 '잡음씨'를 설정했음을 강조한 것으로 이해할 수 있을 것이다.

로 본 것은 '이다'를 동격동사로 본 김규식의 문제의식을 잇는 것으로
볼 수 있지만, '다'를 '용언 조사'로 본 것은 '이다'와 '다'를 토씨(굿)로
분류한 주시경의 문제의식을 잇는 것으로 볼 수 있다. 결국 '다'를 토
씨로 분석한 주시경의 문제의식에 집중함으로써, '이다'의 '이'가 지닌
용언으로서의 특성을 새롭게 설명할 수 있는 계기를 만들 수 있었던
것이다.[18]

　둘째, 박승빈은 '큰'을 형용사 '크'와 용언 조사 'ㄴ'이 결합한 것으로
설명하는데, 박승빈 문법에서는 용언의 전성에 관계하는 용언 조사로
'ㄴ, 게, ㅁ, 기'을 제시하고 있다. 이는 주시경 학파의 분석 방법론을
이어받아 정교화한 것으로 볼 수 있다. 김두봉은 'ㄴ'을 딸림겻으로
'게'를 매임겻으로 분류하여 주시경이 설정한 '겻'을 세분하는 데 그쳤
지만, 박승빈은 용언의 전성에 관계하는 문법형태소로서의 공통점을
포착하여 주시경이 설정한 '겻'의 범위를 확장한 것이다. 박승빈은 주
시경이 자신의 『국어문법』을 수정하여 'ㄴ, 게'를 '토씨(겻)'로 새롭게
분류한 점에 주목하는 한편, 'ㄴ, 게'를 '토씨(겻)'으로 분류하면서 'ㅁ'
과 '기'를 '토씨(겻)'에 포함하지 않는 것은 모순이라고 생각했던 것으
로 보인다.[19]

　셋째, 박승빈은 '어미변화'로서 활용을 인정함과 동시에 문법적 역
할을 하는 단어인 용언 조사를 설정한다. 이때 용언의 어형변화를 설

18　박승빈은 '다'를 용언조사로 설정함으로써 그 앞에 오는 '이'를 용언으로 분석할 수 있었
　　다. 반면 주시경과 김두봉이 주도하여 편찬한 『말모이』(1914)에서는 '이다'의 '이'를 '솔
　　(소리를 돕는 겻)', 즉 조음소로 보았는데, 이는 '다'와 '이다'를 토씨로 고정한 상태에서
　　'이'의 성격을 파악한 결과로 볼 수 있다.
19　이에 대한 문제의식은 주시경학파에서도 가지고 있었던 것으로 보이는데, 『말모이』(1914)
　　와 이규영의 비망록인 『온갖것』(1913)에서는 '名詞를 뜻 바꾸게 하든지 形動을 名詞되게
　　하는 몸'을 '입'이라 하여 'ㅁ, 기'의 문법범주로 제시한 바 있다. 그러나 이러한 분류가
　　전성어미의 체계화에까지는 이르지 못한 것으로 보인다.

명하는 데 어미 활용의 개념을 적용했다는 점에서는 김규식의 문제의
식을 잇는 것으로 보이지만, 활용형 뒤에 붙는 용언 조사를 용언의 문
법적 관계를 보여주는 별도의 품사로 설명한 것을 보면 박승빈은 궁극
적으로 주시경과 김두봉의 문제의식을 잇고 있다고 볼 수 있다.

　이상의 내용을 보면, 박승빈은 주시경 문법의 분석 방법론을 토대
로 문제의식을 구체화하면서 자신의 문법체계를 수립했다고 할 수 있
다. 박승빈 문법은 주시경 문법의 문제의식을 이어받아 이를 가장 적
극적으로 구현한 문법론이었던 것이다. 그렇다면 박승빈 문법의 계보
와 위상에 대한 논의에서는 주시경 학파와의 상호 영향 관계를 우선적
으로 검토할 필요가 있을 것이다.

3.2. 박승빈 문법의 계보와 위상

　박승빈 문법론의 계보와 관련하여 주목해야 할 것으로는 최현배가
『우리말본』의 저술 과정에서 보인 언급이다. 『우리말본』(유인교정본)
은 1928년에 완성된 것인데, 철자법 논쟁이 본격화되기 전 그리고 박
승빈의 문법서가 출판되기 전에 이루어진 것으로, 두 문법가 사이의
상호영향 관계를 파악할 수 있는 자료로서 의미가 있다. 여기에서 최
현배는 문법 연구의 관점을 '분석'의 관점과 '종합'의 관점으로 구분하
면서,[20] 박승빈 문법론이 분석의 관점에 선 반면 자신의 문법론은 종
합의 관점으로 나아간 것으로 설명하고 있다.

---

20 앞서 언급했던 제1유형 문법은 분석의 관점에, 제2유형과 제3유형 문법은 종합의 관점에
　해당한다고 할 수 있다. 여기에서 최현배가 강조하는 종합의 관점은 제2유형 문법을 가
　리킨다.

(12) 요새 朴勝彬 님이 풀이씨(用言)의 꼴바꿈(活用)을 말한다. 그
러나 그의 活用은 단순하게 日本말본을 본뜬것이어서 한줄
에서의 語形의 變化(원문의 설명 생략)를 말할 뿐이오, 그
變化가 文法上 아모 긴요한 뜻을 들어내지 아니하니 그러한
풀이는 말본에서의 아모 값이 없을 뿐 아니라(朴 님 말고도
이러한 活用을 말한 이가 여럿이가 있다), 또 그는 담에((4)
參照) 말할 바와 같이 分析을 더하였을지언정 決코 綜合의
길로는 들어서지 못하였다. 그의 지은 朝鮮語體系一覽에는 앞
사람의 법을 딸아서 [다, 는, ㄴ, ㄹ]들이 여전히 토(助詞)로 되
어 있을 뿐 아니라 일즉 앞사람들이 따로 分析해내지 아니한
[지, 기]까지가 토에 들어나아 있으며 또 앞사람이 하지 못한
[히, 기, 시, 겟]들조차 따로 띄내어서 獨立한 씨의 資格을 주었
더라. 그에 무슨 나아감과 뜻이 있다 하면 그것은 分析을 더
도저히 하였다는 것일 따름이다. 그렇나 이렇게 풀어서는
작구작구 말 스스로의 綜合的 性質에는 멀어질 따름이다.
(『우리말본』(유인교정본)2권, 1928, 끼운쪽3b)

위의 내용은 두 가지 측면에서 주목을 요하는데, 첫째는 최현배가
『우리말본』을 저술하기 전 박승빈 문법이 완전한 체계를 갖춘 문법으
로서 당시 조선어학계에 영향을 미치고 있었다는 점이고, 둘째는 최현
배가『우리말본』의 저술 당시 박승빈 문법을 의식하며 자신의 문법체
계를 세웠다는 점이다.

첫 번째 사항과 관련하여서는 위의 밑줄 친 부분에 거론된 "조선어
체계일람"에 주목할 필요가 있다. "조선어체계일람"은 박승빈 문법을
압축적으로 요약한 것인데, 시정곤(2015: 232)에서는『간이조선어문
법』(1937) 독자들의 학습적인 면을 고려하여 부록으로 첨부한 것으로
설명한 바 있다. 그런데 최현배가 1928년에 쓴『우리말본』의 원고본

에서 이를 언급한 것을 보면, 이는 이미 1928년 이전에 별도로 인쇄·배포되었다고 볼 수 있다.[21] 그렇다면 박승빈 문법은『조선어학강의요지』(1931)가 출간되기 훨씬 이전에 완성되어, 조선어학계에 영향을 미친 것으로 봐야 할 것이다.

두 번째 사항과 관련하여서는 최현배 문법과 박승빈 문법의 영향 관계를 살펴볼 필요가 있다. 위에서 최현배는 '활용'과 '보조어간'의 개념을 제시하기 위해 박승빈 문법의 두 가지 문제를 지적하는데, 첫째는 어형 변동을 표시하는 어미가 문법적 의미를 지니지 못한다는 점이고, 둘째는 문법 요소의 분석이 과하다는 점이다. 그런데 이 두 가지 문제는 서로 긴밀히 관련되어 있는 문제로 볼 수 있다. 박승빈은 용언의 문법적 의의를 나타내는 요소를 조사(助詞)와 조용사(助用詞)라는 별도의 단어로 분석[22] 하기 때문에, 그의 문법체계에서 용언의 활용은 용언 자체의 형식적 변동일 뿐 용언의 의의에 변화를 주지 못한다.[23] 결국 박승빈 문법에서 활용어미가 문법적 의미를 지니지 못하는 것은 문법적 의미를 지니는 형태소를 용언 조사와 조용사로 분리해 냈기 때문인 것이다. 이런 점을 볼 때, 박승빈 문법에 대한 최현배의 비판을 평가하기 위해서는 박승빈이 용언 조사와 조용사를 설정하게 된 맥락을 먼저 이해할 필요가 있을 것이다.

첫째, 박승빈이 용언 조사를 설정한 맥락을 이해하려면, "言語의 主成部分인 體言과 用言이 다 助詞의 操縱에 因하야서 비로소 그 文에 使用

---

21 박승빈이 1925년 보성전문학교 교장으로 취임하면서 조선어문법을 강의했다고 한 것으로 보아 "조선어체계일람"은 1925년경에 별도로 인쇄·배포되었을 것으로 추정된다.
22 박승빈 문법에서 품사 체계는 12개의 품사로 이루어지는데, 이는 다른 문법의 품사에 비해 복잡하다고 할 수 있다.
23 박승빈은 "用言의 語尾가 變動되야도 그 意義에는 아모 關係가 업스며 오직 그 다음에 오는 承接語와 連結되는 方法이 됨일 뿐이라"(『조선어학』, 229쪽)고 설명하였다.

되는 機能을 가초게 됨"(박승빈, 『조선어학』, 332쪽)이라는 언급의 연구사적 의의에 주목할 필요가 있다. 주시경의 『말의 소리』에서는 체언과 용언에 붙는 토씨들을 '것', '긋', '잇'으로 분류한 반면, 박승빈은 이를 '체언 조사'와 '용언 조사'로 분류하였다. 이와 같은 분류는 토씨가 첨부되는 성분의 성격과 토씨의 특성을 연결지어 파악할 수 있는 근거가 되었다는 점에서 의미가 있다. 즉, 조사를 체언 조사와 용언 조사로 분류함으로써, '조사는 체언과 용언의 문장 내 기능을 나타낸다는 점에서 동질적이라는 점', '용언 조사는 활용을 하는 성분에 첨부된다는 점에서 고정 성분에 첨부되는 체언 조사와 이질적이라는 점', '서술어의 역할상 용언 조사가 단어뿐만 아니라 구와 절을 접속하고 문장의 유형을 결정하는 역할을 한다는 점'[24] 등이 분명해진 측면이 있는 것이다.

이처럼 체언 조사와 용언 조사를 동질적이면서도 이질적으로 보는 관점은 최현배 문법의 종합적 관점과 상통하는 면이 있다. 최현배의 문법체계에서 체언 조사는 조사에 포함되는 반면 용언 조사는 어미에 해당되는데, 이는 체언 조사와 용언 조사를 구분하는 분석적 관점을 종합적 관점으로 전환할 때 예상할 수 있는 결과이다. 즉, '용언 자체의 변동형에 용언 조사가 첨부되어 용언의 문법적 기능을 나타낸다'는 분석적 관점의 설명은 '용언이 문법적 요소를 포함하여 활용하며 문법적 기능을 나타낸다'는 종합적 관점의 설명으로 전환할 수 있는 것이다.

---

24 굴절소와 보문소가 어미로 실현되는 한국어의 특성상 어미가 구와 절의 접속에 기능을 한다는 점을 설명하기 위해서는 어미의 작용을 문장 차원에서 볼 필요가 있다. 따라서 용언의 변화를 단어 내부의 어형변화가 아닌 조사의 첨가로 보는 것은 이를 설명하는 데 유용한 측면이 있다.

다만 박승빈 문법에서는 용언 조사의 형태와 의의를 고정적으로 보기 때문에, 최현배 문법의 활용어미가 항상 박승빈 문법에서 어미와 용언 조사로 분석되는 것은 아니다. 한 예로 박승빈 문법에서는 "날아 가다, 펴어 놓다, 잊어 버리다, 벗어 지다" 등을 설명하면서, 용언을 잇는 '아, 어'를 용언 조사로 보지 않고 용언 변동단의 어미로 설명하였다.[25] 즉, '나라, 펴, 니저, 버서'를 용언의 변동단으로 보면서, 해당 구성을 용언 변동단에 용언 원단이 결합한 숙어로 본 것이다.[26] 이처럼 용언 조사의 조건을 제한하는 접근은 조사의 형태와 의미가 고정되어 있다고 보는 관점에서 비롯한 것이었고, 이를 용언 결합의 숙어로 보는 접근은 해당 구성의 용언 간 의미 관계에 특별히 주목하는 계기가 되었다고 할 수 있다.[27]

둘째, 조용사를 설정한 맥락을 이해하려면, "助用詞는 用言을 補助하야 用言의 內容에 一定한 意義를 添加하는 任務를 가질 뿐인 故로 그 다음에 다시 助詞가 添加되디 아니 하고서는 言語가 完成되디 못하는 狀態"(박승빈, 『조선어학』, 286쪽)라는 설명의 연구사적 의미를 이해할 필요가 있다. 이 설명은 주시경 학파에서 명확하게 구분하지 못했던 문법 요소, 즉 '용언을 보조하여 용언의 내용에 일정한 의의를 첨가하

---

25 이는 '어'를 '잇씨'로 분류한 주시경과 다른 관점이다. 박승빈은 '어'를 조사로 볼 수 없는 이유로, '어'가 같은 의미의 조사 '어서'의 구성성분이 되는 모순이 생길 수 있다는 점, 해당 구성에서 용언 간 의미 관계가 단일하지 않은데 이를 하나의 조사 '어'로 연결한다고 설명하는 것은 모순이라는 점 등을 들고 있다.

26 용언 변동단에 용언 원단이 결합한 숙어의 개념은 이미 『언문일치 일본국육법전서』의 훈독식 국한문 표기에 반영되어 있다. "第十九條 日本臣民은 法律命令의 定하는 所[바]의 資格에 應하야 均히 文武官에 任함이 되며 及[밋] 其他의 公務에 就[나아]감을 得[으]듬"(일본국 헌법)에서 "就[나아]감"이 그러한 예인데, 이러한 표기는 '나아가'를 용언의 변동단 '나아'와 용언 원단 '가'가 결합한 숙어로 보고 있음을 나타낸 것이다.

27 『우리말본』에서는 '아/어'를 보조적 연결어미로 설명하면서 보조적 연결어미로 이어진 보조용언 구성의 의미 관계를 상세히 밝히고 있다.

는 문법 요소'의 자격과 기능을 규정한 언급이란 점에서, 문법 분석의 새로운 전기가 되었다고 볼 수 있다.

주시경은 용언의 문법적 의의를 나타내는 토씨들을 '겻, 잇, 긋'이라는 세 품사에 포함시켰는데, 주시경의 문법체계에는 용언에 특정 의의를 첨가하는 보조적 역할을 하는 문법형태소, 즉 시제나 존대법의 문법형태소를 별도로 분류할 수 있는 자리가 마련되어 있지 않았다.[28] 『국어문법』(1910: 97-98)에서 주시경은 '었'과 '시'의 문법적 역할을 파악하고 있지만, 이를 뒤에 나오는 토씨('으니', '는데')와 더불어 또 하나의 토씨('었으니', '었는데')를 구성하는 요소로서만 설명하고 있다.

> (13) 가. 앗으니와 앗는데와 엇으니와 엇는데는 다 간때의 잇기
>   니 앗이나 엇은 다 간때를 보임이라.
>   나. 높이어 말함으로 가옵시니 할 때도 잇으니 옵시가 높임이
>   요 가시오니 할 때도 잇으니 시오가 높임이요 가오니 할
>   때도 잇으니오가 높임이라. 그러하나 시만 두어 높임을 삼
>   음이 떳떳함이라.

위의 설명을 보면, '었'과 '시'가 성격상 토씨에 가깝다고 판단하면서도, 용언의 의미를 추가할 뿐인 문법형태소에 별도로 토씨의 자격을 부여할 수 없는 난감함을 읽을 수 있다.[29] 반면, 박승빈은 '용언을 보조하여 용언의 내용에 일정한 의의를 첨가하는 문법 요소'에 특별

---

28 시제와 존대의 문법형태소를 주시경은 토씨에 포함하여 다루었고 김두봉은 용언에 포함하여 다루었다.

29 『말모이』에서 '일러두기'의 문법정보를 보면, '(때)'와 '(높)'이 각각 '시간 발표하는 토'와 '존칭하는 토'로 제시되어 있다. 이는 『말의 소리』(1914)나 『조선말본』(1916)과 다른 처리 방식인데 이러한 차이는 이에 대한 범주 설정이 그만큼 난감한 문제였음을 말해준다.

한 자격을 부여하기 위하여 조사와 다른 범주로서 조용사를 설정하였다. 그리고 조사와 조용사의 성격상 차이를 분명히 하기 위해 조용사를 보조용언으로 설명하는데, 박승빈이 조용사의 변동 양상에 주목한 것은 보조용언이라는 범주적 특성을 보이는 데 주의를 기울였음을 보여준다.

(14) 『조선어학』에서 제시한 조용사 관련 예문
  가. 당신은 德이 이스시ㅂ니다.
  나. 壁에 偉人의 肖像이 걸리셔ㅅ다. ('셔'는 '시'의 변동단,
    'ㅅ'은 '쓰'의 약음)
  다. 저 나무에 꽃이 푸여쩌쓰ㅂ니다. ('쩌'는 '쓰'의 변동단)
  라. 그 나무가 올애는 열매가 열갯다/열개쓰ㅂ니다.('갯'은 '개쓰'의
    약음)

박승빈 문법에서 이처럼 조사와 조용사를 설정하면서 둘의 공통점과 차이점에 주목한 것은 국어문법 분석이 정교해지는 계기가 된다고 할 수 있다. 이에 대해 김영황(2004)에서는 "위치적인 것과 비위치적인 것을 가르고 그 모든 것을 일관되게 보조적 단어로 보고 있는 점이 특징적이라고 할 수 있다. 말하자면 토의 단어설에서 가장 철저한 문법학설인 것이다."라고 평가한 바 있다. 이때 위치적인 것은 조사에 비위치적인 것은 조용사에 해당하는 것인데, 이러한 평가를 감안하면, 박승빈을 교착적 요소들의 성격을 정밀하게 구분하여 문법체계를 구축한 문법가로 재평가할 수 있을 것이다.

물론 최현배는 조사뿐만 아니라 조용사 설정과 관련해서도 박승빈 문법에 비판적인데, 최현배의 비판은 오히려 박승빈의 문법론적 계보와 그 영향을 선명하게 보여주고 있다.

(15) ①여태까지의 말본책들은 다 씨몸과 씨끝을 각각 獨立한 씨로
다루기 때문에, 그 사이에 들어오는 도움줄기(補助語幹)를 둘 데
가 없어서, 더러는 앞의 씨(끝토)에 붙이기도 하고(周스승님),
더러는 우의 씨(풀이씨)에 붙이기도 하다가(김두봉님), 畢竟에
는 이것(도움줄기)를 아조 따로 떼어내이서 獨立한 한 씨갈
래로 잡은 이(朴勝彬이니 그는 이따위를 補助用言이라고 이
름지어서 한갈래의 品詞라 하엿음)까지 생기게 되었다. ②
이는 分析的 文法의 갈대를 다간 結果의 당연한 것이다. 그러나
이와 같이 함은 물을 化學的으로 分析하여 水素 둘과 酸素
하나로 하여 놓은 것 같아서 물이란 性質을 얻어 볼 수 없
음과 같으니 ③우리사람의 생각을 綜合的으로 낱아내는 말 自
體의 綜合的 性質을 能히 밝히지 못할 것인 고로 이제 나는 이것
을 버리고 모다 한씨로 잡고서 우에와 같이 풀어 풀이씨의 끝바
꿈(活用)을 말하노라. (최현배, "조선어의 품사 분류론", 『조
선어문연구』1, 1930, 77쪽)

(15②)에서 최현배는 조용사를 설정한 박승빈의 문법론을 분석적
문법이 갈 데까지 간 결과로 보면서, 그것이 물을 화학적으로 분석함
으로서 정작 물의 성질을 파악하지 못하는 것과 같다고 비판한다. 그
러나 조용사의 설정은 (15①)의 설명에서 알 수 있듯이, 시제와 존경
등을 나타내는 문법형태소를 별도의 단어로 분석하지 않고 용언에 덧
붙는 요소(김두봉의 견해)나 종결토에 붙이는 요소(주시경의 견해)로
만 분석한 데에서 한 걸음 더 나아간 것으로 볼 수 있다.

그런 점에서 보면, 박승빈 문법에서 조용사의 설정은 시제와 존경
을 나타내는 문법요소가 용언에 덧붙는다고 본 김두봉의 견해를 토대
로 하되 이 문법요소에 품사 범주의 자격을 부여한 결과로 볼 수 있다.

따라서 (15③)에서와 같은 최현배의 비판은 이러한 재인식의 결과를 종합적 관점의 설명으로 전환한다는 것인데, 이에 따라 최현배는 조용사에 해당하는 문법 요소에 품사의 자격을 부여하는 대신 이를 한 용언의 '보조어간'으로 설명하는 방법을 취하게 된다.

박승빈 문법이 주시경과 김두봉 문법의 분석적 관점을 이어받아 정교하게 체계화했다는 점과 박승빈의 "조선어체계일람"이 『우리말본』의 집필 시 참고되었던 점을 감안하면, 최현배가 보조어간을 설정하여 상, 시제, 존칭 등을 나타내는 문법형태소를 설명한 것은 박승빈의 문법이 끼친 중요한 영향으로 기록될 필요가 있다. 물론 분석적 관점이 아닌 종합적 관점을 취하는 최현배 문법의 특성상 상, 시제, 존칭 등을 나타내는 문법형태소를 품사의 체계에 포함하지 않았지만, 용언에 특정한 의미를 첨가하는 문법형태소를 별도의 문법 범주로 취급해야 한다는 문제의식은 박승빈의 조용사 개념에서 얻은 것이라 할 수 있기 때문이다.

이처럼 박승빈의 치밀한 분석 결과는 그의 문법에 대립적이었던 종합적 관점에 일정한 영향을 미쳤는데, 특기할 것은 종합적 관점을 완성한 정렬모의 문법에도 박승빈의 문법이 일정한 영향을 끼쳤을 것이란 점이다. 정렬모는 체언과 용언이 문장에서 행하는 역할을 나타내는 문법형태소를 모두 접사로 설명하는 관점을 취하는데, 이러한 종합적 문법론은 동인지 『한글』에 1927년부터 1928년에 걸쳐 발표한 "조선어문법론"에서 처음 선보여 『신편고등국어문법』(1946)에서 완성된다.

정렬모 문법의 특징은 '낱뜻(辭)'과 '감말(詞)'을 구분하여 '감말'(명사, 동사, 관형사, 부사, 감탄사)에서 품사 분류를 하고, '낱뜻'을 통해 형태소 분석을 하는 문법 분석 방식을 취한다는 점이다. 이때 '낱뜻'은

'으뜸낱뜻'과 '도움낱뜻'으로 구분하는데, 체언과 용언은 '으뜸낱뜻'에, 여기에 붙는 문법형태소는 '도움낱뜻'에 해당하게 된다. 이는 주시경이 단어를 '몸씨'와 '토씨'로 대분류했던 처리와 유사하지만, 이를 품사 분류가 아닌 형태소 분석의 차원으로 설명했다는 차이가 있다. 이를 보면 정렬모는 '낱뜻'을 통해서 주시경의 분석적 관점을 수용하겠다는 문제의식을 보인 것으로 볼 수 있다. 따라서 정렬모 문법에서 취하는 이중적 문법체계는 품사를 단어의 문법적 기능에 따라 분류하면서, 문법형태소의 의미와 기능을 정밀하게 설명할 수 있는 장점을 지닌다. 정렬모가 자신의 문법론을 완성하기 전에 "조선어문법론"에서 '낱뜻'의 체계라 할 수 있는 '원사론(原辭論)'을 먼저 선보인 것은 이런 맥락에서 이해할 수 있다.

이런 측면에서 보면 박승빈 문법에서 12개의 품사를 설정하면서 분석적 관점을 철저하게 구현한 것은 정렬모의 '원사론'이 정교해지는 것과 연결되는 측면이 있다. 박승빈이 분석적 방법론을 정교하게 구축하면서, '용언의 문장 내 기능을 결정하는 문법 요소'와 '용언에 일정한 의의를 첨가하는 문법 요소'를 구분하여 '조사(용언 조사)'와 '조용사'를 설정하고, 토씨와 다른 차원에서 용언의 한 종류로서 지정사('이')를 설정한 것 등이 정렬모의 문법체계, 즉 '낱뜻'의 체계에도 고스란히 나타나기 때문이다. 정렬모는 '도움낱뜻'을 '두루'와 '다만'으로 나누고, '두루'를 '빛(格, 토)'과 '꼴(態, 발)'로 나누는데, '빛'에는 체언조사와 용언조사가 '꼴'에는 조용사가 해당된다. 또한 정렬모 문법에서 '이다'는 '도움낱뜻'이 아닌 '으뜸낱뜻'의 '몸갈이말'(용언)에 포함된다.

그런데 정렬모가 박승빈 문법에 대해 언급하지는 않았기 때문에 둘의 영향 관계를 직접적으로 확인하기는 어렵다. 다만 박승빈의 "조선어체계일람"이 1928년 최현배에 의해 비중 있게 언급되었다는 점, 박승빈 문법이 종합적 문법론에 앞서 체계화되었다는 점 등을 고려하면 정렬모 문법이 체계화되는 과정에서 박승빈 문법의 영향을 가정하는 것은 자연스럽다.[30]

이상의 논의를 종합하면, 박승빈 문법은 주시경에서 김두봉으로 이어지는 분석적 문법을 심화한 성과라는 점에서 주시경학파의 계보에 포함할 수 있을 것이다. 그리고 분석적 문법을 심화한 박승빈 문법은 당대 주시경 학파의 문법가들에게도 공유되었던 것으로 판단된다. 그렇다면 분석적 관점에서 종합적 관점으로 문법 분석 방법론을 전환하고자 했던 최현배와 정렬모가 심각하게 대면해야 했던 문법은 주시경과 김두봉의 문법이 아니라 그것을 비판적으로 계승한 박승빈의 문법이었을 것이다. 박승빈 문법의 국어학사적 위상은 바로 이 지점에서 확인할 수 있다.

4. 결론

이 글에서는 표기법의 제안으로부터 시작된 박승빈 문법의 형성 과정을 살펴보며, 박승빈 문법의 계보와 국어학사적 위상에 대해 논의하였다. 지금까지 논의한 바를 정리하면 다음과 같다.

2장에서는 표기법 논쟁과 관련지어 박승빈 문법의 형성 맥락을 살펴보았다. 이를 통해 첫째, 박승빈을 통해 표기법 논쟁의 지형이 '관습

---

30 정렬모는 자신의 문법이 松下文法의 영향을 받았음을 밝히고 있고 그 문법체계도 그와 유사한 면이 있지만, 松下文法을 한국어로 적용하는 과정에서 박승빈 문법을 참조했을 가능성이 높다.

과 문법'의 대립에서 '문법과 문법'의 대립으로 바뀌었다는 점, 둘째, 표기법과 관련한 박승빈의 문제의식은 관습 표기에서 문법의 원리를 도출하고 이를 통해 관습 표기를 규칙화하는 것이었다는 점, 셋째, 관습적 표기를 규칙화하는 과정에서 용언 조사와 조용사를 설정하는 등 박승빈 문법의 체계가 완성되었다는 점 등을 밝혔다.

3장에서는 당대 문법 논쟁과 관련하여 형성된 박승빈의 문법론적 문제의식을 살펴보면서, 박승빈의 문법 분석이 주시경과 김두봉의 분석적 문법을 심화한 것임을 밝혔고, 최현배와 정렬모의 문법론적 문제의식이 박승빈 문법을 의식하며 형성되었을 가능성을 제기하였다. 이 과정에서 첫째, 박승빈 문법을 압축적으로 요약한 "조선어체계일람"이 1928년 저술된 『우리말본』(유인교정본)에서 언급된 점, 둘째, 체언 조사와 용언 조사를 동질적이면서도 이질적으로 보는 관점이 최현배 문법의 종합적 관점과 상통하는 면이 있다는 점, 셋째, 박승빈이 설정한 조용사가 김두봉의 견해를 분석적 관점에서 발전시킨 것이고 최현배가 보조어간을 설정하는 데 일정한 영향을 미쳤다는 점, 넷째, 박승빈 문법에서 12개의 품사를 설정하면서 분석적 관점을 철저하게 구현한 것이 정렬모의 '원사론'이 정교해지는 것과 연결되는 측면이 있다는 점 등이 부각되었다.

참고문헌

김민수. 1954. "국어 문법의 유형-국어문법사시고-."『국어국문학』(국어국문학회) 10. 10-12.

김민수. 1980. 『신국어학사』(전정판) 서울: 일조각.

김병문. 2016. "초기 국어문법에서의 품사 분류와 '보조어간' 설정에 관한 문제."『국어학』 77. 101-129.

김영황. 2004. "조선어토의 문법적처리와 문법교육의 효률성문제."『이중언어학』
(이중언어학회) 24. 9-19.

김완진 외. 1985.『국어연구의 발자취(1)』서울: 서울대학교 출판부.

남경완. 2020. "1910년대 국어 문법의 의미 연구: 체언과 조사의 의미적 유형 분류
를 중심으로."『한국어학』(한국어학회) 88. 1-30.

송석중. 1976. "박승빈의『조선어학』소고."『어학연구』(서울대 어학연구소)
12-1. 133-146.

시정곤. 2000. "최현배(1930)과 박승빈(1931)의 어미를 보는 눈."『21세기 국어학
의 과제』서울: 월인. 593-612.

시정곤. 2015.『훈민정음을 사랑한 변호사 박승빈』서울: 박이정.

신창순. 1999. "이른바 "철자법논쟁"의 분석-박승빈의 주시경 철자법이론 비판-."
『한국어학』(한국어학회) 10. 135-189.

이기문. 1963.『국어표기법의 역사적연구』(한국연구총서 제18집) 서울: 재단법인
한국연구원.

이은경. 2016. "안확의 《중등교육 대한문법》(1910)에 대하여."『국어학』(국어학
회) 79. 27-65.

정승철. 2012. "안확의『조선문법』(1917)에 대하여."『한국문화』(규장각한국학
연구원) 58. 179-195.

최경봉. 2016.『근대 국어학의 논리와 계보』서울: 일조각.

최경봉. 2020ㄱ. "규범문법 수립이라는 과제와 국어학-국어학사의 관점에서 본
국어 규범문법의 특수성-."『한국어학』(한국어학회) 86. 85-118.

최경봉. 2020ㄴ. "근대적 문어 양식의 성립과 국한문의 규범화."『국어학』(국어학
회) 94. 27-65.

최형용. 2020. "1910년대 품사 연구."『한국어학』(한국어학회) 88. 61-111.

최호철. 2004. "학범 박승빈의 용언 분석과 표기 원리."『우리어문연구』(우리어문
학회) 23. 53-86.

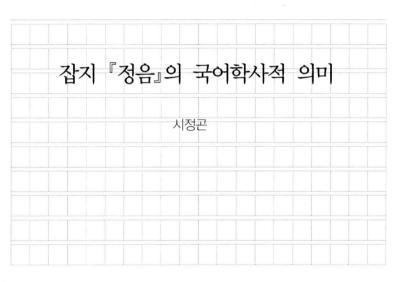

잡지 『정음』의 국어학사적 의미

시정곤

1. 머리말

이 논문의 목적은 잡지 『정음』의 국어학사적 의의를 밝히는 것이다. 잡지 『정음』은 1934년 2월에 창간된 조선어학연구회의 기관지다. 1941년 4월 제37호로 폐간될 때까지 『정음』은 잡지 『한글』과 더불어 일제 강점기 국어 연구의 진작과 일반에 대한 보급에 앞장섰던 전문 어학 잡지로 그 역사적 가치와 의의가 매우 크다.

그럼에도 불구하고 『정음』에 대한 성격이나 국어학사적 의의에 대해 자세히 다룬 논의는 거의 찾아보기 어렵다. 그 이유는 『정음』이 당시 조선어학회와 대립했던 조선어학연구회의 기관지였다는 점을 들 수 있다. 철자법에서 주시경의 후학으로 구성된 조선어학회의 입장이 규범으로 채택되고 해방 이후 조선어학회가 학계의 주류가 되었다는 점을 고려할 필요가 있다. 이러한 배경에서 조선어학연구회보다는 조선어학회가, 『정음』보다는 『한글』이 더욱 논의의 주된 대상이 되었기 때문이다.

　최근『정음』에 대한 언급이 시정곤(2015)에서 시도된 바 있으나, 여기서는『정음』의 성격과 내용에 대한 기본적인 소개가 이루어졌을 뿐이다. 본고에서는 이를 바탕으로 하여『정음』에 대한 탐구와 분석을 한 걸음 더 들어가 시도해 보고자 한다. 이 과정 속에서 조선어학연구회 기관지였던『정음』이 갖고 있는 시대적 위상이 드러날 것이다. 이와 더불어『정음』에 실렸던 논문의 내용을 면밀히 검토하여 1930년대 국학계에서 잡지『정음』이 어떤 역할을 했는지도 살펴볼 것이다.

　본고의 논의를 좀더 객관적으로 전개하기 위해 먼저 2장에서는 잡지『정음』의 시대적 탄생 배경에 대해 알아보고, 3장에서는『정음』의 성격이 무엇인지『정음』창간호를 중심으로 살펴본다. 4장에서는『정음』에 실린 논문의 필자와 논문의 유형과 분야 등을 토대로 하여 잡지『정음』의 내용에 대해 자세히 고찰하기로 한다. 5장에서는 잡지『정음』이 국어학사에서 어떤 의의를 갖는지를 잡지『계명』과 잡지『한글』과의 연관성을 중심으로 살펴볼 것이다. 그리고 마지막 6장에서는 전체 내용을 요약하면서 논의를 마무리할 것이다.

2. 잡지『정음』의 탄생과 성격

　잡지『정음(正音)』은 조선어학연구회의 기관지로 1934년 2월 15일에 창간되었다.『정음(正音)』은 말 그대로 훈민정음에서 따온 것으로 그 정신을 계승한다는 의미가 담겨 있다. 당시 조선어학회와 대립했던 조선어학연구회의 핵심 인물이 박승빈이었다는 점을 고려하면 학회의 기관지 이름을『정음(正音)』이라 붙인 이유를 짐작할 만하다.[1]

『정음』의 판권면을 보면, 편집 겸 발행인은 권영중(權寧仲)으로 되어 있고, 인쇄는 경성부 견지동 32번지에 있는 한성도서 주식회사(金鎭浩)에서 한 것으로 나와 있다. 그리고 발행소는 경성부 인사동 152번지 조선어학연구회로 되어 있다.

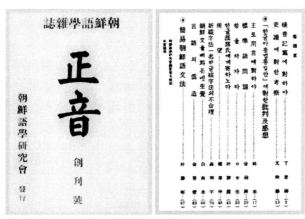

[그림1] 조선어학연구회 기관지 　　[그림2] 조선어학연구회 기관지
『정음』 창간호 표지　　　　　　『정음』 창간호 목차

박승빈을 중심으로 한 조선어학연구회는 1931년 12월 10일에 창립된다. 잡지 『정음(正音)』은 이 조선어학연구회의 공식 기관지였으나 학회 창립과 더불어 세상에 나온 것은 아니었다. 『정음』이 창간된 것은 학회가 발족된 지 2년 정도가 지난 1934년 2월이었다. 학회가 갑작스럽게 조직되어 기관지가 바로 생겨날 수가 없었던 점도 있었겠지만,

---

1 조선어학회의 기관지가 『한글』이어서 그 학회원들을 한글파라고 불렀고, 조선어학연구회의 기관지가 『정음』이어서 정음파라는 말이 생겨났을 정도로 당시 두 학회는 상호 경쟁하면서 국어연구와 국어운동을 선도했다. 또한 두 단체는 국어문법을 비롯하여 철자법에 이르기까지 첨예한 대립을 보여 왔다. 박승빈의 조선어학연구회는 『훈민정음』에 기반한 국어문법과 철자법을 주장하였고, 주시경의 후학으로 구성된 조선어학회는 주시경의 국어문법과 신철자법을 주장했다.

그것보다는 자신들의 입장을 나타낼 수 있는 『계명』이라는 잡지가 여전히 기관지 역할을 할 수 있었기에 『정음』이 뒤에 등장한 것이 아닌가 생각한다. 실제로 잡지 『계명』이 1933년 1월 27일 폐간되고 그 직후인 1934년 2월에 『정음』이 세상에 나왔다는 점이 이러한 추정을 뒷받침해 준다.

학회 기관지에 대한 갈망은 학회 창립 당시부터 뜨거웠던 것으로 보인다. 1933년 5월 1일에 개최된 조선어학연구회 제2회 정기총회에서 학회의 공식 잡지를 간행해야 한다는 결의가 나왔다는 사실에서 이를 짐작할 수 있다. 그해 7월 3일에 열린 학회 월례회에서도 학회 잡지 발행에 대한 토의가 있었던 것으로 보아[2] 회원들은 창립 직후부터 자신들의 연구성과를 세상에 알릴 수 있는 잡지가 필요하다고 생각했다. 더욱이 그동안 자신들의 입장을 드러낼 수 있었던 잡지 『계명』이 폐간되자 자신만의 기관지에 대한 필요성이 더욱 간절했을 것이다.

『정음』의 창간 소식은 세간에 큰 관심사 중 하나였다. 당시 『동아일보』 1934년 2월 1일자 신문에는 『정음』 잡지의 출간 소식이 다음과 같이 소개되어 있다.

"시내 인사동에 잇는 조선어학연구회(朝鮮語學研究會)에서는 연래의 숙안이든 조선어학잡지 『정음(正音)』을 발행케 되엇다는 바 요사이 분포되어 잇는 『한글』과 경향을 달리하는 주장과 연구의 발표가 잇고 더욱이 창간 제1호는 한글마춤법통일안에 대한 비평이 잇다는데 방금 인쇄중으로 불일간 나온다 하며 집필자는 박승빈, 정규창, 이긍종, 백남규, 임규, 권영희, 문시혁, 박승도, 권영중 등 제씨라 한다."[3]

2 '본회록사(本會錄事)', 『정음』 창간호(1934년 2월 15일)

기사에는 숙원 사업이었던 학회의 기관지가 창간된다는 사실과 조선어학회와 견해를 달리하는 조선어학연구회의 주장과 연구 발표가 최근 들어 계속 제기되었다는 내용이 소개되어 있다. 또한 기관지『정음』이 인쇄 중이며 수일 내로 발간된다는 사실, 무엇보다도 창간호에 조선어학회의『한글마춤법통일안』에 대한 비판의 글이 들어 있다는 점을 강조하여 소개하고 있다.

당시『정음』창간에 대한 지식인과 연구자들의 관심도 대단했다. 창간호를 위해 원고를 모집했는데 생각보다 많은 원고들이 투고되어, 지면관계상 다 싣지 못하고 다음호로 넘겨야 할 정도였다.

"本號를 爲하야 貴稿를 惠投하야 주신 여러 先生님께 만흔 感謝를 드립니다. 그러나 貴稿 中 編輯의 限定을 넘기디 못하는 事情으로 不得已 次號로 밀리우게 되얏사오니 未安하온 말삼을 드립니다. 또 本誌의 綴字法에 對하야 統一하고자 編輯室에서 多少의 고틴 것이 잇삽기로 또한 未安하온 말슴을 드립니다. 編輯上 不得已한 事情이압기 널리 헤아리심 비압나이다."[4]

이제『정음』의 성격에 대해 알아보자.『정음』창간호의 권두언에는 잡지를 창간한 취지가 잘 드러나 있다. 가장 핵심적인 내용은 조선어문의 정리와 통일 작업을 위해 잡지를 만들었다는 것이다.

"朝鮮의 言文運動도 벌서 過去 數十年의 歷史를 가지게 되얏다. 그러함에도 아직것 이러타 할 實績을 나타내디 못한 것은 甚히 遺憾스러운 일이다. 朝鮮言文運動의 直接으로 目的하는 바는 무엇인가

---

3 "'正音' 發刊 朝鮮語學研究會",『동아일보』, 1934년 2월 1일.
4 '편집여언(編輯餘言)',『정음』창간호.

하면 그것은 朝鮮言文의 整理와 統一이다. 그러한데 今日의 朝鮮言文의 狀態인즉, 아즉도 整理統一될 날은 머은 것 갓다. 온갓 文化가 急速度로 發達하는 오늘에 이서 文化의 基礎인 言文의 整理와 統一이 업서서 쓸 수 이슬가? 文化發展에 만흔 支障이 될 것은 무를 것도 업는 것이다. 그리하야 言文의 整理統一에 對한 要求가 挽近 朝鮮 社會에서 작고 絶叫됨은 眞實로 그 要求가 切實하기 째문이다."

권두언의 내용을 요약하면 조선어문의 정리와 통일은 문화의 기초이며, 따라서 정리와 통일 작업은 매우 시급한데 아직도 민중들이 만족할 만한 통일안은 나오지 못했다는 내용이다. 또한 잡지 『정음』의 창간은 조선어학연구회 창립의 연장선에 있다는 점도 강조한다. 특히 조선어학회를 중심으로 한 조선언문운동의 문제점을 극복하기 위해서도 새로운 언문운동을 전개해야 할 필요가 있으며 그 중심에 잡지 『정음』이 있을 것이라는 주장이다. 권두언의 내용을 좀더 살펴보자.

"數年前 朝鮮語學研究會가 創立된 것은 決코 偶然한 일이 안이다. 單純한 一介의 學說의 提唱도 안이다. 朝鮮 社會의 實情으로부터 充分한 社會的 任務를 쯰고 必然的으로 생긴 것이다. 在來의 朝鮮言文運動에 對한 不滿이 社會的으로 釀成되야 잇든 것이 一 集團的 機關으로 그 具體的 表現의 길을 어든 것이다. 참으로 在來의 運動의 一體의 過誤를 모조리 清算하고 새로온 言文運動을 樹立하디 안흐면 안 될 것이다. 過誤를 쌜리 清算 揚棄하고 보다 進步的인 境地를 向하야 새로운 出發을 비롯는 것보다 더 賢明함은 업는 것이다."

실제로 『정음』 창간호의 제일 뒤의 후기란인 '편집여언(編輯餘言)'에는 다음과 같은 내용이 있다.

"本誌는 勿論 硏究記事가 만하사오나 特히 本號는 近者 世上에 나온 바 『한글마춤법통일안』에 對한 批判을 主로 하는 記事를 시러 씁니다. 이것을 『한글마춤법통일안』에 對한 批判號라 할가요!"

창간호는 특히 1933년 10월에 조선어학회가 발표한 『한글마춤법통일안』에 대한 비판 논문을 특집으로 꾸미고 있다. 조선어학회와 철자법 논쟁을 벌여온 조선어학연구회의 입장이 잘 드러나 있는 대목이다. 당시의 상황에서 『정음』이 추구하고 있는 목표와 방향 등을 엿볼 수 있다.

이와 더불어 잡지 『정음』에서는 새로운 조선언문운동의 수립을 위하여 다음과 같이 두 가지의 준칙을 제시한다.

"本誌는 實로 朝鮮語學硏究會의 精神을 繼承하야 그것의 一具顯으로 나타낫다. 지금 第一步를 내노흠에 當하야 特別히 宣言할 아모것도 업다. 다만 새로온 朝鮮言文運動의 樹立을 爲하야 誠과 力을 다할 뿐이다."

- 言文의 法則은 科學的 客觀性을 十二分으로 가지고 잇는 것이라야 할 것.
- 整理統一의 方法을 取함에는 可及的으로 歷史的 制度에 依據하야 最大限度의 實用性이 잇는 時代意識에 適合한 것으로 할 것.

위의 내용을 보면 언문의 법칙은 과학적이고도 객관적인 견지에서 연구되어야 하고, 언문의 정리와 통일 작업은 역사적 제도 위에서 민중들이 가장 쉽게 사용할 수 있도록 실용성을 갖추어야 한다는 점을 말하고 있다.[5] 이것은 조선어강습회에서 청강생들이 조선어학연구회를 창립할 때 내세운 원칙이었으며, 또한 박승빈이 언문의 정리와 통일을 위해 제시했던 세 가지 원칙이기도 했다.[6] 이를 통해 박승빈과 조선어학연구회, 그리고 『정음』의 관계가 얼마나 밀접한지를 한 눈에 알 수 있다.

"너머나 當然한 文句이다만 自他의 認識을 强하게 하기 爲하야 우의 二條를 本誌의 準則으로 내세운다. 科學과 理智에 비추어서 온갖 事物이 그 正體와 眞相을 暴露하디 안홈이 업는 今日에 와서도 朝鮮言文에 이서서만 似而非한 學說의 存在가 그대로 容認될 것인가? 時急히 錯誤와 迷妄은 깨우쳐뎌야 할 것이다.

論理的 正確-바른 條理- 眞理만이 最後의 存在權을 主張할 수 잇다. 本誌는 眞理에만 充實할 뿐이오 迷信의 感情과 欺瞞的 固執에는 어뒷가지든디 反抗하고 現代的 理智에 편들싸름이다.

敢히 眞心으로 朝鮮語를 사랑하는 多數人士의 贊同과 協力을 請하는 바이다." -창간호 권두언 중에서-

권두언에서는 이러한 두 가지 원칙을 제시한 이유로 학문을 하는 사

---

5 안예리(2020:290-291)에서는 이러한 두 가지 원칙을 바탕으로 한 조선어학연구회의 입장을 "자연 상태 그대로의 언어를 관찰하고 실세계에 존재하는 실증 가능한 언어 현상을 귀납적으로 정리하여 법칙을 수립하는 것이 과학적 철자법에 이르는 길이라는 관점을 취하고 있다"고 하면서 "관습적 표기가 공리이며 과학적"이라는 안확의 관점과 일치한다고 했다. 이에 반해 조선어학회의 입장은 "관습적 표기는 무질서한 것이고 아무리 널리 쓰이는 표기라 하더라도 법칙성이 없다면 혁신을 통해 고쳐 나가는 것이 과학적인 태도"라는 것으로 '과학적 태도'라는 개념을 바라보는 두 학회의 입장이 서로 달랐음을 지적했다.

6 1932년 9월에 마련된 '조선어학연구회 취지서'에도 위와 같은 세 가지 원칙이 제시되었다. "무릇 言文의 記寫法은 科學的으로 論理가 明確하고 體系가 整然함을 要하며 從來에 慣用하여 온 歷史的 制度에 基據함을 要하며 民衆이 日常에 實用함을 平易함을 要하는 것이라. 故로 記寫法의 整理 統一을 圖謀함에는 아폐 세 條件을 把握하야 가지고 나아가지 아니하면 아니되는 것이다." 또한 박승빈의 철자법을 지지했던 〈조선문기사정리기성회〉의 신철자법 반대성명서(1934년 7월)에도 이와 같은 철자법의 세 가지 원칙이 다음과 같이 제시되었다. "무릇 언문의 記寫法은 (1) 조리가 명확하여 체계가 정연함을 요하며, (2) 역사적 제도에 의한 관례를 존중함을 요하며, (3) 대중의 학습과 일용에 편이함을 요하는 것이라."

람으로서 너무나 당연한 것이지만, 좀더 과학적이고 객관적으로 연구를 하기 위해서 제시하는 것이라고 했다. 그러면서 새로운 잡지에서는 이러한 논리적으로 정확한 논문을 추가할 것이며 많은 사람들이 이에 찬동하고 협력해줄 것을 바라고 있다.

『정음』에는 조선어문에 대한 연구 논문을 주로 실었다. 이는 창간호에 등장하는 '연구란특설' 광고내용에 잘 드러나 있다.

> "朝鮮말과 글에 對하야 獨特한 硏究를 主張 發表코자 하심이 이스면 本會 編輯部로 보내시와 一般에게 한가지로 參考가 되고 아울러 硏究의 길이 열리게 하는 意味로 本誌 硏究欄에 紹介코자 함이니 特히 便宜를 쐬하심을 바라나이다. 編輯部 白"

잡지에서는 연구 논문을 주로 싣지만 이와 더불어 조선어문에 대한 연구 내용을 일반에게 보급하고 일반인들이 궁금해 하는 조선어문에 대한 해답을 제시해 주는 역할도 했다. 창간호에 등장하는 '질의란특설'이 이를 잘 말해 주고 있다.

> "우리 言文을 밝히고자 이 欄을 두오니 여러분은 만히 質問하야 주시오.
> 一, 朝鮮語學內에 限함
> 一, 質問은 簡單明瞭히 하되 項目別로 하시오
> 一, 質疑應答은 本誌의 發表함으로써 하되 但郵料를 別送할 時는 貴意에 應함
> 一, 封皮에 반드시 「質疑」라 別記하시오"

연구논문이나 질의 등은 우편으로 편집부에 보내면 편집부에서 채

택여부를 결정하고 채택되면 잡지에 게재되는 절차였다. 창간호 '투고환영(投稿歡迎)'란에는 이와 관련된 내용이 자세히 설명되어 있다.

一. 朝鮮語學에 關한 研究論文及研究資料 其他等
一. 愚名은 關係치 안흐나 本社에는 住所 姓名을 밝히 하야주시오
一. 採擇與否는 編輯部에 一任하시오
一. 原稿는 返還하디 안캣삽기 諒解하시오

또한 학회 활동의 전국화를 꾀하고 있다는 점도 알 수 있다. 창간호 '사고(社告)'에는 다음과 같이 전국에 학회의 지회를 둘 것이라는 광고가 등장한다.

"社告
地方에 支社를 設置코자 하오니 有意하신 분은 直接 本社로 問議하시오."

한편, 1930년대 말부터는 일제의 민족말살정책이 기관지『정음』에도 영향을 미쳤다. 1938년 9월에 발간된『정음』 26호부터 1941년 4월 폐간될 때까지 목차 윗부분에 '황국신민의 서사(皇國臣民の誓詞)'를 실어야 했다. 이것은 일제의 우리 민족말살정책의 일환이었다. 일제는 '황국신민의 서사'를 제정하고, 1937년 10월 2일 모든 조선인이 내용을 외우도록 강요했으며, 각급 학교와 모든 집회에서 이를 제창하도록 했다. 또한 각종 출판물에도 이를 게재토록 하였다.『정음』지도 여기에 예외일 수는 없었다.[7]

---

7 조선어학회 기관지『한글』의 경우도 1938년 12월호(6권 11호)에 황국신민의 서사가 첫페

3. 잡지 『정음』의 구성과 내용

3.1 논문의 유형과 내용

『정음』의 창간호는 총 85쪽으로 이루어져 있는데, 창간호의 세부 목차는 다음과 같다.

卷頭言
硬音記寫에 對하야 — 丁奎昶
吏讀에 對한 考察 — 文時赫
⊙『한글마춤법통일안』에 對한 批判 及 感想
主로 用言에 對하야 — 林 圭
標準語 問題 — 金昶濟
참을 차자라 — ㅇㅎ生
한글派 諸氏에게 寄하노라 — 朴勝燾
所 望 — 權寧仲
新綴字法 一名 한글綴字法의 不合理 — 高明宇
朝鮮文을 배화온 넷 生覺 — 白南奎
言語의 僞造 — 金鎭燮
⊙ 簡易朝鮮語文法 — 朴勝彬
朝鮮語學硏究會 趣旨書 及 規則
本會錄事

이제 창간호부터 마지막 37호까지 『정음』지에 실린 글들을 분석해 보자. 감상적인 글이나 공지글 등의 유형을 제외하면 『정음』지에 실린 학술적 글은 총 266편이다. 이를 유형별로 살펴보면 철자법, 문자, 문

이지 상단에 인쇄되어 있는 것으로 보아 이러한 강압적 정책에서 자유롭지 못했음을 알 수 있다.

법, 어휘, 음운, 그리고 외래어와 표준어와 방언 같은 규범, 언어 일반, 계통, 언어학사, 사전, 언어교육, 원본 소개 및 주석, 고려가요와 시조 등 문학 등에 이르기까지 국어학을 위시해 다양한 분야가 망라되어 있다. 언어를 중심으로 하지만 문학 등의 내용도 포함하고 있는 것이 『정음』지의 특징이다.

다음으로 분야별로 실린 논문의 개수를 비교해 보자. 먼저 가장 많은 비중을 차지하고 있는 분야는 철자법이며(72편) 그 다음으로 많은 수가 문자에 관한 글이다(53편). 그밖에 문법(23), 음운(24), 규범(22) 어휘(5), 언어 일반(13편), 계통(11편), 언어학사(7편), 원본 및 주석(17편), 사전(3편), 언어교육(6편), 고려가요와 시조 등 문학(13편) 등이 있으며 수상문 등 기타 잡글 50여편이 들어가 있다. 1930년대 맞춤법 논쟁이 뜨거웠던 시대적 상황을 고려할 때 철자법이나 문자, 문법, 규범 등의 내용이 상당수를 차지하고 있는 것은 어쩌면 자연스러운 것일지도 모른다. 이를 표로 정리하여 보이면 다음과 같다.

분야	논문수
철자	72
문자	53
음운	24
문법	23
규범	22
원본/주석	17
고려가요/문학	14
언어	13
계통	11
언어학사	7

교육	6
어휘	5
사전	3
기타 잡글	50
계	320

[표 1] 『정음』지 분야별 논문

이제 각 분야와 유형에 해당하는 대표적인 논문을 자세히 살펴보자. 분야별로 각 호별로 대표논문 몇 편씩을 골라 소개하면 다음과 같다.

철자법

고명우(1호)- 신철자법 일명 한글철자법의 불합리

윤치호(2호)- 신철자법에 대하야

박승도(3호)- 이윤재씨의 〈신철자법에 대하여 윤치호 선생에게 답함〉의 글을 읽고서

박상희(4호)- 여론과 정론 〈한글식 철자법에 대하여〉

권영희(5호)- 언문기사법은 훈민정음식에로 복구하자

임 규(8호)- 조선어학회 공개장 검토

문시혁(10호)- 이두에 대한 고찰 9

박승빈(10호)- 〈한글마춤법통일안〉에 대한 비판 1

채정민(12호)- 한글식 철자법에 대한 이론의 일편

정규창(15호)- 경음기사에 대하야 〈쌍서를 주장하는 제선생님에게〉

이영두(22호)- 경음과 쌍서

박승빈(27호)- 철자법강석 1

이상인(34호)- 횡서와 횡철

문자

김진섭(1호)- 언문의 위조 - 김진섭

유광렬(2호)- 조선글의 대중화와 보급
편집자(4호)- 훈민정음 반포에 관한 고증
권영중(6호)- 음절문자의 제도
권영중(6호)- 음절문자의 제도
이정욱(16호)- 문자는 사물의 표의요 말의 사진이다
권영희(17호)- 언문연구에 대하야
김연배(19호)- 조선언문의 과거와 장래의 존재를 논함
고재휴(23호)- 언문의 기원설과 몽고어학 운동의 개황
고재휴(24호)- 문자의 일반적 발전형태와 〈정음〉의 문화적 의의
안자산(26호)- 언문명칭론
권영달(36호)- 조선어문의 합리성
양주동(36호)- 신발견 〈훈민정음〉에 대하야

문법
박승빈(1호)- 간이조선어문법 1
박승빈(4호)- 간이조선어문법 4
박승도(6호)- 〈디〉는 무엇인가?
정규창(7호)- 용어어미활용의 진상
정규창(10호)- 용언어미활용의 진상(속)
박승빈(14호)- 어근고 1
편집자(26호)- 품사찾기
채정민(31호)- 조사소고
고재휴(33호)- 고어학적 소고: 용언어미 〈하〉에 대하야

음운
박승빈(8호)- 경음론 1
박승빈(9호)- 경음론(완)
김고불(17호)- 토오키이와 성음학
고재휴(20호)- 쌍서와 중국 발음
고재휴(21호)- 상이한 바팀과 발음의 혼동

유응호(17호)- 음운법칙의 관하야
이정욱(17호)- 조선어의 음절과 어미활용에 대하야
이인식(24호)- 성음의 일반적 성질과 그 분류
고재휴(25호)- 조선어의 음절의 특징
고재휴(26호)- 〈ㅎ〉음의 특이성
고재휴(27호)- 지격촉음자고
임 규(27호)- 가명자음론(완)
고재휴(29호)- 원시시대어음과 〈ㄹ〉음
김삼길(31호)- 성음과 언어 언어와 성음
신태현(34호)- 축약어와 경음: 내선어연구의 일시론

규범

김창제(1호)- 표준어 문제 - 김창제
외래어해석(2호)
외래어 세계어(역)(3호)
K 생(5호)- 신촌출씨의 외래어시비
권영중(13호)- 조선어가 가진 외래어
편집자(15호)- 일본어 라마자 철자의 통일
권영중(16호)- 조선어가 가진 외래어
이춘경(21호)- 조선어화된 외래어
고재휴(22호)- 표준어와 방언
현상태(23호)- 조선어통일책
주종훈(25호)- 조선어의 통일을 절규
이기춘(26호)- 만국발음기호채용의 표준
김 억(27호)- 사투리 옹호론
K 생(32호)- 방언푸리
이원진(37호)- 지나어의 방언분류

원본/주석

박승빈(4호)- 훈민정음 원서의 고구

훈민정음원문(4호)

용비어천가 2(8호)

윤정하(22호)- 훈민정음 후서

해동제국기 부록어음번역(30호)

고재휴(31호)- 역사적 대저: 육서심원

금양잡록(31호)

최익한(34호)- 담헌 홍대용의 언문연행록

훈민정음(35호)

신태현(35호)- 고어집해

훈음종편(37호)

언어학사

임 　규(6호)- 학자의 권위와 양심

임 　규(15호)- 주시경론

박수남(17호)- 주시경선생을 추억함

편집생(20호)- 조선고대어학자 약전

일기자(30호)- 국제언어학회의 조직과 사명

지 　산(26호)- 고대어학기관

고재휴(30호)- 일본언어학회 소개

언어일반

신남철(2호)- 언어의 성립

고불당(6호)- 몰락하야가는 어학

노수련(12호)- 어학연구의 의의

유응호(14호)- 언어의 형태

유응호(15호)- 언어발달의 본질에 관한 개관

최양우(21호)- 종교적 신앙생활과 언어

김 　억(27호)- 언어와 감정

안자산(27호)- 조선어의 성질

이익선(29호)- 표출운동과 언어

이익선(30호)- 언어의 일면: 어의학에 대한 소고
양주동(32호)- 고어법수칙
고재휴(32호)- 언어의 역사적 연구의 의의
이기환(33호)- 언어연구의 대상과 영역

계통

권영중(12호)- 일본어 변천론
고재섭(23호)- 세계언어학적 계통과 조선어의 지휘
김택규삼랑(31호)- 언어상으로 본 조만몽해 관계
고재휴(34호)- 비교언어연구초 1
고재휴(36호)- 비교언어연구초 2
신태현(33호)- 조선어의 변천: 고어법에 관한 약간의 고찰
안트왠. 메이옌(33호)- 언어분류에 대하야
이원진(34호)- 조선어와 유구어비교자료
편집생(36호)- 일본어와 난인어
고재휴(37호)- 언어상으로 본 내선관계

어휘

윤정하(18호)- 어원의 일고찰
윤정하(19호)- 어원의 일고찰(속전)
윤정하(20호)- 어원의 일고찰(완)
양주동(27호)- 어의고 수칙
조동탁(32호)- 어원소고

사전

조선어사전편찬사업에 대하야(2호)
고재섭(20호)- 조선어사전 편찬을 인수하면서
이춘경(20호)- 사전은 문명의 표식

언어교육

권영중(3호)- 현하조선어와 아동교육상 문제

김 희(6호)- 조선어교수문제에 대한 편감

인정식(21호)- 복고주의의 의거하는 조선어연구운동의 반동성

편집실(23호)- 조선인의 성씨 조사

편집자(31호)- 한자사용팔십만어중에 상용은 삼천자

고려가요/시조/문학

시조(20호)

시조 노래(21호)

이상은(22호)- 지나동화 구전명주

정규창 역(22호)- 단편소설 걸인

최익한(22호)- 고려가요 〈역대전리가〉를 소개함

윤규섭(23호)- 언어 문학 표현

유석빈 역(24호)- 시전

육당학인(26호)- 몽고의 박타령

홍선표, 황정익(26호)- 시조

판권지(27호)- 시조

박승도(29호)- 시조한시역

홍선표(29호)- 시조정음, 연초

최익한(32호)- 동애, 송호가사: 허미수편, 고가사의 십편

고재휴(35호)- 〈담사리〉에 대하야

기타

권영중(1호)- 소망

김인식(2호)- 제안

김정록(6호)- 동귀일처하라

권영중(7호)- 창간일

편집자(8호)- 질의응답

권영중(9호)- 일반학부형에게 고함

김연배(15호)- 소감

권영복(16호)- 투쟁

문시혁(18호)- 회고와 전망

권영희(21호)- 올흔것 글흔것

김병일(21호)- 총독부 발행 〈지나사변과 조선어인의 각오〉를 읽고

남궁훈(22호)- 맹종은 금물

권영희(25호)- 위신

채정민(26호)- 강병주씨에게 재차문의함

권영희(27호)- 불일

권영중(34호)- 고 박승도군 영전에

본회록사(1호)

본회록사(8호)

본회록사(11호)

3.2 투고자 분석

이제는 『정음』에 투고한 투고자에 대해 살펴보자. 창간호부터 37호까지 한 번이라도 글을 실은 회원 및 투고자는 약 72명이다. 이 가운데 박승빈을 비롯한 고재휴, 정규창, 문시혁, 채정민, 임규 등 특정한 사람들이 주도적으로 논문을 투고했고 이들이 중심이 되어 학회를 이끌어갔다는 것을 알 수 있다. 이를 표로 정리하여 보이면 다음과 같다.

이름	게재횟수
박승빈	22
고재휴	19
정규창	13

문시혁	12
채정민	12
임규	10
권영중	10
권영희	9
박승도	9
이정욱	5
윤정하	5
최익한	4
양상은	4
안자산(안확)	4
신태현	4
주종훈	3
고재섭	3
유응호	3
이원진	3
양주동	3
한동작	3
이춘경	3

[표 2] 『정음』지 3회 이상 게재자 명단

이제 투고자에 대해 좀더 자세히 살펴보자. 잡지에 가장 많은 글을 투고한 사람은 박승빈이었다. 박승빈이 학회의 주동자였고 가장 핵심적 인물이었기에 어쩌면 당연한 일인지도 모른다. 박승빈은 1호에서 "간이조선어문법"이라는 논문을 시작으로 총 22회의 글을 『정음』에 게재했는데, 연재가 많은 것도 하나의 특징인데 연재된 논문은 후에 저서로 출간되었다. 예를 들어 1호부터 7호까지 『간이조선어문법』을 연속해서 게재했으며, 8호, 9호에는 '경음론'을 연달아 게재했다. 또한 10호-13호까지 총 4회에 걸쳐 "『한글마춤법통일안』에 대한 비판"

을 연속해서 게재했고, 14호, 15호에는 "어근고"를 연재했다. 이후 1938년부터 1939년까지 27호부터 30호까지는 "철자법강석(綴字法講釋)"을 네 차례 나누어 게재했다. 특히 '철자법강석'은 박승빈의 마지막 학술 논문이 되었다. 이처럼 박승빈의 주요 저작은 대부분『정음』지를 통해 세상에 알려졌다.

『정음』에 박승빈 다음으로 많이 글을 게재한 사람은 고재휴다. 그는 19호 "시험관중의 한글"을 시작으로 해서 마지막호까지 19회에 걸쳐 글을 실었다. 그는『정음』잡지의 역사에서 중후반부에 주로 활약했던 인물이다. 그의 중요 저작들을 살펴보면, 20호 "쌍서와 중국 발음", 21호 "상이한 바팀과 발음의 혼동", 22호 "표준어와 방언", 34호 "비교언어연구초1" 등이 있다.

정규창도『정음』지에 총 13회의 글을 게재했다. 그는 조선어학연구회 초대 간사이며 동아일보 철자법 토론회에 대표로 참석했던 3인 중한 명이기도 했다.[8] 그는 창간호 "경음기사에 대하여"부터 3호 "받침의 본질", 7호 "용언어미활용의 진상", 10호 "용언어미활용의 진상(속)", 15호 "경음기사에 대하야 〈쌍서를 주장하는 제선생님에게〉", 18호 "조선어의 사종용언", 29호 "불란서에도 철자법수난: 철자법과 현대적 지성" 등 여러 논문을 게재했다.

채정민은 장로교 목사로서 새로운 성서 편찬을 위해 철자법 연구에 매진했다는 특징이 있다. 그는 박승빈 철자법에 찬동한 인물로 성서를

---

8 대립이 계속되자『동아일보』에서는 철자법 통일을 위한 '철자법 토론회'를 개최하기에 이른다. 토론회는 1932년 11월 7일부터 9일까지 장장 3일간 열렸다. 연사로는 조선어학회 측에서는 신명균, 이희승, 최현배가, 조선어학연구회 측에서는 박승빈, 백남규, 정규창 등이 대표로 나서 강연과 토론, 그리고 질의응답으로 쟁점에 대해 심도 있는 토론을 벌인 것이다.

이 철자법을 기반으로 다시 편찬하여 오늘날 성서 문체를 확립한 장본인이다. 그는 12호부터 "한글식 철자법에 대한 이론의 일편"을 게재하면서 34호까지(언문의 장점과 단점) 총 12회 글을 게재했다. 주요 저작으로는 18호 "보기 쉽고 쓰기 쉬운 언문이 필요하다", 21호 "우리총회가 신철자채용함을 듣고", 23호 "우리 형제의 구어음을 말소티 말라", 24호 "조선어통일과 성경철자의 한글식개정 불가론", 30호 "기독교발전과 조선문자계의 장래", 32호 "신철자로 찬송가 출판을 반대함" 등이 있다.

조선어학연구회 초대 간사 중 한 명이었던 문시혁도 창간호부터 "이두에 대한 고찰"을 총 10회 연재했다. 특히 그는 이두 전문가로 이두에 대한 논문을 연속해서 발표했다. 주요 저작으로는 2호 "이두에 대한 고찰(속)", 4호 "이두에 관한 고찰 4", 7호 "이두에 대한 고찰 7", 12호 "이두에 대한 고찰 10", 14호 "〈ㆍ〉자는 과연 무용일까?" 등이 있다.

임규도 총 10회나 논문을 게재했는데, 그는 박승빈의 동경 유학 동기이며 계명구락부 시절 주시경의 사전원고를 인수하여 이윤재 등과 함께 사전편찬에 힘을 쏟았던 장본인이기도 했다. 주요 논문으로는 "주로 용언에 대하여"(1호)부터 8호 "조선어학회 공개장 검토 임규", 12호 "박승빈 선생의 〈조선어학〉을 읽고", 15호 "주시경론", "假名字音論(完)"(27호) 등이 있다. 이밖에도 권영중, 권영희, 박승도[9] 등이 상대적으로 『정음』지에 활발하게 논문을 게재했던 사람들이다.

국어학자이자 국학자요 독립운동가였던 안확(안자산)도 총 4회 논

---

9 박승도는 박승빈의 재종제로 1903년 철원군 신서면 도신리에서 출생하고 서울로 이사해서 활동하다가 1940년 6월 8일 37세로 사망했다.

문을 게재했다. 논문 발표가 1938년 5월부터 11월까지 모두 한 해 동안에 집중적으로 이루어졌다. 안확은 박승빈과 마찬가지로 세종대왕의 훈민정음 창제원리에 기반한 전통적인 철자법을 계승 발전해야 한다고 주장한 인물이었다. 구체적으로 보면 24호. "언문과 문화급 민족성(文化及民族性)"을 비롯하여, 26호. "언문명칭론", 27호. "조선어의 성질" 등이 있다.

양주동과 유응호도 눈에 띈다. 양주동은 27호 "어의고 수칙", 32호 "고어법수칙", 36호 "신발견 〈훈민정음〉에 대하야" 등을 발표했다. 유응호는 일본 동경제국대학 언어학과를 졸업한 정통 언어학자로 1935년 귀국 후 『정음』지에 몇 편의 논문을 발표했다. 특히 그는 서구 일반 언어학에 기초한 논문을 주로 발표했는데 14호. "언어의 형태", 15호. "언어발달의 본질에 관한 개관", 17호. "음운법칙의 관하야" 등이 그것이다.

백남규는 조선어학연구회 초대 간사이며 동아일보 철자법 토론회에 대표로 참석했던 3인 중 한 명이기도 했는데, 그는 의외로 『정음』지에 한 편의 논문만을 발표했다.(1호 "조선문을 배워온 옛 생각"). 아마도 백남규는 에스페란토 연구에 몰두했기 때문이 아닐까 생각한다.

또한 개인 명의가 아닌 편집실이나 편집생, 편집자 명의로 실린 글도 여럿 있다. 예를 들어 편집자(4호) "훈민정음 반포에 관한 고증", 편집자(8호) "질의응답", 편집자(15호), "일본어 라마자 철자의 통일", 편집생(20호) "조선고대어학자 약전", 편집실(23호) "조선인의 성씨 조사", 편집실(24호) "상용한자 일선한음편람", 편집실(24호) "질의문답", 편집실(27호) "품사찾기" 등으로 어문에 대한 설명이나 질의응답 등을 소개하고 있다.

4. 잡지 『정음』과 『계명』, 『한글』의 상관성

잡지 『정음(正音)』은 1934년 2월에 창간된 이래 1941년 4월 제37호로 폐간될 때까지 우리말글에 대한 연구를 진작하고 이를 세상에 널리 알렸으며, 우리말글에 대해 일반 대중이 쉽게 이해할 수 있도록 대중교화의 역할도 담당했다. 그런 점에서 볼 때 잡지 『정음(正音)』은 잡지 『한글』과 더불어 국어학의 역사에서 커다란 역할을 했음을 알 수 있다. 고영근(1985)에서는 이런 점을 고려하여 조선어학연구회와 잡지 『정음(正音)』은 민족문화의 수성에 공헌하였으며, 민족항쟁사에서 커다란 의의를 갖는다고 평가한 바 있다.[10]

또한 『정음(正音)』은 우리말글을 비롯한 민족문화를 지키고자 했던 잡지의 역사에서 볼 때도 중요한 의의를 갖는다. 잡지 『정음』은 잡지 『계명』의 명맥을 이었다는 점에서 의의가 있고, 또한 『한글』과 대립각을 세우면서 우리말글 연구를 상호 촉진했다는 짐을 되새길 필요가 있다. 더욱이 『한글』이 『계명』의 창간에 자극을 받아 생긴 잡지라는 점을 고려한다면 이들 세 잡지야말로 일제 강점기 우리말글을 지키고자 했던 선학들의 노력이 고스란히 베어 있는 역사적 산물이라고 볼 수 있다.

---

10 고영근(1985:305)에서는 조선어학연구회가 조선어학회와 더불어 민족문화의 수성에 공헌한 것은 민족항쟁사에서 커다란 의의를 갖는다고 주장하면서 그 근거로 기관지 『정음』을 꾸준히 발행하여 1941년까지 약 10년 동안 국어 연구와 보급에 이바지했고, 출간되지는 않았지만 조선광문회에서 시작한 조선어사전 원고를 계명구락부를 거쳐 인수하여 편찬 작업을 계속한 점 등을 꼽았다.

[그림3] 잡지 『계명』 표지　　　　[그림4] 잡지 『한글』 표지

　이제 『계명』 『한글』 『정음』 이들 세 잡지의 상호 관계를 좀더 자세히 살펴보자. 계명구락부[11]의 기관지인 『계명』은 1921년 5월 1일에 창간되었다. 계명구락부의 창립 멤버였던 박승빈은 『계명』이 창간되자마자 자신의 국어학적 견해를 세상에 쏟아 놓았다. 박승빈은 계명구락부의 주축이었고, 특히 언어에 관한 연구와 정책 등에 대해 주도적인 활동을 하면서, 자신의 생각을 정리하여 잡지에 발표했다. 『계명』 잡지 초기(1호-4호)에 실린 박승빈의 논문을 살펴보면 다음과 같다.

박승빈. 1921년 5월 朝鮮言文에 關한 要求. 『계명』 1.
박승빈. 1921년 5월 諺文後解 (1) 『계명』 1.
박승빈. 1921년 5월 姓名下 敬稱語의 決定. 『계명』 1.
박승빈. 1921년 6월 朝鮮言文에 關한 要求 (2). 『계명』 2.
박승빈. 1921년 6월 諺文後解 (2) 『계명』 2.
박승빈. 1921년 9월 朝鮮言文에 關한 要求 (3). 『계명』 3.

---

11 한양구락부(漢陽俱樂部)는 1918년 1월 27일 서울에서 조직되었던 사교기관 단체였으나 3
· 1운동 이후 애국계몽단체인 계명구락부로 탈바꿈했다.

박승빈. 1921년 9월 諺文後解 (3)『계명』3.
박승빈. 1921년 11월 諺文後解 (4)『계명』4.

『계명』을 통한 박승빈의 활약은 주시경의 후학들이 재결집하는 계기가 되었다. 주시경 학파였던 장지영의 회고록에서 그 사실을 엿볼수 있다.

"그 무렵 박승빈이라는 사람이 계명구락부를 조직하고 기관지『
계명』을 내고 있었는데 그도 국어학에 관심을 가지고 의견을 발표하기 시작하였다. 그러나 그의 체계란 일본문법 그대로 흉내낸것이다. 동사의 활용에 있어 일본의 4단 활용성을 흉내내어 국어에는 11단 활용이 있다고 한 것이라든지, 표기에 있어 '먹으니'를
'머그니'로, '잡으니'를 '자브니'로 적기를 주장하고 나섰다. 여기에 동조하는 이가 정규창, 최남선씨 등이었는데 기관지가 있고하여서 그 세력이 굉장하였다.
그래서 우리는 개별적으로 그들과 논쟁하다가 어느 날 임경재,
최두선, 권덕규, 나 이렇게 모인 자리에서 이 문제를 논의한 끝에 그들과 공개토론으로 대결하여 그들의 그릇된 주장을 타도하기로 결정하였다. 그들도 우리 제의에 응락하였으므로 3일간 청년회관에서 공개토론회를 열고 그들 주장의 그릇됨을 통박하였다."[12]

회고록에서는 기관지『계명』지를 통해 박승빈이 자신의 문법과 철자법을 공개적으로 주장하고 그 세가 굉장하였다고 기술하고 있다. 또한 주시경의 제자인 장지영, 권덕규 등이 개별적으로 이에 대해 논박하다가 공개토론회를 제안했고, 1921년 10월 11일에 중앙기독청년회

---

12 장지영. 1978. "내가 걸어온 길", 『나라사랑』 29 (외솔회). pp.29-30.

관에서 공개토론회를 개최했다는 것이다. 1921년 5월에 『계명』이 창간된 점을 고려할 때, 창간과 더불어 박승빈의 조선어문에 대한 다수의 논문 발표에 자극을 받아 토론회가 개최되었다는 것을 짐작할 수 있다.

또한 이후 1921년 12월 3일 장지영, 김윤경, 이윤재 등 주시경의 후학들이 '조선어연구회'를 조직하면서 본격적으로 국어 운동을 시작했다는 점을 고려할 때, 『계명』의 창간과 이를 통한 박승빈의 어문 활동이 '조선어연구회'의 태동에 적잖은 영향을 미쳤다고 볼 수 있다.[13]

> "주 선생이 돌아가신 뒤 제자들이 시간을 맡아 가르치던 중 임경재, 최두선, 이규방, 나 이렇게 몇 사람이 모여 의논을 하였다.
> "우리가 그냥 국어 연구만 하면 뭘 하느냐? 조직이 있어야 하지 않겠는가? 박승빈 같은 이는 계명구락부라는 조직체를 가지고 활발하게 움직이고 또 많이 선전하고 있는데, 우리도 조직체를 하나 만들자."
> 이래서 '조선어 연구회'를 조직하게 되었으니(1921년 12월), 이것이 현 '한글학회' 곧 '조선어학회'의 출발이다. 발기인은 임경재, 최두선, 이규방, 권덕규, 이승규, 신명균, 나 이렇게 일곱명이었고, 다음과 같은 규약을 만들었다.
> 조선어의 정확한 법리를 연구함을 목적으로 한다.
> 매월 한 차례 연구발표회를 열고 때를 따라 강연회, 강습회를 연다.
> 간사 3 사람을 두어 사무를 주관한다.
> 이에 따라 임경재 씨를 간사장으로 뽑고, 최두선씨와 내가 간사의 일을 보았다. 사무실은 휘문학교 교장실에 두어 매달 모임을 가지며 활발한 활동을 시작하였다."[14]

---

13 최용기. 2006. "일제강점기의 국어 정책", 『한국어문학연구』 46, p.24.
14 장지영. 1978. "내가 걸어온 길", 『나라사랑』 29 (외솔회). p.36.

조선어연구회는 1927년 2월부터 『한글』을 발간하고 1931년 1월부터는 이름을 조선어학회로 바꾼다. 조선어연구회가 조선어학회로 이름을 바꾸고 1928년 10월에 휴간했던 『한글』을 1932년 5월 1일자로 학회의 기관지로 격상하여 재발간하면서 본격적인 학술활동을 전개하자, 이것은 박승빈 학파에게 다시 커다란 영향을 미치게 되었다. 1931년 12월 10일 박승빈은 조선어학연구회를 창립하고 조선어학회와 학술적 경쟁을 본격화한 계기가 되었다. 계명구락부가 조선어연구회에 영향을 미쳤다면 다시 조선어연구회는 조선어학회로 발전하고 이것이 다시 조선어학연구회의 태동에 영향을 주었다고 할 수 있다.

조선어학회는 기관지 『한글』을 통해 자신들의 주장을 세상에 알렸다면, 조선어학연구회의 창구는 잡지 『계명』이었다. 조선어학연구회의 입장에서는 자신만의 기관지가 절실했겠지만 창립 당시에는 잡지 『계명』이 발간되고 있었으므로 어느 정도 갈증을 해소할 수 있었던 것이다. 그러나 1933년 1월 27일 『계명』이 폐간되자 조선어학연구회는 자신의 주장을 알릴 수 있는 창구가 사라지게 되었다. 더욱이 조선어학회가 기관지 『한글』을 통해 본격적으로 학술활동을 전개하고 있던 터라 조선어학연구회의 입장에서는 자신들의 기관지를 창간하는 작업이 더욱 간절해지게 되었다. 이에 따라 1933년 5월 1일 조선어학연구회 제2회 정기총회에서는 학회의 공식 잡지를 간행해야 한다는 결의를 했고, 마침내 1934년 2월 기관지 『정음』이 창간되었다. 『계명』에서 시작된 조선어문 연구가 『한글』 탄생에 영향을 미쳤고, 『한글』의 학술 활동은 다시 『정음』 탄생에 영향을 미쳤으니 수십년 동안 진행된 이들의 상호 경쟁 관계는 정반합의 원리처럼 조선어문 정리와 발전에 군건한 토대가 되었다고 볼 수 있다.[15]

5. 맺음말

이제까지 잡지『정음』의 성격과 내용을 통해 잡지가 차지하고 있는 국어학사적 의의를 고찰했다. 이를 간략히 정리하면 다음과 같다.

먼저 2장에서는 잡지『정음』의 탄생 배경과 성격에 대해 알아보았다. 탄생 배경에서는 잡지『정음(正音)』은 조선어학연구회의 기관지로 1934년 2월 15일에 창간되었으며,『정음(正音)』은 훈민정음의 정신을 계승한다는 의미가 담겨 있다. 박승빈을 중심으로 한 조선어학연구회가 1931년 12월 10일 창립되었고, 약 2년 후인 1934년 2월에 잡지가 창간되었다.『정음』창간호의 권두언을 중심으로 잡지 창간의 취지를 살펴보았다. 조선어문의 정리와 통일은 문화의 기초이고 시급한 과제인데 아직도 민중들이 만족할 만한 통일안은 나오지 못하여 이를 위해 잡지『정음』을 창간했다는 것이다.

3장에서는『정음』에 실린 논문의 필자와 논문의 유형과 분야 등을 토대로 하여 잡지『정음』의 내용에 대해 자세히 고찰했다.『정음』창간호부터 마지막 37호까지 수많은 글들이 실렸는데, 먼저 분야별로 실린 논문의 개수를 비교해 보면 철자법(72편), 문자(53편), 문법(23), 음운(24), 규범(22) 어휘(5), 언어 일반(13편), 계통(11편), 언어학사(7편), 원본 및 주석(17편), 사전(3편), 언어교육(6편), 고려가요와 시조 등 문학(13편) 등이 있으며 수상문 등 기타 잡글 50여편이 있다. 창간호부터 37호까지 한번이라도 글을 실은 투고자는 72명이며 이 가운데

---

15 최경봉(2016:280)에서는 1930년대 후반 조선어 연구의 경향이 어문규범 정리를 중심으로 하는 실천적 연구에서 이론 중심의 과학적 연구로 변화되었다고 했는데 이러한 관점에서 본다면『계명』,『한글』, 그리고『정음』은 조선어문의 실천적 연구를 이끈 큰 축이었다고 하겠다.

박승빈을 비롯한 고재휴, 정규창, 문시혁, 채정민, 임규 등이 주도적으로 논문을 투고했다.

4장에서는 잡지『정음』이 국어학사에서 어떤 의의를 갖는지를 잡지『계명』과 잡지『한글』과의 연관성을 중심으로 살펴보았다. 1921년 창간된 계명구락부의 기관지『계명』은 조선어연구회와『한글』의 태동에 영향을 미쳤으며, 이것은 박승빈 학파에게 다시 영향을 미쳐 1931년 조선어학연구회 창립과 1934년 기관지『정음(正音)』의 태동에 영향을 미치게 된다. 그리고 1933년『계명』의 폐간도『정음(正音)』창간의 계기가 되었다. 국어학사에서『계명』과『한글』과『정음』의 상관 관계는 지속적으로 전개되었다.

잡지『정음(正音)』은 1934년 2월에 창간된 이래 1941년 4월 제37호로 폐간될 때까지 우리말글에 대한 연구를 진작하고 이를 세상에 널리 알렸으며, 우리말글에 대해 일반 대중이 쉽게 이해할 수 있도록 대중 교화의 역할도 담당했다. 그런 점에서 볼 때 잡지『정음(正音)』은 잡지『한글』과 더불어 일제 강점기 우리말글을 연구하고 민족문화를 지키고자 했다는 점에서 커다란 의의를 갖는다고 평가할 수 있다.

참고문헌

고영근. 1985.『국어학연구사』학연사.
고영근. 2008.『민족어의 수호와 발전』제이앤씨.
김민수. 1985.『신국어학사(전정판)』일조각.
시정곤. 2015.『훈민정음을 사랑한 변호사 박승빈』도서출판 박이정.
안예리. 2020.『근대 한국의 언어 문제』도서출판 역락.
장지영. 1978. "내가 걸어온 길".『나라사랑』29 (외솔회).
정운현. 2011.『친일파는 살아 있다』책보세.

최경봉. 2016. 『근대 국어학의 논리와 계보』 일조각.
최용기. 2006. "일제강점기의 국어 정책". 『한국어문학연구』 46.

박승빈의 언어 개혁 운동: 말로 완성하는 사회의 평등

신지영

1. 들어가며

학범 박승빈은 지금으로부터 142년 전인 1880년에 강원도 철원에서 태어났다. 1937년 1월 15일 조선일보는 박승빈을 아래와 같이 소개한다.

(1) 일찍이 조선법조계의 중진으로 오랫동안 활약한 분 그다음에 보성전문학교(普成專門學校) 교장의 자리를 맡아서 우리 전문 교육계에 불소한 공적을 세운 분 최근에는 서재에 파묻혀서 일생의 사업인 조선어 연구에 몰두하고 있는 분 (조선일보 1937년 1월 15일 2면, 띄어쓰기 철자법은 현행에 맞춰 정리)

기사에 소개된 바와 같이 박승빈은 당시 사회적으로 유명한 법조인이었고 교육자였지만 한국어 연구를 일생의 사업으로 여기며 연구에 몰두하였던 한국어 연구자였다. 박승빈은 연구를 통해 자신만의 독특한 문법을 세웠다. 하지만 그는 언어 자료를 분석하며 언어의 구조만을 들여다본 평범한 학자에 머물지는 않았다. 언어에 대한 남다른 통찰력을 바탕으로 언어의 사회적 의미를 정확히 꿰뚫어 보았고, 그 혜안을 바탕으로 당시 사회의 문제를 언어 개혁을 통해 풀고자 노력했던 언어 개혁 운동가였다. 그리고 자신의 삶을 통해 그 개혁 운동을 실천해 갔던 실천가이기도 했다.

이 연구에서 특히 주목한 박승빈의 언어 개혁 운동은 세 가지다. 첫 번째 개혁은 부르는 말의 통일을 통해 호칭어의 평등을 이루어 가자는 것이었다. 계명구락부는 회원 상호 간에 서로를 부르는 말을 통일할 필요가 있음을 느끼고 박승빈을 중심으로 적절한 호칭어 연구를 진행하였다. 박승빈은 연구를 통해 성명 아래 경칭 '씨'를 붙이는 방법으로 통일하자는 제안을 계명 창간호 연구란에 실었다. 그리고 계명구락부는 이 연구를 바탕으로 구락부 회원들 사이의 경칭을 성명 뒤에 씨를 붙이는 방법으로 결정한다.

두 번째 개혁은 2인칭 대명사의 경어로 '당신'의 사용을 제안한 것이다. 2인칭 대명사를 사용하지 않고 대화 상대자의 성이나 이름을 계속 부르면서 말을 해야 하는 문제를 해결해 줄 수 있는, 보편적으로 사용 가능한 경어 2인칭 대명사 '당신'을 사용하자는 내용이다.

그리고 마지막 세 번째 개혁은 경어의 방향으로 높임법을 통일해 가는 것이었다. 아동 상호 간에 경어를 사용하게 하고 이를 시작으로 성인이 아동에게도 경어를 사용하게 함으로써 전체 사회가 서로 간에 경어를 사용하는 방향으로 변화를 이끌어가자는 것이 그의 제안이었다.

이 연구에서 연구자는 박승빈이 보여 준 언어 개혁 운동가로서의 면모에 주목하려 한다. 특히, 계명구락부를 중심으로 벌였던 박승빈의 언어 개혁 운동에 초점을 맞추어 연구를 진행할 것이다. 그리고 그 과정에서 박승빈은 왜 언어 개혁 운동에 관심을 두게 되었는가, 이를 통해 그가 달성하고자 한 목표는 무엇이었는가, 그리고 거의 100년이라는 시간을 넘어 그의 언어 개혁 운동이 지금 우리에게 던지고 있는 메시지는 무엇인가라는 크게 세 가지 질문에 답을 찾아보려 한다. 이를 위해 연구자는 박승빈이 남긴 글은 물론, 당시 시대상을 보여 주는 신문, 잡지 등 다양한 관련 자료들을 고찰하였다.

2. 계명구락부와 박승빈의 언어 개혁 운동

계명구락부는 1918년 1월 27일에 민대식 외 32명의 동지가 경성부 광화문통 명월관에 회합하여 만들었던 사교모임인 '한양구락부'의 후신이다. 계명구락부의 기관지인 『계명』 24호의 기록에 따르면 한성구락부의 설립목적은 (2)에 보인 것과 같았다.

(2) 二, 目的
同志者가 日常交遊하며 親愛敦睦하며 互相勸善補過하여 各其 智德을 增長함을 目的으로 함
前項의 目的을 達하기 爲하여 俱樂部 會館 內에 書籍을 備置하여 部員에게 供覽하며 高尙하고 活潑한 遊戲를 行함(『계명』 24호 29쪽. 띄어쓰기만 현행에 맞춤. 이하 같음)

계명구락부는 사교를 위해 작은 규모로 시작했지만 처음 만들어졌을 때부터 의식 있는 명사들의 모임이었다. 특히, 3.1운동 이후에는 단순한 사교모임을 넘어 사회의 변화를 적극적으로 모색하는 모임으로 성격을 바꾸어가게 된다. 한양구락부는 (3)에 보인 것과 같이 1921

년 1월 16일 정기 총회를 개최하여 명칭을 '계명구락부'로 바꾸고 사교 모임에서 벗어나 언어, 예절, 의, 식, 주, 기타 일상 행사의 개선 방법을 연구하고 선전하여 조선 문화 증진에 공헌하는 모임으로 그 목적을 변경한다.

> (3) 一, 規則을 改正하다
>
> 俱樂部의 名稱은 從來 多少 地方的 局限의 嫌이 있든 '漢陽'을 버리고 啓發光明이라는 뜻과 大夜將明의 際에 炯炯한 一星이 燦然히 曙光을 돋는다는 뜻의 『계명』으로 變更하고 目的은 從來에 部員 互相間의 情誼 敦睦을 圖하는 單純한 社交 機關에 그치든 것을 그 밖에 言文, 禮儀, 衣, 食, 住 其他 日常行事의 改善方法을 硏究 宣傳하는 곧 朝鮮文化 增進에 貢獻함을 重要한 使命으로 하다 (『계명』 24호 29쪽)

그리고 변경된 목적에 맞는 다양한 사업들을 기획하고 실행했는데, 연구와 선전을 위해 기관지인 『계명』을 창간한 것도 그중 하나였다[1].

변경된 목적에 맞게 계명구락부는 언어, 예절, 의, 식, 주, 기타 일상 행사의 개선 방법을 연구하고 선전하는 일을 꾸준히 진행하며 내부 결의 사항들을 만들고 실천하면서 이를 사회에 퍼트리려는 노력을 적극적으로 이어갔다. 실제로 영향력이 큰 사람들의 모임이었던 만큼, 실제 사회적 영향력도 적지 않았음을 신문 기사나 당시의 잡지들을 통해 확인할 수 있다. 창립 15주년을 기념하며 발행한 『계명』 24호(1933년 1월)에는 15년간의 계명구락부 중요 결의 사항과 그 결의가 내려진

---

1 『계명』 창간호가 나온 것은 명칭과 목적이 변경되었던 해인 1921년 5월 1일이었다. 창간호를 위한 준비가 언제부터 이루어졌는지는 알 수 없으나 잡지 간행에 대한 안건을 평의원회에 올리자고 한 것은 1920년 12월 11일 이사회였고, 간행 결정이 난 것은 1920년 12월 19일 평의원회에서였다.

시기가 기록되어 있다. 그 기간 동안 계명구락부 총회를 통과한 주요 결의 사항은 총 7가지 항목이었다. 이를 모두 보이면 (4)에 보인 것과 같다.

(4) 重要決議事項

　一, 姓名下 敬稱의 普遍的 用語는 男子 及 女子의 姓 又는 姓 名下에 『氏』라 할 事

(大正十年一月十六日第六回定期總會決議)

　一, 衣服은 深色을 勵行할 事 　(同上決議)

　一, 第二人稱 代名詞는 敬語로 『당신』(當身)이라 秤할 事

(大正十年五月二十八日第七回定期總會決議)

　一, 兒童 互相間에 敬語를 使用케 할 事를 期圖함 　(同上決議)

　一, 新曆의 正朝를 勵行하고 舊曆의 觀念을 除去할 事

(昭和正三年一月三十日第二十二回定期總會決議)

　一, 族譜刊行의 慣習을 排除 할 事 　(同上決議)

　一, 一般 通用의 婚禮式을 制定한 事

(昭和正三年一月三十日第二十二回定期總會決議)

(『계명』 24호 32쪽)

(4)에 보인 것과 같이 15년 동안에 있었던 중요 결의 사항 7가지 중 언어와 관련된 것이 3가지라는 것은 주목할 만하다. 앞서 논의했듯이 계명구락부는 언어, 예절, 의, 식, 주, 기타 일상 행사의 개선 방법을 연구하고 선전함으로써 조선 문화 증진에 공헌하는 것을 중요 사명으로 삼았다. 그런데 최초 15년간의 결의 사항 7개 중에서 3개가 언어와 관련된 것이라는 점은 조선 문화 증진에 언어가 공헌하는 바가 클 것이라는 구락부의 믿음이 담겨 있는 것으로 볼 수 있다. 비단 결의 사항뿐만이 아니라 에스페란토어에 대한 관심부터 사전 편찬에 이르기까

지 계명구락부의 역사를 조금만 살펴보아도 그 활동의 중심에는 '언어'가 있었음을 쉽게 확인할 수 있다.

계명구락부가 언어에 관심을 둔 활동들을 한 데에는, 박승빈의 역할이 컸다. 그리고 계명구락부의 사회적 영향력은 박승빈이 언어 개혁 운동을 실행할 수 있는 좋은 토대가 되었다.

『계명』 창간호의 '계명구락부 녹사(啓明俱樂部錄事)'와 『계명』 24호의 '중요 기사(重要記事)'를 보면 박승빈이 차지했던 계명구락부에서의 위상이 잘 드러난다. 박승빈은 계명구락부의 핵심 인물 중 한 명이었다. 박승빈은 계명구락부의 전신이었던 한양구락부의 발기인 중 한 명이었을 뿐만 아니라 창립 총회에서 평의원 중 한 명으로 선출되었고 같은 날 열린 평의원회에서 의장으로 호선되었을 만큼, 중심이 되는 인물이었다. 또, 1920년 5월 9일 정기총회에서는 이사로 피선되었고, 1920년 12월 19일 평의원회에서는 잡지 간행이 결정되면서 잡지의 간행과 관련한 실행 방법 연구위원으로 선임되었다. 1921년 1월 1일에 열린 평의원회에서는 2인칭 대명사의 보편적인 사용을 정하기 위한 연구위원으로 선정되어 다음 총회에 보고할 임무를 맡았다. 또, 1921년 1월 17일 이사회에서는 구락부의 사무를 분장하기 위하여 6개 부를 설치하고 각 이사를 배치하는데, 박승빈은 이때 사교부의 보좌와 연구부의 주임을 맡게 된다. 연구부 주임이사로서 1921년 2월 1일에는 '여자 및 아동 의복 개량 안'을 제출하기도 하였고, 같은 해 2월 5일에는 '언문에 관한 긴급한 요구'라는 제목으로 누천 명의 청중 앞에서 구락부를 대표하여 강연을 하기도 하였다.

이러한 점들을 생각할 때 (4)에 보인 계명구락부의 결의 사항 중 언어와 관련된 3가지 사항은 박승빈이 발의하고 박승빈이 주도적으로 연구한 결과일 가능성이 매우 높다. 따라서 이 연구에서는 계명구락부의 세 가지 결의 사항을 박승빈의 언어 개혁 운동이라고 보고 논의를 이어갈 것이다. 이 세 가지 결의 사항들을 중심으로 박승빈의 언어 개혁 운동을 살펴보면서 박승빈의 관련 연구를 검토하여 그가 왜 특히 이 세 가지 문제에 주목했는지에 대해 논의할 것이다. 그리고 그가 벌인 언어 개혁 운동의 의미와 그 운동이 당대에 끼친 영향, 그리고 지금 우리 사회가 생각해 봐야 할 문제에 대해 논의할 것이다.

3. 박승빈이 주목한 한국어의 문제

앞서 논의했듯이 박승빈은 사회의 변화를 따라가지 못하는 언어의 문제를 발견하고, 변화한 사회가 언어에 반영되지 않고는 사회의 변화가 이루어질 수 없음에 주목한다. 그리고 특히 세 가지 사항을 구락부에서 결의해 줄 것을 제안한다. 물론, 이 세 가지 문제를 모두 전적으로 박승빈이 제안한 것인지는 기록이 없어 알 수 없다. 하지만 남아 있는 기록들을 살펴볼 때, 박승빈의 제안과 연구가 그 밑바탕이 되었을 것이라고 추론하는 데는 큰 문제가 없어 보인다.

앞서 언급했듯이 계명구락부가 결의한 7개 결의 사항 중 박승빈이 제안하고 연구·발표한 것으로 보이는 언어 개선 사항은 모두 세 가지다. 결의된 시점을 기준으로 세 가지 결의 사항을 정리하면 (5)에 보인 것과 같다.

(5) 계명구락부의 언어 관련 결의 사항
　ㄱ. 姓名下 敬稱의 普遍的 用語는 男子 及 女子의 姓 又는 姓
　　　名下에 『氏』라 할 事 (1921년 1월 16일 정기총회)

ㄴ. 第二人稱 代名詞는 敬語로 『당신』(當身)이라 秤할 事
(1921년 5월 28일 임시총회)

ㄷ. 兒童 互相間에 敬語를 使用케 할 事를 期圖함 (1921년 5
월 28일 임시총회)

1933년 1월, 계명구락부 창립 15주년 기념호로 간행된 『계명』 24호
에는 계명구락부의 중요 결의 사항에 대한 『결의 사항의 이유서(決議事
項의理由書)』가 수록되어 있다. 그런데 그 결의 사유서 중 (5ㄱ)과 (5
ㄷ)은 이미 『계명』을 통해 발표된 글을 다듬은 것으로 보이는 반면에
(5ㄴ)은 이전에 출판된 적이 없는 것으로 보인다. (5ㄱ)은 『계명』 창간
호 연구란에 실린 박승빈의 '姓名下敬稱語의決定(성명하 경칭어의 결
정)'과 기본적인 내용이 같다. (5ㄷ) 또한, 『계명』 창간호에 실린 박승
빈의 연작 논문의 첫 편인 '兒童互相間에敬語(하오)를使用하게하는事(아
동 호상간에 경어(하오)를 사용하게 하는 일)'와 기본적이 내용이 같
다. 건의서 형식에 맞춰 내용을 정리하고 글을 다듬었을 뿐, 글의 취
지는 다르지 않다.

한편, (5ㄴ)은 나머지 둘과는 달리 필자가 누구인지를 정확히 확인
하기가 어렵고, 이전에 발표된 적이 없는 글이다. 하지만 (5ㄴ) 역시
두 가지 점에서 박승빈이 작성하였을 가능성이 높다고 판단된다[2]. 첫
째, 박승빈이 고원훈, 김찬영과 함께 해당 주제에 대한 연구위원으로
선정되어 보고했던 안이 최종 결의되었다는 점이다[3]. 둘째, 『계명』 24

---

2 시정곤(2015)에서도 이 글의 작성자를 박승빈으로 보고 있다. 유사한 이유에서가 아닌가
생각한다.

3 사실, '당신' 문제의 경우는 '씨' 문제와는 달리 계명구락부의 부원들에 의해 바로 받아들여
지지 않았던 것으로 보인다. 기록을 보면 1921년 1월 11일 평의원회에서 박승빈 외 2인을
연구위원으로 선정하여 1월 16일 총회에서 보고하게 하였다. 하지만 총회에서 연구위원들
이 '당신'을 제안하자 더 연구가 필요하다는 결정이 내려졌고, 5명의 연구위원을 새로 임

호에 실린『결의 사항의 이유서』에 (5ㄱ)과 (5ㄴ)이『姓名下敬稱語『氏』의使用, 第二人稱代名詞『당신』의使用을決定한理由書』라는 제목하에 함께 게재되어 있다는 점이다. 서로 다른 저자가 쓴 글을, 더욱이 그중 하나는 이미 발표된 적이 있는 글과 유사한 글을, 하나의 제목하에 묶어 두는 것은 그리 흔한 일이 아니다. 이러한 점들을 고려할 때 (5ㄴ)의 이유서 역시 박승빈이 쓴 글이 아닐까 추론해 볼 수 있다.

그럼 이제 본격적으로 박승빈이 주목했던 언어 개혁 운동의 세 가지 내용에 대해 살펴보기로 하겠다. 논의의 순서는 (5)에 보인 계명구락부의 언어 관련 결의 순서에 맞춰 4절에서는 (5ㄱ)을, 5절에서는 (5ㄴ)을, 6절에서는 (5ㄷ)을 논의할 것이다. 논의의 편의를 위해 (5ㄱ~ㄷ)의 문제를 각각 '씨' 문제, '당신' 문제, 아동 경어 문제라고 지칭하고자 한다.

4. '씨' 문제

(4)에서 보았듯이 '씨' 문제는 계명구락부의 총회가 결의한 중요 사항 중 가장 먼저 제시되어 있는 결의 사항이다. 중요 결의 사항 7개 항목 중에서 총회에서 가장 먼저 결의된 사항은 두 가지였다. 바로 '씨' 문제와 '衣服은深色을勵行할事(의복은 심색을 여행할 사, 이하 의복색 문제)'였다.『계명』창간호의 '계명구락부 녹사'와『계명』24호의

명하여 다시 진중한 연구를 하게 한다. 하지만 새로 임명된 연구위원들은 1921년 1월 28일 이사회에서 박승빈 등이 제안했던 안을 원용한다. '당신'보다 좋은 안이 없다는 결론에 이른 것이다. 이에 1921년 2월 1일 이사회에서 박승빈 등이 제안했던 원안인 '당신'을 가결하였고 이 안은 1921년 2월 21일 평의원회를 거쳐 1921년 5월 28일 임시총회에서 결의되는 과정을 거쳤다. 다른 두 안과는 달리 약간의 곡절을 겪었다고 할 수 있다.

'중요 기사'를 보면 이 두 가지 결의 사항 중에서 의복색 문제보다는 '씨' 문제가 먼저 논의된 것으로 보인다. '씨' 문제에 대한 언급이 처음 발견되는 것은 1920년 11월 17일이지만 의복색 문제에 대한 언급이 처음 발견된 것은 1921년 1월 1일이었다. 『계명』 창간호 61쪽에 따르면 1921년 1월 1일 평의원회가 있었고 거기서 '의복에 심색(深色)을 여행(勵行)할 안을 총회에 제안하기로' 하였다고 한다. 두 사항이 같은 날 총회에서 결의되었지만 둘 중에 '씨'가 먼저 제안되었던 터라 결의 사항에 '씨' 문제가 의복색 문제에 앞서 기록된 것으로 보인다.

사실, '씨' 문제에 대한 기록은 총회의 결의 이전에도 여러 건이 발견된다. (6)은 '씨' 문제와 관련된 기록을 『계명』 창간호의 '계명구락부 녹사'와 『계명』 24호의 '중요 기사'에서 발췌하여 보인 것이다.

(6) '씨' 문제 관련 기록

ㄱ. 一 大正 九年 十一月 十七日에 京城府 仁寺洞 明月館內에
서 臨時總會를 開하다
普遍的으로 使用할 姓名下 敬稱語를 決定하기 爲하여 其研
究委員으로 左記 五人이 被選하다
張燾 高元勳 朴容九 金瓚泳 沈友燮 (『계명』 창간호 60쪽)

ㄴ. 一 大正 九年十二月 二十六日에 平議員會를 開하다
姓名下 敬稱語는 『氏』라는 用語를 使用함이 可하다 決議
하고 此를 總會에 提案하기로 하다
(『계명』 창간호 60쪽)

ㄷ. 一 大正十年 一月 十六日에 本俱樂部內에서 定期總會를 開
하다
〈중략〉
姓名下 敬稱의 普遍的 使用語는 男子 及 女子의 姓 또는
姓名의 아래 『氏』라 稱함이 可함으로 決定하다
(『계명』 창간호 61쪽)

(6)에 보인 것처럼 '씨 문제'에 대해 논의가 있었다고 기록된 첫 회의는 1920년 11월 17일에 개최된 임시 총회였다. 기록에 의하면 이 총회에서 '보편적으로 성명 아래 사용할 경칭어'를 결정하기 위한 연구위원 5명을 선출한 것으로 되어 있다. 그런데 한 가지 흥미로운 것은 이 5명의 연구위원 중에 박승빈이 포함되어 있지 않았다는 것이다. 또, 1920년 12월 26일에 있었던 평의원회에서는 성명 아래 쓰는 경칭어로는 '씨'가 적절하다고 결의하고 이를 총회에 제안하기로 하였다고 기록되어 있다. 그리고 1921년 1월 16일 정기총회에서 이름 아래 사용할 수 있는 보편적인 경칭어는 성 혹은 성명 아래 '씨'를 사용하되, 이는 남자 여자 모두에게 사용할 수 있음을 결의한다.

그런데 정작 이러한 연구 결과를 정리하여 연구란에 기고한 것은 임시총회에서 선임되었던 5명의 연구위원 중 한 사람이 아니라 바로 박승빈이었다4. 그는 『계명』 창간호 연구란에 '성명하 경칭의 결정(姓名

---

4 여기서 한 가지 의문은 관련 연구를 한 연구위원 중 한 사람이 아니라 왜 박승빈이 이에 대한 글을 기고되었는가 하는 것이다. 더욱이 애초부터 왜 박승빈이 연구위원 중 한 명으로 포함되지 않았는지도 의문이다. 현재로서는 남아 있는 기록만을 놓고는 깔끔하게 그 이유를 알 수는 없다. 하지만 전후의 맥락과 당시의 상황을 고려하면, 처음 경칭어 통일의 문제를 제기한 것도, 또 '씨'라는 대안을 최초로 제안한 사람도 박승빈일 가능성이 높다. 그렇지 않았다면 박승빈이 연구란에 해당 글을 싣지는 않았을 것이다. 박승빈의 언어학적 지식과 한국어에 대한 이해, 그리고 이어지는 다른 글들과의 관계 등을 미루어 볼 때 박승빈의 문제의식이 출발이 되었고 대안 역시 박승빈의 제안이 아니었을까 추론해 본다.

박승빈은 '씨' 문제가 안건이 되기 직전이었던 1920년 5월 9일 정기 총회에서 이사로 선출된다. 그리고 같은 해 12월 11일에 있었던 이사회에서 잡지 간행 관련 안건을 평의원회에 제안하기로 한다. 이어진 12월 19일 평의원회에서는 잡지 간행이 결정되었고, 잡지 실행 방법 연구위원으로 박승빈, 고원훈, 김찬영이 임명된다. 또, 일주일 후인 12월 26일 개최된 평의원회에서 '성명하 경칭어'는 '씨'라는 용어를 사용함이 가하다고 결의하고 이를 총회에 제안하기로 했다는 기록이 나온다(『계명』 창간호 60쪽). 그리고 이 안건은 다음 해인 1921년 1월 16일 정기 총회에서 결의가 이루어진 것으로 기록되어 있다(『계명』 창간호 61쪽).

이렇게 해당 주제에 대해 연구위원들에게 주어진 시간은 불과 1개월 남짓이었고, 그나마 5명 중 2명은 중간에 잡지 간행 관련 실행 방안의 연구위원으로 임명된 것으로 미루어 이들의 연구는 아무것도 없는 데서 시작한 것이라고 보기 어렵다. 이보다는 박승빈에 의해 제

下敬稱의決定)'이라는 제목의 2단 1쪽 분량의 글을 실었다.

글의 시작에서 그는 왜 경칭어의 결정이 중요한지에 대해 (7)과 같이 배경을 설명한다.

(7) 我 朝鮮은 曾往에 階級制度를 極端으로 崇尙하야 言語에 至하여서도 各其 種種의 階級에 依하야 卽 門閥의 階級, 男女의 階級, 官爵의 階級 及 年齡의 階級에 隨하야 各히 言語의 使用을 異히 하얏는지라. 故로 其 言語는 階級的으로는 非常히 整備되얏스나 此는 平等制度를 理想으로 하야 無差別을 要求하는 現時 社會에서는 實로 無用의 長物이오. 現 社會는 各 階級에 普遍的으로 使用함을 得할 用語를 緊切히 要求하는 바이로다. 然하나 從前 累百年間에 前記와 여히 階級的 言語를 崇尙하얏는 故로 慣習上 普遍的 用語의 缺乏을 致하야 社交上 日常의 不便을 感하는 例가 甚히 多하도다.

茲에 我 俱樂部는 右와 如한 社會의 缺陷을 補足하고자 하야 言語改善의 硏究에 着手한 바 第一로 吾等의 日常에 用語 缺乏에 因하야 最히 困苦을 經하든 姓 又는 姓名의 下에 使用할 普遍的 敬稱語를 定하기 爲하야 數月間 委員會 平議員會 及 總會에서 周到한 調査와 細密한 討議를 經하야 '氏'를 使用하기로 決定되얏도다. (박승빈, 1921, 36쪽)

(7)에 보인 것처럼 박승빈은 과거 조선 사회는 계급 제도를 극단적으로 숭상하였고 이로 인해 문벌의 계급, 남녀의 계급, 관작의 계급, 연령의 계급에 따라 다른 말을 썼기에 한국어가 계급적으로 매우 정비되어 있는 특징이 있음을 지적한다. 그리고 이는 평등 제도를 이상으

안된 '씨'의 적절성을 확인하고 다른 더 좋은 대안이 없을까를 고민한 정도가 아니었을까 추론해 본다. 만약 연구위원들이 그 이상의 연구를 수행했다면 잡지의 연구란에 실린 박승빈의 글을 설명하기 어렵다.

로 하여 무차별을 요구하는 변화된 당시 사회에는 실로 불필요하기 때문에 이러한 변화를 반영하는, 즉 모든 계급에 보편적으로 사용할 수 있는 언어가 긴급하고 간절히 필요하다고 하였다. 하지만 한국어 사용자들이 수백 년 동안 이와 같이 계급적인 언어를 숭상해 왔기 때문에 보편적으로 사용할 수 있는 말이 없어서 사람과의 관계에서 불편함을 느끼는 예가 아주 많다는 것이 그의 문제의식이었다. 그리고 계명구락부가 이러한 문제를 보완하기 위해 언어에 대한 연구에 착수하였음을 밝히고, 그 첫 번째로 우리 일상에서 용어가 없어서 가장 곤란을 느끼는 성이나 성명의 아래 사용할 보편적인 경칭어를 정하기 위해 수개월 동안 위원회 평의원회 및 총회를 통해 조사와 면밀한 토의를 거쳐 '씨'를 사용하기로 결정하였다고 그 배경을 설명한다.

그리고 이어지는 글에서 '씨'는 신분, 관등, 남녀, 연령 등 계급을 막론하고 경칭을 사용하고자 하는 사람에게 보편적으로 사용할 수 있는 용어이고 이보다 더 적절한 용어는 없다고 주장한다. '씨'가 조금 소홀히 대하는 말이 아닌가 생각하는 사람도 있고 여성에게만 사용하는 말이라 남성에게는 부적합하다고 생각하는 사람도 있는데 그렇지 않다고 강조한다. 또한, 조사와 연구의 시작 시점에서는 '공(公)'도 유력한 안으로 토의가 되었으나 조사와 연구를 진행하면서 그 결점이 많이 발견되어 '공'을 버리고 '씨'를 쓰기로 결정하였다는 내용을 참고로 달아놓는다.

『계명』 창간호에 실렸던 이 글은 『계명』 24호에 실린 해당 내용의 결의 이유서와 그 내용이 완전히 같지는 않다. 『계명』 24호에 실린 결의 이유서의 내용은 『계명』 창간호의 내용과 골자는 같지만 조금 다른 내용들이 추가되어 있다. 추가된 내용은 바로 보편적으로 사용할 수 있는 경칭어가 마련되어 있지 않아서 외국어를 빌려 쓰고 있는 당시의 상황에 대한 문제의식과 관련된 내용이다. 적절한 표현을 찾으려 하지 않고 영어를 배운 사람은 영어의 경칭어를, 일본어를 배운 사람은 일본어의 경칭어를 빌려다가 사용하고 있는 문제를 지적한다. 단, 자신의 입장이 외국어나 외래어를 무조건 배제하고자 하는 것이 아님을 분명히 밝히면서 논의를 이어간다. 박승빈은 영어를 빌려 쓴 '미스터'나 일본어를 빌려 쓴 '상'의 문제는 이들 표현이 외국어라서가 아니라 호칭어의 문제가 외래어로서 한국어화할 수 있는 성질이 아니기 때문이라고 하였다. 또한, 한국어는 아직 실력이 비록 약하지만 언어 예절 등에 대해서는 상당한 자존심이 있는 언어임을 고려할 때, 한국어 사용자로서 자신의 것이 없어서 외국어인 '미스터'나 '상'을 빌려서 표현하는 것은 참을 수 없는 고통이라고 하였다.

(8) 英語를 若干 배혼 사람은 『미스터』를 사용하고 日本語를 若干 배혼 사람은 『상』을 사용하야 『미스터 김 이리 오시오』, 『김 상 이리 오시오』의 말을 흔히 듣게 되얏다. 이것이 얼마나 不合理的이며 얼마나 羞恥스러운 事實인가. 우리는 外國語의 使用을 排除하는 바가 안이다. 右와 가튼 言語는 그것이 外國語를 使用하는 것이 안이다. 또 우리는 外來語를 絶對로 排除하는 바도 안이다. 그러나 右와 가튼 言語에 『미스터김』, 『김상』은 外來語로서 朝鮮語化한 又는 朝鮮語化할 性質의 것이 안이다. 實力에 비록 弱하나 言語禮儀 等에 當하야서는 相當한 自尊의 마음을 가지고 잇는 朝鮮人으로서 남들이 使用하는 바 『미스터』나 『상』에 해당할 말이 업서서 남의 말을 비러서 不合理되는 言語로 겨우 그 意思를 發表한다 함은 이 어찌 차믈 수 잇는 苦痛이랴 (『계명』 24호, 33-34쪽)

(8)에서 특히 주목할 것은 외국어와 외래어에 대한 박승빈의 태도다. 박승빈은 외래어니까 외국어니까 무조건 배제하는 태도를 자신이 가지고 있지 않다고 강조한다. '미스터'나 '상'을 사용하지 말자는 이유가 단지 그것의 기원이 어디인가 때문이 아니라, 일단 이 표현들은 한국어 안에서 잘 정착할 수 있는 표현이 아니기 때문이라고 하였다. 따라서 그럼에도 불구하고 이 표현을 쓰는 것은 영어를 약간 배웠음을, 혹은 일본어를 약간 배웠음을 드러냄으로써 말로 다시 새로운 계급을 만드는 일이기 때문이라고 이해한 것으로 보인다. 이 배경에는 말로 새로운 신분과 권력을 만들려고 하는 새로운 언어 권력 형성의 시도에 대한 경계와 주시경을 중심으로 한 지나친 고유어 중심주의에 대한 비판이 숨어 있는 것이 아니었을까 생각한다.

그럼 박승빈은 왜 '씨'에 주목했을까? 그건 아마도 계명구락부 내부에서의 가장 절실한 필요성이 아니었을까 생각한다. 계명구락부는 처음에 33명으로 시작했지만 『계명』 24호 52쪽에 실린 회원수 통계를 보면 첫해 연말에 회원수가 66명으로, 시작 때보다 딱 2배 증가하였다. 그리고 이듬해인 1919년에는 102명, 그 이듬해인 1920년에는 134명으로 증가한다. 『계명』 창간호 63쪽~66쪽에는 부원 116명의 성명과 직업 그리고 주소가 나와 있는데, 명부에 적혀 있는 부원들의 직업은 매우 다양했다. 적혀 있는 직업의 종류는 총 11가지로, 은행원(17명), 변호사(11명), 실업가(10명), 회사원(10명), 교육가(7명), 관리(6명), 의사(6명), 종교가(5명), 군인(2명), 신문사원(2명), 농업(1)의 순으로 그 수가 많았다. 또, 직업이 적혀 있지 않은 부원도 39명이나 되었다.

박승빈은 언어학자로서의 통찰력을 발휘하여 모임을 위해, 그리고 더 나아가 새로운 조선의 더 나은 문화를 만들기 위해 서로에게 예의에 어긋나지 않는 경칭이 필요하다는 생각을 하게 되었을 것이다. 세상은 변했지만 언어는 변하지 않고 과거에 머물러 있는 만큼, 새로운 세상을 위해 새로운 표현을 적극적으로 만들어갈 필요가 있다는 것이 그의 생각이었고, 가장 시급한 것은 다양한 배경을 가진 계명구락부 회원 상호 간에 서로를 부를 말을 마련하는 것이라고 박승빈은 생각했을 것이다.

그런데 주목할 것은 성명 아래 '씨'를 붙인다는 것은, 이름을 부른다는 전제가 깔려있다는 것이다. 박승빈은 이름 아래 붙일 보편적인 경칭을 무엇으로 하는 것이 좋을까를 고민했을 뿐, 이름을 부르는 것 자체에 대해서는 고민하지 않았다. 서로의 이름을 기본으로 하되, 상대가 누구라도 상대에 대한 예의를 갖출 수 있는 이름 뒤에 붙일 경칭으로서 적당한 것이 무엇인지만을 고민했을 뿐이다. 이름 부르기를 꺼려서 호를 만들어 사용했던 이전 시기의 전통을 고려한다면 이름에 적당한 경칭을 붙여 회원 서로를 부른다는 것은 전제 자체가 파격적이라고 생각할 수도 있다.

박승빈은 연구를 통해 누구에게나 두루 쓰일 수 있는 경칭으로서 '씨'가 가장 적당하다고 결론을 내리면서 혹 '씨'를 붙이는 것이 상대를 홀대하거나 거리감을 갖게 하거나 한다고 생각하는 것은 잘못이라고 못을 박는다. 하지만 '씨'가 가장 적당하다는 박승빈의 주장은 논리적으로 설득력을 갖춘 것이라기보다는 제안을 통해 사용을 확산하여 변화를 통해 사용자의 온도를 변화시키려는 의도가 더 강했다고 보는 것이 맞다. 이러한 그의 태도는 다분히 이 문제가 언어 습관의 문제이기 때문에 논리보다는 사용을 통해 변화를 가져와야 하는 문제임을 파악했기 때문이었을 것으로 이해된다. 서로가 서로를 부를 때 성명 뒤 혹은 성 뒤에 보편적인 경칭인 씨를 붙여 말하는 것이 언어 사용을 통해 강화되면, 특히 계명구락부의 회원들처럼 사회적 영향력이 큰 인사들의 사용으로 강화된다면 일상의 변화가 훨씬 더 빨리 이루어질 수 있으리라는 믿음이 그에게 있었을 것으로 추론해 본다.

5. '당신' 문제

'당신' 문제는 계명구락부에서 결의한 언어 관련 사항 중에서 가장 이견이 많고 제안 내용에 대해 회원들의 거부감이 가장 큰 사안이었던 것으로 보인다. 앞서 살펴보았던 '당신' 문제에 대한 『계명』 창간호의 '계명구락부 녹사'와 『계명』 24호의 '중요 기사'의 기록은 (6)에 보인 것처럼 총 3건이었다. 하지만 '당신' 문제의 경우는 이보다 훨씬 많은 총 7건이나 된다. (9)는 '당신' 문제와 관련한 기록을 『계명』 창간호의 '계명구락부 녹사'와 『계명』 24호의 '중요 기사'의 기록에서 모두 발췌하여 실은 것이다.

(9) '당신' 문제 관련 기록

ㄱ. 一 大正 十年 一月 十一日에 平議員會를 開하다
第二人稱 代名詞의 普遍的 使用語를 定하기 爲하야 其 研
究委員으로 左記 三人을 選定하고 內總會에 報告함을 命
하다
朴勝彬 高元勳 金瓚泳　　（『계명』 창간호 61쪽）

ㄴ. 一 大正 十年 一月 十六日에 本俱樂部內에서 定期總會를
開하다　　　　　〈중략〉

第二人稱 代名詞 硏究委員으로브터 좌와 여히 보고하다

第二人稱 代名詞는 敬語로『當身』(당신)이라 稱하야 普遍
的으로 使用하고 此를 使用하기 不便한 境遇(過敬의 嫌이
有 境遇)에『君』(그대 或 군)이라 稱함이 可함. 其 外 敬
意를 表함을 要하지 아니하는 境遇엣 用語는 決定할 必
要가 無함

右의 案에 當하야 更히 愼重히 硏究하기 爲하야 其 硏究
委員으로 左記 五人을 選定하다

劉文煥, 張燾, 方台榮, 金東成, 李容汶

(『계명』 창간호 61쪽)

ㄷ. 一 大正 十年 一月 二十八日에 理事會를 開하다

第二人稱 代名詞 硏究委員으로브터 左와 如히 報告하다

大正 十年 一月 十六日 定期總會에 報告된 前同 硏究委員
의 提案을 援用함   (『계명』 창간호 62쪽)

ㄹ. 一 大正 十年 二月 一日에 理事會를 開하다

第二人稱 代名詞 硏究委員의 報告한 案에 當하야 原案대
로 可決하고 此를 平議員會에 提案하기로 하다

(『계명』 창간호 62쪽)

ㅁ. 一 大正 十年 一月 二十八日에 理事會를 開하다

第二人稱 代名詞 硏究委員으로브터 左와 如히 報告하다

(『계명』 창간호 62쪽)

ㅂ. 一 大正 十年 二月 二十一日에 平議員會를 開하다

第二人稱 代名詞 硏究건에 當하야 左와 如히 決定하고
此를 總會에 提案하기로 하다

理事會의 提案 중『君』(그대 或 군)이라 함의 部分은 削除함

第二人稱代名詞의 普遍的 用語로『當身』(당신)이라 稱함
이 可함

敬意를 表함을 要하지 아니하는 境遇엣 用語는 決定할
必要가 無함   (『계명』 창간호 63쪽)

八. 同年 二月 二十八日에 臨時總會에서 左와 如히 決定하다
一, 第二人稱 代名詞의 普遍的 用語는 『당신』(當身)이라
稱할 事
二, 兒童 互相間에 敬語를 使用케 할 事 (『계명』 24호 30쪽)

(9)에 보인 것처럼 '당신' 문제는 '씨' 문제에 비해 훨씬 많은 논의가
이루어졌음을 확인할 수 있다. 처음 이 안건이 제안된 것은 1921년 1월
11일 평의원회에서였다. 이는 '씨' 문제가 일단락되어 총회에 제안할
것을 결의한 평의원회(1920년 12월 26일)에 바로 이어진 평의원회
(1921년 1월 11일)에서였다. 이 평의원회에서 박승빈을 포함한 3명의
연구위원이 위촉되었고 이들에게 연구 결과를 다음 총회에서 보고하도
록 하였다. 그런데 보고를 위한 다음 총회는 해당 평의원회가 있고 나
서 불과 5일 후에 개최되는 일정이었다.

총회에서의 결의 사항을 위해 연구를 위탁하면서 불과 5일의 시간
을 준 것을 미루어 다음의 사실들을 추론할 수 있지 않을까 한다. '씨'
문제를 총회에 제안하여 결의할 것을 결정한 평의원회가 종료된 후 어
느 시점에 이 문제와 깊은 연관이 있는 '당신' 문제도 같은 총회에서
함께 결의되는 것이 필요하다고 누군가가 판단하였다. 그 인물은 '씨'
문제에 대해 깊이 생각하고 '당신' 문제가 '씨' 문제와 관련성이 있다는
언어학적 지식과 통찰력을 지닌 인물이며 안건을 쉽게 상정할 수 있는
위치에 놓인 인물일 것이다. 이러한 점들을 고려할 때 연구자는 그 제
안자가 박승빈이었을 것이고 그는 '씨' 문제를 고민하면서 혹은 평소
에 '당신' 문제에 대해서도 생각을 해 보지 않았을까 추측해 본다.

하지만 '당신' 문제는 정기총회에서 '다시 신중히 연구'하는 것이 좋
겠다는 결론에 이른다. 그리고 이전에 위촉되었던 3인의 연구위원과

는 다른 5명의 연구위원이 위촉된다. 총회에 모인 회원들의 '씨'에 대한 반응과 '당신'에 대한 반응이 매우 달랐음을 암시한다. 새로 위촉된 5명의 연구위원들은 열흘 남짓의 시간 동안 연구를 마감하며, '당신' 문제에 대해서는 이전 연구위원들의 연구 결과와 같은 결론에 이르렀다는 보고를 1월 28일 이사회에서 하게 된다. 그리고 이어진 2월 1일 이사회에서 '당신' 문제를 원안대로 가결하고 평의원회에 해당 안건을 올린다. 2월 21일 개최된 평의원회에서는 원안의 내용 중에서 '당신'을 쓰기에 너무 과하다고 판단되는 경우 '군'이나 '그대'를 쓸 수 있다는 부분만 삭제하여 총회에 올리기로 결정한다. 이러한 과정을 거쳐 '당신' 문제가 최종 결의된 것은 1921년 5월 28일 임시총회에서였다. 이날 임시총회에서는 다음 절에서 살펴볼 아동 경어 문제도 함께 결의된다.

'당신' 문제는 '씨' 문제와 깊은 연관이 있다. '씨' 문제, 즉 호칭어의 문제가 한국어 환경에서 매우 중요한 이유는 한국어가 공손성을 요구하는 장면에서 대화 상대자에게 2인칭 대명사를 사용하지 못하는 언어라는 특성에서 기인한다. 대화를 하려면 대화 상대자를 부르는 말이 필요하다. '씨' 문제는 바로 대화 상대자를 뭐라고 불러야 하는가에 대한 것이다. '당신' 문제는 대화에서 대화 상대자를 2인칭 대명사를 사용하여 부를 것을 제안하는 내용이다.

결의 사항의 이유서 내용을 바탕으로 '당신' 문제에 대한 박승빈의 문제의식을 정리하면 다음과 같다[5].

---

5 앞서 3절에서 논의했듯이 이 글은 '당신' 문제에 이유서의 작성자가 박승빈일 것으로 추정하고 작성하였다.

(10) 가. 한국어에는 너무나 다양한 종류의 2인칭 대명사가
      있다.
    나. 하지만 정작 보편적으로 사용할 수 있는 용어는 없다.
    다. 이는 종래의 계급 의식에서 비롯된 것으로 현대 사회
       에는 어울리지 않는다.
    라. 이러한 말의 불편과 불합리는 인간관계를 어렵게 만든다.
    마. 이에 사교상의 결함을 보완하기 위해 조사와 토의를 거쳐
       2인칭 대명사 경어로 '당신'의 사용을 결정하게 되었다.

'당신' 문제 역시 '씨' 문제와 마찬가지로 계명구락부에 모인 회원들의 사교를 위해 필요한 결정 내용이었다고 할 수 있다. 격변기의 사회에서 다양한 배경을 가진 사람들이 한 자리에 모여 모임을 원만하게 운영하기 위해서는 불필요한 갈등의 요소가 될 수 있는 언어의 문제를 짚어 공유하고 그 원칙을 세워 가는 것이 필요하다는 점을 박승빈은 주목한 것이다. 한국어 연구자의 통찰력을 발휘하여 모임의 원만한 운영과 효율적인 의사소통을 위해 현실적으로 가장 중요한 호칭어의 문제를 정리하여 원칙을 세우고 호칭어와 관련이 깊은 2인칭 대명사 경칭 원칙을 세운 것으로 볼 수 있다[6].

그런데 흥미로운 것은 2인칭 대명사 문제에 대한 1914년 8월 6일 매일신보에 실린 [그림 1]에 보인 글이다.

---

6 언어 문제에 대한 계명구락부의 결의를 보면서 인터넷 동호회 회원들이 만들어낸 게시판 원칙이 연상되었다. 서로를 어떻게 부를지에 대한 원칙을 세우거나 상대 존대가 결여된 소위 '하삼체'를 사용하지 말자는 등의 원칙들이 결국 회원들 상호 간의 관계를 잘 유지하고 불필요한 오해나 감정적 대립을 없애는 데 중요하다고 생각하는 것과 궤를 같이하는 것으로 보여 흥미롭다.

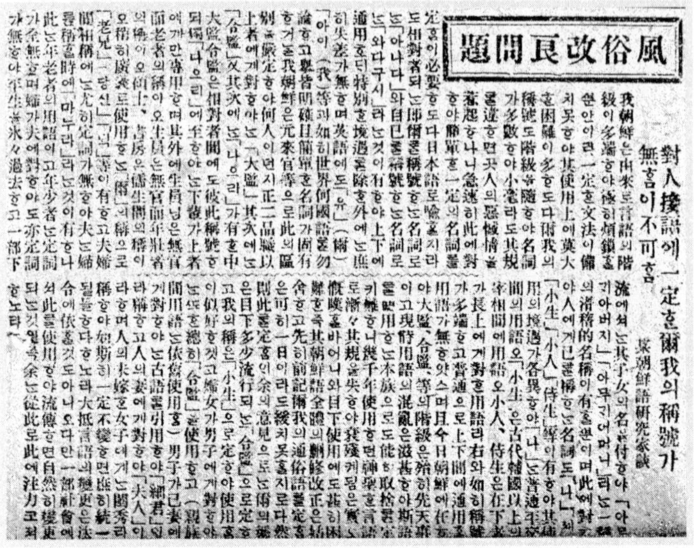

風俗改良問題

對人接話에一定흔爾我의稱號가無흠이不可흠

某朝鮮語研究家談

[그림 1] 1914년 8월 6일자 매일신보에 실린 '風俗 改良의 問題'

이 글은 모 조선어 연구가의 이야기라고 하면서 당시 조선어에 존재하는, 계급 의식을 반영한 다종다양한 1인칭, 2인칭 대명사의 존재가 지닌 문제점에 대해 논한다. 영어의 'I'나 'you' 혹은 일본어의 'わたくし'나 'あなた' 등에 해당하는 보편적으로 사용 가능한 1인칭, 2인칭 대명사가 조선어에는 존재하지 않는 문제점을 지적한다. 그리고 이러한 병폐를 없애기 위해 용어의 통일이 필요하다고 하면서 1인칭은 누구나 '소생(小生)'으로 정하여 사용하고, 2인칭은 '영감(令監)'으로 통일하되, 남편이 아내를 부를 때는 '세군(細君)', 남자가 남의 아내를 부를 때는 '부인(夫人)', 결혼하지 않은 여성을 부를 때는 '규수(閨秀)'로 통일할 것을 제안한다. 그리고 언어의 변경은 법령에 의해 정해지는 것이 아니라 사용해서 통일해 가면 자연스럽게 변경되는 것이라고 강조하며 글을 맺는다.

이 글이 누구의 이야기를 전하고 있는지는 알 수 없다. 하지만 보편적으로 사용할 수 있는 인칭 대명사가 존재하지 않아서 사람을 만나 이야기할 때 여러 가지 불편을 초래한다는 것을 지적하였다는 점에서 박승빈과 생각을 같이한 사람이 아니었나 추론해 본다. 특히, 마지막 부분에서 언어의 변경이 법령에 의해 정해지는 것이 아니라는 기술은 법률가의 이야기가 아닐까 생각하게도 한다.

이 이야기의 주인공이 박승빈이든 아니든 여기서 주목할 것은 대인 관계가 다양해지면서 다양한 배경을 가진 사람 사이의 관계가 맺어지게 되는 역사적 전환기 언어 연구자들이 이러한 문제에 주목하였다는 점이다. 그리고 계명구락부에서는 이러한 언어에 대한 문제 제기에 귀를 기울이고 결의 사항을 통해 내부적으로 실천하고 외부로 알려 그 쓰임을 확대하여 변화를 일으키려 했던 점이다.

사실, 2인칭 대명사의 문제를 이해하기 위해서는 한국어의 특징을 이해할 필요가 있다. 대화 상대자를 두고 말을 할 때 언어 사용자들은 당연히 대화 상대자를 가리킬 말이 필요하다. 대부분의 언어에서는 2인칭 대명사가 이러한 기능으로 사용된다. 하지만 한국어는 공손성의 이유로 2인칭 대명사의 사용을 기피하는 몇 안 되는 언어에 속한다.

전 세계 언어의 구조에 대한 연구 성과를 유형론적으로 정리한 언어 구조 세계 지도(World Atlas of Language Structures, 이하 Wals로 약칭) 45장에 따르면 한국어처럼 공손성의 이유로 2인칭 대명사의 사용을 꺼리는 언어는 검토 대상 207개 언어 중 7개에 불과한 것으로 나타난다. 그 7개 언어는 한국어를 비롯하여 일본어, 태국어, 베트남어, 크메르어, 버마어, 인도네시아어다.

[표 1]은 2인칭 대명사의 구분을 기준으로 207개 언어를 분류한 결과를 정리한 것이다.

[표 3] 공손성에 따른 대명사의 구분(출처: https://wals.info/chapter/45)

유 형	해당 언어 수
2인칭 대명사에 공손성에 따른 구분이 없는 언어	136
2인칭 대명사가 공손성에 따라 2가지로 구분되는 언어	49
2인칭 대명사가 공손성에 따라 3가지 이상으로 구분되는 언어	15
2인칭 대명사가 공손성의 이유로 기피되는 언어	7
계	207

　가장 많은 언어가 속한 유형은 2인칭 대명사의 사용에 있어 공손성에 따른 구분이 없는 경우이다. 그 예로 영어를 들 수 있다. 영어는 상대를 구분하지 않고 대화 상대자를 한 가지 종류의 2인칭 대명사인 'you'로 부른다. 다음으로 많은 언어가 속한 유형은 2인칭 대명사가 공손성에 따라 두 가지로 구분되는 언어다. 불어를 예로 들 수 있는데, 평칭의 'tu'와 경칭의 'vous'가 존재한다. 다음은 상대에 따라 세 가지 이상의 2인칭 대명사가 존재하는 언어로, 타갈로그어를 그 예로 들 수 있다. 이 유형에 속하는 언어도 15개에 불과하여 그 수가 많지 않다. 가장 적은 언어가 속한 유형은 공손성의 이유로 2인칭 대명사를 기피하는 언어의 유형인데, 한국어가 바로 이 유형에 속한다.

　한국어에 호칭어가 발달한 배경에는 바로 이러한 언어의 특징이 숨어 있다. 대화의 장면에서는 대화 상대자를 언급해야 할 필요가 있는데 이때 공손성을 드러내야 하는 상대에게 2인칭 대명사를 사용할 수 없으니 대화 상대자를 부를 말을 대신 발화해야 한다. 대화 상대자를 부르는 말이 바로 호칭어다. 그런데 호칭어는 발화자의 입을 통해 발화자 자신이 대화 상대자와 자신의 관계를 어떻게 설정하고 있는지를 자신의 입으로 자백한다는 특징을 지닌다. 따라서 그 호칭어는 듣는 사람의 입장에서는, 상대방의 입을 통해 듣게 되는 상대방이 설정한 자신과의 관계이므로 서로가 설정한 관계 사이의 거리를 확인할 수 있는 지표로서 작용할 수 있다. 따라서 그 거리가 멀면 멀수록 상대가 자신을 부르는 호칭어를 들을 때마다 유쾌한 감정을 갖기가 어렵고 불편해지는 것은 자연스럽다. 특히 한국어는 공손성이 요구되는 경우 2인칭 대명사 대신에 호칭어를 계속 사용해야 하기 때문에 호칭어는 대화에서 자주 사용될 가능성이 높다.

이러한 한국어의 특징을 파악하고 박승빈은 상대를 부를 때 경칭을 통일하고 '너'에 대응되는 2인칭 대명사 '당신'을 적극적으로 사용할 것을 역설했던 것이다. 상대를 부르는 방법을 통일하고 경칭의 2인칭 대명사를 적극적으로 사용하는 것이 새로운 사회가 지향하는 만민평등을 이루는 시작이 될 것이라는 게 그의 생각이었다. 이것이 바로 박승빈이 언어 개혁 운동의 필요성을 역설한 이유였다. 박승빈은 이렇게, 낡은 세상의 가치를 담고 있는 언어로는 새로운 세상을 이루어낼 수 없고, 새로운 세상을 이루어 내기 위해서는 새로운 가치를 반영한 새로운 언어가 필요하다는 것을 깨달았던 선각자였다.

6. 아동 경어 문제

아동 경어 문제는 계명구락부의 언어 관련 결의 사항 중에서 가장 늦게 제안된 사항이었다. 기관지인 『계명』의 기록을 살펴보면 아동 경어 문제는 1921년 5월 28일 임시총회에서 결의한 것으로 기록되어 있다. '씨' 문제나 '당신' 문제의 경우와는 달리 아동 경어 문제는 별도의 연구위원 위촉을 통해 해당 제안이 연구되었다는 기록도, 총회 이전에 열렸던 이사회나 평의원회에서 관련 내용이 논의되었다는 기록도 없다. 이전에 별다른 기록 없이 1921년 5월 28일에 있었던 임시총회에서 계명구락부의 중요 결의 사항 중 하나가 되었다는 기록만이 있을 뿐이다(『계명』 24호 30쪽). 또 다른 관련 기록은 1921년 8월 17일, 당시 교육을 담당하던 조선총독부 학무국에 계명구락부의 이름으로 관련 건의서를 제출한다는 내용이다(『계명』 24호 30쪽).

결의 이전에 연구 관련 기록이 보이지 않는 이유는 아동 경어 문제가 이미 상당 부분 연구의 진척이 있었기 때문인 것으로 보인다. 관련 연구는 이미 해당 임시총회가 있던 1921년 5월 29일 이전인 1921년 5월 1일에 발행된 『계명』 창간호에 논문으로 발표되었다. 뿐만 아니라 논문이 발표되기 이전인 1921년 2월 5일 중앙기독교청년회관에서 열린 강연회에서도 이를 주제로 한 강연이 있었다는 기록이 있다[7].

즉, 아동 경어 문제는 이미 연구가 많이 진척되어 있었고, 이에 대한 이견이 별로 없었기 때문에 총회 이전에 논의가 필요하지 않았던 것이 아닌가 추측해 볼 수 있다.

박승빈은 계명구락부의 기관지인 계명에 『조선 언문에 관한 요구(朝鮮言文에關한要求)』라는 제목의 논문을 창간호부터 3호까지 총 3회에 걸쳐 연재한다. 『계명』 창간호에는 연작 논문의 서론과 함께 제1편인 『아동 호상간에 경어(하오)를 사용하게 하는 사(兒童互相間에敬語(하오)를使用하게하는事)』가 실려 있다. 계명 2호에 이어진 제2편은 『한자의 훈독을 허하는 사(漢字의訓讀을許하는事)』였고, 계명 3호에 이어진 제3편은 『언문 사용의 법칙을 정리하는 사(諺文使用의法則을整理

---

7 조선일보는 1921년 2월 7일과 2월 8일 이틀에 걸쳐 2면에 계명구락부가 1921년 2월 5일 주최했던 강연의 강연록을 싣고 있다. 이날 강연은 박승빈과 오지영이 각각 '언문에 관한 긴급한 요구'와 '습속 개량에 대하여'라는 주제로 진행되었다는 기록이 있지만 조선일보는 박승빈이 했던 강연록만 이틀에 걸쳐 실었다. 2월 7일 기사는 아동 경어 문제에 대한 내용을, 2월 8일 기사는 한자를 우리 언문으로 훈독하게 할 필요가 있다는 내용을 정리하여 실었다.

하는事)』였다. 이 가운데 언어 개혁 운동과 관련된 논문은 제1편『아동 호상간에 경어(하오)를 사용하게 하는 사』였다.

박승빈은 연작 논문을 시작하면서 연작 논문 전체의 서론이라고 할 만한 글을 싣는다. 서론을 통해 그는 언어에 대한 자신의 생각을 (11) 과 같이 정리한다.

(11) 一民族의 言文은 其 民族과 盛衰를 共히 하는 것이라. 文化가 高한 民族은 發達될 言文을 有하고 未開한 民族은 幼稚한 言文을 用하며 勇武한 民族은 其 言文이 健實하고 文弱한 民族은 其 言文이 浮虛하며 平等制度를 尙하는 民族은 其 言文이 普遍的으로 成立되고 階級制度를 尙하는 民族은 其 言文이 差別的으로 組織되어 其 民族이 盛하면 其 言文도 盛하고 其 民族이 衰하면 其 言文도 衰하는 것이오. 斯와 如히 言文은 其 社會의 實質的 事物을 形式에 表現하는 것이며 尙히 그뿐 아니라 言文은 其 社會의 實質上의 事物을 誘導하며 且 牽制하는 效力이 有하야 發達된 言文은 文化의 增進을 促하고 幼稚한 言文은 此를 妨碍하며 健實한 言文은 武勇의 性을 涵養하고 浮虛한 言文은 此를 妨碍하며 普遍的 言文은 平等思想을 喚起하고 差別的 言文은 此를 妨碍하는 것이로다.
以上과 如히 社會의 實質上 事物과 形式上 言文은 互相으로 誘導하며 牽制하야 文化增進上 互相으로 原因과 結果가 되는 至極히 重要한 關係를 有한 것이오. (박승빈, 1921, 14쪽)

(11)에 보인 것처럼 박승빈은 언어란 민족과 성쇠를 같이하는 것으로 보았다. 따라서 민족이 왕성하면 언어도 왕성하고, 민족이 쇠락하면 언문도 쇠락한다는 것이 그의 생각이다. 또한, 평등 제도를 숭상하는 민족은 그 언문이 보편적으로 이루어져 있고 계급 제도를 숭상하는 민족은 그 언문이 차별적으로 조직되어 있다고 하면서 보편적 언문은

평등사상을 환기하는 데 비해 차별적인 언문은 이를 막는다고 하였다. 즉, 사회가 추구해온 가치가 언어에 고스란히 담겨 있다고 박승빈은 역설한다.

그리고 이어진 글을 통해 그는 언문을 발달하게 함이 우리 사회의 발달을 위해 가장 급하게 요구되는 사항이라고 역설한다. 그리고 자신이 평소에 가장 절실하다고 생각한 두세 가지 개선 사항을 기술하여 구락부 동지들의 공감을 높이고, 특히 교육 관련자들의 깊은 반성과 용기 있는 결단을 촉구한다고 하였다.

(12) 以上 論述함과 如히 我의 言文을 發達하게 함은 各種의 理由에 依하야 我 社會를 爲하야 最히 急務되는 바이라. 其 發達을 圖하랴 하면 此를 學術上으로 硏究하며 實用的으로 調和하야 社會의 變遷에 從하며 時代의 要求에 應하야 더욱 合理되며 더욱 便宜되도록 其 改善을 行하지 아니함을 得하지 못할지로다. 玆에 余의 從來에 最히 痛切히 感한 二三의 改善할 事項을 述하야 我 同志의 注意를 增하고자 하오며 特히 敎育事務에 干與하는 官民諸氏의 猛省勇斷을 促하고자 하는 바이오. (박승빈, 1921, 15쪽)

이러한 내용이 담긴 서론에 이어 연작의 첫 번째 주제로 선정한 것이 바로 '兒童 互相間에 敬語(하오)를 使用하게 하는 事'였다. 즉, 박승빈은 아동 경어 문제를 조선 언문에 관한 첫 번째 요구로 생각했던 것이다. 해당 논문에서 박승빈은 아동 상호 간에 경어를 사용하게 함을 시작으로 성인도 아동에게 경어를 사용하는 습관을 만들고 이를 통해 사회 전체가 모두 서로에게 경어를 사용할 것을 제안한다. 그리고 그 효과를 다음과 (13)에 보인 것과 같이 역설한다.

(13) 1. 兒童으로 하여금 敬身의 觀念을 生하게 함

    2. 兒童 互相間에 人을 尊重히 여기는 習慣을 馴致함

    3. 互相 親愛의 情을 養하며 進하야 一般 社交上의 齟齬를 除 去함을 得함

    4. 社會 交際의 實地 學習이 됨

    5. 從前의 門閥에 依한 階級制度의 習慣을 圓滑하게 平等의 觀念에 引導하는 方法이 됨

(13)에 보인 것처럼 아동 상호 간에 경어를 사용하게 하는 것은 첫째 아동이 스스로 자존감을 가질 수 있도록 만들어 주는 장치가 될 것이고, 둘째 상호 간 예의의 습관을 가질 수 있게 해 줄 것이고, 셋째 서로 친애의 정을 길러 나아가 일반 사교상의 문제를 제거할 수 있게 할 것이며, 넷째 사회 교제의 실제 학습이 되며, 마지막으로 다섯째 문벌에 의한 계급 제도의 습관을 평등의 관념으로 인도하는 방법이 된다는 것이다.

논문에서 그는 아이들이 왜 경어를 써야 하는지 현재의 모습을 통해 문제점을 지적하고 여러 가지 근거를 가지고 설명한다. 아이들이 서로 반말을 씀으로써 상호 간에 서로를 존중하는 태도를 말로 표시하지 않기 때문에 자연히 예의 겸양의 태도를 갖지 못하게 되고 상대를 꾸짖고 욕하는 어조를 갖기 쉽고 언동이 천하고 상스러워서 감정의 충돌을 야기하여 서로 싸우기 쉽다. 그런데 서로 경어를 사용하게 되면 이러한 폐해가 다 없어질 것이라고 설명한다. 또, '이놈아'라고 욕설이 나올 거이고, '여보시오'라고 부르면 욕설이 나오지 않는다는 것이 당연한 이치라는 것을 성인의 경험으로써 증명할 수 있다고 역설한다.

그리고 일본 후쿠오카 공원에서 열린 운동회를 보러 가서 목격했던 70대 노인과 10세 가량의 초등학교 학생 사이에 서로 경어를 사용하

여 친절하게 이야기를 주고받던 장면이 조선의 상황과 비교하여 생각하게 하였다는 부분도 주목할 만하다[8]. 박승빈은 서로 초면인 70대 노인과 10세 가량의 아동 사이에 상호 공경하며 화기애애하게 이야기를 주고받는 장면을 후쿠오카에서 목격한다. 그리고 이들 간에 이렇게 화기애애한 문답이 가능한 것이 바로 서로 경어를 썼기 때문이라는 결론에 이르게 된다. 당시 조선에서 아동에 대한 경어는 아동의 계급이 높고 노인의 계급이 낮은 경우가 아니면 사용하지 않았기 때문이었다.

당시 조선의 어법으로는 노인이 아동에게 경어를 쓰는 것이 아동이 높은 계급이고 노인이 낮은 계급이라는 단서가 되는 만큼, 아동은 아동대로 노인은 노인대로 서로 경어를 사용하기가 어려울 수밖에 없다는 것이 박승빈의 진단이다. 따라서 조선의 노인과 아동은 서로 친절하게 말을 주고받기가 매우 어려운 상황이라고 개탄한다. 초면에는 서로의 계급을 확인할 수 없으니 하대어는 하대어대로 경어는 경어대로 상대에 대한 결례가 되거나 자존심의 문제가 된다. 노인이든 아동이든 자신에게 경어를 쓰는 사람은 '상대가 나보다 낮은 계급이구나'라고 생각하고, 하대를 하게 되면 상대가 '나를 낮은 계급으로 보는구나'라고 불쾌감을 느낄 수 있기 때문이다. 따라서 자기와 아는 사람이 아니면 가급적으로 서로 말을 주고받지 않는 것이 상책이라고 생각하여 폭넓은 교제가 이루어지기 어렵다. 조선의 노인과 아동이 서로 초면에 화기애애하게 문답하기 어려운 이유가 바로 언어의 문제에 있다고 진단한 것이다.

---

8 각주 7번에 언급했던 1921년 2월 7일 조선일보 2면에 실린 박승빈의 강연록에 따르면 후쿠오카에서의 일은 13년 전의 일이고 학교 운동회를 보러 갔다가 그 일을 목격하고 큰 감동을 받았다고 한다.

박승빈은 특히 갑오개혁으로 문벌 계급이 없어졌는데도 말로 계급을 나누는 데 대한 문제점을 (14)에 보인 것과 같이 지적한다. 갑오개혁으로 법적으로 하등의 차별이 없는데 습관의 타성으로 계급을 의식하게 하는 언어의 불평등이 문제라는 것이 박승빈의 진단이다. 그리고 갑오개혁이 벌써 30년이 지났지만 만인 평등의 의식이 아직 부족하다고 개탄하며 이는 특히 반가의 일족이 많이 모여 살며 세력을 펴고 있는 향촌의 상황에서 심하고 변화도 어렵다고 하였다. 그런데 이 모두는 세상이 변화했음을 몰라서가 아니라 습관적으로 사용해 오던 차별적 언어를 어른들이 그대로 사용함으로써 젊은이들로 하여금 평등한 언어를 사용할 수 없게 만듦으로써 계속 차별적 언어가 이어지는 상황에 처하게 하기 때문이라고 하였다.

(14) 乃 甲午年의 改革의 機運을 促하여 闢破門閥이라는 標語로써 從前의 無理한 制度를 廢하고, 人은 皆 平等이라는 制度로 變更되었는지라. 此로부터 모든 事物에 當하여 班家의 人도 其 門閥에 依하여 取得하는 何等의 超越權이 無하고, 常民의 人도 亦 何等의 拘束이 無함에 至하였도다. 斯와 如히 모든 實質的 事物은 平等의 制度로 實行되었으나 오직 形式上으로 其 言語의 使用에 對하여서는 數 百年間의 襲用되는 習俗이 忽然히 改易되기 難하여, 此에 因하여 社會上 種種의 齟齬와 苦難과 軋礫을 嘗하면서 漸次 變遷하여 今日에 至하였도다. 甲午年으로부터 近 三十 年을 經過한 今日에도 鄕村의 事情을 察하면 猶히 昔時의 習慣이 依然히 遺在한데 其中 從來로 班家의 一族이 多數히 住居하여 勢力을 張하였던 處에서 最히 其 變改의 難함을 感하는 바이로다. (박승빈, 1921, ??쪽)

(14)는 당시 도시의 상황에 대한 박승빈의 설명이다. 향촌의 경우와는 달리 도시의 경우는 신사상의 진보된 사람들이 많고 교류의 폭이 넓고 복잡해져서 평등하게 서로 경어를 사용하는 풍습이 널리 전파되어 있기 때문에 사교상에는 별다른 문제가 생기지 않고 있다고 하였다. 하지만 문제는 가정 안에 그리고 이웃 간에 있다고 지적하였다. 특히 서울에 널리 존재하는 행랑살이 문제에 주목한다. 그리고 학교가 새로운 시도를 위한 최적의 장소라고 역설한다. 학교에 모인 모든 사람들이 서로가 서로에게 상호 경어를 사용하는 새로운 습관을 만드는 일은 그리 어렵지 않을 수 있기 때문이라는 것이 그의 설명이다. 학교 안에서 상호 경호를 쓰는 것이 당연한 것이 된다면 학교를 나와서도 행랑채 아이와 주인집 아이는 서로 경어를 사용하게 될 것이다. 그렇다면 행랑채 아이가 주인집 어른들에게 경어를 쓰는 것은 물론이거니와 주인집 아이도 행랑채 아이는 물론 행랑채 어른들에게 경어를 자연스럽게 쓸 것이다. 그렇다면 점차 모두 서로가 서로에게 경어를 쓰는 세상이 올 수 있을 거라는 것이 그의 생각이었다.

사실, 아동 상호 간 경어 문제는 단순히 아동 상호 간에만 국한된 문제가 아니었다. 그가 진정으로 바라는 것은 말의 평등을 통해 사회의 평등을 실현하고자 하는 것이었다. 하지만 하루아침에 모두가 경어로 말을 바꾸는 것이 불가능한 만큼, 실현 가능한 단계적 실현을 제안한다. 그리고 가장 먼저 바꿀 수 있는 최고의 환경을 학교로 보았다. 학교는 원칙을 세우고 교육을 통해 변화를 꾀할 수 있는 곳이니 학무국과 학교의 협조를 얻어서 학교 환경에서부터 상호 경어 사용을 실천하는 방향으로 변화시키는 전략을 생각한 것이다. 학교에 다니는 학생부터 상호 간에 경어를 쓰게 하고 선생님 또한 학생들에게 경어를 사용하도록 원칙을 세워 실천하면 그것이 언어습관으로 굳어지면서 아이들이 어른이 되었을 때는 모든 사람들이 서로 경어를 사용하는 세상이 올 수 있지 않을까 생각한 것이다.

박승빈은 자신이 아동 경어 문제에 주목하게 된 이유를『계명』3호에 실린 연작 논문『조선 언문에 관한 요구』마지막 편인『언문 사용의 법칙을 정리』를 끝낸 후에 다음 (15)와 같이 덧붙인다.

> (15) 玆에 朝鮮 言文에 關한 要求의 筆을 止하나이다. 昔히 明治
>   四十三年 中에 余家의 兒童이 某 普通學校에 通學하는 時에
>   余가 所感이 有하여 該當 學校에 對하여 學生 互相間에 敬語
>   를 用하게 指導함을 要求하였으나, 何의 結果가 無하였고,
>   (박승빈, 192?, ??쪽)

(15)에 적고 있는 것처럼 박승빈은 1910년 첫째 아이가 보통학교에 입학하면서 느낀 바가 있어 학교에 가서 학생들 상호 간에 경어를 사용하게 할 것을 요구하였다고 한다. 하지만 개인적인 제안으로는 어떠한 변화도 이끌 수 없었다고 하였다. 이를 통해 박승빈이 아동 경어 문제에 관심을 갖게 된 것이 논문을 출간한 1921년보다 최소한 11년 전이었음을 알 수 있다.

박승빈은 사실 아동 경어 문제가 우리 사회의 개혁에 가장 큰 열쇠가 될 것이라고 확신한 듯하다. '씨' 문제나 '당신' 문제는 사실 경어 사용에 있어서 부딪히게 되는 문제들을 해결하기 위한 섬세한 장치들을 마련하는 일이었다. 사실 핵심은 모든 사람들이 서로가 서로에게 경어를 사용함으로써 말의 평등을 이루어내는 것이었다. 갑오개혁으로 반상의 구분이 없어진 지 30년이 되었지만 말의 차별로 인해 차별

의 의식이 없어지지 않고 있다고 박승빈은 개탄한다. 그리고 언어란 사회적 약속에 불과한 만큼, 달라진 세상을 담을 수 있는 언어 약속들을 새로 세워가야 한다고 박승빈은 역설한다. 차별적인 언어는 매일매일의 사용을 통해 차별적인 의식을 공고하게 만드는 반면, 평등한 언어는 매일매일의 사용을 통해 평등한 의식을 만들어 갈 것이고, 이는 평등한 세상을 만드는 핵심이라는 것이 그의 생각이었다.

7. 박승빈의 언어 개혁 운동이 당대에 미친 영향

지금까지 우리는 박승빈이 중점적으로 관심을 두었던 언어 개혁 운동의 내용이 무엇이었는지를 하나하나 상세히 살펴보았다. 그가 계명구락부의 결의 사항을 통해 제안한 언어 개혁의 내용은 모두 세 가지였다. 이를 이 논문에서는 '씨' 문제, '당신' 문제, 그리고 아동 경어 문제라고 불렀다.

이 세 가지 문제는 사실 하나의 문제로 통합될 수 있다. 이 세 가지 문제가 모두 사실은 경어와 관련된 것이기 때문이다. '씨' 문제와 '당신' 문제는 아동 경어 문제의 실천 과정에서 오는 사용상의 불편을 해소하기 위한 제안이라고 할 수 있다. 서로가 서로에게 경어를 사용하는 상황에서 가장 절실히 요구되는 것이 바로 보편적으로 사용이 가능한 호칭어의 문제이기 때문이다. 상대를 부르는 말이란 상대와의 관계를 드러내는 만큼, 어떤 호칭어를 사용하는가는 민감한 문제를 가져올 수 있다.

박승빈은 이러한 불필요한 감정 소모가 될 수 있는 문제를 해소하는 방법이 바로 두루 사용이 가능한 경칭의 호칭어를 마련하여 사용하는 것이라고 생각했다. 그리고 그 방법을 성명에 혹은 명(이름)에만 '씨'라는 경칭어를 붙여 호칭어로 사용하는 방법을 제안하였다. 또, 말에서 호칭어의 사용을 줄이는 것 또한 말의 불편을 없애는 방법 중 하나라고 생각했던 것 같다. 그러기 위해서는 2인칭 대명사의 사용이 필요하다. 그런데 문제는 한국어가 공손성이 요구되는 경우 2인칭 대명사를 쓰지 않는 특성을 지닌 언어라는 데 있었다. 그러니 경칭의 2인칭 대명사가 한국어에 없는 것은 당연하다. 이에 박승빈은 경어의 맥락에서 사용할 수 있는 2인칭 대명사를 연구하여 '당신'을 제안하게 된 것이다.

이처럼 '씨'와 '당신'은 계명구락부라는 한정된 공간에서의 사용을 염두에 두고 제안한 것이 아니었다. 한국어가 경어로 통일되는 데 있어서 가장 절실하게 요구되는 장치였던 만큼, 한국어 사용자 전체에게 제안한 것이었다. 상대를 부를 때 이름에 씨를 붙이는 것이 공경의 의미로 정착되고, 경어 2인칭 대명사가 적극적으로 사용된다면 경어로의 통일 과정이 훨씬 쉬워질 것으로 보았던 것 같다.

결국 핵심은 차별 없는 평등한 사회를 실현하기 위해서는 우선 지금까지 써 왔던 문벌, 남녀, 관작, 연령에 따라 차별을 두어 사용해 왔던 차별적 언어를 평등한 언어로 바꾸어야 한다는 것이 그의 생각이었다. 언어는 사회적 약속이고 그 약속이 학습에 의해 굳어지게 되는 속성을 가진 만큼, 일거에 바꾸는 것이 불가능한 특성이 있음을 간파하고, 가장 합리적인 실현 방법으로 생각한 것이 바로 보통학교에 다니는 아동들부터 시작하는 것이었다. 학교에서 모두 서로가 서로에게 경어를 사용한다면 그들에게 경어는 일상적인 말이 될 것이고 이렇게 자란 사람들은 경어 평어의 구별 없이 경어를 일상어로 사용하게 됨으로써 점점 경어로의 통일이 이루어질 것이라는 것이 그의 생각이었다.

박승빈의 언어에 대한 이러한 개혁적인 생각은 이론에만 머물지 않았다. 박승빈은 언어 개혁을 이루기 위한 행동가로서의 조직적인 면모도 함께 보여주었다. 우선 그는 언어 개혁의 필요성에 대한 생각을 계명구락부 회원들과 당연히 공유했을 것이다. 그래서 말과 글을 통해 적극적으로 자신의 이론을 알림으로써 '씨' 문제, '당신' 문제, 그리고 아동 경어 문제들을 계명구락부의 중요 결의 사항의 하나로 만들어 낼 수 있었을 것이다. 그리고 이를 정책적 안건으로 만들기 위해 계명구락부의 이름으로 관계 당국에 건의서를 제출하였다.

또, 이를 적극적으로 홍보하고 사회적 공감대를 형성하기 위해 계명구락부의 재력과 영향력을 활용하여 언어 개혁 운동이 바로 사회 개혁 운동이라는 점을 언론을 통해 적극 알렸다. 이를 위해 관련 설명회나 간담회에는 반드시 신문사와 잡지사의 기자들을 초청하였고, 아동 경어 문제의 경우는 실행의 주체인 교육 당국자를 비롯하여 보통학교 교장, 유치원장 등 교육의 주체들을 초대하여 취지를 설명하는 자리를 적극적으로 마련하였다. 또한, 일반인들과의 접점을 마련하여 개혁의 취지를 설명하고 동참을 호소하기 위하여 강연회도 마다하지 않았다.

계명구락부의 기록에도 1921년 9월 21일에는 각 방면의 인사와 신문 잡지 기자 등을 초청하여 아동 경어 실행을 협의하기 위한 모임을 가졌다(『계명』 24호 30쪽)는 내용과 1922년 4월 8일에는 아동 경어 문제로 학무 당국, 시내 각 보통학교 교장, 유치원장 및 신문, 잡지, 기자를 초대하여 실행을 선전하였다(『계명』 24호 30쪽)는 내용을 찾을 수 있다.

그 결과 당시 언론을 뒤져보면 계명구락부에서 결의한 언어 관련 내용들이 지면을 통해 자세히 소개된 것을 확인할 수 있다. (16)은 신문 지면에 소개된 계명구락부의 언어 관련 결의 사항과 관련된 기사를 날 짜 순서로 보인 것이다.

(16)   가. 1920년 12월 28일 매일신보 2면: '씨' 문제
       나. 1921년 1월 17일 매일신보 2면: '씨' 문제, '당신' 문제
       다. 1921년 1월 19일 조선일보 2면: '씨' 문제, '당신' 문제
       다. 1921년 1월 20일 매일신보 3면: '씨' 문제
       라. 1921년 2월 7일 조선일보 2면: 아동 경어 문제
       마. 1921년 5월 30일 동아일보 2면: 아동 경어 문제
       바. 1921년 5월 30일 매일신보 3면: '당신' 문제 관련 기사
       사. 1921년 5월 30일 조선일보: '당신' 문제, 아동 경어 문제
       아. 1921년 6월 2일 매일신보 1면: 아동 경어 문제
       자. 1921년 9월 25일 동아일보 1면, 3면: 아동 경어 문제
       차. 1921년 9월 25일 매일신보 3면: 아동 경어 문제
       카. 1921년 9월 25일, 26일 조선일보 2면: 아동 경어 문제
       타. 1922년 4월 10일 동아일보 3면: 아동 경어 문제
       파. 1936년 4월 23일 조선일보 2면: 아동 경어 문제
       하. 1936년 4월 24일 조선일보 3면: 아동 경어 문제

이처럼 박승빈은 언어 개혁의 문제에 대한 이론의 제공자였을 뿐 아 니라 변화를 이룰 수 있는 운동의 방향을 다각적이고 조직적으로 모색 한 운동가였다고 할 수 있다. 하지만 더욱 주목할 만한 것은 그가 실천 가이기도 했다는 점이다. 박승빈의 차손인 박찬기의 인터뷰를 보면 자 신의 집안에서 철저히 상호 경어 사용을 실천했음을 확인할 수 있다. 『신동아』 2001년 10월호에 실린 박찬기의 인터뷰에는 자신의 집안에 서는 아이, 어른 가리지 않고 모두 서로가 서로에게 경어를 사용한다

는 내용이 담겨 있다. 자신의 어머니가 자신을 부를 때 '찬기 씨'라고 했는데 이는 조부인 박승빈이 계명구락부를 창설하면서 내린 지침을 실천한 것이라고 하였다. 또한, 시정곤(2015)에 따르면 박승빈의 셋째 손자인 박찬도 또한 할아버지를 회고하면서 자신에게 "찬도 씨 왔어요?"라고 하셨던 기억이 있다고 하였다.

그렇다면 박승빈의 언어 개혁 운동의 사회적 파장은 얼마만큼이었을까?

박승빈의 언어 개혁 운동 중에서 특히 '아동 경어 문제'는 당시에 큰 울림을 준 것으로 보인다. 우선 아동 경어 문제는 거의 대부분의 사람들로부터 공감을 얻었던 것으로 보인다. 물론, 1922년 4월 10일 동아일보 3면 기사에는 실행에 있어서는 곤란하지 않겠느냐는 의견도 많았다는 내용이 실려 있으나[9], 곳곳에서 실천이 실제로 이루어졌던 것으로 보인다.

특히, 천도교의 어린이 운동에 수용된 것이 가장 큰 성과라고 할 수 있다. 천도교는 천도교청년회의 조직에 이어 1921년 천도교소년회를 조직한다. 그리고 이를 바탕으로 어린이 운동을 준비하여 1922년 5월 1일에 어린이날을 탄생시킨다.

어린이날 첫해에는 자동차대와 창가대로 나누어 가두행진을 하며 어린이날 취지를 설명하는 선전서를 배포한다. [그림 2]에 보인 것과 같이 1922년 5월 2일 동아일보 기사에는 '어린이날'이라는 제목의 홍

---

9 1922년 4월 10일 동아일보 3면 기사는 계명구락부가 주최한 아동 경어 문제에 대한 간화회(간담회)에 대해 적고 있다. 총독부 당국에 관련 건의서를 제출하고 이에 대해 알리기 위해 총독부 학무국장을 비롯, 교육계와 언론계 유지 50여 명을 초청하여 만찬과 함께 의견을 청취하는 자리를 마련하였는데 참석자들이 대체로 취지는 찬성하나 실행이 곤란하겠다는 의견이 많았다고 보도하고 있다.

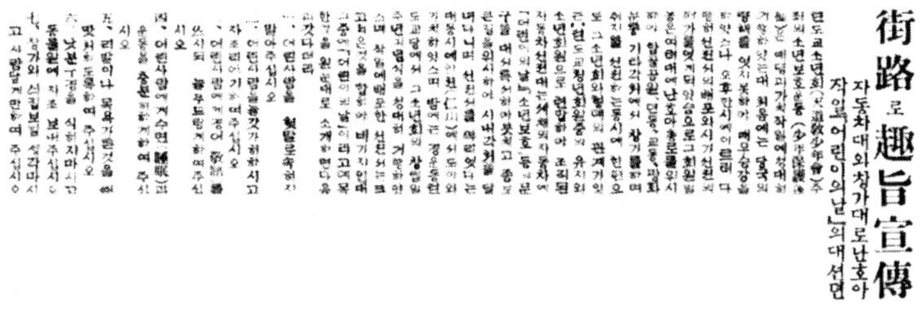

街路로趣旨宣傳

자동차대와창가대로난호아

작일「어린이의날」의대선뎐

[그림 2] 1922년 5월 2일 동아일보

보 문구가 원문대로 소개되어 있다. 그중 눈에 들어오는 것이 바로 '3. 어린 사람에게 경어(敬語)를 쓰시되 늘 부드럽게 하여 주십시오'라는 대목이다. 박승빈의 아동 경어 운동은 김기전, 방정환에게 수용되면서 천도교를 통해 어린이 경어 운동으로 발전하게 된 것이다. 실제로 어린이 운동의 핵심 인물이었던 김기전과 방정환 역시 구호만이 아니라 삶을 통해 아동 경어 사용을 지속적으로 실천하였다고 한다.[10]

이처럼 박승빈의 아동 경어 관련 강연 및 논문은 어린이 운동을 준비하던 김기전과 방정환에게 큰 영향을 준 것으로 보인다.

『개벽』 16호(1921년 10월)의 '우리의 靜中動觀'란에는 계명구락부 소식과 천도교소년회 소식이 상세히 실려 있다. 계명구락부 소식은 계명구락부가 총독부에 '아동 상호 간에 경어를 사용하게 할 것'을 건의하였다는 내용이다. 흥미로운 것은 기사의 끝에 두 가지 당부를 하고 있

10 《한국의 독립운동가들》 방정환 편에 실린 방정환의 장남 방운용의 회고담을 보면 다음과 같이 김기전(소춘)과 방정환이 경어 사용을 실천하였음을 확인할 수 있다. "소춘 선생님은 어린이들을 만나실 때면 언제나 '우리 소년들' 하시며 일일이 주문을 외우시고 염주 대신으로 어린이들의 손을 잡고 기도를 했지. (중략) 사실 경어쓰기운동을 펼친 분도 우리 아버지와 소춘 선생이셨는데 아버님은 위로 어른을 모시고 살았기 때문에 집에서는 존댓말을 쓰지 않으셨지. 하지만 소춘 선생은 달랐어. 집에서도 꼬박꼬박 존댓말을 썼으니 정말 대단한 실천가였지."

다는 점이다. 첫째는 총독부에 건의한 것으로 만족하지 말고 일반 사회에 이를 철저히 선전하며 회원들이 먼저 각자의 가정에서 실천하여 몸으로써 규범이 되게 할 필요가 있다는 것이었고, 둘째는 아동 언어 문제뿐 아니라 오늘 우리 사회에는 새로 짓고 고쳐야 할 많은 문제들이 있음을 잊지 말 것과 문제를 지적하는 것도 중요하지만 실행이 더욱 중요한 만큼, 실행을 통해 우리 일반 사회에 미치게 하여야 한다는 것이었다.

한편, 천도교소년회 소식은 5월 1일 결성된 모임의 배경과 과정 그리고 의의를 상세히 기술하는 과정에서 그 모임의 소년들이 하는 일 중에 가장 고마운 것으로 회원 상호 간에 서로 경어를 사용하여 사랑과 공경을 위주로 하는 일을 첫째로 꼽았다(『개벽』16호, 59쪽).

이후에도 『개벽』에는 박승빈의 아동 경어 문제와 관련된 기사가 지속적으로 발견된다. 『개벽』18호(1921년 12월)에 이돈화는 '新朝鮮의 建設과 兒童問題'에서 계명구락부가 아동 경어 사용 문제를 당국에 건의하였음을 언급하며 '우리는 大端히 同 俱樂部의 有志함을 嘆服하엿습니다. 바라건대 그와 가튼 機關에서 一層 더 努力에 努力을 加하야 兒童保護機關가튼 것을 設置함이 時宜에 適當할 줄로 밋습니다'라고 하기도 했고, 『개벽』19호(1922년 1월)에 김기전은 자신에게 보낸 연하장이라는 제목의 글에서 상호 간 어법을 모두 경어로 통일하고 하대어를 없애자는 취지의 주장을 펴기도 했다. 또 『개벽』19호(1922년 1월)에는 지난해를 회고하는 기사에서 계명구락부가 아동 경어 문제를 결의하고 건의서를 학무당국에 제출했다는 내용이 실려 있다. 『개벽』35호(1923년 5월)에는 '開闢運動과 合致되는 朝鮮의 少年運動'이라는 제목의 김기전이 쓴 글이 있다. 이 글에서 김기전은 아동 경어 문제에 대해 어른들의 성찰을 촉구한다. 어린이를 차별하는 마음이 있기 때문에 어린이에게 경어가 나가지 않는 것이므로 어린이의 인격을 인정하는 첫 표시로 먼저 언어에서 경대를 하여야 한다고 역설하였다.

사실, 박승빈의 아동 경어 문제에 대한 제안이 천도교소년회에 바로 수용된 배경에는 소춘 김기전과 소파 방정환의 어린이 존중 사상이 있다. 이러한 사실은 김기전이 『개벽』 2호(1920년 7월)에 기고한 '長幼有序의 末弊, 幼年男女의 解放을 提唱함'이라는 제목의 논문을 통해 확인할 수 있다. 논문에서 김기전은 우리 사회가 보이는 장유유서의 폐단, 즉 유년에 대한 학대를 지적하며 이를 시정할 것을 촉구한다.

김기전의 논문에는 놀랍게도 (17)에 보인 것과 같은 대목이 나온다.

> (1) 幼年에게 一齊히 敬語를 用하얏스면 如何할가 하나 이것은 實現이 頗難할 것이외다. 個人間에는 猝然難行이라 하야도 小學校와 如한 幼年의 集團中에서 爲先 實施하얏스면 大可할 것이외다. 第一 今日 小學校員의 幼年學生에게 對한 動作語法은 甚히 怪惡한 바 그것만이라도 斷然 改良할 것이라 하나이다. 그리고 今日의 第一 渝俗은 冠童區別의 嚴格이외다.
>
> (『개벽』 2호 56쪽)

이처럼 김기전 역시 박승빈과 거의 유사한 생각을 하였음이 확인된다. 김기전은 해당 논문에서 장유유서의 폐단으로 네 가지를 지적한다. 1) 유년에 대한 비인간적인 태도, 즉 언어적으로 하대하는 말을 사용함으로써 유년의 기를 꺾는 문제. 2) 양생송사를 소홀히 하는 문제, 즉 아동을 기르는 데 있어 어른과 차별하고 아이들의 장례를 소홀히 하는 문제, 3) 교사의 신체적, 언어적 학대의 문제, 4) 어른과 아이를 결혼 여부로 구분하는 문제 등이 그것이다. 그리고 이를 없애기 위해서 다음 네 가지 방법을 제안한다. 1) 유년에 대한 말투를 고치고 2) 아이들에 대한 양생송사를 실천하고, 3) 유년에게 경어를 사용하며, 4) 유년에서 남녀의 구분을 지양하라는 것이 그것이다.

김기전의 이 글이 발표된 것은 1920년 7월이었고, 박승빈의 강연이 있었던 것은 1921년 2월 5일이었으니 김기전의 글이 박승빈의 강연에 앞서 작성되었다고 할 수 있다. 하지만 앞서 지적하였듯이 박승빈은 강연을 정리하여 투고한 1921년 5월 논문에서 아동 경어 문제를 처음 고민한 것이 10여 년 전이라고 회고하고 있다는 점 등을 고려할 때 김기전과 박승빈은 생각의 시작 지점에서는 서로의 영향 관계가 크지 않았던 듯하다. 서로 독립적으로 박승빈은 언어를 통해 사회의 문제를, 김기전은 사회의 문제를 통해 언어의 문제를 살폈을 것으로 생각된다. 다만, 박승빈의 논문은 언어 문제에 초점을 맞추었고, 논리적으로 그 이유와 효과를 조목조목 기술하고 있는 만큼, 어린이 운동의 핵심 인사였던 김기전이나 방정환이 평소 자신들의 생각이 옳았음을 확인하고 어린이 경어 운동을 펼칠 수 있는 이론적 배경이 되었을 것이다. 그래서 이들은 1921년 천도교소년회를 조직하면서 회원 상호 간에 경어 쓰기를 원칙으로 할 수 있었고, 1922년 어린이날의 탄생을 알리는 선전 문구에 아동에게 경어를 쓰되 늘 부드럽게 말하라고 당부할 수 있었을 것이다.

이러한 맥락에서 [그림 3]에 보인 1921년 6월 2일 매일신보 1면 사설은 흥미롭다. 이 사설을 통해 당시에도 김기전이 중심이 된 천도교소년회와 박승빈이 중심이 된 계명구락부의 아동 경어 문제 결의가 소년운동의 첫 번째 목소리임을 파악하고 있었음을 확인할 수 있다. 해당 기사는 시작 부분에서 천도교소년회의 조직을 소개하고 이어서 계명구락부의 아동 경어 문제에 대한 결의 내용을 소개한다. 그리고 글의 끝부분에서 이 두 가지가 소년 운동의 첫 번째 목소리라고 규정하면서 그에 이어지는 두 번째, 세 번째 목소리가 지속적으로 나와야 한다고 촉구한다.

[그림 3] 1921년 6월 2일 매일신보 1면 사설

8. 지금 우리는?

지금까지 우리는 지금으로부터 약 100년 전 박승빈을 중심으로 이루어졌던 언어 개혁 운동에 대해 살펴보았다. 약 100년 전 박승빈이 이해한 언어에 비친 사회의 권력 관계, 불평등, 차별의 문제의식을 따라가며 연구자는 놀라움과 부끄러움을 느꼈다. 박승빈은 자신의 글에서 갑오개혁으로 만민평등이 이루어진 지 30년이나 지났지만 과거의 문벌, 남녀, 관작, 연령 등의 계급 관계가 언어에 짙게 깔려 있어서 계급의 타파가 이루어지지 않았고 계급에 의한 차별이 없어지지 않고 있다고 지적한다.[11]

---

11 이 논문 발표 당시에 심사자 중 한 분이 박승빈의 평등에 대한 이해와 오늘날의 이해는

그렇다면 2020년 현재 우리는 어떤가? 박승빈의 말대로라면 우리 역사상 최초로 만민평등을 실현한 갑오개혁이 있었던 때로부터 지금은 무려 만 126년이 지난 시점이다. 하지만 여전히 우리는 복잡한 호칭어 체계를 유지하고 있고 2인칭 대명사 '당신'은 불특정 다수를 의미하지 않는 이상 경칭으로 인정되지 않고 있다. 그리고 경어 체계는 여전히 존재하고 말의 평등은 이루어지지 않았다.

아직도 우리는 별도의 호칭어가 있는 직업이나 직책을 가진 사람들에게는 그렇지 않은 사람들과 다른 호칭어를 사용한다. 그렇게 '씨'라는 호칭어는 더 이상 존칭어로서의 지위를 잃어가고 있다. 특히 성에 '씨'를 연결시킨 '김 씨, 박 씨, 이 씨'와 같은 방법으로 상대를 부르는 것은 상대를 존대하는 것이 아니라 하대하는 것으로 느껴지는 것이 일반적이다. 부르는 말인 호칭어가 아니고 심지어 글에서 특정인을 지칭하는 지칭어인 경우에도 이름 뒤에 '씨'를 붙이는 것에는 매우 예민하다. 이는 한겨레 신문의 '씨' 논란을 통해 확인할 수 있다.

한겨레 신문은 지난 2017년 8월 25일 2면에 '독자 여러분의 요구와 질책, 시대의 흐름에 따른 대중의 언어 습관 변화 등을 심각하게 고민했다'고 하면서 '신문사 내부의 토론, 독자 여론조사, 전문가들의 조언 등을 두루 거쳐 1988년 창간 이후 유지해온 표기 원칙을 바꾸기로 했다'고 선언하였다. 창간호부터 유지해 왔던 원칙인 대통령 부인에 대한 권위주의적인 경칭인 '영부인'이나 '여사'를 사용하지 않겠다는 원칙을 29년 만에 변경한 것이다. 그렇게 한겨레는 '김정숙 씨'를 버리고

서로 다르며, 동일한 단어를 사용하고 있지만 서로 다른 함의를 가지고 있다고 지적하였다. 이 의견에 전적으로 동의하면서 8장의 내용은 박승빈의 언어와 사회의 관계에 대한 이해를 현재의 시점에서 필자가 재해석하여 확장한 것임을 밝힌다.

'김정숙 여사'로 부르는 것을 원칙으로 삼았다. 이에 앞서 '이희호 씨 (1999년 12월 7일)'와 '권양숙 씨(2007년 10월 7일)' 논란이 있었을 때는 편집 원칙임을 내세워 '씨' 원칙을 고수했던 한겨레 신문이 2017년 '김정숙 씨'에서 무너진 것이다.

한편, 아동 경어 문제는 지금도 일부 초등학교에서 그 전통을 이어 가고 있기는 하지만 그 전통을 지키는 학교는 극소수에 불과하다. 여전히 우리 사회에는 권력관계를 반영하는 존댓말과 반말의 구분이 존재하고 있다.

박승빈이 살아 돌아온다면 '씨'가 비칭이 되어 버린 지금의 상황을 이해할 수 있을까? 그리고 입만 열면 민주와 평등의 가치를 역설하면서 100년이 지난 지금도 한국어에 공고히 남아 있는 존댓말과 반말의 구분이 보여 주는 모순을 어떻게 생각할까?

한국어에는 경어 체계가 여전히 존재하고 있고 말의 평등은 아직 이루어지 않았다. 물론 경어 체계는 많이 단순화되었지만 아직도 존댓말과 반말의 구분은 매우 공고하게 존재하고 있는 것이 사실이다. 또한, 한국어의 경어 체계는 불필요한 감정의 낭비를 가져올 수 있는 위험 요소라는 점도 주목해야 한다. 이는 신분제 사회가 붕괴된 직후에 훨씬 더했을 것이다. 실제로 지난 신문을 뒤져보면 지금으로서는 상상하기 어려운 기사를 만나게 된다. 1930년 9월 12일 매일신보에는 양반보고 반말했다고 40여 명이 작당하고 곤봉으로 집을 무너뜨린 사건이 보이고, 1935년 9월 13일 조선중앙일보 기사 중에는 보령군에서 일어난 봉건 사상으로 인한 동년배 여성 간 반말 구타 사건이 보인다. 1937년 6월 5일 매일신보에서도 아버지에게 반말을 했다는 이유로 형제가 달려가 아버지에게 반말을 한 사람을 구타한 사건에 대한 보도를 발견할 수 있다.

물론, 반말 사용으로 인한 갈등은 지금도 여전하다. 도로에서의 위험한 끼어들기는 위험한 언쟁으로 이어지기 일쑤다. 또, 상대를 부르는 '여보쇼' 혹은 '당신'은 자칫 주먹을 부르는 말이 되기도 한다. 2019년 8월, 장안을 떠들썩하게 만들었던 장대호 사건도 그 시발점이 바로 반말로 인한 가해자와 피해자 사이의 사소한 말다툼이었다.[12] 사소한 반말이 시신을 훼손한 끔찍한 살인 사건의 발단이 되었다는 점은 말의 무게를 다시 생각하게 한다.

개인적인 관계에서만이 아니라 사회적 관계에서도 반말과 존댓말 관련 갈등 기사가 자주 목격된다. 일제강점기의 자료를 보면 1927년 5월 28일 중외일보에는 13명의 피고들이 결탁하여 재판관에게 경어를 쓰지 않음으로써 재판관을 수하 사람 대하듯 한 일에 대한 보도도 보이고, 1928년 4월 23일 중외일보에는 젊은 순사에게 반말을 듣고 항의하다 맞아서 중상을 입은 늙은 엿장수 이야기도 보인다. 또, 광복 이후에는 지속적으로 경찰이나 공무원들이 민중에게 경어를 쓸 것을 엄명하는 내용이 자주 관찰된다.[13]

언어의 놀라운 점은 말을 보면 우리 사회의 불평등한 권력 관계가 어디에 존재하는지가 드러난다는 점이다. 사실, 누가 누구에게 반말

---

12 "한강 몸통 시신 사건" 『위키백과』 (https://ko.wikipedia.org/)
13 1946년 11월 9일 동아일보에는 경무총감이 민중에 대하여 경어를 쓸 것을 엄명하였다는 내용도 보이고, 1948년 6월 22일 주심 판사가 피고에 대해 전례 없이 경어를 사용하여 주목을 끌었다는 내용도 보이고, 1956년 6월 27일 마산일보에는 민중에게 반말을 하지 말라는 치안국장의 지시도 보인다.

을 쓰는가, 누가 누구에게 존댓말을 쓰는가를 관찰하면 우리 사회에 어떤 권력 구조가 형성되어 있는지를 알 수 있다. 더 정확히 말하면 누가 누구에게 반말을 쓸 수 없는가를 따져 보면, 힘의 불균형이 어떤 관계에서 존재하는지, 사회의 불평등이 어떤 관계에서 나타나는지를 확인할 수 있다.

예를 들어 아직도 여성은 결혼 후 배우자의 동생들에게 이름을 부르며 반말을 하지 못한다. 동생들이 나보다 나이가 어떤지는 중요하지 않다. 성별에 따라 '아가씨' 혹은 '도련님'이라는 호칭어를 사용해야 하고, 이 호칭어들은 자연스럽게 존댓말을 이끈다. 반면에 남성은 결혼 후 배우자의 동생들을 성별에 따라 '처남' 혹은 '처제'라고 부른다. 이 호칭은 자연스럽게 반말을 이끈다. 역시 이 경우에도 그들의 나이는 중요하지 않다. 이런 말하기를 살피면 우리나라 결혼문화에는 아직도 여전히 성별 비대칭의 불평등이 존재한다는 것을 알 수 있다.

사회적 관계의 경우 최근에는 상호 존댓말을 사용하는 추세가 점점 늘어나고 있다. 예전 직장 문화에 비하면 사회적 관계에서의 평등이 많이 실현되고 있다고 할 수 있다. 하지만 나이와 무관하게 직책의 차이가 생기면 하위직자는 상위직자에게 반말을 하기 어렵다. 물론 상위직자의 경우 하위직자가 나이가 어리다면 반말을 쓰기도 하지만, 상위직자가 하위직자보다 나이가 어린 경우는 반말을 쓰지 않는 것이 보통이다. 결국 이를 통해 우리 사회에 연령이 직급에 우선하는 권력으로 존재하고 있음을 확인할 수 있다.

2019년 10월 MBC 예능 '같이 펀딩'의 전이수 작가와 그를 만나러 간 세 명의 방송인 사이의 반말 논란을 보면 우리 사회에 공고하게 구축되어 있는 연령 권력의 벽을 확인할 수 있다.[14] 방송에서 12세의 전이수 작가는 세 명의 방송인을 만나 평어를 사용하여 대화를 나눈다. 세 명의 방송인들은 자신들에게 쓰는 아이의 반말에 당황했고 이를 지켜보던 시청자들도 당황스러워했다. 맥락 없이 펼쳐진 아이와 어른 사이의 상호 반말은 시청자들을 불편하게 만들었고 의도하지 않은 오해를 받은 전이수 작가와 그 가족은 상처를 받았다.

여기서 흥미로운 것은 만약 세 명의 방송인이 초면에 전이수 작가에게 반말을 썼다면 그것에 대해서는 누구도 문제를 제기하거나 불편해하지 않았을 것이라는 점이다. 당연히 존재하는 어른과 아이의 서로 다른 말의 권력은, 우리 사회에 공고하게 존재하는 어른과 아이 사이의 불평등한 권력 관계를 그대로 드러낸다고 할 수 있다.

한편, 우리 사회에 존재하는 연령 권력은 친밀한 관계가 되면 더욱 드러난다. 성인이 되어 사회에서 만나면 서로 존댓말을 쓰지만, 아주 친밀한 사이가 되면 연령을 서로 확인하고 연령에 따라 자연스럽게 연령이 적은 쪽은 존댓말을, 많은 쪽은 반말을 쓰게 된다. 말과 함께 자연스러운 위계가 만들어진다. 만약, 거리가 있는 관계에서 서로 존댓말을 쓰다 보니 그 거리를 좁히기 위해 말을 바꾼다면 친밀한 관계의 표시를 위해 서로가 서로에게 반말을 쓰는 게 맞을 것이다. 하지만 우리 현실에서는 친밀해지면 연령을 중심으로 말의 위계가 만들어진다. 그리고 그 말의 위계를 통해 관계의 위계가 만들어진다. 그래서 반말을 하고 존댓말을 듣는 사람은 존댓말을 하고 반말을 듣는 사람보다 더 높고 나은 존재라고 착각하게 만드는 경향이 있다. 우리 사회에 유독 꼰대가 많은 이유도 바로 이런 언어의 문제와 관련이 있는 것은 아

---

14 "방송서 '반말'해 논란 일자 전이수 군이 남긴 글…"마음이 없는 이쁜 말은 싫다"" SBS 뉴스 2019년 10월 25일 (https://news.sbs.co.kr/news/)

닌지 생각해 볼 필요가 있다. 존댓말을 서로 쓰는 관계에서 누군가가 누군가에게 꼰대가 될 수 있을까? 꼰대를 떠올리면서 서로 반말을 쓰는 관계가 설정되는가? 이 두 가지 질문에 답하다 보면 문제가 되는 지점을 발견하게 된다.

100년 전 박승빈이 제안한, 서로 존댓말을 쓰며 서로가 서로를 존중하는 사회를 우리는 부끄럽게도 아직 이루지 못했다. 말의 평등을 통해 평등한 사회를 꿈꾸던 박승빈의 꿈은 당시에 큰 호응을 얻었지만 일제강점기와 한국전쟁, 그리고 그에 이어진 비민주적인 독재 정권으로 인한 권위주의적인 사회를 지나는 과정에서 실현되지 못했다. 하지만 우리는 박승빈 덕분에 언어를 통해 우리 사회를 진단하는 끊임없는 성찰의 노력이 필요하다는 것을 다시 확인할 수 있었다. 이것이 바로 100년 전 박승빈의 목소리에 지금 우리가 귀를 기울여야 하는 이유다.

참고문헌

계명구락부. 1933. "결정사항의 이유서." 『啓明』(啓明俱樂部) 24. 33-51.

김기전. 1920. "長幼有序의 末弊: 幼年男女의 解放을 提唱함." 『開闢』(開闢社) 2. 52-58.

김기전. 1922. "彼의 『恭賀新年』." 『開闢』(開闢社) 19. 63-71.

김기전. 1923. "開闢運動과 合致되는 朝鮮의 少年運動." 『開闢』(開闢社) 35. 20-26.

미쓰이 다카시. 2012. "박승빈(朴勝彬)의 언어운동과 그 성격: 기초적 고찰." 『한국학연구』(인하대 한국학연구소) 26. 261-306.

박승빈. 1921ㄱ. "朝鮮言文에 關한 要求(1) 兒童互相間에 敬語(하오)를 使用하게 하는 事." 『啓明』(啓明俱樂部) 창간호. 14-19.

박승빈. 1921ㄴ. "姓名下敬稱語의 決定." 『啓明』(啓明俱樂部) 창간호. 36.

박승빈. 1921ㄷ. "朝鮮言文에 關한 要求(3) 言文使用의 法則을 整理하는 事." 『啓明』(啓明俱樂部) 3. 5-13.

손주섭. 2010. "현대국어 호칭어의 유형과 특성에 대한 연구" 『한국어 의미학』 (한국어의미학회) 33. 95-129.

시정곤. 2015. 『박승빈: 훈민정음을 사랑한 변호사』 서울: 박이정.

이돈화. 1921. "新朝鮮의 建設과 兒童問題." 『開闢』 (開闢社) 18. 19-28.

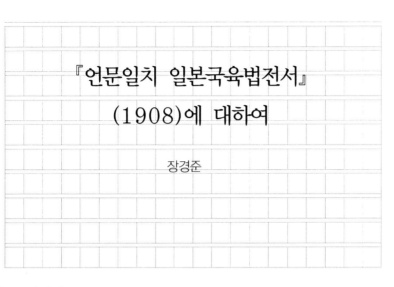

『언문일치 일본국육법전서』
(1908)에 대하여

장경준

1. 머리말

학범 박승빈(學凡 朴勝彬 1880-1943, 이하 '학범')은 유년 시절 고향인 철원에서 한학(漢學)을 배우다 19세에 상경하여 수학, 영어 등 신학문을 익히고 일본에 유학하여 법률을 전공한 후 1907년 8월 귀국하고, 이듬해 10월에 일본의 주요 법전을 담은 『언문일치 일본국육법전서』를 출간하였다.[1]

이 책은 대한제국 말기인 1908년 당시 법조인들이 참고할 수 있는 선진 법전이라 할 수 있는 일본의 헌법, 민법, 상법, 형법, 민사소송법, 형사소송법 등의 법조문을 우리말로 번역하여 이른바 '언문일치'

---

[1] 학범의 생애와 활동 이력은 시정곤(2015)에 상세히 기술되어 있다. 다만, 학범은 1908년 7월부터 1909년 3월까지 평양지방재판소에서 검사로 일했는데 일부 기록에는 판사로도 표시되어 있다. 이에 대해 시정곤(2015:45)에서는 "검사로 발령받으면서 일시적으로 판사도 겸직"한 것으로 보았는데, 학범의 재직 기간이 9개월에 불과하고 1912년에 나온 『現行 六法全書』(보문관)의 표지에 교열자 박승빈을 '前檢事'로 소개한 것으로 보아 학범의 관직을 판사로 표시한 기록은 오류일 가능성이 커 보인다.

로 표기한 것이다.

학범이 29세 때 간행한 이 책은 널리 보급되지 못한 채 현재 두 곳의 도서관에만 영본(零本)으로 남아 있고 연구의 손길도 거의 닿지 않았다.[2] 문장에 포함된 한자의 오른쪽에 훈독 표시 한글을 덧붙이는 이른바 한자 훈독식 표기법에 의한 새로운 문체의 사례로, 혹은 학범의 독특한 문법관에 의한 문장 표기의 실례로 시정곤(2015), 한영균(2017), 최경봉(2020) 등에서 부분적으로 언급되었을 뿐, 이 책의 내용을 전반적으로 살펴본 선행 연구는 없는 듯하다.

본 연구는 현재 구할 수 있는 『언문일치 일본국육법전서』의 제1책 '헌법'과 제3책 '상법'의 본문을 교감하여 전산 입력하고(textA), 분절과 띄어쓰기 등의 가공을 한 다음(textB), 번역 대상이 된 일본어 원문을 나란히 배열한(textC) 말뭉치를 구축하여 양질의 연구 자료를 학계에 제공하고자 한다. 그리고 구축된 자료를 기반으로 하여 이 책에 담긴 한자 훈독 표기와 번역 어휘에 대해 간략히 살펴보고자 한다.

2. 『언문일치 일본국육법전서』의 서지와 말뭉치 구축

『언문일치 일본국육법전서』는 아래 [그림 1]의 황성신문 광고 문구를 통해 애초에 6책으로 분책되어 발매되었음을 알 수 있다. 그러나 실물이 확인되는 것은 '分冊第一 憲法'(이하 '『헌법』')과 '分冊第三 商法'(이하 '『상법』')뿐이어서 『헌법』은 고려대 도서관에 6권, 『상법』은 연

---

2 이 책을 학계에 처음 소개한 金孝全(2010)은 "이 책은 저술이라기보다는 학생들을 위한 법령집이다"라고 간단히 평하면서 '分冊第一 憲法'을 영인하였고, '分冊第三 商法'은 아직 영인본이 없다.

세대 도서관에 1권이 소장되어 있다. 광고에 언급된 '合冊(洋裝美本)'은 '今月念間', 즉 1909년 1월 20일경에 정가 2원 20전으로 출간 예정이었는데 현재 남아 있는 책은 없다.

[그림 1] 『언문일치 일본국육법전서』 광고(황성신문, 1909년 1월 13일)

『헌법』(목차 4쪽, 본문 64쪽)에는 '日本國憲法'(1889년 공포) 다음에 부록으로 '日本國皇室典範'(1889년 공포), '日本國國籍法'(1899년 공포), '日本國法例'(1898년 공포), '日本國裁判所構成法'(1890년 공포)의 번역문이 실려 있고, 『상법』(목차 7쪽, 본문 153쪽)에는 '日本國商法'(1899년 공포)의 번역문이 실려 있다. 원문에 없는 '日本國'을 모든 제목에 넣어 향후 조선의 법전을 만드는 데 필요한 자료로서 일본의 법전임을 밝히고자 한 번역자의 시각을 반영하였다.[3]

『헌법』과 『상법』의 판권지에 표기된 서지사항은 다음과 같다.

---

3 이 책이 발간된 1908년 10월은 통감부 체제하에 실질적으로 일본의 지배를 받던 시기였으므로 원문의 제목대로 각각 '大日本帝國憲法', '皇室典範', '國籍法', '法例', '裁判所構成法', '商法'이라고 제목을 달아도 이상할 것이 없던 상황이었다.

(1) ㄱ. 헌법 : 隆熙二年十月二十日 印行, 飜譯者 朴勝彬, 發行者
　　　　　　崔昌善, 印刷者 吉田幸吉, 印刷所 京城日報社, 總
　　　　　　發兌處 漢城 新文館, 定價三十五錢
　　ㄴ. 상법 : 隆熙二年十月二十日 印行, 飜譯者 朴勝彬, 發行者
　　　　　　崔昌善, 印刷者 吉田幸吉, 印刷所 京城日報社, 總
　　　　　　發兌處 漢城 新文館, 定價六十錢

이 책은 발간 당시의 일반적인 조판 형식에서 크게 벗어나 작은 크
기의 한글부속활자를 사용한 때문인지 오류가 많은 편이다.[4] 판권지
뒤에 정오표를 실었으나 정오표에 반영되지 않은 오류가 더 많다.[5]
본 연구에서는 이 책을 대상으로 다양한 층위의 연구가 가능하도록
세 가지 종류의 전산 입력 자료를 구축하였다.[6]

(2) ㄱ. textA : 이 책의 본문을 전산 입력하고 교감한 것. 텍스
　　　　　　트 배열은 가능한 한 원본의 형식을 따랐고, 교
　　　　　　감은 일본어 원문, 조문의 내용, 번역의 양상
　　　　　　등을 종합적으로 고려하여 오류로 판단되는 경
　　　　　　우 본문에 교감 결과를 반영하고 각주에 기록
　　　　　　하였다. 한자 오른쪽에 한글로 달아 놓은 훈독
　　　　　　표기는 해당 한자에 '[ ]'를 달고 그 안에 기록
　　　　　　하였다.
　　ㄴ. textB : 교감한 본문을 분절하고 가공한 것. 위 textA의
　　　　　　교감된 텍스트를 대상으로 하여 원칙적으로 조
　　　　　　(條) 단위로 분절하되 한 조 안에서 항(項)이 나

---

[4] 학범이 평양지방재판소 검사로 부임하고 나서 3개월이 지난 시점에 이 책의 발간이 이루
어진 점도 영향을 미쳤을 것으로 보인다.
[5] 『헌법』에서 140여 개, 『상법』에서 260여 개의 오류가 발견되었다(textA의 교감주 참조).
[6] 구축한 자료는 2020년 8월에 한국어학회 누리집(www.koling.org)에 있는 '박승빈 국어학
상 게시판'에 공개하였다.

뉘는 경우 다시 분절하고, 분절한 단위인 조나
항 안에서 '一 二 三' 등의 형식으로 나열된 호
(號)는 추가로 분절하였다. 그리고 현대 한글맞
춤법에 준하여 띄어쓰기를 추가하였다.

ㄷ. textC : 번역문인 본문과 일본어 원문을 병렬시킨 것. 위
textB의 가공된 텍스트를 대상으로 하여 번역
양상을 확인할 수 있도록 해당 일본어 원문을
나란히 배열하였다.

구체적인 예로 『헌법』 63쪽에 있는 일본국재판소구성법 제136조와
제137조의 실제 모습과 이것을 말뭉치로 구축한 부분을 보이면 다음
과 같다.

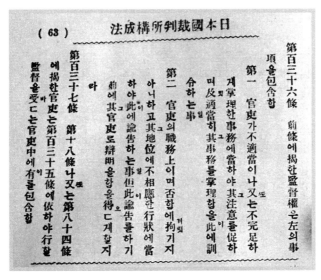

[그림 2] 『헌법』 63쪽 상단, 일본국재판소구성법 제136조와 제137조

(3) ㄱ. textA :

〈언문일치일본국육법전서제1책_헌법 63〉

第百三十六條 前條에揭한監督權은左의事項을包含함

第一 官吏가不適當이나又[쏘]는不完足하게掌理한事務에當하야其[그]注意를促하며及[밋]適當히其[그]事務를掌理함을此[이]에訓令하는事[일]

第二 官吏의職務上이며否함에拘[거릿]기지아니하고其[그] 地位에不相應한行狀에當하야此[이]에諭告하는事[일]但此 [이] 諭告를하기前에其[그]官吏로辯明을함을得[으]ㄷ게할지라

第百三十七條 第十八條나又[쏘]는第八十四條에揭한官吏는

第百三十五條에依하야行할監督을受[바]ㄷ는官吏中에此[7] [이]를包含함

ㄴ. textB :

〈헌법63_재판136조〉 前條에 揭한 監督權은 左의 事項을 包含함

〈헌법63_재판136조(1)〉 第一 官吏가 不適當이나 又[쏘]는 不完足하게 掌理한 事務에 當하야 其[그] 注意를 促하며 及[밋] 適當히 其[그] 事務를 掌理함을 此[이]에 訓令하는 事[일]

〈헌법63_재판136조(2)〉 第二 官吏의 職務上이며 否함에 拘[거릿]기지 아니하고 其[그] 地位에 不相應한 行狀에 當하야 此[이]에 諭告하는 事[일] 但此[이] 諭告를 하기 前에 其[그] 官吏로 辯明을 함을得[으]ㄷ게 할지라

〈헌법63_재판137조〉 第十八條나 又[쏘]는 第八十四條에

---

7 '宥로 잘못된 것을 정오표에서 수정함.

掲한 官吏는 第百三十五條에 依하야 行할 監督을 受
[바]다는 官吏中에 此[이]를 包含함

ㄷ. textC :

〈헌법63_재판136조번역〉 前條에 掲한 監督權은 左의
事項을 包含함

〈헌법63_재판136조원문〉 前條二 掲ケタル監 督權ハ左
ノ事項ヲ包含ス

〈헌법63_재판136조(1)번역〉 第一 官吏가 不適當이나 又
[쏘]는 不完足하게 掌理한 事務에 當하야其[그] 注意
를 促하며 及[밋] 適當히 其[그] 事務를 掌理함을 此
[이]에 訓令하는 事[일]

〈헌법63_재판136조(1)원문〉 第一 官吏不適當 又ハ不充
分二取扱ヒタル事務二付其ノ注意ヲ促シ竝二適當二
其ノ事務ヲ取扱フコトヲ之二訓令スル事

〈헌법63_재판136조(2)번역〉 第二 官吏의 職務上이며 否
함에 拘[거릿]기지 아니하고 其[그] 地位에 不相應한
行狀에 當하야 此[이]에 諭告하는 事[일]但 此[이]
諭告를 하기 前에 其[그] 官吏로 辯明을 함을 得[으]
ㄷ게 할지라

〈헌법63_재판136조(2)원문〉 第二 官吏ノ職務上ト 否ト
二拘ラス其ノ地位二不相應ナル行狀二付之 二諭告
スル事但シ此ノ諭告ヲ爲ス前其ノ官吏ヲシテ 辯明
ヲ 爲スコトヲ得セシムヘシ

〈헌법63_재판137조번역〉 第十八條나 又[쏘]는 第八十
四條에 掲한 官吏는 第百三十五條에 依하야 行할 監
督을 受[바]다는 官吏中에 此[이]를 包含함

〈헌법63_재판137조원문〉 第十八條及第八十四條二掲ケ
タル官吏ハ第百三十五條二依リ行フヘキ監督ヲ受ク
ルノ官吏中二之ヲ包含ス

위와 같은 형식으로 구축한 자료를 바탕으로『헌법』과『상법』의 본문과 해당 일본어 원문을 대조해 본 결과 한 군데를 제외하고 모든 내용이 빠짐없이 일관되게 번역이 이루어졌음을 알 수 있었다.

번역되지 않은 부분은 일본 재판소구성법 65조에 나오는 "帝國大學法科卒業生ハ第一回試驗ヲ經スシテ試補ヲ命セラルルコトヲ得"라는 문장이다.[8] 당시 조선에서 일본 제국대학을 졸업한 사람이 판검사 임용시험에 응시하는 것은 현실성이 없었으므로[9] 학범이 번역을 생략했을 가능성이 있다.[10]

이 책에는 '國[나라], 受[바]ㄷ는, 及[밋], 又[쏘]는' 등의 한자 훈독 표기가 널리 쓰였고, 원문의 '不充分ニ取扱ヒタル事務'를 '不完足하게掌理한事務'로 번역한 것처럼 번역문에 원문과는 다른 어휘를 사용한 사례가 많다. 이에 대해서는 장을 바꾸어 살펴보기로 한다.

3. 『언문일치 일본국육법전서』의 한자 훈독 표기

학범이 책의 제목에 '言文一致'를 앞세운 것은 이 책에서 문장에 나오는 한자를 그에 해당하는 우리말 어휘로 읽을 수 있도록 새로운 표기법을 사용한 데 대한 자부심의 표현으로 볼 수 있다. 다시 말해 학범

---

8 『헌법』에서 관찰되는 번역의 일관성을 고려할 때, 만약 학범이 이 문장을 번역했다면 "帝國大學法科卒業生은第一回試驗을經하지아니하고試補를命이됨을得[으]듬"이라고 했을 것이다.

9 학범 자신도 일본 사립대학인 주오대학(中央大學)을 졸업하고 귀국한 후 임용시험 없이 검사로 임용되었다.

10 일본 재판소구성법이 1890년에 공포된 이후『헌법』이 발간된 1908년 10월까지 있었던 부분 개정 과정에서 이 문장이 삭제되었을 가능성도 있으나 본 연구에서는 확인하지 못했다.

은 우리말 어휘(즉 '言')와 한자 표기(즉 '文')를 일치시키는 방법을 이 책에서 실험하고 그것을 '언문일치'의 실현으로 보았다.[11]

예를 들어 어떤 문장에서 '何人이든지'라는 표기를 보면 대부분의 사람들은 '何人'을 음독하여 '하인이든지'라고 읽겠지만, 그렇게 하면 '何人'에 해당하는 우리말 어휘인 '어느 사람'과 일치하지 않는다. 따라서 언문일치를 하기 위해서는 독자가 '何人이든지'를 보고 '어느 사람이든지'라고 읽을 수 있게 해야 한다. 학범은 이 문제를 [그림 3]과 같이 '何人'의 오른쪽에 한글로 '어느 사람'이라는 훈독 표기를 다는 방식으로 해결하고 이를 언문일치의 실현으로 본 것이다.[12]

널리 알려진 대로 한글부속활자를 사용한 한자 훈독 표기는 1906년 6월에 창간하여 1년 동안 발행된 만세보의 일부 지면과 1908년 7월에 발간된 유길준의 『노동야학독본』에 먼저 등장한다.

[그림 3]
『상법』 441조

---

1 학범의 저술에서 '언문일치'에 대한 견해가 명시적으로 드러난 부분은 없는 듯하다. 따라서 본고의 기술 내용은 필자가 『헌법』과 『상법』의 표기를 검토하고 나서 귀납적으로 해석한 결과이다.

2 한영균(2017:314)에서는 『상법』의 훈독 표기에 대해 "'순한글 ⇒ 국한혼용'이라는 절차를 거쳐 만들어진 것임을 가장 극명하게 보여주는 예"라고 하면서 "일단 순국문으로 구상하거나 실제 만들어진 순국문 문장에서 필요한 부분을 한자어화하여 국한혼용문으로 바꾼" 것이라고 보았다. 그러나 『헌법』, 『상법』에서 훈독 표기가 달린 한자들은 대부분 해당 일본어 원문에 있는 글자들이고([그림 3]의 예는 원문이 '何人ヵ雖モ'임), 그렇지 않은 경우도 대체로 원문에서 그 쓰임을 예측할 수 있다(예: 원문의 '之ヲ'는 此[이]를로 번역함). 따라서 이 책의 훈독 표기는 '순한글 ⇒ 국한혼용'의 절차를 거친 것이 아니라, 처음부터 (일본어 원문의 한자를 대부분 포함하는) 국한혼용문을 구상한 다음 언문일치가 필요한 한자에 한글 훈독 표기를 적용한 것으로 볼 수 있다. 예를 들어 "確定判決ヵ受ヶ夕ルモ其ノ裁判所ノ一ニ於テ裁判權ヵ行フヘキトキ"(일본 재판소구성법 10조)의 번역은 기본적으로 '確定判決, 受, 其, 裁判所, 一, 裁判權, 行, 時'를 포함하는 문장을 구상하되 독자가 그것을 '確定判決을 받았서도 그 裁判所의 하나에서 裁判權을 行하겠는 째'로 읽을 수 있도록 훈독 표기를 적용하여 "確定判決을受[바]닷서도其[그]裁判所의一[하나]에서裁判權을行하겠는時[째]"라고 번역문을 만들었다.

만세보는 한자를 읽을 줄 모르는 독자를 위해 한자에 한글부속활자를 달았는데, 음독자가 대부분이고 훈독자는 [그림 5]에 예시한 '국문독자구락부'나 이인직의 소설 등 일부 지면에 집중적으로 나타난다.

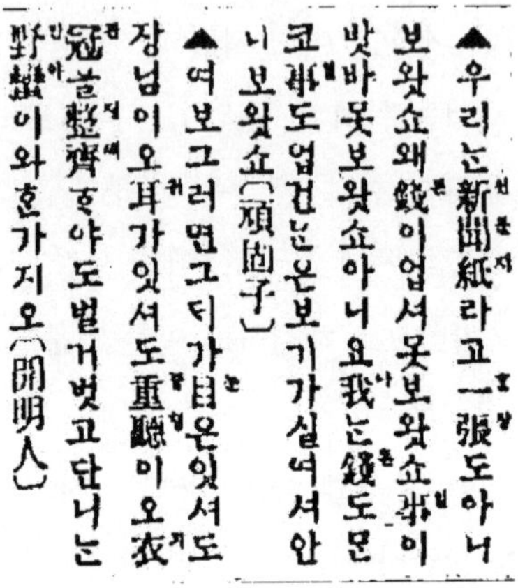

[그림 5] 만세보 창간호(1906. 6. 17.) 국문독자구락부(일부)

　『언문일치 일본국육법전서』보다 3개월 먼저 나온 『노동야학독본』에서도 한자에 한글부속활자를 달아 음독이나 훈독 표기를 하였는데, 훈독 표기의 경우 "家[집]에 在[잇셔는 良[어진] 아달 되고 나라에 잇셔는 어진 民[백성] 되고"(3쪽, 밑줄 필자)처럼 특히 용언의 표기에서 일관성이 부족한 측면이 있다.13

　이에 비해 『언문일치 일본국육법전서』는 음독하는 한자는 제외하고 훈독하는 한자에만 한글부속활자를 달되 일관된 표기법을 적용하였다는 점에서 차이를 보인다. 이하에서는 그 구체적인 모습을 품사 범주별로 소개하기로 한다.

---

13 만세보에 실린 이인직의 소설이나 『노동야학독본』에 나오는 한자 훈독 표기에 대한 분석은 사에구사(2000), 김영민(2008), 김병문(2014) 등을 참고할 수 있다.

첫째, 명사는 전체를 한글부속활자로 달았다. 표기된 예를 나열하면 다음과 같다.[14]

(4) 명사의 훈독 표기
家[집], 間[사이], 國[나라], 內[안], 末[끗]日[날], 名[이름], 事[일], 三[사]日[흘], 上[우], 壻養子[사위][15], 所[바], 時[째], 始[처음], 新[새]株[16], 意[뜻], 疑[의심], 日[날], 一[하나], 終[마침], 舟[배], 地[싸], 此[이], 初[처음], 何[어느]人[사람], 何[어느]時[째]

둘째, 동사와 형용사는 먼저 어휘 의미를 고정적으로 표기할 앞부분과 그 나머지 부분으로 나누어 전자는 한글부속활자로 달고 후자는 본문의 표기로 하되, 후자가 한 음절을 이루지 못할 경우 그 뒤에 덧붙는 문법적 요소는 음성적 환경에 따라 연철하거나 분철하였다.[17] 실제 표기된 예를 나열하면 다음과 같다.[18]

(5) 동사의 훈독 표기
嫁[시집]간, 改[고]치지, 開[여]ㄹ고, 開[여]르며, 開[여]를, 開

---

14 각각의 어휘 표기는 공개된 말뭉치에서 쉽게 검색할 수 있으므로 편의상 출전 표시는 생략하기로 한다. 이하 같음.

15 '壻養子'의 경우 '사위'를 '壻'에 달기도 하고 '養'에 달기도 하였다(『헌법』 27쪽 법례 14조 및 15조2항 참조).

16 '新株'의 경우 '新'만 훈독하였다.

17 뒤에 덧붙는 요소가 '-(으)ㄴ, -(으)ㄹ, -(으)ㅁ, -(으)며, -아, -아도, -아서'처럼 (매개)모음을 앞에 지니고 있으면 연철하고, 뒤에 덧붙는 요소가 '-고, -게, -는, -갯-, -기, -지'처럼 자음으로 시작하면 분철하였다. 예를 들어 동사로 쓰인 '愛'의 훈독 표기는 기본적으로 '愛[바]ㄷ'인데, 뒤에 덧붙는 요소에 따라 '愛[바]다도, 愛[바]다서, 愛[바]닷서도, 愛[바]드며, 愛[바]든, 愛[바]들, 愛[바]듬'에서는 연철하고 '愛[바]갯는, 愛[바]ㄷ거나, 愛[바]ㄷ게, 愛[바]ㄷ고, 愛[바]ㄷ기, 愛[바]ㄷ는, 愛[바]ㄷ지'에서는 분철하였다.

18 동사와 형용사의 경우 『헌법』과 『상법』에서 관찰된 활용형을 모두 제시하기로 한다.

[여]름을, 去[바]린, 去[바]림을, 建[서]여서, 拘[거릿]기지, 及[미]치거나[19], 及[미]치지, 及[미]침, 及[밋]치갯는, 及[밋]치지, 及[밋]칠, 給[주]고, 給[주]ㅁ, 起[이러]난, 起[이르]키며, 起[이릐]키며[20], 帶[씌]ㄴ, 待[기다]리게, 待[기다]리지, 代[대]신]하갯슴을, 代[대신]하는, 代[대신]하야, 代[대신]할, 得[의]ㄷ갯는, 得[의]ㄷ갯섯슨, 得[의]ㄷ거나, 得[의]ㄷ게, 得[의]ㄷ기까지는, 得[의]ㄷ는, 得[의]ㄷ지, 得[의]더서, 得[의]드며, 得[의]든, 得[의]들, 得[의]듬, 了[마]치지, 離[써]나지, 離[써]난, 罹[걸]리거나, 立[서]이는, 滿[차]ㅁ을, 滿[차]지, 問[무]르지, 倂[아울]라서, 付[부]티거나, 付[부]틴, 付[부]틸지라, 附[부]팀을, 分[나]눔을, 分[나]눠서, 分[나누]여, 分[나누]여서, 生[나]ㄴ, 先[먼]저하야, 先[먼]저함, 成[되]도록, 隨[짜]라서, 受[바]ㄷ갯는, 受[바]ㄷ거나, 受[바]ㄷ게, 受[바]ㄷ고, 受[바]ㄷ기, 受[바]ㄷ는, 受[바]ㄷ지, 受[바]다도, 受[바]다서, 受[바]닷서도, 受[바]드며, 受[바]든, 受[바]들, 受[바]듬, 守[지]키며, 守[지]킴을, 承[이]으는, 承[이]음, 示[보]이는, 示[보]이지, 始[비로]소하고, 始[비로]소하기, 始[비로]소하야, 始[비로]소한, 始[비로]소함, 信[미]ㄷ갯게, 失[이]르갯슴, 失[이]르며, 失[이]르지, 失[이]른, 失[이]름을, 約[언약]하고, 約[언약]한, 約[언약]함에, 辱[욕보]임의, 用[써]ㅅ슴에, 用[쓰]거나, 用[쓰]ㄴ, 用[쓰]는, 用[쓰]ㅁ, 謂[일]름, 異[달]른, 異[달]리, 移[옴]기는, 任[마]트지, 任[마]틈, 入[드]러서, 掌[마]트게, 爭[다]툼이, 著[부듸]치지, 著[부듸]침을, 轉[옴]김을, 停[머물]른, 停[머물]름을, 停[머물]름의, 終[마]치지, 終[마]친, 終[마]침, 從[조]차서, 從[조]츠거나, 從[조]츠며, 從[조]츤, 從[조]츰, 持[가져]去[가]ㄴ, 止[그]친, 止[그]침을, 知[아]르거나, 知[아]르지, 知[아]른, 知[아]름을, 至[이르]기까지는, 至[이르]

---

19 한자 '及'의 한글부속활자로 '미'(총 3회)와 '밋'(총 7회)이 혼용되었다.
20 예외적으로 '起[이르]키며'(1회)와 '起[이릐]키며'(1회)가 혼용되었다.

러서, 至[이르]럿슴, 至[이르]르기까지, 至[이르]르지, 至[이르]른, 盡[다]하지, 執[자]븜이, 聽[드]르고, 出[나]ㅁ을, 出[나]이거나, 出[나]이게, 出[나]인, 出[나]일, 出[나]임을, 充[차]임을, 就[나아]가거나, 就[나아]감, 就[나아]감을, 置[두]ㄴ, 置[두]ㅁ, 置[두]어서, 致[이루]인, 奪[쌔아]ㅅ기지, 怠[게을]리하거나, 怠[게을]리하지, 怠[게을]리한, 退[물러]가게, 下[나]리지, 下[나]림을, 懸[다]름을, 換[밧]굼을

(6) 형용사의 훈독 표기

高[노]픈, 近[갓가]운, 難[어려]운, 短[짜]른, 短[짤]른²¹, 同[가]틈, 同[가]티, 無[업]거나, 無[업]는, 無[업]ㅅ는, 無[업]스며, 無[업]슴, 無[업]시, 非[아]니면, 非[아]니하면, 非[아]닌, 如[가]튼, 如[가]틈, 易[쉬]운, 有[이]ㅅ갯는, 有[이]ㅅ갯섯슨, 有[이]ㅅ거나, 有[이]ㅅ기까지, 有[이]ㅅ는, 有[이]ㅅ는지를, 有[이]ㅅ지, 有[이]서도, 有[이]서서, 有[이]섯스며, 有[이]섯슨, 有[이]스면, 有[이]슨, 有[이]슬지라, 有[이]슴, 有[이]슴에, 有[이]슴으로, 有[이]슴을, 有[이]슴이, 有[이]슴이나, 長[기]른, 在[이]ㅅ는, 在[이]ㅅ지, 低[나]즌, 低[나]진, 他[다]른

셋째, 관형사와 부사는 일음절인 경우 전체를 한글부속활자로 달고, 이음절 이상인 경우 마지막 음절를 제외한 앞부분을 한글부속활자로 달았다. 표기된 예를 나열하면 다음과 같다.

(7) 관형사의 훈독 표기

其[그], 新[새], 一[한], 諸[모]든, 此[이], 次[다]음, 總[모]든, 何[어]느

---

1 예외적으로 '短[짜]른'(1회)과 '短[짤]른'(3회)이 혼용되었다. 출현 빈도로 보면 '短[짜]른'이 오기일 가능성이 있다.

『언문일치 일본국육법전서』(1908)에 대하여_장경준 167

(8) 부사의 훈독 표기

皆[다], 更[다]시, 姑[아]직, 共[함]씌, 久[오]래, 及[밋], 旣
[이]믜, 尙[오히]려, 先[먼]저, 始[비로]소, 新[새]로, 若[만]
일, 與[다]못, 亦[또]한, 豫[미]리, 又[또], 又[또]는, 猶[오히]
려, 自[스스]로, 專[오로]지, 卽[곧], 卽[곳]²², 曾[일]즉, 且
[또], 最[가]장, 互[서]루

넷째, 조사는 기본적으로 한자 훈독 표기와 무관하지만 일부 문법
화된 것 중에 한자에 대응시킬 수 있는 것은 한자를 표기하고 한글부
속활자를 달았다. 오랜 한문 학습의 습관이 반영된 것으로 보인다.

(9) 조사의 훈독 표기

過半數<u>로以</u>[써], 稅關<u>으로自</u>[브]터

이상 소개한 『언문일치 일본국육법전서』의 한자 훈독 표기는 언문
일치를 실현하기 위한 학범의 실험 정신을 엿볼 수 있게 한다. 특히
용언의 활용형 표기에서 어휘 의미를 한글부속활자로 고정시켜 반영
한 부분과 본문에 내려적은 부분을 구분한 것, 어휘 의미 관련 요소와
그 뒤에 덧붙는 문법적 요소를 구분한 것 등은 이로부터 20여 년 뒤에
체계화된 학범 문법의 특징을 이루는 '어간+어미+조용사/조사'의 분
석 체계로 이어진다는 점에서 중요한 의미를 지닌다.²³

---

22 예외적으로 '卽[곧]'(8회)과 '卽[곳]'(8회)이 혼용되었다.

23 예를 들어 동사로 쓰인 '爲'의 활용형은 '爲[바]ᄃ고, 爲[바]다서, 爲[바]드며' 등으로 표기
되었는데, 이들은 ①한글부속활자를 통해 어휘 의미를 고정적으로 표기하는 '바', ②어휘
의미와 관련되지만 소리가 변동하므로 본문에 내려 표기하는 'ᄃ, 다, 드', ③그 뒤에 첨
가되는 문법적 요소인 '고, 서, 며'의 세 부분으로 나눌 수 있고, 이후 학범 문법에서 이
들은 각각 ①어간, ②어미, ③용언 조사로 범주화된다.

4. 『언문일치 일본국육법전서』의 번역 어휘

『헌법』과『상법』에 표기된 문장을 전반적으로 검토해 보면, 일본어 원문의 내용을 빠짐없이 반영한 것은 물론이고 원문과 다른 어휘를 사용함으로써 자연스러운 한국어를 표기하고자 한 번역자의 태도를 엿볼 수 있다.

동일한 원문에 대한 학범의 번역문과 4년 뒤에 나온 『現行 六法全書』(1912년 寶文館 발행, 이하 '『現行』')의 번역문을 비교해 보자.

(10) 일본 재판소구성법 144조
　　원문: 法律ニ牴觸スト難モ當分ノ内仍ホ效力ヲ有セシムル
　　『헌법』: 法律에 牴觸하드라도 現際에 猶[오히]려 效力을 有
　　　　　게 하는
　　『現行』: 法律에 牴觸될지라도 當分의 內 仍히 效力을 有케 ᄒᄂᆞᆫ

(11) 일본 상법 78조 2항
　　원문: 一定ノ期間内ニ之ヲ逑フヘキ旨ヲ公告シ
　　『상법』: 一定한 期間内에 此[이]를 逑할 意[뜻]을 公告하고
　　『現行』: 一定의 期間内에 此를 逑흠이 可흔 旨를 公告ᄒᆞ고

(12) 일본 상법 317조 1항
　　원문: 取引所ノ相場アル物品ノ販売
　　『상법』: 去來所의 市勢가 有[이]ㅅ는 物品의 販賣
　　『現行』: 取引所의 相場이 有흔 物品의 販賣

(13) 일본 상법 434조
　　원문: 本法ニ於テ手形トハ為替手形、約束手形及ヒ小切手ヲ謂フ
　　『상법』: 本法에서 魚驗이라 함은 替換魚驗、約束魚驗과 及[밋]

小切票를 謂[일]름

『現行』: 本法에 手形이라 홈은 爲替手形、約束手形 及 小切手를
謂홈

(14) 일본 상법 578조 2항
    원문: 其職務ヲ行フ二因リテ疾病二罹リ
    『상법』: 其[그] 職務를 行함에 因하야 疾病에 罹[걸]리거나
    『現行』: 其職務를 行홈에 因ㅎ야 疾病에 罹ㅎ거나

위의 번역문을 비교해 보면 학범은 원문과 달리 '現際에 猶[오히]려',
'述할 意[뜻]', '去來所의 市勢', '魚驗, 小切票', '疾病에 罹[걸]리거나'외
같이 당시 조선에서 실제 사용하던 어휘를 중시한 반면, 『現行』에서는
원문의 일본어 표기에 나오는 한자를 그대로 사용하여 '當分의 內 仍
히', '述홈이 可흔 旨', '取引所의 相場', '手形, 小切手', '疾病에 罹ㅎ거나
라고 하였다.

어느 번역이 더 자연스러운 한국어를 반영하는지는 자명하다. 학범
의 것은 '언문일치'를 실현하기 위한 진지한 고민이 배어있는 데 비해
『現行』의 것은 일본어 문장의 기계적인 변환 수준에 머무른 것이라 할
만하다.

이처럼 학범의 번역문에는 일본어 원문에 표기된 것과 다른 한자어
들이 많이 등장하는데 이들을 찬찬히 살펴보면 흥미로운 모습이 보인
다.[24] 일본어 원문에 있는 어휘가 널리 쓰이게 되어 현대 한국어에 정
착한 사례와, 그 반대로 학범 번역문에 있는 어휘가 살아남아 현대 한

---

24 일본어 원문과 학범 번역문의 표기가 다르더라도 이체자 관계에 있다고 볼 만한 것은 논
   의 대상에서 제외하였다. 예를 들어 일본어 원문에 나오는 '担保'와 '負担'은 『헌법』과 『상
   법』에서 각각 '擔保', '負擔'으로 달리 표기되었지만 본고에서는 '担'과 '擔'을 이체자로 보
   고 다른 어휘로 분류하지 않았다.

국어로 이어진 사례와, 두 가지 모두 현대 한국어에서 사용되는 사례
와, 그 반대로 두 가지 중 어느 쪽도 현대 한국어에서 사용되지 않는
사례들이 혼재하는 것이다.

이하에서는 위의 네 가지 유형에 속하는 2음절 이상 한자어를 대상
으로 하여 각각 일본어에서 훈독하는 어휘와 음독하는 어휘로 나누어
살펴보기로 한다.[25]

첫째, 일본어 원문의 어휘가 현대 한국어로 정착한 예들을 모아보
면 다음과 같다.[26]

(15) 일본어 원문의 어휘가 현대 한국어로 정착한 경우

ㄱ. 일본어에서 훈독하는 어휘[27]

일본어 원문	학범 번역문	현대 한국어
見積 みつもる	料量	견적(見積)
立會 たちあう	傍条	입회(立會)
明渡 あけわたし	空與	명도(明渡)
引受 ひきうけ	擔當	인수(引受)
場所 ばしょ	處所	장소(場所)
支払 しはらい	支撥	지불(支拂)
支払地 しはらいち	支撥地	지불지(支拂地)
振出 ふりだし	繕出	진출(振出)
質入 しちいれ	典質	질입(質入)
請負 うけおい	擔受	청부(請負)
取扱 とりあつかい	掌理	취급(取扱)
取消 とりけし	繳消	취소(取消)

---

25 일본어에서 훈독하는 어휘는 일본어 고유어를 한자로 표기한 것이고 음독하는 어휘는 본
  래부터 한자어인 경우가 대부분이므로 서로 구분하여 볼 필요가 있다.
26 일본어 원문의 한자어는 독음을 히라가나로 병기하였다. 이하 같음.
27 훈독하는 글자와 음독하는 글자가 모두 있는 경우에는 훈독하는 어휘에 포함시켰다. 이
  하 같음.

일본어 원문	학범 번역문	현대 한국어
見積 みつもる	料量	견적(見積)
立會 たちあう	傍叅	입회(立會)
明渡 あけわたし	空與	명도(明渡)
引受 ひきうけ	擔當	인수(引受)
場所 ばしょ	處所	장소(場所)
支払 しはらい	支撥	지불(支拂)
支払地 しはらいち	支撥地	지불지(支拂地)
振出 ふりだし	繕出	진출(振出)
質入 しちいれ	典質	질입(質入)
請負 うけおい	擔受	청부(請負)
取扱 とりあつかい	掌理	취급(取扱)
取消 とりけし	繳消	취소(取消)

ㄴ. 일본어에서 음독하는 어휘

일본어 원문	학범 번역문	현대 한국어
控除 こうじょ	叩除	공제(控除)
弁済 べんさい	辦償	변제(辨濟)
夫婦財産制 ふうふざいさんせい	夫妻財産制	부부재산제 (夫婦財産制)
不充分 ふじゅうぶん	不完足	불충분(不充分)
双方 そうほう	兩便	쌍방(雙方)
完済 かんさい	完償	완제(完濟)
二通 につう	二度	이통(二通), 두 통
一方 いっぽう	一便	일방(一方)

위의 목록에 있는 일본어 어휘는 적어도 번역이 이루어진 1908년 무렵까지는 조선에서 일반적으로 사용하지 않던 낯선 것들이었으니 일제강점기를 거치면서 전통적인 한자어를 밀어내고 한국어 어휘로 자리잡았음을 짐작할 수 있다.

둘째, 학범 번역문에 있는 어휘가 현대 한국어로 이어진 예들을 제 시하면 다음과 같다.

(16) 학범 번역문의 어휘가 현대 한국어로 이어진 경우

ㄱ. 일본어에서 훈독하는 어휘

일본어 원문	학범 번역문	현대 한국어
見込 みこみ	機微	기미(機微)
雇止 やといどめ	解雇	해고(解雇)
掛売 かけうり	信用販賣	신용판매(信用販賣)
當分ノ内 とうぶんのうち	現際에	현제(現際)에, 현재(現在)에
道筋 みちすじ	路線	노선(路線)
問合 といあわせ	問議	문의(問議)
送付先 そうふさき	送付處	송부처(送付處)
手代 てだい	使喚	사환(使喚)
手形 てがた	魚驗	어음(ーー)
乗込 のりこみ	搭乘	탑승(搭乘)
身代限しんだいかぎり	破産	파산(破産)
預 あずける	任置	임치(任置)
預証券 あずかりしょうけん	任置證券	임치증권(任置證券)
由 よる	所管	소관(所管)
日附 ひづけ	日字	일자(日字)
場合ニ(於テ) ばあいに(おいて)	境遇에	경우(境遇)에
積込 つみこみ	積載	적재(積載)
前貸 まえがし	先貸	선대(先貸)
組入 くみいれ	編入	편입(編入)
組立 くみたて	組成	조성(組成)
仲立 なかだち	居間	거간(居間), 중개(仲介)
指図 さしず	指示	지시(指示)
懲戒取調 ちょうかいとりしらべ	懲戒調査	징계조사(懲戒調査)
差支 さしつかえ	障碍	장애(障碍)

取掛 とりかかる	着手	착수(着手)
取立 とりたて	推尋	추심(推尋)
取引 とりひき	去來	거래(去來)
取引所 とりひきじょ	去來所	거래소(去來所)
荷送人 におくりにん	送荷人	송하인(送荷人)
荷受人 にうけにん	受荷人	수하인(受荷人)
割合 わりあい	比例	비례(比例)

ㄴ. 일본어에서 음독하는 어휘

일본어 원문	학범 번역문	현대 한국어
未済 みさい	未畢	미필(未畢)
放棄 ほうき	抛棄	포기(抛棄)
配下 はいか	管下	관하(管下)
別段 べつだん	別般	별반(別般)
相場 そうば	市勢	시세(市勢), 시가(市價)
尚藏 しょうぞう	奉藏	봉장(奉藏)
氏名 しめい	姓名	성명(姓名)
用方 ようほう	用道	용도(用途)
塡補 てんぽ	補充	보충(補充)
廷丁 ていてい	廷吏	정리(廷吏)
灯台料 とうだいりょう	燈臺料	등대료(燈臺料)

위의 목록에 있는 학범의 번역 어휘는 혹한의 일제강점기에도 살아 남았을 정도로 생명력이 큰 것들이라고 할 수 있다.

셋째, 일본어 원문의 어휘와 학범 번역문의 어휘가 현대 한국어에서 모두 사용되는 예는 다음과 같다.

(17) 두 가지 모두 현대 한국어에서 사용되는 경우

ㄱ. 일본어에서 훈독하는 어휘

일본어 원문	학범 번역문	현대 한국어
手續 てつづき	節次	수속(手續), 절차(節次)
受取 うけとり	領受	수취(受取), 영수(領受)
言渡 いいわたし	宣告	언도(言渡), 선고(宣告)
裏書 うらがき	背書	이서(裏書), 배서(背書)
裏書人 うらがきにん	背書人	이서인(裏書人), 배서인(背書人)

ㄴ. 일본어에서 음독하는 어휘

일본어 원문	학범 번역문	현대 한국어
支障 ししょう	障碍	지장(支障), 장애(障碍)

위에 보이는 바와 같이 세 번째 유형에 속하는 어휘는 현대 한국어에서 유의어로 공존하고 있는 것들인데 다른 유형에 비해 그 수는 많지 않다.

넷째, 일본어 원문의 어휘와 학범 번역문의 어휘 가운데 어느 쪽도 현대 한국어에서 사용되지 않는 예들을 제시하면 다음과 같다.

(18) 두 가지 모두 현대 한국어에서 사용되지 않는 경우

ㄱ. 일본어에서 훈독하는 어휘

일본어 원문	학범 번역문	현대 한국어
仮差押 かりさしおさえ	假執留	가압류(假押留)
両替 りょうがえ	貸幣相換	환전(換錢)
立替 たてかえ	先當	체당(替當)
払 はらう	支撥	지불(支拂)

払込 はらいこみ	辦納	납입(納入)
払戻 はらいもどし	撥還	환불(還拂)
備附 そなえつける	備着	장착(裝着)
相手方 あいてかた	對手者	상대방(相對方)
小切手 こぎって	小切票	수표(手票)
水先案内料 みずさきあんないりょう	水路指導料	수로안내료 (水路案内料)
申立 もうしたて	申呈	신청(申請)
申込 もうしこみ	提請	신청(申請)
役場 やくば	職務所	직무장소(職務場所)
為替手形 かわせてがた	替換魚驗	환어음(換--)
差押 さしおさえ	執留	압류(押留)
差出 さしいだす	呈出	제출(提出)
取次 とりつぎ	傳次	주선(周旋)
取締役 とりしまりやく	総務員	이사(理事)
荷造 にづくり	装荷	운송물(運送物)
賄料 まかないりょう	供饋料	식비(食費)

ㄴ. 일본어에서 음독하는 어휘

일본어 원문	학범 번역문	현대 한국어
監査役 かんさやく	監査員	감사(監査)
検査役 けんさやく	檢査員	검사인(檢査人)
交互計算 こうごけいさん	互交計算	상호계산(相互計算)
番頭 ばんとう	差人	지배인(支配人)
薨去 こうきょ	薨逝	서거(逝去)

위의 목록에 있는 어휘들은 대부분 전문용어로서 일제강점기를 거치
면서 새로운 어휘로 바뀐 것들이다. 이들 중에는 원문의 어휘와 번역문
의 어휘에서 각각 일부를 따가지고 새로운 어휘를 만든 것으로 보이는
'압류'(差押+執留⇒押留), '체당'(立替+先當⇒替當), '납입'(払込+辦納⇒

內入), '환불(払戾+撥還⇒還拂)', '상대방'(相手方+對手者⇒相對方) 등이 특히 주목을 끈다. 학범의 번역어에 포함된 '소절표(小切票)'라는 어휘는 조선의 상업 거래에서 전통적으로 사용해온 '수표(手票)'와 일본어에서 들어온 '코깃테(小切手)'를 조합하여 새로 만든 것으로써 '압류' 등에서 보이는 조어 방식과 큰 차이가 없어 보이기 때문이다.[28]

이상 살펴본 네 가지 유형에 등장하는 어휘들은 『헌법』과 『상법』에 나오는 전체 어휘 가운데 극히 일부라는 사실을 잊지 말아야 할 것이다. 두 책에는 법조문의 성격상 전문 용어가 많이 포함되어 있는데, 이들 대부분은 당시 일본어에서도 새로운 개념을 표현하는 신조어이면서 음독하는 한자어였으므로, 음독하는 한자어에 익숙한 번역자가 번역문에 그대로 받아들여 쓰더라도 큰 문제가 없었다.[29]

그리고 바로 그러한 점에서 학범의 번역문에 원문과 달리 사용된 한자어들은 각별한 의미를 지닌다. 이들은 당시 한국어에 이미 깊이 뿌리를 내린 어휘였거나, 학범이 번역문에서 이들을 통해 대체하고자 한 어휘가 당시 한국어에 바로 받아들이기 거북한 일본어였음을 뚜렷이 보여주기 때문이다.

5. 맺음말

본 연구는 학범이 일본의 주요 법전을 번역하여 간행한 『언문일치

---

[28] '소절표(小切票)'는 19세기 말 20세기 초의 법전 정비 과정에서 조선의 전통적인 어휘와 일본에서 새로 들어온 어휘 사이에서 고심한 결과로 만들어진 산물이라 할 수 있다. 앞으로 이러한 유형의 어휘에 대한 탐구가 진지하게 이루어질 필요가 있다.

[29] 위 (15), (16), (17), (18)의 목록에 포함된 일본어 원문의 어휘 중에 음독하는 것이 훈독하는 것보다 더 비중이 작은 것도 이러한 이유 때문이다.

일본국육법전서』(1908)의 전산 입력 자료를 구축하여 공개하고 이 책에 반영된 표기와 어휘를 중심으로 간략히 고찰해 보았다.

먼저 이 책은 번역의 원칙과 일관성의 측면에서 우수한 번역서로 평가할 수 있다. 학범은 일본어 원문의 내용을 한국어로 번역하면서 한자를 그에 해당하는 우리말 어휘로 읽을 수 있도록 한글부속활자를 활용하는 표기법을 고안하여 일관되게 적용하였고, 그 결과 원문에 담긴 내용 전달에 오류가 없을 뿐 아니라 비슷한 시기에 이루어진 다른 번역에 비해 보다 자연스러운 한국어를 표기할 수 있었다.

그리고 이 책에 반영된 한자 훈독 표기는 훗날 학범의 문법 이론이 나오게 된 배경을 알 수 있게 해 준다. 학범 문법의 특징 중 하나인 용언 활용 체계에서 '어간'은 용언의 어휘적 의미를 고정적으로 표기할 수 있는 최소 단위라고 할 수 있는데, 이는 한글부속활자를 이용하여 한자의 훈독 표기를 고정시키는 방안을 모색하는 과정에서 발전한 개념으로 추정할 수 있다.

또한 이 책에 나오는 번역 어휘 중에는 일본어 원문과 다른 것들이 많이 있는데, 이들은 당시 한국어에서 널리 사용된 한자어가 무엇이었는지를 알게 해 준다. 특히 일본 법전에 나오는 전문 용어 가운데 일부를 조선의 전통을 반영한 어휘로 바꾸어 번역한 것들은 법률 전문용어가 한국어에 정착하는 과정을 생생하게 보여주기도 한다. 따라서 이 책은 20세기 초반 격변하던 한국어 어휘사의 일부를 밝힐 연구 자료로서도 가치를 지닌다.

이상 본고에서 살펴본 내용은 개략적인 것으로서 정밀한 후속 연구를 기대한다. 그리고 이를 위해 본 연구에서 구축한 말뭉치를 공개한 것과 같은 일이 학계에 확산되기를 희망한다.

참고문헌

김병문. 2014. "근대계몽기 한자 훈독식 표기에 대한 연구." 『東方學志』 (연세대학교 국학연구원) 165. 101-128.

김영민. 2008. "『만세보』와 부속국문체 연구." 『大東文化硏究』 (성균관대학교 대동문화연구원) 64. 415-453.

金孝全. 2010. 『國民須知, 憲法要義 外』 서울: 관악사.

朴勝彬. 1908ㄱ. 『言文一致 日本國六法全書 分冊第一 憲法』 漢城: 新文館.

朴勝彬. 1908ㄴ. 『言文一致 日本國六法全書 分冊第三 商法』 漢城: 新文館.

백채원. 2014. "20세기 초기 자료에 나타난 '言文一致'의 사용 양상과 그 의미." 『국어국문학』 (국어국문학회) 165. 77-108.

寶文館 編輯部. 1912. 『現行 六法全書』 京城: 寶文館.

사에구사 도시카쓰(三枝壽勝). 2000. "이중표기와 근대적 문체 형성 -이인직의 신문 연재 『혈의 누』의 경우." 『현대문학의 연구』 (한국문학연구학회) 15. 41-72.

시정곤. 2015. 『훈민정음을 사랑한 변호사 박승빈』 서울: 박이정.

이한섭. 2014. 『일본어에서 온 우리말 사전』 서울: 고려대학교출판부.

최경봉. 2020. "근대적 문어 양식의 성립과 국한문의 규범화." 『國語學』 (국어학회) 94. 27-65.

최호철. 2004. "학범 박승빈의 용언 분석과 표기 원리." 『우리어문연구』 (우리어문학회) 23. 53-86.

한영균. 2017. "언문일치에 대한 인식의 변화와 그 구현: 국한혼용문의 현대화 과정과 관련하여." 『언어사실과 관점』 (연세대학교 언어정보연구원) 41. 299-325.

허재영. 2011. "근대 계몽기 언문일치의 본질과 국한문체의 유형." 『어문학』 (한국어문학회) 114. 441-467.

현암사 법전부. 2020. 『법률용어사전』 서울: 현암사.

붙 임]

박승빈 논저 목록

박승빈. 1908년 10월 20일 『言文一致日本國六法全書』(번역) 京城: 新文舘.

박승빈. 1921년 5월 "朝鮮言文에 關한 要求", 『啓明』 1. pp.14-19.

박승빈. 1921년 5월 "諺文後解(1)", 『啓明』 1. pp.37-39.

박승빈. 1921년 5월 "姓名下 敬稱語의 決定", 『啓明』 1. p.36.

박승빈. 1921년 6월 "朝鮮言文에 關한 要求(2)", 『啓明』 2. pp.2-6.

박승빈. 1921년 6월 "諺文後解(2)", 『啓明』 2. pp.37-39.

박승빈. 1921년 9월 "朝鮮言文에 關한 要求(3)", 『啓明』 3. pp.5-13.

박승빈. 1921년 9월 "諺文後解(3)", 『啓明』 3. pp.31-33.

박승빈. 1921년 11월 "諺文後解(4)", 『啓明』 4. pp.23-27.

박승빈. 1922년 5월 "諺文後解(8)", 『啓明』 8. pp.38-41.

박승빈. 1922년 5월 "諺文에 關한 參考", 『啓明』 8. pp.48-52.

박승빈. 1922년 6월 "朝鮮文法에 對하야", 『時事講演錄』 4집. pp.122-125.

박승빈. 1927. "現代 朝鮮敎育制度 缺陷에 對한 諸名士의 高見", 『現代評論』 1-2. pp.92-93.

박승빈. 1927.9. "『ㅎ』는 무엇인가?", 『現代評論』 1-8. pp.249-255.

박승빈. 1927.10. "『ㅎ』는 무엇인가?(續)", 『現代評論』 1-9. pp.258-269.

박승빈. 1928.1. "『ㅎ』는 무엇인가?(續)", 『現代評論』 2-1. pp.256-257.

박승빈. 1931.7.13. 『朝鮮語를 羅馬字로 記寫함의 規例』 京城: 民衆書院. 『歷代韓國文法大系』 3-27.

박승빈. 1931.7.30. 『朝鮮語學講義要旨』, 京城: 普成專門學校. 『歷代韓國文法大系』 1-19.

박승빈. 1932.4. "『ㅎ』의 바팀과 激音에 關한 見解", 『東方評論』 1. pp.439-456.

박승빈 편. 1934. 『훈민정음(언해본)』, 동광당서점.

박승빈. 1934.2. "簡易朝鮮語文法", 『正音』 1. pp.57-67

박승빈. 1934.4. "簡易朝鮮語文法 二", 『正音』 2. pp.17-33

박승빈. 1934.6. "簡易朝鮮語文法 三", 『正音』 3. pp.23-40

박승빈. 1934.9. "簡易朝鮮語文法 四", 『正音』 4. pp.41-60

박승빈. 1934.9.1. "訓民正音原書의 考究", 『正音』 4. pp.22-25.

박승빈. 1934.11. "簡易朝鮮語文法 五", 『正音』 5. pp.19-32.

박승빈. 1935.1. "簡易朝鮮語文法 六", 『正音』 6. pp.33-50.

박승빈. 1935.3. "簡易朝鮮語文法(完)", 『正音』 7. pp.19-38.

이 갑, 박승빈. 1935.4. "朝鮮語學會의 公開狀에 對하야", 『新東亞』 5-4. pp.590-599.

박승빈. 1935.5.15. "硬音論(一)", 『正音』 8. pp.2-20.

박승빈. 1935.5. "硬音論", 『衆明』 1. pp.609-628.

박승빈. 1935.7.2. 『朝鮮語學』, 京城: 朝鮮語學研究會, 『歷代韓國文法大系』 1-20.

박승빈. 1935.7.15. "硬音論(完)". 『正音』 9. pp.2-25.

박승빈. 1935.9. "朝鮮語學會 査定 『한글마춤법통일안』에 對한 批判 一", 『正音』 10. pp.25-44.

박승빈. 1935.12. "朝鮮語學會 査定 『한글마춤법통일안』에 對한 批判 二", 『正音』 11. pp.1-22.

박승빈. 1936.2. "朝鮮語學會 査定 『한글마춤법통일안』에 對한 批判 三", 『正音』 12. pp.7-22.

박승빈. 1936.4. "朝鮮語學會 査定 『한글마춤법통일안』에 對한 批判 四", 『正音』 13. pp.7-32.

박승빈. 1936. 『朝鮮語學會 査定 『한글마춤법통일안』에 對한 批判』, 京城: 朝鮮語學研究會. 『歷代韓國文法大系』 3-21.

－『正音 10호(1935.9.15)부터 『正音』13호(1936.4.15)까지 연재

박승빈. 1936.6.15. "語根考(一)", 『正音』 14. pp.19-31.

박승빈. 1936.8.15. "語根考(完)", 『正音』 15. pp.23-31.

박승빈. 1937.8.28. 『簡易朝鮮語文法』, 京城: 朝鮮語學研究會. 『歷代韓國文法大系』 1-49.

－『正音』 창간호(1934.2.15)부터 『正音』7호(1935.3.15)까지 총8회 연재

박승빈. 1937.11.26. "訓民正音記念講話(稿)", 『正音』 21. pp.2-6.

박승빈. 1938.11.30. "綴字法講釋(一)", 『正音』 27. pp.1-8.

박승빈. 1939.1.31. "綴字法講釋(二)", 『正音』 28. pp.1-6.

박승빈. 1939.4.30. "綴字法講釋(三)", 『正音』 29. pp.1-2.

박승빈. 1939.7.15. "綴字法講釋(四)", 『正音』 30. pp.1-6.

박승빈 연보

1880년   9월 29일 강원도 철원 묘장면 대마리 출생. 아버지 박경양(朴景陽), 어
         머니 강릉 김씨(江陵金氏)의 6남매 중 독자. 아호: 학범(學凡)

1893년   여산 송씨인 송수경(宋秀卿)과 결혼. 슬하에 3남 1녀

1898년   서울로 상경. 사원골(현 종합청사 뒤)에 터를 잡음, 서양 유학을 꿈꿈

1898년   외부 판임관(外部 判任官)

1899년   5월 15일 외부 성진감리서주사(外部 城津監理署主事 敍判任官七等)

1899년   5월 23일 외부 덕원감리서주사(外部 德源監理署主事 敍判任官七等)

1900년   8월 15일 외부주사(外部主事敍判任官六等) 승진

1901년   1월 28일 외부주사(外部主事敍判任官五等) 승진

1901년   2월 14일 흥화학교 1등으로 수학

1902년   2월 13일 외부주사직 사임

1902년   중교의숙 수학

1903년   장남 박정서 출생

1904년   일본 동경 중앙대학(中央大學) 법과(法科) 유학. 유학생활 중 우리말에 관심

1906년   광무학회 조직, 광무학교에서 수신(修身)(법률경제사회개설) 가르침

1906년   중앙대학 우등생

1907년   대한유학생회 부회장, 회장

1907년   4월 7일『대한유학생회학보』제2호에 실린 '學凡朴勝彬傍錄'에서 애국
         계몽 강조

1907년   7월 일본 동경 중앙대학 법과 우등 졸업

1907년   8월 귀국

1908년   2월 8일 평양지방재판소 판사 및 검사로 임명

1908년   3월 박승빈을 비롯한 법조인 26명이 발기하여 법학협회 조직

1908년   4월 6일 관동학회 창립 및 부회장에 피선

1908년   4월 11일 대한학회 창립 지원을 위한 사무위원에 피선

1908년   7월 7일 검사 발령으로 관동학회 부회장 사임

1908년   7월 검사 발령으로 양정의숙 교사 사임

1908년	10월 일본법전을 번역하여 『언문일치일본국륙법전서』를 신문관에서 출간, 박승빈의 문법과 철자법의 큰 틀을 완성
1909년	2월 1일 관공리 100여명과 함께 순종황제 알현
1909년	3월 11일 평양공소원 검사직 사임
1909년	6월 22일 변호사 개업
1909년	7월 10일 경성의 조선인변호사들과 함께 변호사회 조직(상의원 선출)
1909년	11월 26일 이토 히로부미 사망 국민대추도회 준비위원
1910년	차남 박건서 출생
1910년	8월 일제강제병합이 일어나자 집에서 방문을 걸어 잠그고 통곡함
1912년	6월 18일 애국당 사건 변론
1913년	1월 21일 제4대 조선변호사회(경성 제2변호사회)의 상의원 피선
1914년	제5대 경성 제2변호사회 회장
1915년	사원골에서 청진동 175번지로 이사
1915년	삼남 박유서 출생
1918년	최남선, 민대식 등과 함께 한양구락부 창립, 초대 평의장
1918년	장녀 박성원 출생
1919년	조선물산장려주식회사 설립, 물산장려 및 독립사상 고취
1919년	8월 일본을 방문하여 조선의 자치를 제기함
1920년	2월 경성고아구제회 발기인
1920년	7월 13일 조선체육회 창립 발기인
1920년	8월 9일 조선 독립선언 사건 변론
1920년	경성조선인변호사회 회장
1920년	제1차 태평양연안국 변호사대회 조선대표로 참가
1921년	5월 "조선언문(朝鮮言文)에 관한 요구" 『계명』 1호에 발표
1921년	5월 "언문후해(諺文後解)(1)" 『계명』 1호에 발표
1921년	5월 "성명하 경칭어의 결정(姓名下敬稱語의 決定)" 『계명』 1호에 발표
1921년	6월 "조선언문에 관한 요구(2)" 『계명』 2호에 발표
1921년	6월 "언문후해(2)" 『啓明』 2호에 발표
1921년	9월 "조선언문에 관한 요구(3)" 『계명』 3호에 발표
1921년	9월 "언문후해(3)" 『계명』 3호에 발표

1921년	10월 예술협회 창립 발기인
1921년	10월 2일 조선변호사협회 창립 발기인, 총무이사(회장)
1921년	10월 북경에서 열린 국제변호사대회에 박승빈 등 총 21명 참가
1921년	11월 "언문후해(4)" 『계명』 4호에 발표
1922년	1월 계명구락부 5대 총무이사(회장)
1922년	4월 경성조선인변호사회 상의원
1922년	4월 고학생합숙소 기성회 조직
1922년	5월 "언문후해(8)" 『계명』 8호에 발표
1922년	5월 "언문(諺文)에 관한 참고" 『계명』 8호에 발표
1922년	6월 "조선문법에 대하야" 『시사강연록』 4집에 발표
1922년	11월 잡지필화사건 결의문 채택과 변론
1923년	4월 22일 경성조선변호사회 상의원
1923년	6월 계림전등 사건 변론
1923년	8월 18개 단체가 모여 수해구제회를 발기했는데, 박승빈은 집행위원
1923년	9월 동경지방 이재 조선인구제회 성립, 위원
1924년	4월 조선인변호사회 상의원
1924년	5월 평북 희천서 고문사건 변론 및 조선 형사령 개정운동
1924년	5월 15일부터 제5회 전조선 야구대회 대회위원장
1924년	7월 24일 부친 박경양 경성 청진동 자택에서 별세
1925년	4월 26일 경성조선인변호사회 상무의원
1925년	9월 27일 보성전문학교 교장에 선임
1926년	4월 조선인변호사회 상무위원
1926년	7월 20일 조선체육회 위원장
1927년	청진동 175번지에서 관훈동 197-10번지로 신축 이사
1927년	계명구락부에서 사전편찬 작업 시작
1927년	"현대 조선교육제도 결함에 대한 제명사의 고견", 『현대평론』 1-2호에 발표
1927년	9월 "『ㅎ』는 무엇인가?" 『현대평론』 1-8호에 발표
1927년	10월 "『ㅎ』는 무엇인가?(續)" 『현대평론』 1-9호에 발표
1928년	1월 "『ㅎ』는 무엇인가?(續)" 『현대평론』 2-1호에 발표

1928년	조선물산장려회 이사
1929년	7월 31일 조선정구협회 평의원회 회장
1929년	10월 31일에 결성된 '조선어사전편찬회' 발기인 및 위원
1930년	4월 1일『동아일보』창간 10주년기념사업 공로상(조선어문공로자) 수상
1931년	4월 경성조선인변호사회 평의원
1931년	5월 이충무공유적보존회 창립 회원
1931년	6월 박승빈 등 이충무공유적보존회 성명서 발표
1931년	7월 13일『조선어를 라마자로 기사함의 규례』경성: 민중서원에서 출간
1931년	7월 30일『조선어학강의요지』경성: 보성전문학교에서 출간
1931년	9월 조선체육연구회 회장
1931년	12월 10일 조선어학연구회 창립
1932년	3월 26일 보성전문학교 교장 사임
1932년	4월 "『ㅎ』의 바팀과 격음에 관한 견해"『동방평론』1호에 발표
1932년	4월 1일 "한글철자에 대한 신이론 검토"『동광』32호에 발표
1932년	11월 7-9일『동아일보』철자법토론회 참여
1933년	6월 조선체육회 이사, 전형위원
1933년	9월 19일 조선축구협회 초대회장
1934년	『훈민정음(언해본)』(편), 조선어학연구회에서 펴냄
1934년	2월 조선체육회 이사
1934년	2월 15일 조선어학연구회 기관지『정음』창간(1934-1941)
1934년	2월 "간이조선어문법 一"『정음』1호에 발표
1934년	4월 "간이조선어문법 二"『정음』2호에 발표
1934년	6월 "간이조선어문법 三"『정음』3호에 발표
1934년	6월 24일 〈조선문기사정리기성회〉에 참여
1934년	7월 윤치호, 지석영, 임규, 최남선 등 112명과 함께 '한글신철자법 반대성명서' 발표
1934년	7월 조선체육회 주최 하기체육강습회 회장
1934년	9월 "간이조선어문법 四"『정음』4호에 발표
1934년	9월 1일 "훈민정음원서의 고구"『정음』4호에 발표
1934년	11월 "간이조선어문법 五"『정음』5호에 발표

1935년	1월 "간이조선어문법 六" 『정음』 6호에 발표
1935년	3월 "간이조선어문법(完)" 『정음』 7호에 발표
1935년	5월 15일 "경음론(一)" 『정음』 8호에 발표
1935년	5월 "경음론" 『중명』 1호에 발표
1935년	6월 조선체육회 이사
1935년	7월 2일 『조선어학』 경성: 조선어학연구회에서 출간
1935년	7월 15일 "경음론(完)" 『정음』 9호에 발표
1935년	9월 "조선어학회 사정 『한글마춤법통일안』에 대한 비판 一" 『정음』 10호에 발표
1935년	12월 "조선어학회 사정 『한글마춤법통일안』에 대한 비판 二" 『정음』 11호에 발표
1936년	2월 "조선어학회 사정 『한글마춤법통일안』에 대한 비판 三" 『정음』 12호에 발표
1936년	4월 "조선어학회 사정 『한글마춤법통일안』에 대한 비판 四" 『정음』 13호에 발표
1936년	10월 『조선어학회 사정 『한글마춤법통일안』에 대한 비판』 경성: 조선어학연구회에서 출간. (『정음』10호(1935.9.15)부터 13호(1936.4.15.)까지 연재)
1936년	6월 15일 "어근고", 『정음』 14호에 발표
1936년	8월 15일 "어근고(完)". 『정음』 15호에 발표
1937년	8월 28일 『간이조선어문법』, 경성: 조선어학연구회에서 출간, (『정음』 창간호(1934.2.15)부터 7호(1935.3.15)까지 총8회 연재)
1937년	11월 26일 "훈민정음기념강화(고)" 『정음』 21호에 발표
1938년	1월 만주 봉천의 교포학교인 동광학원후원회 실행위원
1938년	11월 국민정신총동원 조선연맹 순회강연 연사(전북)
1938년	11월 30일 "철자법강석(一)" 『정음』 27호에 발표
1939년	1월 31일 "철자법강석(二)" 『정음』 28호에 발표
1939년	3월 조선송구협회 초대회장 추대
1939년	4월 30일 "철자법강석(三)" 『정음』 29호에 발표
1939년	7월 15일 "철자법강석(四)" 『정음』 30호에 발표

1941년   3월 28일 부인 송수경 별세

1941년   10월 22일 조선임전보국단 평의원

1942년   2월 조선체육진흥회 위원

1943년   10월 30일 경성 자택에서 별세

          (묘소는 서울 망우리 공원묘지에 있음)

1949년   10월 대한체육회 30주년 기념행사 공로상 수상

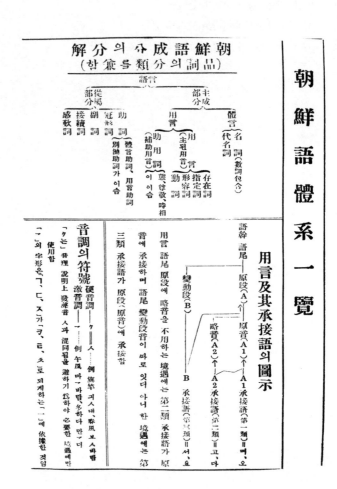

用言活用狀態一覽

아段去 (뒷)		어段立	어段數	오段来	오段到	우段信	오段歷 (特殊)	우段補	우段補 (特殊)
가	뒷 바라	서	퍼	와 오	와 다토	무	고 와브오	먹 거두	기 위부우
A B 1 2	A B 1 2	A B 1 2	A B 1 2	A B 1 2	A B 1 2	A B 1 2	A B 1 2	A B 1 2	A B 1 2

一、이 一覽表는 用言(主된用言)과 助用詞(助動詞格)와 助詞가 組合되야서 音調가 構成되는 狀態의 各例를 開示하야서 用言活用의 法則을 一覽에 易曉하게 한 것이라

一、이 表에 記載한 單語의 種類의 區分은 次記例示의 題目欄에 記載한 것과 同一하니 그것을 參照함이 可함

一、이 一覽表를 閱覽함에는 먼저 最上部에 列記(横으로)한 用言에 最下部에 列記된 各助詞를 아직 떼여 그 兩者의 사이에 挿入하야 보고 다음에는 助用詞의 數個를 取하야 그 兩者의 사이에 挿入하는 法則을 考察함이 可함

用言이 活用서서 (中間에 列記된) 各 助詞를 거듭 挿入하야서 써 音語의 組成되는 法則을 考察함이 可함

一、用言이 活用되매 助用詞의 補助를 바듬이 업시 바로 助詞에 承接하는 것은 用言의 單純한 活用이라 그러나 用言은 그 本義에 무슨 特別한 意義를 加하야 기爲하야 助用詞의 添加를 받는 일이 이슴 助用詞는 一常 主된 用言에 承接하야 使用하는 것이라 故로 用言의 單純活用인 形態에서 用言과 助詞와의 사이에 挿入되는 것이 助用詞인 態. 敬意, 時相을 表示하는 單語로 그 言語의 趣意에 依하야 或 助用詞가 使用됨도 이仝 或은 數個의 助用詞가 連用됨도 이슴 그 五相間의 順序는 右에 列記한 順序와 다르며 時相에 過去와 未來(推量(包含)) 等 各히 그 言語의 趣旨에 依하야 五相 前後됨(次記例示參照)

二

오
ㅂ니다
ㅂ드이다
ㄴ다……『는다』의
리다
ㅁ세
마
라오
랍니다
랴네
란다
오?
ㅂ닛가?

• 以上 終止 平叙

조선어 체계 일람 3

조선어 체계 일람 4

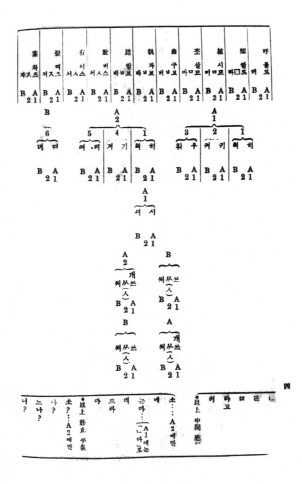

조선어 체계 일람 5

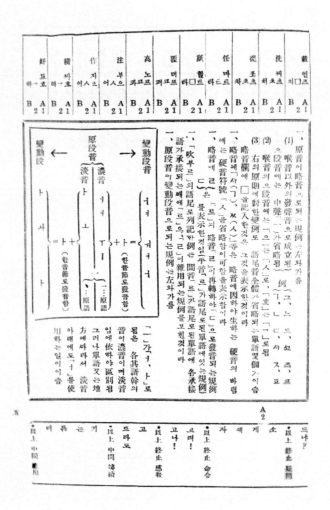

姸	耤	作	注	高	罷	頭	任	從	洗	載
하효	하효	지어스으	부어스으	노파프	머퍼프	라드르	마드르	차츠초	씨처초	저□서
B A	B A	B A	B A	B A	B A	B A	B A	B A	B A	B A
2 1	2 1	2 1	2 1	2 1	2 1	2 1	2 1	2 1	2 1	2 1

			A 2				
					자	세	게	소
				고	고려!	고나!	•以上 終止 命令	•以上 終止 疑問	•以上 終止 疑問
•以上 中間 連用	더	려	쓰	기	드타도 •以上 中間 接續		•드냐?
					•以上 中間 連用		

語尾記號	이段挾	負	靈	飮	窘	添尾爲	成	羅	探
	여 어	지 저	그리 려	먹이 마시 서	고이 서	하 하야	되 되야	벌 벌여	캐 캐여 어
A B 1 2	A B 1 2	A B 1 2	A B 1 2	A B 1 2	A B 1 2	A B 1 2	A B 1 2	A B 1 2	A B 1 2

一、朝鮮語變動態의語音은 매우 多端하야서 一音으로서 整理되더못하
고 川音語尾의音에 依하야 數種으로 區分됨은 免하더못할 狀態이라

一、變動態의語音은 이 表에 記載된것以外에 不規則的으로 發音되는것
도 이슴

一、助詞의아래에「A2에만」을 註記한單語는 略音을 使用하다아니하
는 單語(用言)에는 아조 使用되더못하는 助詞이라 이러한助詞는 變例
이며 純正한言語가 안이라

六

B	
요	·右終止平叙
요?	·右終止疑問
따	·右終止疑問
서	·右終止命令
는	·右中間接續
노	·右中間接續
야	·以上 別働

『言文一致 日本國六法全書 分冊第一 憲法』

(박승빈 역, 1908)[1]

일러두기

1. 이 자료는 『言文一致 日本國六法全書 分冊第一 憲法』(박승빈 역, 1908년 10월 간행)[2]의 텍스트를 전산 입력하고 교감한 다음, 분절하고 가공한 뒤에, 일본어 원문을 나란히 배열한 것이다.[3]

2. 텍스트의 전산 입력과 교감은 다음의 원칙을 따랐다.
   (1) 텍스트의 배열은 가능한 한 원본을 형식을 따랐다.
   (2) 텍스트의 교감은 일본어 원문, 조문의 내용, 번역의 양상 등을 고려하여 오류로 판단되는 경우 교감 결과를 본문에 반영하고 각주에 그 사실을 기록하였다.

---

[1] 작성자: 장경준, 최종 작성일: 2021. 8. 23.

[2] 이 책의 판권지에 따르면 번역자는 朴勝彬, 발행자는 崔昌善, 인쇄자는 吉田幸吉, 인쇄소는 京城日報社, 총발태처는 漢城 新文館, 정가는 35錢이다. 고려대 도서관 육당문고에 6권이 소장되어 있다(육당 348.52 1908).

[3] 이 자료는 원본의 체제대로 전산 입력하되 텍스트를 교감한 'textA', 여기에다 분절과 띄어쓰기 등의 가공을 추가한 'textB', 여기에다 일본어 원문을 나란히 배열한 'textC'의 세 가지를 별도로 구축하여 한국어학회 누리집(www.koling.org) '박승빈 국어학상 게시판'에 공개한 것을 출판용으로 가공한 것이다. 원자료의 textC를 바탕으로 textA의 교감주를 추가하였다.

(3) 한자 오른쪽에 한글로 표기한 훈독 표시는 해당 한자에 '[ ]'를 달고 그 안에 기록하였다.

(4) 한자의 경우 편의상 다음의 원칙을 적용하였다.

　ㄱ. 원본에서는 屬과 属을 혼용하였는데 정자인 屬으로 통일하여 입력하였다.

　ㄴ. 원본에서는 個와 箇를 혼용하거나 (個月의 경우) 個와 수를 혼용하였는데 빈도가 높은 個로 통일하여 입력하였다.

　ㄷ. 원본에서는 일본어 원문의 控除의 번역어로 叩除와 抑除를 혼용하였는데 빈도가 높은 叩除로 통일하여 입력하였다.

3. 텍스트의 분절과 가공은 다음의 원칙을 따랐다.

(1) 출전 표시는 원칙적으로 조(條) 단위로 분절하여 각 조문의 앞에 '〈헌법01_헌법01조〉'의 형식으로 '쪽수', '법조문 종류', '조문 번호'를 표시하였다. 조문 번호 앞에 법조문 종류를 표시한 이유는 이 책에 '헌법'에 이어 부록으로 '황실전범', '국적법', '법례', '재판소구성법'이 실려 있기 때문이며, '황실전범', '국적법', '재판소구성법'은 각각 '황실', '국적', '재판'의 약호를 사용하였다.

(2) 한 조 안에서 항(項)이 나뉘는 경우 다시 분절하고 '00조1항, 00조2항'과 같이 표시하였다. 조나 항 안에서 '一二三' 또는 '第一 第二 第三'의 형식으로 나열된 호(號)는 다시 분절하여 '00조(1), 00조(2), 00조(3)'의 형식으로 표시하되 내용이 길지 않을 경우 편의상 몇 개씩 묶어서 '00조(1-3)'의 형식으로 표시하였다.

(3) 분절한 덩어리가 두 쪽에 걸쳐 있는 경우 시작 부분의 위치를 기준으로 쪽수를 기록하고, 조(條)보다 큰 단위인 편·장·절·관(編章節欵)의 제목은 조번호 대신 '제목'으로 표시하였다.

(4) 원본은 띄어쓰기가 되어 있지 않으나 이용의 편의를 위해 현대 한글맞춤법에 준하여 띄어쓰기를 추가하였다. 단, '會社財産, 調査終了, 資本減

少'처럼 명사가 연속된 일부 표현은 띄지 않았다.

4. 일본어 원문의 배열은 다음의 원칙을 따랐다.

   (1) 원문의 텍스트는 일본 위키소스 사이트(https://ja.wikisource.org/)에서 제공하는 "大日本帝國憲法(明治22年, 1889)", "皇室典範(明治22年, 1889)", "國籍法(明治32年, 1899)", "法例(明治31年, 1898)", "裁判所構成法(明治23年, 1890)"을 인용하였다.

   (2) 조문마다 번역문을 먼저 제시하고 원문을 나중에 제시하였다.

   (3) 제목은 번역문과 원문이 거의 차이가 없으므로 번역문과 원문이 일치하지 않는 경우에만 구분하여 제시하였다.

* 憲法 중에서 日本國法例, 日本國裁判所構成法을 소개함.

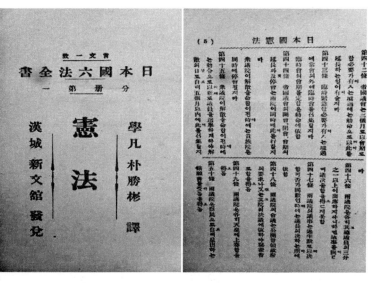

『일본국육법전서 분책제일 헌법』의 표지와 내용

日本國法例, 日本國裁判所構成法

〈헌법30_재판제목번역〉日本國裁判所構成法 第一編 裁判所와 及[밋] 檢事局 第
一章 總則

〈헌법30_재판제목원문〉裁判所構成法 第一編 裁判所及檢事局 第一章 總則

〈헌법30_재판001조번역〉左의 裁判所를 通常裁判所로 함

〈헌법30_재판001조원문〉左ノ裁判所ヲ通常裁判所トス

〈헌법30_재판001조(1-3)번역〉第一 區裁判所 第二 地方裁判所 第三 控訴院 第
四 大審院

〈헌법30_재판001조(1-3)원문〉第一 區裁判所 第二 地方裁判所 第三 控訴院
第四 大審院

〈헌법30_재판002조번역〉通常裁判所에서는 民事와 及[밋] 刑事를 裁判하는
것으로 함 但 法律로以[써] 特別裁判所의 管轄에 屬하게 한 것은 此[이] 限에
在[이]ㅅ지 아니함

〈헌법30_재판002조원문〉通常裁判所ニ於テハ民事刑事ヲ裁判スルモノトス但シ
法律ヲ以テ特別裁判所ノ管轄ニ屬セシメタルモノハ此ノ限ニ在ラス

〈헌법30_재판003조번역〉地方裁判所、控訴院과 及[밋] 大審院을 合議裁判所로
하야 數人의 判事로以[써] 組成한 部에서 總[모]든 事件을 審問裁判함 但 訴訟
法이나 又[쏘]는 特別法에 別般規定한 것은 此[이] 限에 在[이]ㅅ지 아니함

〈헌법30_재판003조원문〉地方裁判所控訴院及大審院ヲ合議裁判所トシ數人ノ判
事ヲ以テ組立テタル部ニ於テ總テノ事件ヲ審問裁判ス但シ訴訟法又ハ特別法ニ
別段規定シタルモノハ此ノ限ニ在ラス

〈헌법30_재판004조번역〉裁判所의 設立、廢止와 及[밋] 管轄區域과 與[다]못
其[그] 變更은 法律로以[써] 此[이]를 定함

〈헌법30_재판004조원문〉裁判所ノ設立廢止及管轄區域並ニ其ノ變更ハ法律ヲ以
テ之ヲ定ム

〈헌법30_재판005조번역〉各裁判所에 相應한 員數의 判事를 置[두]ㅁ

〈헌법30_재판005조원문〉各裁判所ニ相應ナル員數ノ判事ヲ置ク

〈헌법30_재판006조1항번역〉各裁判所에 檢事局을 附置함 檢事는 刑事에 當하야 公訴를 起[이르]키며、其[그] 掌理上에 必要한 節次를 하며、法律의 正當한 適用을 請求하며 及[밋] 判決이 適當히 執行되는지를 監視하고 又[4][쏘] 民事에도 必要함으로 認하는 時[째]에는 通知를 求하며 其[그] 意見을 述함을 得[으]듬 又[쏘] 裁判所에 屬하거나 又[쏘]는 此[이]에 關한 司法과 及[밋] 行政事件에 當하야 公益의 代表者로 하야 法律上에 其[그] 職權에 屬한 監督事務를 行함

〈헌법30_재판006조1항원문〉 各裁判所ニ檢事局ヲ附置ス檢事ハ刑事ニ付公訴ヲ起シ其ノ取扱上必要ナル手續ヲ爲シ法律ノ正當ナル適用ヲ請求シ及判決ノ適當ニ執行セラルルヤヲ監視シ又民事ニ於テモ必要ナリト認ムルトキハ通知ヲ求メ其ノ意見ヲ述フルコトヲ得又裁判所ニ屬シ若ハ之ニ關ル司法及行政事件ニ付公益ノ代表者トシテ法律上其ノ職權ニ屬スル監督事務ヲ行フ

〈헌법31_재판006조2항번역〉檢事는 裁判所에 對하야 獨立으로 其[그] 事務를 行함

〈헌법31_재판006조2항원문〉 檢事ハ裁判所ニ對シ獨立シテ其ノ事務ヲ行フ

〈헌법31_재판006조3항번역〉檢[5]事局의 管轄區域은 其[그] 附置된 裁判所의 管轄區域과 同[가]틈

〈헌법31_재판006조3항원문〉 檢事局ノ管轄區域ハ其ノ附置セラレタル裁判所ノ管轄區域ニ同シ

〈헌법31_재판006조4항번역〉 若[만]일 一人의 檢事나 又[쏘]는 數人의 檢事에 皆[다] 障碍가 有[이]서서 某事件을 掌理함을[6] 得[으]ㄷ지 못하는 時[째]에는 裁判所長이나 又[쏘]는 區裁判所엣 判事[7]나 或 監督判事는 其[그] 事件이 猶豫하지 못하겟슴에는 判事에 檢[8]事의 代理를[9] 命하야 其[그] 事件을 掌理

---

4 又 : '其'로 잘못된 것을 정오표에서 수정함.

5 檢 : 항을 나누지 않았으나 정오표에 반영되지 않음.

6 함을 : '을함'으로 잘못된 것을 정오표에서 수정함.

7 所엣 判事 : '所엣判事'가 누락된 것을 정오표에서 수정함. 단, 정오표에 '所에判事'로 잘못 기록함.

8 檢 : '儉'으로 잘못된 것을 정오표에서 수정함.

하게 함을 得[으]듬

〈헌법31_재판006조4항원문〉 若一人ノ檢事若ハ數人ノ檢事悉ク差支アリテ或ル
事件ヲ取扱フコトヲ得サルトキハ裁判所長又ハ區裁判所ニ於テ判事若ハ監督判
事ハ其ノ事件猶豫スヘカラサルニ於テハ判事ニ檢事ノ代理ヲ命シ其ノ事件ヲ取
扱ハシムルコトヲ得

〈헌법31_재판007조번역〉 檢事局에 相應한 員數의 檢事를 置[두]ㅁ

〈헌법31_재판007조원문〉 檢事局ニ相應ナル員數ノ檢事ヲ置ク

〈헌법31_재판008조1항번역〉 各裁判所에 書記課를 設함 書記課는 往復、會
計、記錄이며 其他 此[이] 法律이나 又[쏘]는 他[다10]른 法律에 特定한 事務
를 掌理함

〈헌법31_재판008조1항원문〉 各裁判所ニ書記課ヲ設ク書記課ハ往復會計記錄其
ノ他此ノ法律又ハ他ノ法律ニ特定シタル事務ヲ取扱フ

〈헌법31_재판008조2항번역〉 裁判所에 附置된 檢事局에 前項과 如[가]튼 事務
를 掌理함을 爲하야 必要함으로 認한 時[째]에 限하야 別로히 書記課를 設함
을 得[으]듬 但 合議裁判所의 檢事局에 限함

〈헌법31_재판008조2항원문〉 裁判所ニ附置セラレタル檢事局ニ於テ前項ノ如キ
事務ヲ取扱フ爲必要ナリト認メタルトキニ限リ別ニ書記課ヲ設クルコトヲ得
但シ合議裁判所ノ檢事局ニ限ル

〈헌법31_재판008조3항번역〉 司法大臣은 裁判所의 會計事務를11 專任함을 爲
하야 特別官吏를 裁判所에 置[두]ㅁ을 得[으]듬

〈헌법31_재판008조3항원문〉 司法大臣ハ裁判所ノ會計事務ヲ專任スル爲特別官
吏ヲ裁判所ニ置クコトヲ得

〈헌법31_재판009조1항번역〉 區裁判所에 執達吏를 置[두]ㅁ 執達吏는 裁判所로
自[브]터 發하는 文書를 送達하며 及[밋] 裁判所의 裁判을12 執行함

_____

9 를 : '을'로 잘못된 것을 정오표에서 수정함.
10 다 : '마'로 잘못되었으나 정오표에 반영되지 않음.
11 를 : '을'로 잘못된 것을 정오표에서 수정함.
12 을 : '를'로 잘못되었으나 정오표에 반영되지 않음.

〈헌법31_재판009조1항원문〉 區裁判所二執達吏ヲ置ク執達吏ハ裁判所ヨリ發ス
ル文書ヲ送達シ及裁判所ノ裁判ヲ執行ス

〈헌법31_재판009조2항번역〉 前項의 外에 執達吏는 此[이] 法律이나 又[또]는
他[다]른 法律에 定한 特別의 職務를[13] 行함

〈헌법31_재판009조2항원문〉 前項ノ外執達吏ハ此ノ法律又ハ他ノ法律二定メタ
ル特別ノ職務ヲ行フ

〈헌법31_재판010조번역〉 法律로 以[써] 特定한 것을 除한 外에 左의 境遇에 適
當한 申請이 有[이]ㅅ는 時[째]에는 關係가 有[이]ㅅ는 各裁判所를 倂[아올]
라서 此[이]를 管轄하는 直近上級의 裁判所는 何[어]느 裁判所에서 本件을 裁
判함의 權이 有[이]ㅅ는지를 裁判함

〈헌법31_재판010조원문〉 法律ヲ以テ特定シタルモノヲ除ク外左ノ場合二於テ
適當ノ申請アルトキハ關係アル各裁判所ヲ倂セテ之ヲ管轄スル直近上級ノ裁判
所ハ何レノ裁判所二於テ本件ヲ裁判スルノ權アルヤヲ裁判ス

〈헌법31_재판010조(1)번역〉 第一 權限이 有[이]ㅅ는 裁判所에서 法律上의 理
由나 又[또]는 特別한 事情에 因하야 裁判權을 行함을 得[으]ㄷ지 못하고 且
[또] 此[이] 法律 第十三條에 依하야 此[이]에 代[대신]하갯슴을 定함이 된
裁判所도 亦[또] 此[이]를 行함을 得[으]ㄷ지 못하는 時[째]

〈헌법31_재판010조(1)원문〉 第一 權限アル裁判所二於テ法律上ノ理由若ハ特別
ノ事情二因リ裁判權ヲ行フコトヲ得ス且此ノ法律第十三條二依リ之二代ルヘキ
コトヲ定メラレタル裁判所モ亦之ヲ行フコトヲ得サルトキ

〈헌법31_재판010조(2)번역〉 第二 裁判所管轄區域의 境界가 明確하지 아니함
에 因하야[14] 其[그] 權限에 當하야 疑[의심]을 生한 時[째]

〈헌법31_재판010조(2)원문〉 第二 裁判所管轄區域ノ境界明確ナラサルカ爲其ノ
權限二付疑ヲ生シタルトキ

〈헌법31_재판010조(3)번역〉 第三 法律에 從[조]츠거나 又[또]는 二以上 確定
判決에 因하야 二以上의 裁判所가 裁判權을 互有한 時[째]

---

[13] 를 : '을'로 잘못된 것을 정오표에서 수정함.
[14] 야 : 활자가 오른쪽으로 90° 돌아갔으나 정오표에 반영되지 않음.

〈헌법31_재판010조(3)원문〉 第三 法律ニ從ヒ又ハ二以上ノ確定判決ニ因リ二以
上ノ裁判所裁判權ヲ互有スルトキ

〈헌법31_재판010조(4)번역〉 第四 二以上의 裁判所가 權限을 有하지 아니함이
라는 確定判決을 하거나 又[또]는 權限을 有하지 아니함이라는 確定判決을
受[바]닷서도 其[그] 裁判所의 一[하나]에서 裁判權을 行하갯는 時[째]

〈헌법31_재판010조(4)원문〉 第四 二以上ノ裁判所權限ヲ有セストノ確定判決ヲ
爲シ又ハ權限ヲ有セストノ確定判決ヲ受ケタルモ其ノ裁判所ノ一ニ於テ裁判權
ヲ行フヘキトキ

〈헌법32_재판제목〉 第二章 區裁判所

〈헌법32_재판011조1항번역〉 區裁判所의 裁判權은 單獨判事가 此[이]를 行함

〈헌법32_재판011조1항원문〉 區裁判所ノ裁判權ハ單獨判事之ヲ行フ

〈헌법32_재판011조2항번역〉 判事 二人以上을 置[두]ㄴ 區裁判所에서는 司法大
臣이 定한 通則에 從[조]차서 其[그] 裁判事務를 各判事에 分配함

〈헌법32_재판011조2항원문〉 判事二人以上ヲ置キタル區裁判所ニ於テハ司法大
臣ノ定メタル通則ニ從ヒ其ノ裁判事務ヲ各判事ニ分配ス

〈헌법32_재판011조3항번역〉 此[이] 事務分配는 每年에 地方裁判所長이 豫[미]
리 此[이]를 定함

〈헌법32_재판011조3항원문〉 此ノ事務分配ハ每年地方裁判所長前以テヲ定ム

〈헌법32_재판011조4항번역〉 區裁判所 判事가 掌理한 事件은 裁判事務의 分配
上에 其[그] 事[일]이 他[다]른 判事에 屬하얏슴의 事[15]實만에 因하야 其[그]
効力을 失[이]르지 아니함

〈헌법32_재판011조4항원문〉 區裁判所判事ノ取扱ヒタル事ハ裁判事務分配上其ノ
事他ノ判事ニ屬シタリトノ事實ノミニ因リ其ノ効力ヲ失フコトナシ

〈헌법32_재판011조5항번역〉 判事 二人以上을 置[두]ㄴ 區裁判所에서[16]는 司
法大臣은 其[그] 一人을 監督判事로 하야 此[이]에 其[그][17] 行政事務를 委任

---

15 事 : '事'가 누락된 것을 정오표에서 수정함.
16 서 : '서'가 누락되었으나 정오표에 반영되지 않음.
17 其 : '其[그]'가 누락되었으나 정오표에 반영되지 않음.

함

〈헌법32_재판011조5항원문〉 判事二人以上ヲ置キタル區裁判所二於テハ司法大
臣ハ其ノ一人ヲ監督判事トシ之二其ノ行政事務ヲ委任ス

〈헌법33_재판012조번역〉 事務의 分配가 一次 定한 時[째]에는 司法年度中에
此[이]를 變更하지 아니함 但 一人의 判事의 分擔이 過多하거나 又[쏘]는 判
事가 轉退하거나 或 疾病이며 其他의 事故에 因하야 久[오]래 闕勤하는 者가
有[이]ㅅ는 等、引續하야 障碍를 生한 境遇에는 此[이] 限에 在[이]ㅅ지 아
니함

〈헌법33_재판012조원문〉 事務分配一タヒ定マリタルトキハ司法年度中之ヲ變
更セス但シ一人ノ判事ノ分擔多キニ過キ又ハ判事轉退シ又ハ疾病其ノ他ノ事故
二因リ久ク闕勤スル者アル等引續キ差支ヲ生シタル場合ハ此ノ限二在ラス

〈헌법33_재판013조1항번역〉 區裁判所의 判事에 障碍가 有[이]ㅅ는 時[째]에
는 每年에 地方裁判所長이 豫[미]리 定한 順序에 從[조]차서 互[서]루 代理함
但 監督判事의 職務는 其[그] 裁判所判事의 官等의 順序에 從[조]차서 此[이]
를 代理함

〈헌법33_재판013조1항원문〉 區裁判所ノ判事差支アルトキハ每年地方裁判所長
ノ前以テ定メタル順序二從ヒ互二相代理ス但シ監督判事ノ職務ハ其ノ裁判所ノ
判事官等ノ順序二從ヒ之ヲ代理ス

〈헌법33_재판013조2항번역〉 一[한] 區裁判所에서 法律上의 理由나 又[쏘]는
特別한 事情에 因하야 事務를 掌理함을 得[으]¹⁸ㄷ지 못하는 時[째]에 此
[이]에 代[대신]할 他[다]른 區裁判所는 前項과 同[가]티 每年에 豫[미]리 此
[이]를 定함

〈헌법33_재판013조2항원문〉 一ノ區裁判所二於テ法律上ノ理由若ハ特別ノ事情
二因リ事務ヲ取扱フコトヲ得サルトキ之二代ルヘキ他ノ區裁判所ハ前項二同
ク每年前以テ之ヲ定ム

〈헌법33_재판014조번역〉 區裁判所는 民事訴訟에 左의 事項에 當하야 裁判權을

---

18 [으] : '[으]'가 위 글자에 잘못 달렸으나 정오표에 반영되지 않음.

有함 但 反訴에 關하야서는 民事訴訟法의 定하는 所[바]에 依함

〈헌법33_재판014조원문〉 區裁判所ハ民事訴訟ニ於テ左ノ事項ニ付裁判權ヲ有ス 但シ反訴ニ關リテハ民事訴訟法ノ定ムル所ニ依ル

〈헌법33_재판014조(1)번역〉 第一 百圓에 超過하지 아니하는 金額이나 又[또]는 價額이 百圓에 超過하지 아니하는 物에 關한 請求

〈헌법33_재판014조(1)원문〉 第一 百圓ヲ超過セサル金額又ハ價額百圓ヲ超過セサル物ニ關ル請求

〈헌법33_재판014조(2)번역〉 第二 價額에 拘[거릿]기지 아니하고 左의 訴訟 (甲) 住家며 其他의 建物이나 或 其[그] 某部分의 領受、空與、使用、占據나 或 修繕에 關하거나 又[또]는 賃借人의 家具나 或 所持品을 賃貸人이 執留하 얏슴에 關하야 賃貸人과 賃借人의 間[사이]에 起[이러]난 訴訟 (乙) 不動産의 境界에만 關한 訴訟 (丙) 占有에만 關한 訴訟 (丁) 雇主와 雇人의 間[사이]에 雇傭期限 一年以下의 契約에 關하[19]야 起[이러]난 訴訟 (戊) 左에 揭한 事項에 當하야 旅人과 旅店이나 或 飮食店[20]의 主人의 間[사이]에나 又[또]는 旅人과 水陸運送人의 間[사이]에 起[이러]난 訴訟 (一) 供饋料、止宿料나 又[또]는 旅 人의 運[21]送料나 或 此[이]에 伴隨한 手荷物의 運送料 (二) 旅店이나 或 飮[22]食 店의 主人이나 又[또]는 運送人에 旅人으로[23]自[브]터 保護를 爲하[24]야 任置 한 手荷物、金錢이나 又[또]는 有價物

〈헌법33_재판014조(2)원문〉 第二 價額ニ拘ラス左ノ訴訟 (イ) 住家其ノ他ノ建 物又ハ其ノ或ル部分ノ受取明渡使用占據若ハ修繕ニ關リ又ハ賃借人ノ家具若ハ 所持品ヲ賃貸人ノ差押ヘタルコトニ關リ賃貸人ト賃借人トノ間ニ起リタル訴訟 (ロ) 不動産ノ經界ノミニ關ル訴訟 (ハ) 占有ノミニ關ル訴訟 (ニ) 雇主ト雇人 トノ間ニ雇期限一年以下ノ契約ニ關リ起リタル訴訟 (ホ) 左ニ揭ケタル事項ニ

---

19 하 : '와'로 잘못되었으나 정오표에 반영되지 않음.
20 店 : '庚'으로 잘못된 것을 정오표에서 수정함.
21 運 : '連'으로 잘못된 것을 정오표에서 수정함.
22 飮 : '養'으로 잘못된 것을 정오표에서 수정함.
23 로 : '르'로 잘못되었으나 정오표에 반영되지 않음.
24 하 : '와'로 잘못되었으나 정오표에 반영되지 않음.

付旅人ト旅店若ハ飲食店ノ主人トノ間ニ又ハ旅人ト水陸運送人トノ間ニ起リタ

ル訴訟　（一）賄料又ハ宿料又ハ旅人ノ運送料又ハ之ニ伴フ手荷物ノ運送料（二）

旅店若ハ飲食店ノ主人又ハ運送人ニ旅人ヨリ保護ノ爲預ケタル手荷物金錢又ハ

有價物

헌법34_재판015조번역〉區裁判所는 非訟事件에 當하야 法律에 定한 範圍와

及[밋] 方法에 從[조]차서 左의 事務를 掌理하는 權을25 有함

헌법34_재판015조원문〉區裁判所ハ非訟事件ニ付法律ニ定メタル範圍及方法ニ

從ヒ左ノ事務ヲ取扱フノ權ヲ有ス

헌법34_재판015조(1)번역〉第一　未成年者、瘋癲者、白癡者、失踪者며　其他

法律이나 又[쏘]는 判決에 因하야 治産의 禁함을 受[바]든 者의 後見人이나

又[쏘]는 管財人을 監督함

헌법34_재판015조(1)원문〉第一　未成年者瘋癲者白癡者失踪者其ノ他法律若ハ

判決ニ因リ治産ノ禁ヲ受ケタル者ノ後見人若ハ管財人ヲ監督スル事

헌법34_재판015조(2)번역〉第二　不動産과　及[밋] 船舶에 關한 權利關係를 登

記함

헌법34_재판015조(2)원문〉第二　不動産及船舶ニ關ル權利關係ヲ登記スル事

헌법34_재판015조(3)번역〉第三　商業登記와　及[밋] 特許局에 登録한 特許、

意匠과 與[다]못 商標의 登記를 함

헌법34_재판015조(3)원문〉第三　商業登記及特許局ニ登録シタル特許意匠及商

標ノ登記ヲ爲ス事

헌법35_재판016조1항번역〉區裁判所는 刑事에 左의 事項에 當하야 裁判權을

有함

헌법35_재판016조1항원문〉區裁判所ハ刑事ニ於テ左ノ事項ニ付裁判權ヲ有ス

헌법35_재판016조1항(1)번역〉第一　違警罪

헌법35_재판016조1항(1)원문〉第一　違警罪

헌법35_재판016조1항(2)번역〉第二　本刑이 五十圓以下의 罰金을 附加하거나

5　을 : '를'로 잘못된 것을 정오표에서 수정함.

或 附加하지 아니하는 二月以下의 禁錮나 又[坐]는 單히 百圓以下의 罰金에
該當하는 輕罪

〈헌법35_재판016조1항(2)원문〉 第二 本刑五十圓以下ノ罰金ヲ附加シ若ハ附加
セサル二月以下ノ禁錮又ハ單ニ百圓以下ノ罰金ニ該ル輕罪

〈헌법35_재판016조1항(3)번역〉 第三 刑法 第二編 第一章을 除하고 其他의 輕罪
로서 本刑이 二百圓以下의 罰金을 附加하거나 或 附加하지 아니하는 二年以下
의 禁錮나 又[坐]는 單히 三百圓以下의 罰金에 該當하야 其[그] 情이 第二에
揭한 刑보다[26] 重한 刑에 處함을 要하지 아니함으로 認하야 地方裁判所나 又
[坐]는 其[그] 支部의 檢事局으로自[브]터 區裁判所에 移付한 것

〈헌법35_재판016조1항(3)원문〉 第三 刑法第二編第一章ヲ除キ其ノ他ノ輕罪ニ
シテ本刑二百圓以下ノ罰金ヲ附加シ若ハ附加セサル二年以下ノ禁錮又ハ單ニ三
百圓以下ノ罰金ニ該リ其情第二ニ揭ケタル刑ヨリ更ニ重キ刑ニ處スルコトヲ要
セスト認メ地方裁判所若ハ其ノ支部ノ檢事局ヨリ區裁判所ニ移付シタルモノ

〈헌법35_재판016조2항번역〉 前項의 節次에 因하야 訴追를 하야 犯罪의 證明
이 有[이]슨 境遇에 判決을 하기[27] 前에 何[어느]時[째]에든지 其[그] 情이
第二에 揭한 刑으로는 相當히 罰함을 得[으]ㄷ지 못함으로 認하는 時[째]에
는 區裁判所는 此[이]를 裁判하는 權限을 有하지 아니함이[28]라는 宣告를 함
此[이] 境遇에는 檢事는 被告人으로 相當한 裁判所에서 裁判을 受[바]ㄷ게 함
을 爲하야 適當한 節次를 함

〈헌법35_재판016조2항원문〉 前項ノ手續ニ因リ訴追ヲ爲シ犯罪ノ證明アリタル
場合ニ於テ判決ヲ爲ス前何時ニテモ其ノ情第二ニ揭ケタル刑ニテハ相當ニ罰
スルコトヲ得スト認ムルトキハ區裁判所ハ之ヲ裁判スル權限ヲ有セストノ言
渡ヲ爲ス此場合ニ於テハ檢事ハ被告人ヲシテ相當ノ裁判所ニ於テ裁判ヲ受ケシ
ムル爲適當ノ手續ヲ爲ス

〈헌법36_재판017조번역〉 前數條에 揭한 것을 除한 外에 區裁判所의 權限은 此

---

26 보다 : '보다' 뒤에 원문의 '更ニ'가 번역에 반영되지 않음.
27 기 : '지'로 잘못된 것을 정오표에서 수정함.
28 이 : '어'로 잘못된 것을 정오표에서 수정함.

[이] 章에 掲한 事件에 關하야 訴訟法이나 又[쏘]는 特別法의 定하는 所[바]
에 依함

〈헌법36_재판017조원문〉　前數條二掲ケタルモノヲ除ク外區裁判所ノ權限ハ此
ノ章二掲ケタル事件二關リ訴訟法又ハ特別法ノ定ムル所二依ル

〈헌법36_재판018조1항번역〉各區裁判所의 檢事局에 檢事를 置[두]口

〈헌법36_재판018조1항원문〉各區裁判所ノ檢事局二檢事ヲ置ク

〈헌법36_재판018조2항번역〉區裁判所 檢事局의 檢事의 事務는 其[그] 地[싸]
의 警察官、憲兵、將校、下士나 又[쏘]는 林務官이 此[이]를 掌理함을 得[으]
듬

〈헌법36_재판018조2항원문〉　區裁判所檢事局ノ檢事ノ事務ハ其ノ地ノ警察官憲
兵將校下士又ハ林務官之ヲ取扱フコトヲ得

〈헌법36_재판018조3항번역〉司法大臣은 適當한 境遇에는 區裁判所 判事試補
나 又[쏘]는 郡市町村의 長으로 檢事를 代理하게 함을 得[으]듬

〈헌법36_재판018조3항원문〉　司法大臣ハ適當ナル場合二於テハ區裁判所判事試
補又ハ郡市町村ノ長ヲシテ檢事ヲ代理セシムルコトヲ得

〈헌법36_재판제목〉第三章 地方裁判所

〈헌법36_재판019조1항번역〉地方裁判所를 第一審의 合議裁判所로 함

〈헌법36_재판019조1항원문〉地方裁判所ヲ第一審ノ合議裁判所トス

〈헌법36_재판019조2항번역〉各地方裁判所에 一이나 又[쏘]는 二以上의 民事
部와 及[밋] 刑事部를 設함

〈헌법36_재판019조2항원문〉　各地方裁判所二一若ハ二以上ノ民事部及刑事部ヲ
設ク

〈헌법36_재판020조1항번역〉各地方裁判所에 地方裁判所長을 置[두]口

〈헌법36_재판020조1항원문〉各地方裁判所二地方裁判所長ヲ置ク

〈헌법36_재판020조2항번역〉地方裁判所長은 裁判所의 一般의 事務를 指揮하
며 其[그] 行政事務를 監督함

〈헌법36_재판020조2항원문〉地方裁判所長ハ裁判所ノ一般ノ事務ヲ指揮シ其ノ
行政事務ヲ監督ス

〈헌법36_재판020조3항번역〉 地方裁判所의 各部에 部長을 置[두]ㅁ 部長은 部
의 事務를 監督하며 其[그] 分配를 定함

〈헌법36_재판020조3항원문〉 地方裁判所ノ各部ニ部長ヲ置ク部長ハ部ノ事務ヲ
監督シ其ノ分配ヲ定ム

〈헌법36_재판021조번역〉 司法大臣은 每年에 各地方裁判所의 判事 一人이나 又
[쏘]는 二人以上에 其[그] 裁判所의 裁判權에 屬한 刑事의 豫審을 함을 命함

〈헌법36_재판021조원문〉 司法大臣ハ每年各地方裁判所ノ判事一人若ハ二人以上
ニ其ノ裁判所ノ裁判權ニ屬スル刑事ノ豫審ヲ爲スコトヲ命ス

〈헌법37_재판022조1항번역〉 各地方裁判所의 事務는 司法大臣이 定한 通則에
從[조]차서 各部와 及[밋] 各豫審判事에 此[이]를 分配함

〈헌법37_재판022조1항원문〉 各地方裁判所ノ事務ハ司法大臣ノ定メタル通則ニ
從ヒ各部及各豫審判事ニ之ヲ分配ス

〈헌법37_재판022조2항번역〉 各地方裁判所의 各部長과 與[다]못 部員의 配置
와 及[밋] 所長、部長이나 又[쏘]는 部員에 障碍가 有[이]ㅅ는 時[째]엣 代理
도 亦[쏘]한 每年에 豫[미]리 此[이]를 定함

〈헌법37_재판022조2항원문〉 各地方裁判所ノ各部長及部員ノ配置及所長部長部
員差支アルトキノ代理モ亦每年前以テ之ヲ定ム

〈헌법37_재판022조3항번역〉 前二項에 揭한 諸件은 裁判所長、部長과 及[밋]
部의 上席判事 一人의 會議에서 裁判所長이 會長이 되야 多數로以[써] 此[이]
를 決함 可否가 同數인 時[째]에는 會長의 決하는 所[바]에 依함

〈헌법37_재판022조3항원문〉 前二項ニ揭ケタル諸件ハ裁判所長部長及部ノ上席
判事一人ノ會議ニ於テ裁判所長會長トナリ多數ヲ以テ之ヲ決ス可否同數ナルト
キハ會長ノ決スル所ニ依ル

〈헌법37_재판022조4항번역〉 地方裁判所長은 次年에 自[스스]로 部長이 될 部
를 指定할지라

〈헌법37_재판022조4항원문〉 地方裁判所長ハ次年自ラ部長トナルヘキ部ヲ指定
スヘシ

〈헌법37_재판023조1항번역〉 某部에서 著手한 事務로서 司法年度의 終[마침

이나 又[또]는 休暇의 初[처음]에 臨하야 姑[아]직 終結에 至[이르]르지 아
니한 것은 裁判所長이 便利로 認하는 時[째]에 同部員으로 引續하야 此[이]
를 結了하게 함을 得[으]들

〈헌법37_재판023조1항원문〉 或ル部ニ於テ著手シタル事務ニシテ司法年度ノ終
若ハ休暇ノ始ニ臨ミ未タ終結ニ至ラサルモノハ裁判所長便利ト認ムルトキ同部
員ヲシテ引續キ之ヲ結了セシムルコトヲ得

〈헌법37_재판023조2항번역〉 豫審判事의 掌理하는 事務로서 姑[아]직 結了에
至[이르]르지 아니한 것도 亦[또]한 前項과 同[가]들²⁹

〈헌법37_재판023조2항원문〉　豫審判事ノ取扱フ事務ニシテ未タ終結ニ至ラサ
ルモノモ亦前項ニ同シ

〈헌법37_재판024조1항번역〉　第二十二條에 從[조]차서 事務의 分配와 及[밋]
判事의 配置가 一次 定한 時[째]에는 休暇中을³⁰ 除하고 一部의 事務가 過多
하거나 又[또]는 判事가 轉退하거나 或 疾病이며 其他의 事故에 因하야 久
[오]래 闕勤하는 者가 有[이]ㅅ는 等、 引續하야 障碍가 有[이]습이 아니면
司法年度中에 此[이]를 變更하지 아니함

〈헌법37_재판024조1항원문〉　第二十二條ニ從ヒ事務ノ分配及判事ノ配置一タヒ
定マリタルトキハ休暇中ヲ除キ一部ノ事務多キニ過キ又ハ判事轉退シ又ハ疾病
其ノ他ノ事故ニ因リ久ク闕勤スル者アル等引續キ差支アルニ非サレハ司法年度
中之ヲ變更セス

〈헌법37_재판024조2항번역〉 裁判所의 事務가 其[그] 現在의 部에 過多한 境遇
에 司法大臣이 適宜함으로 認하는 時[째]에는 新[새]³¹로 一部나 又[또]는
數部를 設함을 得[으]들

〈헌법37_재판024조2항원문〉 裁判所ノ事務其ノ現在ノ部ニ過多ナル場合ニ於テ
司法大臣適宜ト認ムルトキハ新ニ一部又ハ數部ヲ設クルコトヲ得

〈헌법38_재판025조번역〉 地方裁判所의 判事가 障碍에 因하야 某事件을 掌理

---

29 들 : '듬'으로 잘못되었으나 정오표에 반영되지 않음.
30 을 : '를'로 잘못되었으나 정오표에 반영되지 않음.
31 새 : '써'로 잘못된 것을 정오표에서 수정함.

함을 得[으]ㄷ지 못하고 且[또] 同裁判所의 判事中에 其[그] 代理를 함을 得
[으]ㄷ갯는 者가 업는 境遇에 其[그] 事件이 緊急함으로 認하는 時[째]에는
裁判所長은 其[그] 管轄區域 內의 區裁判所 判事나 又[또]는 豫備判事에 其[그]
代理를 命함을 得[으]듬

〈헌법38_재판025조원문〉地方裁判所ノ判事差支ノ爲或ル事件ヲ取扱フコトヲ得
ス且同裁判所ノ判事中其ノ代理ヲ爲シ得ヘキ者ナキ場合ニ於テ其ノ事件緊急ナ
リト認ムルトキハ裁判所長ハ其ノ管轄區域內ノ區裁判所判事又ハ豫備判事ニ其
ノ代理ヲ命スルコトヲ得

〈헌법38_재판026조번역〉地方裁判所는 民事訴訟에 左의 事項에 當하야 裁判權
을 有함

〈헌법38_재판026조원문〉地方裁判所ハ民事訴訟ニ於テ左ノ事項ニ付裁判權ヲ有
ス

〈헌법38_재판026조(1)번역〉第一 第一審으로 하야 區裁判所의 權限이나 又
[또]는 第三十八條에 定한 控訴院의 權限에 屬한 것을 除하고 其他의 請求

〈헌법38_재판026조(1)원문〉第一 第一審トシテ 區裁判所ノ權限又ハ第三十八條
ニ定メタル控訴院ノ權限ニ屬スルモノヲ除キ其ノ他ノ請求

〈헌법38_재판026조(2)번역〉第二 第二審으로 하야 (甲) 區裁判所의 判決에 對
한 控訴 (乙) 區裁判所의 決定과 及[밋] 命令에 對한 法律에 定한 抗告

〈헌법38_재판026조(2)원문〉第二 第二審トシテ (イ) 區裁判所ノ判決ニ對スル
控訴 (ロ) 區裁判所ノ決定及命令ニ對スル法律ニ定メタル抗告

〈헌법38_재판027조번역〉地方裁判所는 刑事訴訟에 左의 事項에 當하야 裁判權
을 有함

〈헌법38_재판027조원문〉地方裁判所ハ刑事訴訟ニ於テ左ノ事項ニ付裁判權ヲ有
ス

〈헌법38_재판027조(1)번역〉第一 第一審으로 하야 區裁判所의 權限과 及[밋]
大審院의 特別權限에 屬하지 아니한 刑事訴訟

〈헌법38_재판027조(1)원문〉第一 第一審トシテ 區裁判所ノ權限立ニ大審院ノ特
別權限ニ屬セサル刑事訴訟

〈헌법38_재판027조(2)번역〉第二 第二審으로 하야 (甲) 區裁判所의 判決에 對한 控訴 (乙) 區裁判所의 決定과 及[및] 命令에 對한 法律에 定한 抗告

〈헌법38_재판027조(2)원문〉第二 第二審トシテ (イ) 區裁判所ノ判決ニ對スル 控訴 (ロ) 區裁判所ノ決定及命令ニ對スル法律ニ定メタル抗告

〈헌법39_재판028조번역〉地方裁判所는 破産事件에 當하야 一般의 裁判權을 有함

〈헌법39_재판028조원문〉地方裁判所ハ破産事件ニ付一般ノ裁判權ヲ有ス

〈헌법39_재판029조번역〉地方裁判所는 非訟事件에 關한 區裁判所의 決定과 及[및] 命令에 對하야 法律에 定한 抗告에 當하야 裁判權을 有함

〈헌법39_재판029조원문〉地方裁判所ハ非訟事件ニ關ル區裁判所ノ決定及命令ニ對シ法律ニ定メタル抗告ニ付裁判權ヲ有ス

〈헌법39_재판030조번역〉地方裁判所의 權限과 及[및] 其[그] 裁判權을 行하는 範圍와 與[다못] 方法으로서 此[이] 法律에 定하지 아니한 것은 訴訟法이나 又[또]는 特別法의 定하는 所[바]에 依함

〈헌법39_재판030조원문〉 地方裁判所ノ權限立ニ其ノ裁判權ヲ行フノ範圍及方法ニシテ此ノ法律ニ定メサルモノハ訴訟法又ハ特別法ノ定ムル所ニ依ル

〈헌법39_재판031조1항번역〉司法大臣은 地方裁判所와 其[그] 管轄區域 內의 區裁判所가 遠隔하거나 又[또]는 交通이 不便함에 因하야 至當함으로 認하는 時[째]에는 地方裁判所에 屬한 民事와 及[및] 刑事의 事務의 一部分을 掌理함을 爲하야 一이나 又[또]는 二以上의 支部의 設置를 命함을 得[으]드며 且[또] 支部를 開[여]를 區裁判所를 定함

〈헌법39_재판031조1항원문〉 司法大臣ハ地方裁判所ト其ノ管轄區域內ノ區裁判所ト遠隔ナルカ若ハ交通不便ナルカ爲至當ト認ムルトキハ地方裁判所ニ屬スル民事及刑事ノ事務ノ一部分ヲ取扱フ爲一若ハ二以上ノ支部ノ設置ヲ命スルコトヲ得且支部ヲ開クヘキ區裁判所ヲ定ム

〈헌법39_재판031조2항번역〉支部에는 此[이]를 設置한 區裁判所나 又[또]는 近隣의 區裁判所의 判事를 用[쓰]口을 得[으]듬 此[이] 境遇에 判事를 選用하는 權은 司法大臣에 屬함

〈헌법39_재판031조2항원문〉 支部ニハ之ヲ設置シタル區裁判所若ハ近隣ノ區裁
判所ノ判事ヲ用ヰルコトヲ得此ノ場合ニ於テ判事ヲ選用スルノ權ハ司法大臣ニ
屬ス

〈헌법39_재판031조3항번역〉 司法大臣은 支部에 視務할 豫審判事와 及[및] 檢
事를 命함

〈헌법39_재판031조3항원문〉 司法大臣ハ支部ニ勤ムヘキ豫審判事及檢事ヲ命ス

〈헌법39_재판031조4항번역〉 司法大臣은 支部의 本部인 地方裁判所의 管轄區域
內의 區裁判所 判事에 豫審判事를 命함을 得[으]듬

〈헌법39_재판031조4항원문〉 司法大臣ハ支部ノ本部タル地方裁判所ノ管轄區域
內ノ區裁判所判事ニ豫審判事ヲ命スルコトヲ得

〈헌법39_재판031조5항번역〉 代理에 關³²한 第二十五條는 支部에 亦[坯]한 此
[이]를 適用함

〈헌법39_재판031조5항원문〉 代理ニ關ル第二十五條ハ支部ニモ亦之ヲ適用ス

〈헌법39_재판032조번역〉 地方裁判所에서 訴訟法에 依하야 法廷에서 審問裁判
할 事件은 三人의 判事로以[써] 組成한 部에서 此[이]를 審問裁判함 其[그] 三
人의 判事中에 一人을 裁判長으로 하며 且[坯] 豫備判事는 如何³³한 事情이
有[이]서도 二人以上이 其[그] 部에 列席함을 得[으]ㄷ지 못함 其他의 事件은
訴訟法이나 又[坯]는 特別法의 定하는 所[바]에 從[조]차서 判事가 此[이]를
掌理함

〈헌법39_재판032조원문〉 地方裁判所ニ於テ訴訟法ニ依リ法廷ニ於テ審問裁判ス
ヘキ事件ハ三人ノ判事ヲ以テ組立テタル部ニ於テ之ヲ審問裁判ス其ノ三人ノ判
事中一人ヲ裁判長トス且豫備判事ハ如何ナル事情アルモ二人以上其ノ部ニ列席
スルコトヲ得ス其ノ他ノ事件ハ訴訟法又ハ特別法ノ定ムル所ニ從ヒ判事之ヲ取
扱フ

〈헌법40_재판033조번역〉 各地方裁判所의 檢事局에 檢事正을 置[두]고 檢事正
은 檢事局의 事務掌理를 分配하며、指揮하며 及[및] 監督함 但 檢事局의 其他

---

32 關 : '鬭'으로 잘못된 것을 정오표에서 수정함.
33 如何 : '何如'로 잘못되었으나 정오표에 반영되지 않음.

의 檢事는 事務掌理에 當하야 何等의 事件에 拘[거릿]기지 아니하고 特別의 許可를 受[바]드지 아니하고 檢事正을 代理하는 權을 有함

〈헌법40_재판033조원문〉 各地方裁判所ノ檢事局ニ檢事正ヲ置ク檢事正ハ檢事局 ノ事務取扱ヲ分配指揮及監督ス但シ檢事局ノ其ノ他ノ檢事ハ事務取扱ニ付何等ノ 事件ニ拘ラス特別ノ許可ヲ受ケスシテ檢事正ヲ代理スルノ權ヲ有ス

〈헌법40_재판제목〉 第四章 控訴院

〈헌법40_재판034조1항번역〉 控訴院을 第二審의 合議裁判所로 함

〈헌법40_재판034조1항원문〉 控訴院ヲ第二審ノ合議裁判所トス

〈헌법40_재판034조2항번역〉 各控訴院에 一이나 又[또]는 二以上의 民事部와 及[밋] 刑事部를 設함

〈헌법40_재판034조2항원문〉 各控訴院ニ一若ハ二以上ノ民事部及刑事部ヲ設ク

〈헌법40_재판035조1항번역〉 各控訴院에 控訴院長을 置[두]ㅁ

〈헌법40_재판035조1항원문〉 各控訴院ニ控訴院長ヲ置ク

〈헌법40_재판035조2항번역〉 控訴院長은 控訴院의 一般의 事務를 指揮하며 其 [그] 行政事務를 監督함

〈헌법40_재판035조2항원문〉 控訴院長ハ控訴院ノ一般ノ事務ヲ指揮シ其ノ行政 事務ヲ監督ス

〈헌법40_재판035조3항번역〉 控訴院의 各部에 部長을 置[두]ㅁ 部長은 部의 事務를 監督하며 其[그] 分配를 定함

〈헌법40_재판035조3항원문〉 控訴院ノ各部ニ部長ヲ置ク部長ハ部ノ事務ヲ監督 シ其ノ分配ヲ定ム

〈헌법40_재판036조번역〉 事務의 分配와 與[다]못 結了와 及[밋] 判事의 代理 에 當하야서는 第二十二條、第二十三條와 及[밋] 第二十五條를 左의 變更으로 以[써] 控訴院에 適用함

〈헌법40_재판036조원문〉 事務ノ分配及結了竝ニ判事ノ代理ニ付テハ第二十二條 第二十三條及第二十五條ヲ左ノ變更ヲ以テ控訴院ニ適用ス

〈헌법40_재판036조(1)번역〉 第一 前項에 掲한 各條로以[써] 地方裁判所長에 與한 權은 控訴院長에도 此[이]를 與한 것으로 함

〈헌법40_재판036조(1)원문〉第一 前項二掲ケタル各條ヲ以テ地方裁判所長二與ヘタル權ハ控訴院長二モ之ヲ與ヘタルモノトス

〈헌법40_재판036조(2)번역〉第二 控訴[34]院의 判事가 障碍에 因하야 某事件을 掌理함을 得[으]ㄷ지 못하고 且[쏘][35] 同院의 判事中에 其[그] 代理를 함을 得[으]ㄷ갯는 者가 업는 境遇에 其[그] 事件이 緊急함으로 認하는 時[째]에 는 此[이]를 代理할 判[36]事를 出[나]일 意[쯧]을 控訴院長으로自[브]터 其 [그] 控訴院所在地의 地方裁判所長에 通知하야 其[그] 裁判所의 判事로 代理를 하게 함을 得[으]듬 但 豫備[37]判事를 用[쓰]ㅁ을 得[으]ㄷ지 못함

〈헌법40_재판036조(2)원문〉第二 控訴院ノ判事差支ノ爲或ル事件ヲ取扱フコト ヲ得ス且同院ノ判事中其ノ代理ヲ爲シ得ヘキ者ナキ場合二於テ其ノ事件緊急ナ リト認ムルトキハ之ヲ代理スル判事ヲ出スヘキ旨ヲ控訴院長ヨリ其ノ控訴院所 在地ノ地方裁判所長二通知シ其ノ裁判所ノ判事ヲシテ代理ヲ爲サシムルコトヲ 得但シ豫備判事ヲ用ヰルコトヲ得ス

〈헌법41_재판037조번역〉控訴院은 左의 事項에 當하야 裁判權을 有함

〈헌법41_재판037조원문〉控訴院ハ左ノ事項二付裁判權ヲ有ス

〈헌법41_재판037조(1)번역〉第一 地方裁判所의 第一審 判決에 對한 控訴

〈헌법41_재판037조(1)원문〉第一 地方裁判所ノ第一審判決二對スル控訴

〈헌법41_재판037조(2)번역〉第二 區裁判所의 判決에 對한 控訴에 當하야서 한 地方裁判所의 判決에 對한 上告

〈헌법41_재판037조(2)원문〉第二 區裁判所ノ判決二對スル控訴二付爲シタル地 方裁判所ノ判決二對スル上告

〈헌법41_재판037조(3)번역〉第三 地方裁判所의 決定과 及[밋] 命令에 對한 法 律에 定한 抗告

〈헌법41_재판037조(3)원문〉第三 地方裁判所ノ決定及命令二對スル法律二定メ

---

34 訴 : '詐'로 잘못되었으나 정오표에 반영되지 않음.
35 [쏘] : '[쏘]'가 누락되었으나 정오표에 반영되지 않음.
36 할判 : '判할'로 잘못된 것을 정오표에서 수정함.
37 備 : '制'로 잘못된 것을 정오표에서 수정함.

タル抗告

〈헌법41_재판038조번역〉皇族에 對한 民事訴訟에 當하야 第一審과 及[및] 第
　　二審의 裁判權은 東京控訴院에 屬함 但 第一審의 訴訟節次에 當하야서는 地方
　　裁判所의 第一審節次를 適用함

〈헌법41_재판038조원문〉皇族ニ對スル民事訴訟ニ付第一審及第二審ノ裁判權ハ
　　東京控訴院ニ屬ス但シ第一審ノ訴訟手續ニ付テハ地方裁判所ノ第一審手續ヲ適
　　用ス

〈헌법41_재판039조번역〉控訴院의 權限과 及[및] 其[그] 裁判權을 行하는 範
　　圍와 與[다]못 方法으로서 此[이] 法律에 定하지 아니한 것은 訴訟法이나 又
　　[쏘]는 特別法의 定하는 所[바]에 依함

〈헌법41_재판039조원문〉控訴院ノ權限竝ニ其ノ裁判權ヲ行フノ範圍及方法ニシ
　　テ此ノ法律ニ定メサルモノハ訴訟法又ハ特別法ノ定ムル所ニ依ル

〈헌법42_재판040조번역〉控訴院에서 訴訟法에 依[38]하야 法廷에서 審問裁判
　　할 事件은 五人의 判事[39]로以[써] 組成한 部에서 此[이]를 審問裁判함 其[그]
　　五人의 判事中에 一人을 裁判長으로 함 其他의 事件은 訴訟法의 定하는 所
　　[바]에 從[조]차서 判事가 此[이]를 掌理함

〈헌법42_재판040조원문〉控訴院ニ於テ訴訟法ニ依リ法廷ニ於テ審問裁判スヘ
　　キ事件ハ五人ノ判事ヲ以テ組立テタル部ニ於テ之ヲ審問裁判ス其ノ五人ノ判事
　　中一人ヲ裁判長トス其ノ他ノ事件ハ訴訟法ノ定ムル所ニ從ヒ判事之ヲ取扱フ

〈헌법42_재판041조번역〉第三十八條의 境遇에 第一審은 五人의 判事로以[써]
　　組成한 部에서 審問裁判하고 第二審은 特히 七人의 判事로以[써] 組成한 部에
　　서 審問裁判함 其[그] 五人이나 又[쏘]는 七人의 判事中에 一人을 裁判長으로
　　함

〈헌법42_재판041조원문〉第三十八條ノ場合ニ於テ第一審ハ五人ノ判事ヲ以テ組
　　立テタル部ニ於テ審問裁判シ第二審ハ特ニ七人ノ判事ヲ以テ組立テタル部ニ於
　　テ審問裁判ス其ノ五人又ハ七人ノ判事中一人ヲ裁判長トス

---

38 依 : ‘當’으로 잘못되었으나 정오표에 반영되지 않음.
39 事 : ‘審’으로 잘못된 것을 정오표에서 수정함.

〈헌법42_재판042조1항번역〉各控訴院[40]의 檢事局에 檢事長을 置[두]ㅁ

〈헌법42_재판042조1항원문〉各控訴院ノ檢事局ニ檢事長ヲ置ク

〈헌법42_재판042조2항번역〉檢事長과 及[믿] 其他의 檢事의 職權에 當하야서는 第三十三條를 適用함

〈헌법42_재판042조2항원문〉檢事長並ニ其ノ他ノ檢事ノ職權ニ付テハ第三十三條ヲ適用ス

〈헌법42_재판제목〉第五章 大審院

〈헌법42_재판043조1항번역〉大審院을 最高의 裁判所로 함

〈헌법42_재판043조1항원문〉大審院ヲ最高裁判所トス

〈헌법42_재판043조2항번역〉大審院에 一이나 又[坐]는 二以上의 民事部와 及[믿] 刑事部를 設함

〈헌법42_재판043조2항원문〉大審院ニ一若ハ二以上ノ民事部及刑事部ヲ設ク

〈헌법42_재판044조1항번역〉大審院에 大審院長을 置[두]ㅁ

〈헌법42_재판044조1항원문〉大審院ニ大審院長ヲ置ク

〈헌법42_재판044조2항번역〉大審院長은 大審院의 一般의 事務를 指揮하며 其[그] 行政事務를 監督함

〈헌법42_재판044조2항원문〉大審院長ハ大審院ノ一般ノ事務ヲ指揮シ其ノ行政事務ヲ監督ス

〈헌법42_재판044조3항번역〉大審院의 各部에 部長을 置[두]ㅁ 部長은 部의 事務를 監督하며 其[그] 分配를 定함

〈헌법42_재판044조3항원문〉大審院ノ各部ニ部長ヲ置ク部長ハ部ノ事務ヲ監督シ其ノ分配ヲ定ム

〈헌법42_재판045조1항번역〉大審院의 事務의 分配와 及[믿] 代理의 順序는 每年에 部長과 協議하야 大審院長이 豫[미]리 此[이]를 定함

〈헌법42_재판045조1항원문〉大審院ノ事務ノ分配並ニ代理ノ順序ハ每年部長ト協議シ大審院長前以テ之ヲ定ム

---

40 院 : '所'로 잘못된 것을 정오표에서 수정함.

〈헌법42_재판045조2항번역〉 大審院長은 次年에 自[스스]로 上席하랴는 部를 指定할지라

〈헌법42_재판045조2항원문〉 大審院長ハ次年自ラ上席セントスル部ヲ指定スヘシ

〈헌법42_재판045조3항번역〉 大審院의 判事가 障碍에 因하야 某事件을 掌理함을 得[으]ㄷ지 못하고 且[또] 同院의 判事中에 其[그] 代理를 함을 得[으]ㄷ갯는 者가 업는 境遇에 其[그] 事件이 緊[41]急함으로 認하는 時[째]에는 此[이]를 代理할 判事를[42] 出[나]일 意[뜻]을 大審院長으로自[브]터 其[그[43]] 所在地의 控訴院長에 通知하야 其[그] 控訴院의 判事로 代理를 하게 함을 得[으]듬

〈헌법42_재판045조3항원문〉 大審院ノ判事差支ノ爲或ル事件ヲ取扱フコトヲ得ス且同院ノ判事中其ノ代理ヲ爲シ得ヘキ者ナキ場合ニ於テ其ノ事件緊急ナリト認ムルトキハ之ヲ代理スル判事ヲ出スヘキ旨ヲ大審院長ヨリ其ノ所在地ノ控訴院長ニ通知シ其ノ控訴院ノ判事ヲシテ代理ヲ爲サシムルコトヲ得

〈헌법43_재판046조번역〉 大審院長은 何[어느]時[째]에든지 部長이나 又[또]는 部員의 承諾을 得[으]더서 此[이]를 他[다]른 部에 轉[옴]김을 得[으]듬

〈헌법43_재판046조원문〉 大審院長ハ何時ニテモ部長若ハ部員ノ承諾ヲ得テ之ヲ他ノ部ニ轉セシムルコトヲ得

〈헌법43_재판047조1항번역〉 大審院에서 一次 定한 部의 組成을 變更한 時[째]에는 現에 掌理中의 事務에 當하야서는 第二十三[44]條를 適用함

〈헌법43_재판047조1항원문〉 大審院ニ於テータヒ定マリタル部ノ組立ヲ變更シタルトキハ現ニ取扱中ノ事務ニ付テハ第二十三條ヲ適用ス

〈헌법43_재판047조2항번역〉 司法年度中에 事務分配의 變更에 當하야서는 第二十四條를 適用함

---

41 緊 : '繁'으로 잘못된 것을 정오표에서 수정함.
42 를 : '을'로 잘못된 것을 정오표에서 수정함.
43 그 : '으'로 잘못되었으나 정오표에 반영되지 않음.
44 三 : 'ㅡ'로 잘못되었으나 정오표에 반영되지 않음.

〈헌법43_재판047조2항원문〉 司法年度中事務分配ノ變更ニ付テハ第二十四條ヲ
適用ス

〈헌법43_재판048조번역〉 大審院에서 裁判을 함에 當하야서 法律의[45] 點에
當하야 發表한 意見은 其[그] 訴訟一切의 事[일]에 當하야 下級裁判所를 羈束
함

〈헌법43_재판048조원문〉 大審院ニ於テ裁判ヲ爲スニ當リ法律ノ點ニ付テ表シ
タル意見ハ其ノ訴訟一切ノ事ニ付下級裁判所ヲ羈束ス

〈헌법43_재판049조번역〉 大審院의 某部에서 上告를 審問한 後에 法律의 同一
한 點에 當하야 曾[일]직 一이나 又[쏘][46]는 二以上의 部에서 한 判決과 相反
하는 意見이 有[이]ㅅ는 時[째]에는 其[그] 部는 此[이]를 大審院長에 報告하
며 大審院長은 其[그] 報告에 因하야 事件의 性質에 從[조]차서 民事의 總部
나 或 刑事의 總部나 又[쏘]는 民事와 及[밋] 刑事의 總部를 聯合하야 此[이]
를 再次 審問하며 及[밋] 裁判함을 命함

〈헌법43_재판049조원문〉 大審院ノ或ル部ニ於テ上告ヲ審問シタル後法律ノ同
一ノ點ニ付曾テ一若ハ二以上ノ部ニ於テ爲シタル判決ト相反スル意見アルトキ
ハ其ノ部ハ之ヲ大審院長ニ報告シ大審院長ハ其ノ報告ニ因リ事件ノ性質ニ從テ
民事ノ總部若ハ刑事ノ總部又ハ民事及刑事ノ總部ヲ聯合シテ之ヲ再ヒ審問シ及
裁判スルコトヲ命ス

〈헌법44_재판050조번역〉 大審院은 左의 事項에 當하야 裁判權을 有함

〈헌법44_재판050조원문〉 大審院ハ左ノ事項ニ付裁判權ヲ有ス

〈헌법44_재판050조(1)번역〉 第一 終審으로 하야 (甲) 第三十七條 第二에 依하
야서 한 判決과 及[밋] 第三十八條의 第一審의 判決이 아닌 控訴院의 判決에
對한 上告 (乙) 控訴院의 決定과 及[밋] 命令에 對한 法律에 定한 抗告

〈헌법44_재판050조(1)원문〉 第一 終審トシテ (イ) 第三十七條第二ニ依リ爲シ
タル判決及第三十八條ノ第一審ノ判決ニ非サル控訴院ノ判決ニ對スル上告 (ロ)
控訴院ノ決定及命令ニ對スル法律ニ定メタル抗告

---

45 의 : '에'로 잘못된 것을 정오표에서 수정함.
46 [쏘] : '[쏘]'가 누락되었으나 정오표에 반영되지 않음.

〈헌법44_재판050조(2)번역〉 第二 第一審으로서 終審으로 하야 刑法 第二編 第
　一章과 與[다]못 第二章에 揭한 重罪와 及[밋] 皇族이 犯한 罪로서 禁錮나 又
　[쏘]는 更⁴⁷重한 刑에 處하갯는 것의 豫審과 及[밋] 裁判

〈헌법44_재판050조(2)원문〉 第二 第一審ニシテ終審トシテ 刑法第二編第一章
　及第二章ニ揭ケタル重罪竝ニ皇族ノ犯シタル罪ニシテ禁錮又ハ更ニ重キ刑ニ處
　スヘキモノノ豫審及裁判

〈헌법44_재판051조1항번역〉 前條 第二에 揭한 事件에 當하야 大審院은 必要
　함으로 認하는 時[째]에는 事件의 審問裁判을 함을 爲하야 控訴院이나 又
　[쏘]는 地方裁判所에서 法廷을 開[여]름을 得[으]듬

〈헌법44_재판051조1항원문〉 前條第二ニ揭ケタル事件ニ付大審院ハ必要ナリト
　認ムルトキハ事件ノ審問裁判ヲ爲ス爲控訴院若ハ地方裁判所ニ於テ法廷ヲ開ク
　コトヲ得

〈헌법44_재판051조2항번역〉 此[이] 境遇에는 控訴院判事로以[써] 部員에 加
　함을 得[으]듬 但 其[그] 半數에 滿[차]ㅁ을 得[으]ㄷ지 못함

〈헌법44_재판051조2항원문〉 此ノ場合ニ於テハ控訴院判事ヲ以テ部員ニ加フル
　コトヲ得但シ其ノ半數ニ滿ツルコトヲ得ス

〈헌법44_재판052조번역〉 大審院의 權限과 及[밋] 其[그] 裁判權을 行하는 範
　圍와 與[다]못 方法으로서 此[이] 法律에 定하지 아니한 것은 訴訟法이나 又
　[쏘]는 特別法의 定하는 所[바]에 依함

〈헌법44_재판052조원문〉　大審院ノ權限竝ニ其ノ裁判權ヲ行フノ範圍及方法ニ
　シテ此ノ法律ニ定メサルモノハ訴訟法又ハ特別法ノ定ムル所ニ依ル

〈헌법44_재판053조번역〉 大審院에서 訴訟法에 依하야 法廷에서 審問裁判할
　事件은 七人의 判事로以[써] 組成한 部에서 此[이]를 審問裁判함 其[그] 七人
　의 判事中에 一人을 裁判長으로 함 其他의 事件은 訴訟法의 定하는 所[바]에
　從[조]차서 判事가 此[이]를 掌理함

〈헌법44_재판053조원문〉　大審院ニ於テ訴訟法ニ依リ法廷ニ於テ審問裁判スヘ

---

47 更 : 원문의 '更ニ'가 번역에 반영되지 않음.

キ事件ハ七人ノ判事ヲ以テ組立テタル部ニ於テ之ヲ審問裁判ス其ノ七人ノ判事
中一人ヲ裁判長トス其ノ他ノ事件ハ訴訟法ノ定ムル所ニ從ヒ判事之ヲ取扱フ

〈헌법45_재판054조1항번역〉第四十九條에 定한 境遇에는 聯合部의 判事가 極
少하야도 三分之二가 列席함을 要함

〈헌법45_재판054조1항원문〉第四十九條ニ定メタル場合ニ於テハ聯合部ノ判事
少クトモ三分ノ二列席スルコトヲ要ス

〈헌법45_재판054조2항번역〉前項의 境遇에[48] 民事의 總部나 或 刑事의 總部
가 聯合하는 時[째]나 又[또]는 民事와 及[밋] 刑事의 總部가 聯合하는 時[째]
에는 總部의 判事中[49]에 官等이 最高한 者를 部長으로 함 大審院長은 至當함
으로 認하는 時[째]에는 自[스스]로 總部에 長되는 權을 有함

〈헌법45_재판054조2항원문〉前項ノ場合ニ於テ民事ノ總部若ハ刑事ノ總部聯合
スルトキ又ハ民事及刑事ノ總部聯合スルトキハ總部ノ判事中官等最モ高キ者ヲ
部長ト爲ス大審院長ハ至當ナリト認ムルトキハ自ラ總部ニ長タルノ權ヲ有ス

〈헌법45_재판055조번역〉大審院長은 第五十條에 依하야 大審院에서 第一審으
로서 終審을 하겟는 各別의 境遇에 當하야 大審院의 判事에 豫審을 命함 但
便宜에 依하야 各裁判所判事로 豫審을 하게 함을 得[으]듬

〈헌법45_재판055조원문〉大審院長ハ第五十條ニ依リ大審院ニ於テ第一審ニシテ
終審ヲ爲スヘキ各別ノ場合ニ付大審院ノ判事ニ豫審ヲ命ス但シ便宜ニ依リ各裁
判所判事ヲシテ豫審ヲ爲サシムルコトヲ得

〈헌법45_재판056조1항번역〉大審院의 檢事局에 檢事總長을 置[두]ロ

〈헌법45_재판056조1항원문〉大審院ノ檢事局ニ檢事總長ヲ置ク

〈헌법45_재판056조2항번역〉檢[50]事總長과 及[밋] 其他의 檢事의 職權에 當하
야서는 第三十三條를 適用함

〈헌법45_재판056조2항원문〉檢事總長竝ニ其ノ他ノ檢事ノ職權ニ付テハ第三十
三條ヲ適用ス

---

48 에 : '의'로 잘못된 것을 정오표에서 수정함.
49 中 : '中'이 누락되었으나 정오표에 반영되지 않음.
50 檢 : 항을 나누지 않았으나 정오표에 반영되지 않음.

〈헌법45_재판제목번역〉第二編 裁判所와 及[및] 檢事局의[51] 官吏 第一章 判事나 又[또]는 檢事에 任함[52]이 됨에 必要한[53] 準備와 及[및] 資格

〈헌법45_재판제목원문〉第二編 裁判所及檢事局ノ官吏　第一章 判事又ハ檢事ニ任セラルルニ必要ナル準備及資格

〈헌법45_재판057조번역〉判事나 又[또]는 檢事에 任함이 됨에는 第六十五條에 掲한 境遇를 除하고 二回의 競爭試驗을 經함을 要함

〈헌법45_재판057조원문〉 判事又ハ檢事ニ任セラルルニハ第六十五條ニ掲ケタル場合ヲ除キ二回ノ競爭試驗ヲ經ルコトヲ要ス

〈헌법45_재판058조1항번역〉志願者가 前條의 競爭試驗을 受[바]듬을 得[으]듬에 必要한 資格과 及[및] 此[이] 試驗에 關한 細則은 判事檢事登用試驗規則中에 司法大臣이 此[이]를 定함

〈헌법45_재판058조1항원문〉志願者가 前條ノ競爭試驗ヲ受ケ得ルニ必要ナル資格並ニ此ノ試驗ニ關ル細則ハ判事檢事登用試驗規則中ニ司法大臣之ヲ定ム

〈헌법46_재판058조2항번역〉第一回試驗에 及第한 者는 第二回試驗을 受[바]ㄷ기 前에 試補로 하야 裁判所와 及[및] 檢事局에서 三年間 實地修習을 함을 要함

〈헌법46_재판058조2항원문〉 第一囘試驗ニ及第シタル者ハ第二囘試驗ヲ受クルノ前試補トシテ裁判所及檢事局ニ於テ三年間實地修習ヲ爲スコトヲ要ス

〈헌법46_재판058조3항번역〉前項의 修習에 關한 細則도 亦[또]한 試驗規則中에 此[이]를 定함

〈헌법46_재판058조3항원문〉前項ノ修習ニ關ル細則モ亦試驗規則中ニ之ヲ定ム

〈헌법46_재판059조번역〉司法大臣은 試補의 行狀이 罷免함에 足함으로 認하는 時[째]에는 何[어느]時[째]에든지 此[이]를 罷免함을 得[으]듬 此[이] 罷免에 關한 細則도 亦[또]한 試驗規則中에 此[이]를 定함

〈헌법46_재판059조원문〉 司法大臣ハ試補ノ行狀罷免スルニ足レリト認ムルト

---

51 의 : '에'로 잘못되었으나 정오표에 반영되지 않음.
52 함 : '홈'으로 잘못되었으나 정오표에 반영되지 않음.
53 한 : '흔'으로 잘못되었으나 정오표에 반영되지 않음.

キハ何時ニテモ之ヲ罷免スルコトヲ得此ノ罷免ニ關ル細則モ亦試驗規則中ニ之
ヲ定ム

〈헌법46_재판060조1항번역〉一年以上 修習을 한 試補는 其[그] 修習을 現에
監督하는 判事의 命이 有[이]ㅅ는 時[째]에 區裁判所에서 某司法事務를 掌理
함을 得[으]듬

〈헌법46_재판060조1항원문〉一年以上修習ヲ爲シタル試補ハ其ノ修習ヲ現ニ監
督スル判事ノ命アルトキ區裁判所ニ於テ或ル司法事務ヲ取扱フコトヲ得

〈헌법46_재판060조2항번역〉豫審判事와 及[밋] 地方裁判所의 受命判事[54]도
亦[쏘]한 其[그] 附屬의 試補로 自己에 代[대신]하야 某事務를 掌理하게 함을
得[으]듬

〈헌법46_재판060조2항원문〉豫審判事及地方裁判所ノ受命判事モ亦其ノ附屬ノ
試補ヲシテ自己ニ代リ或ル事務ヲ取扱ハシムルコトヲ得

〈헌법46_재판061조번역〉試補는 如何한 境遇에라도 左의 事務를 掌理하는 權
을 有하지 아니함

〈헌법46_재판061조원문〉 試補ハ如何ナル場合ニ於テモ左ノ事務ヲ取扱フノ權
ヲ有セス

〈헌법46_재판061조(1)번역〉第一 訴訟事件과 非訟事件에 拘[거릿]기지 아니
하고 裁判을 함

〈헌법46_재판061조(1)원문〉第一 訴訟事件ト非訟事件トニ拘ラス裁判ヲ爲ス事

〈헌법46_재판061조(2)번역〉第二 證據를 調査함 但 前條 第二項의 境遇를 除함

〈헌법46_재판061조(2)원문〉第二 證據ヲ調フル事但シ前條第二項ノ場合ヲ除ク

〈헌법46_재판061조(3)번역〉第三 登記를 함

〈헌법46_재판061조(3)원문〉第三 登記ヲ爲ス事

〈헌법46_재판062조번역〉第二回의 競爭試驗에 及第한 試補는 判事나 又[쏘]
는 檢事에 任함이 됨[55]을 得[으]듬

〈헌법46_재판062조원문〉 第二囘ノ競爭試驗ニ及第シタル試補ハ判事又ハ檢事

---

54 判事 : '裁判'으로 잘못되었으나 정오표에 반영되지 않음.
55 됨 : '될'로 잘못된 것을 정오표에서 수정함.

ニ任セラルルコトヲ得

〈헌법46_재판063조1항번역〉新任의 判事나 又[坐]는 檢事는 闕位가 有[이]ㅅ
는 時[째]에 此[이]를 區裁判所나 或 地方裁判所의 判事나 又[坐]는 區裁判所
나 或 地方裁判所의 檢事局의 檢事에 補함

〈헌법46_재판063조1항원문〉 新任ノ判事又ハ檢事ハ闕位アルトキ之ヲ區裁判所
若ハ地方裁判所ノ判事又ハ區裁判所若ハ地方裁判所ノ檢事局ノ檢事ニ補ス

〈헌법47_재판063조2항번역〉司法大臣은 闕位가 有[이]ㅅ기까지 新任의 判事
나 又[坐]는 檢事에 豫備判事나 又[坐]는[56] 豫備檢事로 하야 勤務함을 命하야
此[이]를 司法省、區裁判所나 或 地方裁判所나 又[坐]는 其[그][57] 裁判所의 檢
事局에 用[쓰]ㅁ

〈헌법47_재판063조2항원문〉 司法大臣ハ闕位アルマテ新任ノ判事又ハ檢事ニ豫
備判事又ハ豫備檢事トシテ勤務スルコトヲ命シ之ヲ司法省又ハ區裁判所又ハ地
方裁判所又ハ其ノ裁判所ノ檢事局ニ用ウ

〈헌법47_재판064조1항번역〉區裁判所나 或 地方裁判所나 又[坐]는 其[그] 檢
事局에 用[쓰]ㅁ이 된 豫備判事나 又[坐]는 豫備檢事는 判事나 又[坐]는 檢事
에 障碍가 有[이]서서 職務에 從事함을 得[으]ㄷ지 못하고 且[坐] 通常代理
의 規程에 依하기 難[어려]운 일이 有[이]ㅅ는 時[째]에는 第三十二條의 制
限에 從[조[58]]차서 司法大臣은 此[이]에 其[그] 判事나 又[坐]는 檢事를 代理
하게 함을 得[으]ㅁ

〈헌법47_재판064조1항원문〉 區裁判所又ハ地方裁判所又ハ其ノ檢事局ニ用ヰラ
レタル豫備判事又ハ豫備檢事ハ判事又ハ檢事差支アリテ職務ニ從事スルコトヲ
得ス且通常代理ノ規程ニ依リ難キコトアルトキハ第三十二條ノ制限ニ從ヒ司法
大臣ハ之ニ其ノ判事又ハ檢事ヲ代理セシムルコトヲ得

〈헌법47_재판064조2항번역〉司法大臣은 區裁判所나 或 地方裁判所의 判事나
又[坐]는 其[그] 檢事局의 檢事에 一[59]時 闕位가 有[이]ㅅ는 間[사이]에는 此

---

56 又[坐]는 : '又[坐]는豫備判事나'가 중복된 것을 정오표에서 수정함.
57 [그] : '[그]'가 누락되었으나 정오표에 반영되지 않음.
58 조 : '이'로 잘못된 것을 정오표에서 수정함.

[이] 法律의 範圍 內에서 豫備判事나 又[또]는 豫備檢事로 以[써] 此[이]에 充
[차]임을 得[으]듬

〈헌법47_재판064조2항원문〉 司法大臣ハ區裁判所又ハ地方裁判所ノ判事又ハ其
ノ檢事局ノ檢事ニ一時闕位アル間ハ此ノ法律ノ範圍內ニ於テ豫備判事又ハ豫備
檢事ヲ以テ之ヲ充タスコトヲ得

〈헌법47_재판065조번역〉 三年以上 帝國大學 法科敎授나 又[또]는 辯護士인 者
는 此[이] 章에 揭한 試驗을 經하지 아니하고 判事나 又[또]는 檢事에 任함
이 됨을 得[으]듬60

〈헌법47_재판065조원문〉 三年以上帝國大學法科敎授若ハ辯護士タル者ハ此ノ章
ニ揭ケタル試驗ヲ經スシテ判事又ハ檢事ニ任セラルルコトヲ得

帝國大學法科卒業生ハ第一回試驗ヲ經スシテ試補ヲ命セラルルコトヲ得61

〈헌법47_재판066조번역〉 左에62 揭한 者는 判事나 又[또]는 檢事에 任함이
됨을 得[으]ㄷ지 못함

〈헌법47_재판066조원문〉 左ニ揭ケタル者ハ判事又ハ檢事ニ任セラルルコトヲ
得ス

〈헌법47_재판066조(1)번역〉 第一 重罪를 犯한 者 但 國事犯으로서 復權한 者
는 此[이] 限에 在[이]ㅅ지 아니함

〈헌법47_재판066조(1)원문〉 第一 重罪ヲ犯シタル者但シ國事犯ニシテ復權シタ
ル者ハ此ノ限ニ在ラス

〈헌법47_재판066조(2)번역〉 第二 定役에 服하갯는 輕罪를 犯한 者

〈헌법47_재판066조(2)원문〉 第二 定役ニ服スヘキ輕罪ヲ犯シタル者

---

59 一: '臨'으로 잘못되었으나 정오표에 반영되지 않음.
60 이 다음에 원문의 "帝國大學法科卒業生ハ第一回試驗ヲ經スシテ試補ヲ命セラルルコトヲ
得"이 번역되지 않음. 번역되지 않은 부분은 明治38年 공포 이후의 改正(明治38年3月2日
法律第67号, 明治39年5月8日法律第50号, 明治41年3月13日法律第10号, 明治41年3月28日法
律第30号)을 반영한 것일 가능성과 의도적으로 번역하지 않은 것일 가능성이 있으므로
사실 확인이 필요함.
61 만약 학범이 이 문장을 번역했다면, 번역의 일관성을 고려할 때, "帝國大學法科卒業生은第
一回試驗을經하지아니하고試補를命함이됨을得[으]듬"이라고 했을 것이다.
62 에: '의'로 잘못된 것을 정오표에서 수정함.

《헌법47_재판066조(3)번역》第三 破産의 處分을 受[바]ㄷ고 負債의 義務를 免
  하지 못한 者

《헌법47_재판066조(3)원문》第三 身代限ノ處分ヲ受ケ負債ノ義務ヲ免レサル者

《헌법48_재판제목》第二章 判事

《헌법48_재판067조번역》判事는 勅任이나 又[쏘]는 奏任으로 하며 其[그] 任
  官을 終身으로 함

《헌법48_재판067조원문》判事ハ勅任又ハ奏任トシ其ノ任官ヲ終身トス

《헌법48_재판068조번역》大審院長은 勅任判事中으로自[브]터 天皇이 此[이]
  를 補하며 各控訴院長과 及[밋] 大審院의 部長은 司法大臣의 上奏에 因하야 勅
  任63判事中으로自[브]터 此[이]를 補함 其他의 判事의 職은 司法大臣이 此
  [이]를 補함

《헌법48_재판068조원문》大審院長ハ勅任判事ノ中ヨリ天皇之ヲ補シ各控訴院長
  及大審院ノ部長ハ司法大臣ノ上奏ニ因リ勅任判事ノ中ヨリ之ヲ補ス其ノ他ノ判
  事ノ職ハ司法大臣之ヲ補ス

《헌법48_재판069조번역》五年以上 判事인 者나 又[쏘]는 五年以上 檢事、帝國
  大學 法科教授나 或 辯護士로서 判事에 任함이 되얏슨 者가 아니면 控訴院判
  事에 補함을 得[으]ㄷ지 못함

《헌법48_재판069조원문》五年以上判事タル者又ハ五年以上檢事帝國大學法科教
  授若ハ辯護士ニシテ判事ニ任セラレシ者ニ非サレハ控訴院判事ニ補セラルル
  コト ヲ得ス

《헌법48_재판070조번역》十年以上 判事인 者나 又[쏘]는 十年以上 檢事、帝國
  大學 法科教授나 或 辯護士로서 判事에 任함이 되얏슨 者가 아니면 大審院判
  事에 補함을 得[으]ㄷ지 못함

《헌법48_재판070조원문》十年以上判事タル者又ハ十年以上檢事帝國大學法科教
  授若ハ辯護士ニシテ判事ニ任セラレシ者ニ非サレハ大審院判事ニ補セラルル
  コト ヲ得ス

---

63 任 : '在'로 잘못된 것을 정오표에서 수정함.

〈헌법48_재판071조번역〉第六十九條와 及[밋] 第七十條에 揭한 年限을 計算함에는 補職의 時[째]까지 各히 其[그] 條에 列記한 職務의 一[하나]만에 引續하야 從事하얏슴을 必要로 하지 아니함

〈헌법48_재판071조원문〉 第六十九條及第七十條ニ揭ケタル年限ヲ算フルニハ補職ノ時マテ各々其ノ條ニ列記シタル職務ノ一ノミニ引續キ從事シタルコトヲ必要トセス

〈헌법48_재판072조번역〉 判事는 在職中에 左의 諸件을 함을 得[으]디지 못함

〈헌법48_재판072조원문〉 判事ハ在職中左ノ諸件ヲ爲スコトヲ得ス

〈헌법48_재판072조(1)번역〉第一 公顯히 政事에 關係함

〈헌법48_재판072조(1)원문〉第一 公然政事ニ關係スル事

〈헌법48_재판072조(2)번역〉第二 政黨의 黨員이나 或 政社의 社員이 되거나 又[쏘]는 府縣64郡市町村의 議會의 議員이 됨

〈헌법48_재판072조(2)원문〉第二 政黨ノ黨員又ハ政社ノ社員トナリ又ハ府縣郡市町村ノ議會ノ議員トナル事

〈헌법48_재판072조(3)번역〉第三 俸給이 有[이]ㅅ거나 又[쏘]는 金錢의 利益을 目的으로 하는 公務에 就[나아]감

〈헌법48_재판072조(3)원문〉第三 俸給アル又ハ金錢ノ利益ヲ目的トスル公務ニ就ク事

〈헌법48_재판072조(4)번역〉第四 商業을 營하거나 又[쏘]는 其他 行政上의 命令으로以[써] 禁한 業務를 營함

〈헌법48_재판072조(4)원문〉第四 商業ヲ營ミ又ハ其ノ他行政上ノ命令ヲ以テ禁シタル業務ヲ營ム事

〈헌법49_재판073조1항번역〉第七十四條와 及[밋] 第七十五條의 境遇를 除한 外에 判事는 刑法의 宣告나 又[쏘]는 懲戒의 處分에 因하지 아니하면 其[그] 意[쯧]에 反하야 轉官、轉所、停職、免職이나 又[쏘]는 減俸되지 아니함 但 豫備判事인 時[째]와 及[밋] 補闕의 必要인 境遇에 轉所를 命함이 됨은 此[이]

---

64 縣 : '顯으로 잘못된 것을 정오표에서 수정함.

限에 在[이]ㅅ지 아니함

〈헌법49_재판073조1항원문〉 第七十四條及第七十五條ノ場合ヲ除ク外判事ハ刑
法ノ宣告又ハ懲戒ノ處分ニ由ルニ非サレハ其ノ意ニ反シテ轉官轉所停職免職又
ハ減俸セラルルコトナシ但シ豫備判事タルトキ及補闕ノ必要ナル場合ニ於テ
轉所ヲ命セラルルハ此ノ限ニ在ラス

〈헌법49_재판073조2항번역〉 前項은 懲戒調査나 又[또]는 刑事訴追의 始[처
음]이나 或 其[그] 間[사이] 法律이 許하는 停職에 關係가 有[이]ㅅ지 아니함

〈헌법49_재판073조2항원문〉 前項ハ懲戒取調又ハ刑事訴追ノ始若ハ其ノ間ニ於
テ法律ノ許ス停職ニ關係アルコトナシ

〈헌법49_재판074조번역〉 判事가 身體나 或 精神의 衰弱에 因하야 職務를 執
[자]붐이 能하지 못함에 至[이르]른 時[째]에는 司法大臣은 控訴院이나 又
[또]는 大審院의 總會의 決議에 依하야 此[이]에 退職을 命함을 得[으]듬

〈헌법49_재판074조원문〉 判事身體若ハ精神ノ衰弱ニ因リ職務ヲ執ルコト能ハ
サルニ至リタルトキハ司法大臣ハ控訴院又ハ大審院ノ總會ノ決議ニ依リ之ニ退
職ヲ命スルコトヲ得

〈헌법49_재판075조번역〉 法律로 以[써] 裁判所의 組織을 變更하거나 又[또]는
此[이]를 廢한 境遇에 其[그] 判事를 補할 闕位가 업는 時[째]에는 司法大臣
은 此[이]에 俸給의 半額을 給[주]고 闕位를 待[기다]리게 하는 權을 有함

〈헌법49_재판075조원문〉 法律ヲ以テ裁判所ノ組織ヲ變更シ又ハ之ヲ廢シタル
場合ニ於テ其ノ判事ヲ補スヘキ闕位ナキトキハ司法大臣ハ之ニ俸給ノ半額ヲ給
シテ闕位ヲ待タシムルノ權ヲ有ス

〈헌법49_재판076조번역〉 判事의 官等、俸給과 及[및] 進級에 關한 規程은 勅
令의 定하는 所[바]에 依함

〈헌법49_재판076조원문〉 判事ノ官等俸給及進級ニ關ル規程ハ勅令ノ定ムル所
ニ依ル

〈헌법49_재판077조번역〉 判事는 退職한 時[째]에는 恩給法에 依하야 恩給을
受[바]듬

〈헌법49_재판077조원문〉 判事ハ退職シタルトキハ恩給法ニ依リ恩給ヲ受ク

〈헌법50_재판078조번역〉 判事의 俸給은 判事에 對하야 懲戒調査나 又[坐]는
刑事訴追를 始[비로]소함에 因하야 停職하얏슴에 拘[거릿]기지 아니하고
引續하야 此[이]를 給[주]ㅁ

〈헌법50_재판078조원문〉 判事ノ俸給ハ判事ニ對シ懲戒取調又ハ刑事訴追ヲ始メ
タルカ故ニ停職シタルニ拘ラス引續キ之ヲ給ス

〈헌법50_재판제목〉 第三章 檢事

〈헌법50_재판079조1항번역〉 檢事는 勅任이나 又[坐]는 奏任으로 함

〈헌법50_재판079조1항원문〉 檢事ハ勅任又ハ奏任トス

〈헌법50_재판079조2항번역〉 第七十六條와 及[밋] 第七十七條는 檢事에 亦[坐]
한 此[이]를 適用함

〈헌법50_재판079조2항원문〉 第七十六條及第七十七條ハ檢事ニモ亦之ヲ適用ス

〈헌법50_재판079조3항번역〉 檢事總長과 及[밋] 檢事長의 職은 司法大臣의 上
奏에 因하야 勅任檢事中으로自[브]터 此[이]를 補함 其他의 檢事의 職은 司法
大臣이 此[이]를 補함

〈헌법50_재판079조3항원문〉 檢事總長及檢事長ノ職ハ司法大臣ノ上奏ニ因リ勅
任檢事ノ中ヨリ之ヲ補ス其ノ他ノ檢事ノ職ハ司法大臣之ヲ補ス

〈헌법50_재판080조번역〉 檢事는 刑法의 宣告나 又[坐]는 懲戒의 處分에 因하
지 아니하면 其[그] 意[뜻]에 反하야 此[이]를 免職함이 업슴

〈헌법50_재판080조원문〉 檢事ハ刑法ノ宣告又ハ懲戒ノ處分ニ由ルニ非サレハ
其ノ意ニ反シテ之ヲ免職スルコトナシ

〈헌법50_재판081조번역〉 檢事는 如何한 方法으로以[써] 하야도 判事의 裁判
事務에 干涉하거나 又[坐]는 裁判事務를 掌理함을 得[으]지 못함

〈헌법50_재판081조원문〉 檢事ハ如何ナル方法ヲ以テスルモ判事ノ裁判事務ニ
干涉シ又ハ裁判事務ヲ取扱フコトヲ得ス

〈헌법50_재판082조번역〉 檢事는 其[그] 上官의 命令에 從[조]츰

〈헌법50_재판082조원문〉 檢事ハ其ノ上官ノ命令ニ從フ

〈헌법50_재판083조1항번역〉 檢事總長、檢事長과 及[밋] 檢事正은 其[그] 各管
轄區域 內의 裁判所의 檢事의 職務의 範圍 內에 在[이]ㅅ는 事務를 自[스스]

로 掌理하는 權을 有함

〈헌법50_재판083조1항원문〉 檢事總長檢事長及檢事正ハ其ノ各管轄區域内ノ裁判所ノ檢事ノ職務ノ範圍内ニ在ル事務ヲ自ラ取扱フノ權ヲ有ス

〈헌법50_재판083조2항번역〉檢事總長、檢事長과 及[밋] 檢事正은 其[그] 管轄區域 内에서 某檢事의 掌理하갯는 事務를 他[다]른 檢事에 移[옴]기는 權을 有함

〈헌법50_재판083조2항원문〉 檢事總長檢事長及檢事正ハ其ノ管轄區域内ニ於テ或ル檢事ノ取扱フヘキ事務ヲ他ノ檢事ニ移スノ權ヲ有ス

〈헌법50_재판084조1항번역〉司法警察官은[65] 檢事가 職務上에 其[그] 檢事局管轄區域 内에서 發한 命令과 及[밋] 其[그] 檢事의 上官이 發한 命令에 從[조]흠

〈헌법50_재판084조1항원문〉 司法警察官ハ檢事ノ職務上其ノ檢事局管轄區域内ニ於テ發シタル命令及其ノ檢事ノ上官ノ發シタル命令ニ從フ

〈헌법51_재판084조2항번역〉司法省이나 又[쏘]는 檢事局과 及[밋] 内務省이나 又[쏘]는 地方官廳은 協議하야 警察官中에 各裁判所의 管轄區域 内에서 司法警察官으로 하야 勤務하야 前項의 命令을 受[바]드며 及[밋] 此[이]를 執行할 者를 定함

〈헌법51_재판084조2항원문〉 司法省又ハ檢事局及内務省又ハ地方官廳ハ協議シテ警察官中各裁判所ノ管轄區域内ニ於テ司法警察官トシテ勤務シ前項ノ命令ヲ受ケ及之ヲ執行スル者ヲ定ム

〈헌법51_재판제목〉第四章 裁判所書記

〈헌법51_재판085조1항번역〉裁判所에 第八條에 從[조]차서 相應한 員數의 書記를 置[두]ㅁ

〈헌법51_재판085조1항원문〉裁判所ニ第八條ニ從ヒ相應ナル員數ノ書記ヲ置ク

〈헌법51_재판085조2항번역〉區裁判所의 各判事와 及[밋] 合議裁判所의 各部를 爲하야 極少하야도 一人의 書記를 置[두]ㅁ

---

65 은 : '는'으로 잘못되었으나 정오표에 반영되지 않음.

〈헌법51_재판085조2항원문〉 區裁判所ノ各判事及合議裁判所ノ各部ノ爲少クト
モ一人ノ書記ヲ置ク

〈헌법51_재판086조1항번역〉 地方裁判所의 書記課에 監督書記를 置[두]ㅁ 控訴
院과 及[밋] 大審院의 書記課에 書記長을 置[두]ㅁ

〈헌법51_재판086조1항원문〉 地方裁判所ノ書記課ニ監督書記ヲ置ク控訴院及大
審院ノ書記課ニ書記長ヲ置ク

〈헌법51_재판086조2항번역〉 區⁶⁶裁判所와 及[밋] 檢事局의 書記課에 二人以上
의 書記를 置[두]ㄴ 時[째]에는 其[그] 一人을 監督書記로 함

〈헌법51_재판086조2항원문〉 區裁判所及檢事局ノ書記課ニ二人以上ノ書記ヲ置
キタルトキハ其ノ一人ヲ監督書記トス

〈헌법51_재판086조3항번역〉 監督書記와 及[밋] 書記長은 各히 其[그] 上官의
命令에 服從하야 書記課의 事務를 指揮監督함

〈헌법51_재판086조3항원문〉 監督書記及書記長ハ各々其ノ上官ノ命令ニ服從シ
テ書記課ノ事務ヲ指揮監督ス

〈헌법51_재판087조번역〉 書記가 其[그] 職務의 範圍 內에서⁶⁷ 掌理한 事[일]
은 旣[이]믜 定한 事務分配上에 其[그] 事[일]이 他[다]른 書記에 屬하얏슨
事實만에 因하야 其[그] 效力을 失[이]르지 아니함

〈헌법51_재판087조원문〉 書記其ノ職務ノ範圍內ニ於テ取扱ヒタル事ハ旣ニ定
マリタル事務⁶⁸分配上其ノ事他ノ書記ニ屬シタリトノ事實ノミニ因リ其ノ效
力ヲ失フコトナシ

〈헌법51_재판088조1항번역〉 書記는 司法大臣이 此[이]를 任하며 及[밋] 此
[이]를 補함

〈헌법51_재판088조1항원문〉 書記ハ司法大臣之ヲ任シ及之ヲ補ス

〈헌법51_재판088조2항번역〉 書記長은 奏任으로 함

〈헌법51_재판088조2항원문〉 書記長ハ奏任トス

---

66 區 : '區'가 누락되었으나 정오표에 반영되지 않음.
67 서 : '셔'로 잘못되었으나 정오표에 반영되지 않음.
68 事務 : 일본어 원문 입력 자료가 '務事'로 잘못되었음.

〈헌법51_재판088조3항번역〉書記長의 職은 司法大臣이 此[이]를 補함

〈헌법51_재판088조3항원문〉書記長ノ職ハ司法大臣之ヲ補ス

〈헌법52_재판089조1항번역〉書記에 任함이 됨에는 勅令의 定하는 所[바]에
依하야 試驗을 經함을 要함

〈헌법52_재판089조1항원문〉 書記ニ任セラルルニハ勅令ノ定ムル所ニ依リ試
驗ヲ經ルコトヲ要ス

〈헌법52_재판089조2항번역〉志願者가 前項의 試驗을 受[바]듬을 得[으]듬에
必要한 資格과 及[밋] 此[이] 試驗과 與[다]못 試驗을 經한 後에 하갯는 修習
에 關한 細則은 裁判所書記登用試驗規則中에 司法大臣이 此[이]를[69] 定함

〈헌법52_재판089조2항원문〉 志願者前項ノ試驗ヲ受ケ得ルニ必要ナル資格竝ニ
此ノ試驗及試驗ヲ經タル後爲スヘキ修習ニ關ル細則ハ裁判所書記登用試驗規則
中ニ司法大臣之ヲ定ム

〈헌법52_재판090조1항번역〉書記에 任함이 된 者가 闕位가 업는 間[사이]에
는 豫備書記에 補함

〈헌법52_재판090조1항원문〉書記ニ任セラレタル者闕位ナキ間ハ豫備書記ニ補
ス

〈헌법52_재판090조2항번역〉豫備書記는 書記로 하야 臨時로 勤務를 命함이
됨을 得[으]듬

〈헌법52_재판090조2항원문〉 豫備書記ハ書記トシテ臨時勤務ヲ命セラルルコ
トヲ得

〈헌법52_재판091조1항번역〉書記는 其[그] 上官의 命令에 從[조]츰

〈헌법52_재판091조1항원문〉書記ハ其ノ上官ノ命令ニ從フ

〈헌법52_재판091조2항번역〉裁判所의 開廷에서는 裁判長의 命令에 從[조]츠
며 又[쏘] 判事가 一人인 時[쌔]에는 其[그] 判事의 命令에 從[조]츰

〈헌법52_재판091조2항원문〉 裁判所ノ開廷ニ於テハ裁判長ノ命令ニ從ヒ又判事
一人ナルトキハ其ノ判事ノ命令ニ從フ

---

69 를 : '를'이 누락된 것을 정오표에서 수정함.

〈헌법52_재판091조3항번역〉書記는 檢事局에 勤務하는 時[째]나 又[쏘]는 特別한 事務에 當하야 判事나 或 檢事에 附屬한 時[째]에도 亦[쏘]한 其[그] 檢事局이나 又[쏘]는 判事나 或 檢事의 命令에 從[조]흠

〈헌법52_재판091조3항원문〉書記ハ檢事局ニ勤務スルトキ又ハ特別ノ事務ニ付判事若ハ檢事ニ附屬シタルトキモ亦其ノ檢事局又ハ判事若ハ檢事ノ命令ニ從フ

〈헌법52_재판091조4항번역〉前二項의 命令으로서 口述의 書取에 關하거나 又[쏘]는 書類記錄의 調製나 或 變更에 關한 境遇에 其[그] 調製나 又[쏘]는 變更을 正當하[70]지 아니함으로 認하는 時[째]에 書記는 自己의 意見을 記하야 此[이]에 添付함을 得[으]듬

〈헌법52_재판091조4항원문〉前二項ノ命令ニシテ口述ノ書取ニ關ルカ又ハ書類記錄ノ調製若ハ變更ニ關ル場合ニ於テ其ノ調製若ハ變更ヲ正當ナラスト認ムルトキ書記ハ自己ノ意見ヲ記シテ之ニ添フルコトヲ得

〈헌법52_재판091조5항번역〉前四項에 揭한 것을 除한 外에 書記의 職務와 及[밋] 其[그] 事務掌理方法은 書記에 關한 規則中에 司法大臣이 此[이]를 定함

〈헌법52_재판091조5항원문〉前四項ニ揭ケタルモノヲ除ク外書記ノ職務及其ノ事務取扱方法ハ書記ニ關ル規則中ニ司法大臣之ヲ定ム

〈헌법52_재판092조1항번역〉合議裁判所長이나 又[쏘]는 區裁判所의 判事나 或 監督判事는 其[그] 裁判所에서 修習中의 試補에 書記의 事務를 臨時로 掌理하게 함을 得[으]듬

〈헌법52_재판092조1항원문〉 合議裁判所長又ハ區裁判所ノ判事若ハ監督判事ハ其ノ裁判所ニ於テ修習中ノ試補ニ書記ノ事務ヲ臨時取扱ハシムルコトヲ得

〈헌법53_재판092조2항번역〉前項의 境遇에 職務上에 署名을 要하는 時[째]에는 特別의 許可를 得[으]더서 署名하는 意[쯧]을 記함

〈헌법53_재판092조2항원문〉前項ノ場合ニ於テ職務上署名ヲ要スルトキハ特別ノ許可ヲ得テ署名スル旨ヲ記ス

〈헌법53_재판093조번역〉豫備書記는 事務의 掌理에는 書記와 同[가]틈 但 書

---

70 하 : '하'가 중복되었으나 정오표에 반영되지 않음.

記規則中에 制限을 設한 것은 此[이] 限에 在[이]ㅅ지 아니함

〈헌법53_재판093조원문〉豫備書記ハ事務ノ取扱ニ於テハ書記ニ同シ但シ書記規則中ニ制限ヲ設ケタルモノハ此ノ限ニ在ラス

〈헌법53_재판제목〉第五章 執達吏

〈헌법53_재판094조번역〉各區裁判所에 第九條에 從[조]차서 相應한 員數의 執達吏를 置[두]ㅁ

〈헌법53_재판094조원문〉各區裁判所ニ第九條ニ從ヒ相應ナル員數ノ執達吏ヲ置ク

〈헌법53_재판095조1항번역〉執達吏는 司法大臣이 此[이]를 任하며 及[및] 此[이]를 補함 司法大臣은 控訴院長에 其[그] 管轄區域 內의 裁判所의 執達吏를 任하며 及[및] 補하는 權을 委任함을 得[으]71ㅁ

〈헌법53_재판095조1항원문〉 執達吏ハ司法大臣之ヲ任シ及之ヲ補ス司法大臣ハ控訴院長ニ其ノ管轄區域内ノ裁判所ノ執達吏ヲ任シ及補スルノ權ヲ委任スルコトヲ得

〈헌법53_재판095조2항번역〉執達吏에 任함이 됨에 必要한 資格과 及[및] 試驗에 關한 規則은 司法大臣이 此[이]를 定함

〈헌법53_재판095조2항원문〉執達吏ニ任セラルルニ必要ナル資格竝ニ試驗ニ關ル規則ハ司法大臣之ヲ定ム

〈헌법53_재판096조번역〉執達吏는 手數料를 受[바]듬 其[그]72 手數料가 一定한 額에 達하지 못하는 時[째]에는 補助金을 受[바]듬

〈헌법53_재판096조원문〉 執達吏ハ手數料ヲ受ク其ノ手數料一定ノ額ニ達セサルトキ補助金ヲ受ク

〈헌법53_재판097조번역〉執達吏는 其[그] 所屬 區裁判所를 管轄하는 地方裁判所 管轄區域 內의 何[어]느 處所에서든지 其[그] 職務를 行함

〈헌법53_재판097조원문〉 執達吏ハ其ノ所屬區裁判所ヲ管轄スル地方裁判所管轄區域内ノ何レノ場所ニ於テモ其ノ職務ヲ行フ

---

71 [으] : '[으]'가 위 글자에 잘못 달렸으나 정오표에 반영되지 않음.

72 [그] : '[그]'가 누락되었으나 정오표에 반영되지 않음.

〈헌법53_재판098조1항번역〉裁判所로自[브]터 發하는 文書로서 送達을 要하
는 것은 執達吏로以[써] 此[이]를 送達함 但 書記로自[브]터[73] 直接으로나 又
[또]는 郵便으로以[써] 送達함을 法律이 許하는 境遇에 此[이] 限에 在[이]ㅅ
지 아니함

〈헌법53_재판098조1항원문〉 裁判所ヨリ發スル文書ニシテ送達ヲ要スルモノ
ハ執達吏ヲ以テ之ヲ送達ス但シ書記ヨリ直接ニ若ハ郵便ヲ以テ送達スルコトヲ
法律ノ許ス場合ハ此ノ限ニ在ラス

〈헌법54_재판098조2항번역〉執達吏는 刑事에 當하야 警察官으로以[써] 執行
을 하지 아니하는 境遇에 限하야 裁判所의 裁判을 執行함

〈헌법54_재판098조2항원문〉 執達吏ハ刑事ニ付警察官ヲ以テ執行ヲ爲ササル場
合ニ限リ裁判所ノ裁判ヲ執行ス

〈헌법54_재판098조3항번역〉前二項에 掲한 것을 除한 外에 執達吏의 權限은
訴訟法이나 又[또]는 特別法의 定하는 所[바]에 依함

〈헌법54_재판098조3항원문〉 前二項ニ掲ケタルモノヲ除ク外執達吏ノ權限ハ
訴訟法又ハ特別法ノ定ムル所ニ依ル

〈헌법54_재판099조1항번역〉執達吏는 其[그] 職務를 適實히 行함을 爲하야
保證金을 出[나]임을 要함

〈헌법54_재판099조1항원문〉 執達吏ハ其ノ職務ヲ適實ニ行フ爲保證金ヲ出スコ
トヲ要ス

〈헌법54_재판099조2항번역〉執達吏의 職務細則과 及[밋] 保證金에 關한 規則
은 司法大臣이 此[이]를 定함

〈헌법54_재판099조2항원문〉 執達吏ノ職務細則立ニ保證金ニ關ル規則ハ司法大
臣之ヲ定ム

〈헌법54_재판100조번역〉執達吏는 其[그] 所屬裁判所의 上官의 命을 受[바]든
書記와 及[밋] 其[그] 裁判所를 管轄하는 地方裁判所의 上官의 命을 受[바]든
書記와 及[밋] 其[그] 書記의 上官의 命令에 從[조]츰

---

73 터 : '케'로 잘못된 것을 정오표에서 수정함.

〈헌법54_재판100조원문〉執達吏ハ其ノ所屬裁判所ノ上官ノ命ヲ受ケタル書記及

　其ノ裁判所ヲ管轄スル地方裁判所ノ上官ノ命ヲ受ケタル書記及其ノ書記ノ上官

　ノ命令ニ從フ

〈헌법54_재판제목번역〉第六章 廷吏

〈헌법54_재판제목원문〉第六章 廷丁

〈헌법54_재판101조번역〉廷吏는 大審院、控訴院과 及[및] 地方裁判所에서는

　裁判所長、區裁判所에서는 地方裁判所長이 此[이]를 雇入하며 及[및] 其[그]

　解雇를 함

〈헌법54_재판101조원문〉 廷丁ハ大審院控訴院及地方裁判所ニ於テハ裁判所長區

　裁判所ニ於テハ地方裁判所長之ヲ雇ヒ及其ノ雇ヲ解ク

〈헌법54_재판102조1항번역〉廷吏는 開廷에 出頭하게 하며 及[및] 司法大臣이

　發한 一般의 規則中에 定한 事務를 掌理하게 함

〈헌법54_재판102조1항원문〉廷丁ハ開廷ニ出頭セシメ及司法大臣ノ發シタル一

　般ノ規則中ニ定メタル事務ヲ取扱ハシム

〈헌법54_재판102조2항번역〉區裁判所는 執達吏를 用[쓰]口이 能하지 못한 時

　[째]에는 其[그] 裁判所 所在地에서 書類를 送達함을 爲하야 廷吏를 用[쓰]口

　을 得[으]듬

〈헌법54_재판102조2항원문〉 區裁判所ハ執達吏ヲ用キルコト能ハサルトキハ

　其ノ裁判所所在地ニ於テ書類ヲ送達スル爲廷丁ヲ用キルコトヲ得

〈헌법54_재판제목번역〉第三編 司法事務의 掌理 第一章 開廷

〈헌법54_재판제목원문〉第三編 司法事務ノ取扱　第一章 開廷

〈헌법54_재판103조1항번역〉開廷은 裁判所나 又[쏘]는 支部에서 此[이]를 함

〈헌법54_재판103조1항원문〉開廷ハ裁判所又ハ支部ニ於テ之ヲ爲ス

〈헌법55_재판103조2항번역〉司法大臣이 事情에 因하야 必要함으로 認하는

　時[째]에는 區裁判所로 其[그] 管轄區域 內의 一定한 處所에서 職[74]務를 行하

　게 함을 得[으]듬

---

74 職：'義'로 잘못되었으나 정오표에 반영되지 않음.

〈헌법55_재판103조2항원문〉司法大臣ニ於テ事情ニ因リ必要ナリト認ムルトキハ區裁判所ヲシテ其ノ管轄區域内ノ一定ノ場所ニ於テ職務ヲ行ハシムルコトヲ得

〈헌법55_재판104조1항번역〉訴訟審問의 上席과 及[밋] 指揮는 合議裁判所에서는 開廷을 한 裁判長에 屬하며 區裁判所에서는 開廷을 한 判事에 屬함

〈헌법55_재판104조1항원문〉 訴訟審問ノ上席及指揮ハ合議裁判所ニ於テハ開廷ヲ爲シタル裁判長ニ屬シ區裁判所ニ於テハ開廷ヲ爲シタル判事ニ屬ス

〈헌법55_재판104조2항번역〉裁判長에 屬한 權은 裁判上에 一人으로 執務하는 判事에도 亦[쏘]한 屬함

〈헌법55_재판104조2항원문〉 裁判長ニ屬スル權ハ裁判上一人ニテ執務スル判事ニモ亦屬ス

〈헌법55_재판105조번역〉裁判所에서 對審의 公開를 停[머물]름의 決議를 한 時[째]에는 其[그] 決議는 其[그] 理由와 共[함]의 公衆을[75] 退[믈러]가게 하기 前에 此[이]를 告宣함 此[이] 境遇에 裁判所의 判決을 宣告[76]하는 時[째]에는 再次 公衆을 入廷하게 할지라

〈헌법55_재판105조원문〉 裁判所ニ於テ對審ノ公開ヲ停ムルノ決議ヲ爲シタルトキハ其ノ決議ハ其ノ理由ト共ニ公衆ヲ退カシムル前之ヲ言渡ス此ノ場合ニ於テ裁判所ノ判決ヲ言渡ストキハ再ヒ公衆ヲ入廷セシムヘシ

〈헌법55_재판106조번역〉裁判長은 公開를 停[머물]른 時[째]에도 入廷의 特許를 與함이 至當함으로 認하는 者를 入廷하게 하는 權을 有함

〈헌법55_재판106조원문〉 裁判長ハ公開ヲ停メタルトキモ入廷ノ特許ヲ與フルコトヲ至當ト認ムル者ヲ入廷セシムルノ權ヲ有ス

〈헌법55_재판107조번역〉裁判長은 婦女、兒童과 及[밋] 相當한 衣服을 著[부듸]치지 아니한 者를 法廷으로自[브]터 退[믈러]가게[77] 함을 得[으]듬 其[그] 理由는 此[이]를 訴訟의 記録에 記入함

---

75 을 : '를'로 잘못되었으나 정오표에 반영되지 않음.
76 告 : '示'로 잘못된 것을 정오표에서 수정함.
77 게 : '캐'로 잘못되었으나 정오표에 반영되지 않음.

〈헌법55_재판107조원문〉裁判長ハ婦女兒童及相當ナル衣服ヲ著セサル者ヲ法廷
　　ヨリ退カシムルコトヲ得其ノ理由ハ之ヲ訴訟ノ記録ニ記入ス

〈헌법55_재판108조번역〉開廷中에 秩序의 維持[78]는 裁判長에 屬함

〈헌법55_재판108조원문〉開廷中秩序ノ維持ハ裁判長ニ屬ス

〈헌법55_재판109조1항번역〉裁判長은 審問을 妨碍하는 者나 又[쏘]는 不當한
　　行狀을 하는 者를 法廷으로自[브]터 退[물러]가게 하는 權을 有함

〈헌법55_재판109조1항원문〉裁判長ハ審問ヲ妨クル者又ハ不當ノ行狀ヲ爲ス者
　　ヲ法廷ヨリ退カシムルノ權ヲ有ス

〈헌법55_재판109조2항번역〉前項에 揭한 違犯者의 行狀에 因하야 此[이]를
　　拘引하야 閉廷의 時[째]까지 此[이]를 拘留함의 必要가 有[이]슴으로 認하는
　　時[째]에 裁判長은 此[이]를 命令하는 權을 有함 閉廷의 時[째][79]에 裁判所는
　　此[이]를 放釋함을 命하거나 又[쏘]는 五圓以下의 罰金이나 或 五日以内의 拘
　　留에 處함을 得[으]듬

〈헌법55_재판109조2항원문〉前項ニ揭ケタル違犯者ノ行狀ニ因リ之ヲ勾引シ閉
　　廷ノトキマテ之ヲ勾留スルノ必要アリト認ムルトキ裁判長ハ之ヲ命令スルノ
　　權ヲ有ス閉廷ノトキ裁判所ハ之ヲ釈放スルコトヲ命シ又ハ五圓以下ノ罰金若ハ
　　五日以内ノ拘留ニ處スルコトヲ得

〈헌법56_재판109조3항번역〉此[이] 處罰에 對하야서는 上告를 許하며 控訴
　　를 許하지 아니하고 且[쏘] 其[그] 所爲가 輕罪나 又[쏘]는 重罪에 該當하갯
　　는 것인 時[째]에는 此[이]에 對하야 刑事의 訴追를 함을 得[으]듬

〈헌법56_재판109조3항원문〉此ノ處罰ニ對シテハ上告ヲ許シ控訴ヲ許サス且其
　　ノ所爲ノ輕罪若ハ重罪ニ該ルヘキモノナルトキハ之ニ對シテ刑事訴追ヲ爲ス
　　コトヲ得

〈헌법56_재판110조번역〉前條의 規程은 左의 變更으로以[써] 當事者、證人과
　　及[밋] 鑑定人에 亦[쏘]한 此[이]를 適用함

〈헌법56_재판110조원문〉前條ノ規程ハ左ノ變更ヲ以テ當事者證人及鑑定人ニモ

亦之ㅋ 適用ス

〈헌법56_재판110조(1)번역〉第一 裁判所는 閉廷을 待[기다]리지 아니하고 本
條의 違犯者를 即時에 罰함을 得[으]듬

〈헌법56_재판110조(1)원문〉第一 裁判所ハ閉廷ㅋ待タスシテ本條ノ違犯者ㅋ即
時ニ罰スルコトㅋ得

〈헌법56_재판110조(2)번역〉第二 違犯者가 原告인 時[째]에는 裁判所는 處罰
하는 上[우]에 尙[오히]려 本人이 宥恕를 請하거나 又[쏘]는 恭順을 表하야
不敬의 罪를 謝하기까지 其[그] 審問을 中止함을 得[으]듬

〈헌법56_재판110조(2)원문〉第二 違犯者原告ナルトキハ裁判所ハ處罰ノ上仍本
人宥恕ㅋ請フカ又ハ恭順ㅋ表シテ不敬ノ罪ㅋ謝スルマテ其ノ審問ㅋ中止スル
コトㅋ得

〈헌법56_재판111조번역〉裁判長은 不當한 言語를 用[쓰]는 辯護士에 對하야
同事件에 當하야 引續하야 陳述하는 權을 行함을 禁함을 得[으]듬 其[그] 禁
止는 此[이] 行狀에 當하야 懲戒上의 訴追를[80] 함을 妨碍하지 아니함

〈헌법56_재판111조원문〉裁判長ハ不當ノ言語ㅋ用キル辯護士ニ對シ同事件ニ付
引續キ陳述スルノ權ㅋ行フコトㅋ禁スルコトㅋ得其ノ禁止ハ此ノ行狀ニ付懲
戒上ノ訴追ㅋ爲スコトㅋ妨ケス

〈헌법56_재판112조1항번역〉裁判所의 開廷中에 秩序를 維持함을 爲하야 第百
九條、第百十條와 及[밋] 第百十一條로以[써] 與한 權은 豫審判事나 或 受命判
事나 又[쏘]는 法律에 從[조]차서 其[그] 職務를[81] 行하는 試補도 亦[쏘]한
此[이]를 行함을 得[으]듬

〈헌법56_재판112조1항원문〉裁判所ノ開廷中秩序ㅋ維持スル爲第百九條第百十條
及第百十一條ㅋ以テ與ヘタル權ハ豫審判事又ハ受命判事又ハ法律ニ從ヒ其ノ職
務ㅋ行フ試補モ亦之ㅋ行フコトㅋ得

〈헌법56_재판112조2항번역〉此[이] 境遇에 異議는 二十四時 以內에 其[그] 判
事나 又[쏘]는 試補에 此[이]를 申出함을 得[으]듬

---

80 를 : '을'로 잘못된 것을 정오표에서 수정함.
81 를 : '을'로 잘못되었으나 정오표에 반영되지 않음.

〈헌법56_재판112조2항원문〉 此ノ場合ニ於テノ異議ハ二十四時以内ニ其ノ判事
　又ハ試補ニ之ヲ申出ルコトヲ得

〈헌법57_재판112조3항번역〉 豫審判事나 又[쏘]는 其[그] 命을 受[바]든 試補
　가 命令을 한 境遇에는 其[그] 判事의 屬한 裁判所의 刑事部나 又[쏘]는 刑事
　支部에서 前項의 異議를 裁判함 受命判事나 又[쏘]는 其[그] 命을 受[바]든 試
　補가 命令을 한 境遇에는 其[그] 判事에 命한 裁判所에서 此[이]를 裁判함

〈헌법57_재판112조3항원문〉 豫審判事又ハ其ノ命ヲ受ケタル試補ノ命令ヲ爲シ
　タル場合ニ於テハ其ノ判事ノ屬スル裁判所ノ刑事部若ハ刑事支部ニ於テ前項ノ
　異議ヲ裁判ス受命判事又ハ其ノ命ヲ受ケタル試補ノ命令ヲ爲シタル場合ニ於テ
　ハ其ノ判事ニ命シタル裁判所ニ於テ之ヲ裁判ス

〈헌법57_재판113조1항번역〉 第百九條、第百十條、第百十一條와 及[밋] 第百十
　二條로以[써] 與한 權을 行한 時[째]에는 訴訟의 記錄에 此[이]를 記入하며
　及[밋] 其[그] 理由를 記함

〈헌법57_재판113조1항원문〉 第百九條第百十條第百十一條及第百十二條ヲ以テ與
　ヘタル權ヲ行ヒタルトキハ訴訟ノ記録ニ之ヲ記入シ及其ノ理由ヲ記ス

〈헌법57_재판113조2항번역〉 前項의 境遇에 其[그] 所爲가 重罪나 或 輕罪에
　該當하갯는 것이거나 又[쏘]는 懲戒上에 罰하갯는 것인 時[째]에는 詳細히
　此[이]를 記入하고 裁判長은 其[그] 事件을 更[다]시 處分하는 權이 有[이]ㅅ
　는 官廳에 報告를 함

〈헌법57_재판113조2항원문〉 前項ノ場合ニ於テ其ノ所爲ノ重罪若ハ輕罪ニ該ル
　ヘキモノナルカ又ハ懲戒上罰スヘキモノナルトキハ詳細ニ之ヲ記入シ裁判長
　ハ其ノ事件ヲ更ニ處分スルノ權アル官廳ニ報告ヲ爲ス

〈헌법57_재판114조1항번역〉 判事、檢事와 及[밋] 裁判所書記는 公開한 法廷에
　서는 一定한 制服을 著[부듸]침

〈헌법57_재판114조1항원문〉 判事檢事及裁判所書記ハ公開シタル法廷ニ於テハ
　一定ノ制服ヲ著ス

〈헌법57_재판114조2항번역〉 前項의 開廷에서 審問에 叅與하는 辯護士도 亦
　[쏘]한 一定한 職服을 著[부듸]침을 要함

〈헌법57_재판114조2항원문〉 前項ノ開廷二於テ審問二參與スル辯護士モ亦一定
ノ職服ヲ著スルコトヲ要ス

〈헌법57_재판제목번역〉 第二章 裁判所의 用語

〈헌법57_재판제목원문〉 第二章 裁判所ノ用語

〈헌법57_재판115조1항번역〉 裁判所에서는 日本語를[82] 用[쓰]ㅁ

〈헌법57_재판115조1항원문〉 裁判所二於テハ日本語ヲ用ウ

〈헌법57_재판115조2항번역〉 當事者、證人이나 又[쏘]는 鑑定人의 中에 日本
語를 通하지 못하는 者가 有[이]ㅅ는 時[째]에는 訴訟法이나 又[쏘]는 特別
法에 通事를 用[쓰]ㅁ을 要하는 境遇에 此[이]를 用[쓰]ㅁ

〈헌법57_재판115조2항원문〉 當事者證人又ハ鑑定人ノ中日本語二通セサル者ア
ルトキハ訴訟法又ハ特別法二通事ヲ用ヰルコトヲ要スル場合二於テ之ヲ用ウ

〈헌법57_재판116조번역〉 通事의 任命과 與[다]못 使用과 及[밋] 訴訟節次上에
其[그] 行할 職務에 關한 規則은 司法大臣이 此[이]를 定함

〈헌법57_재판116조원문〉 通事ノ任命及使用竝二訴訟手續上其ノ行フヘキ職務二
關ル規則ハ司法大臣之ヲ定ム

〈헌법58_재판117조번역〉 通事를 得[으]듬이 難[어려]운 境遇에 書記가 其[그]
言語를 通하는 時[째]에는 裁判長의 承諾을 得[으]더서 通事에 用[쓰]ㅁ이
됨을 得[으]듬

〈헌법58_재판117조원문〉 通事ノ得難キ場合二於テ書記其ノ言語二通スルトキ
ハ裁判長ノ承諾ヲ得テ通事二用ヰラルルコトヲ得

〈헌법58_재판118조번역〉 外國人의 當事者인 訴訟에 關係를 有한 者와 及[밋]
其[그] 訴訟의 審問에 參與하는 官吏가 某外國語를 通하는 境遇에 裁判長이
便利로 認하는 時[째]에는 其[그] 外國語로以[써] 口頭審問을 함을 得[으]ㅁ
但 其[그] 審問의 公正記錄은 日本語로以[써] 此[이]를 製作함

〈헌법58_재판118조원문〉 外國人ノ當事者タル訴訟二關係ヲ有スル者及其ノ訴訟
ノ審問二參與スル官吏ノ或ル外國語二通スル場合二於テ裁判長便利ト認ムルト

---

82 를 : '을'로 잘못되었으나 정오표에 반영되지 않음.

キハ其ノ外國語ヲ以テ口頭審問ヲ爲スコトヲ得但シ其ノ審問ノ公正記録ハ日本
語ヲ以テ之ヲ作ル

〈헌법58_재판제목번역〉第三章 裁判의 評議와 及[및] 宣告[83]

〈헌법58_재판제목원문〉第三章 裁判ノ評議及言渡

〈헌법58_재판119조번역〉合議裁判所의 裁判은 此[이] 法律에 從[조]차서 定數
의 判事가 此[이]를 評議하며 及[및] 此[이]를 宣告[84]함

〈헌법58_재판119조원문〉合議裁判所ノ裁判ハ此ノ法律ニ從ヒ定數ノ判事之ヲ評
議シ及ヲ言渡ス

〈헌법58_재판120조번역〉四日以上에 引續할 機微가 有[이]ㅅ는 刑事의 審問에
裁判所長은 補充判事 一人을 命하야 此[이]에 傍參하게 함을 得[으]듬 此[이]
補充判事는 其[그] 審問中에 某判事가 疾病이며 其他 事故에 因하야 引續하야
參與함을 得[으]ㄷ지 못하는 境遇에 此[이]에 代[대신]하야 審問과 及[및]
裁判을[85] 完結하는 權을 有함

〈헌법58_재판120조원문〉四日以上引續クヘキ見込アル刑事ノ審問ニ於テ裁判所
長ハ補充判事一人ヲ命シ之ニ立會ハシムルコトヲ得此ノ補充判事ハ其ノ審問中
或ル判事ノ疾病其ノ他ノ事故ニ因リ引續キ參與スルコトヲ得サル場合ニ於テ之
ニ代リ審問及裁判ヲ完結スルノ權ヲ有ス

〈헌법58_재판121조1항번역〉判事의 評議는 此[이]를 公行하지 아니함 但 豫
備判事와 及[및] 試補의 傍聽을 許함을 得[으]듬

〈헌법58_재판121조1항원문〉 判事ノ評議ハ之ヲ公行セス但シ豫備判事及試補ノ
傍聽ヲ許スコトヲ得

〈헌법58_재판121조2항번역〉判事의 評議는 其[그] 裁判長이 此[이]를 開[여]
ㄹ고 且[쏘] 此[이]를 整理함 其[그] 評議의 顚末과 及[및] 各判事의 意見과
與[다]못 多少의 數에 當하야서는 嚴히 秘密을 守[지]킴을 要함

〈헌법58_재판121조2항원문〉 判事ノ評議ハ其ノ裁判長之ヲ開キ且之ヲ整理ス其

---

83 告 : '示'로 잘못된 것을 정오표에서 수정함.
84 告 : '示'로 잘못된 것을 정오표에서 수정함.
85 을 : '를'로 잘못되었으나 정오표에 반영되지 않음.

ノ評議ノ顛末竝ニ各判事ノ意見及多少ノ數ニ付テハ嚴ニ秘密ヲ守ルコトヲ要ス

〈헌법59_재판122조번역〉評議의 際에 各判事가 意見을 述하는 順序는 官等이 最[가]장 低[나]진 者를 始로 하고 裁判長을 終으로 함 官等이 同[가]튼 時[째]에는 年少者를 始로 하며 受命의 事件에 當하야서는 受命判事를 始로 함

〈헌법59_재판122조원문〉評議ノ際各判事意見ヲ述フルノ順序ハ官等ノ最モ低キ者ヲ始トシ裁判長ヲ終トス官等同キトキハ年少ノ者ヲ始トシ受命ノ事件ニ付テハ受命判事ヲ始トス

〈헌법59_재판123조1항번역〉裁判은 過半數의 意見에 依함

〈헌법59_재판123조1항원문〉裁判ハ過半數ノ意見ニ依ル

〈헌법59_재판123조2항번역〉金額에 當하야 判事의 意見이 三說以上에 分[나누]여 其[그] 說이 各히 過半數에 至[이르]르지 못하는 時[째]에는 過半數에 至[이르]르기까지 最多額의 意見으로自[브]터 順次로 寡額에 合算함

〈헌법59_재판123조2항원문〉金額ニ付判事ノ意見三說以上ニ分レ其ノ說各々過半數ニ至ラサルトキハ過半數ニ至ルマテ最多額ノ意見ヨリ順次寡額ニ合算ス

〈헌법59_재판123조3항번역〉刑事에 當하야 其[그] 意見이 三說以上에 分[나누]여서 各히 過半數에 至[이르]르지 못하는 時[째]에는 過半數에 至[이르]르기까지 被告人에 不利한 意見으로自[브]터 順次로 利益한 意見에 合算함

〈헌법59_재판123조3항원문〉刑事ニ付其ノ意見三說以上ニ分レ各々過半數ニ至ラサルトキハ過半數ニ至ルマテ被告人ニ不利ナル意見ヨリ順次利益ナル意見ニ合算ス

〈헌법59_재판124조번역〉判事는 裁判할 問題에 當하야 自己의 意見을 發表함을 抗拒함을 得[으]ㄷ지 못함

〈헌법59_재판124조원문〉判事ハ裁判スヘキ問題ニ付自己ノ意見ヲ表スルコトヲ拒ムコトヲ得ス

〈헌법59_재판제목번역〉第四章 裁判所와 及[밋] 檢事局의 事務章程

〈헌법59_재판제목원문〉第四章 裁判所及檢事局ノ事務章程

〈헌법59_재판125조1항번역〉裁判所와 及[밋] 檢事局의 標準이 될 規則은 司法大臣이 此[이]를 定함

〈헌법59_재판125조1항원문〉 裁判所及檢事局ノ標準ト爲スヘキ規則ハ司法大臣
之ヲ定ム

〈헌법59_재판125조2항번역〉 控訴院長과 及[밋] 檢事長은 前項의 規則에 依하
야 各自의 管轄區域 內의 裁判所와 及[밋] 檢事局에 對하야 事務의 一般의 掌
理에 關하야 成[되]도록 統一을 主旨로 하며 殊히 裁判所와 及[밋] 檢事局의
開廳時間과 及[밋] 開廷의 時日에 當하야 訓令을 發함

〈헌법59_재판125조2항원문〉 控訴院長及檢事長ハ前項ノ規則ニ依リ各自管轄區
域內ノ裁判所及檢事局ニ對シテ事務ノ一般ノ取扱ニ關リ成ルヘク統一ヲ旨トシ
殊ニ裁判所及檢事局ノ開廳時間及開廷ノ時日ニ付訓令ヲ發ス

〈헌법60_재판125조3항번역〉 大審院은 自[스스]로 其[그] 事務章程을 定함 但
此[이]를 實施하기 前에 司法大臣의 認可를 受[바]듬

〈헌법60_재판125조3항원문〉 大審院ハ自ラ其ノ事務章程ヲ定ム但シ之ヲ實施ス
ル前司法大臣ノ認可ヲ受ク

〈헌법60_재판제목번역〉 第五章 司法年度와 及[밋] 休暇

〈헌법60_재판제목원문〉 第五章 司法年度及休暇

〈헌법60_재판126조번역〉 司法年度는 一月一日에 始[비로]소하야 十[86]二月三
十一日에 終[마]침

〈헌법60_재판126조원문〉 司法年度ハ一月一日ニ始マリ十二月三十一日ニ終ハル

〈헌법60_재판127조번역〉 裁判所의 休暇는 七月十一日에 始[비르]소하야 九月
十日에 終[마]침

〈헌법60_재판127조원문〉 裁判所ノ休暇ハ七月十一日ニ始マリ九月十日ニ終ハル

〈헌법60_재판128조번역〉 休暇中에는 左의 事件의 外에 既[이]믜 著手한 民事
訴訟을 中止함 且[쏘] 新[새] 訴訟에 著手하지 아니함

〈헌법60_재판128조원문〉 休暇中ハ左ノ事件ノ外既ニ著手シタル民事訴訟ヲ中止
ス且新ナル訴訟ニ著手セス

〈헌법60_재판128조(1)번역〉 第一 替換魚驗이나 又[쏘]는 約束魚驗이며 其他의

---

86 十 : '十'이 누락된 것을 정오표에서 수정함.

流通證書에 關한 請求

〈헌법60_재판128조(1)원문〉 第一 爲替手形若ハ約束手形其ノ他ノ流通證書ニ關ル請求

〈헌법60_재판128조(2)번역〉 第二 船舶、運送賃이나 又[또]는 積荷에 對한 請求

〈헌법60_재판128조(2)원문〉 第二 船舶又ハ運送賃又ハ積荷ニ對スル請求

〈헌법60_재판128조(3)번역〉 第三 財産執留의 事件

〈헌법60_재판128조(3)원문〉 第三 財産差押事件

〈헌법60_재판128조(4)번역〉 第四 住家며 其他의 建物이나 或 其[그] 某部分의 領受、空輿、使用、占據나 或 修繕에 關하거나 又[또]는 賃借人의 家具나 或 所持品을 賃貸人이 執留하얏슴에 關하야 賃貸人과 賃借人의 間[사이]에 起[이러]난 訴訟

〈헌법60_재판128조(4)원문〉 第四 住家其ノ他ノ建物又ハ其ノ或ル部分ノ受取明渡使用占據若ハ修繕ニ關リ又ハ賃借人ノ家具若ハ所持品ヲ賃貸人ノ差押ヘタルコトニ關リ賃貸人ト賃借人トノ間ニ起リタル訴訟

〈헌법60_재판128조(5)번역〉 第五 養料의 請求

〈헌법60_재판128조(5)원문〉 第五 養料ノ請求

〈헌법60_재판128조(6)번역〉 第六 保證을 出[나]이게 하는 請求

〈헌법60_재판128조(6)원문〉 第六 保證ヲ出サシムルノ請求

〈헌법60_재판128조(7)번역〉 第七 着手한 建築의 繼續에 關한 事件

〈헌법60_재판128조(7)원문〉 第七 取掛リタル建築ノ繼續ニ關ル事件

〈헌법60_재판128조(8)번역〉 第八 前數項에 揭한 것을 除한 外에 區裁判所의 判事나 又[또]는 民事訴訟法의 定하는 所[바]에 從[조]차서 休暇部나 又[또]는 休暇部長이 卽[곧][87] 著手하겟는 緊急한 것으로[88] 認한 請求나 或 事件

〈헌법60_재판128조(8)원문〉 第八 前數項ニ揭ケタルモノヲ除ク外區裁判所ノ判事ニ於テ又ハ民事訴訟法ノ定ムル所ニ從ヒ休暇部若ハ休暇部長ニ於テ直チニ著

---

87 곧 : '곳'으로 잘못되었으나 정오표에 반영되지 않음.
88 로 : '르'로 잘못되었으나 정오표에 반영되지 않음.

手スヘキ緊急ノモノト認メタル請求若ハ事件

〈헌법61_재판129조번역〉休暇中에 拘[거릿]기지 아니하고 刑事訴訟、非訟事
件、判決執行、破産事件과 及[밋] 民事訴訟法에 依하야 略式으로以[써] 掌理
함을 得[으]ㄷ갯는 訴訟은 此[이]를 停止하지 아니함

〈헌법61_재판129조원문〉 休暇中ニ拘ラス刑事訴訟非訟事件判決執行破産事件竝
ニ民事訴訟法ニ依リ略式ヲ以テ取扱フコトヲ得ヘキ訴訟ハ之ヲ停止スルコト
ナシ

〈헌법61_재판130조1항번역〉 合議裁判所에서는 休暇中에 事務掌理를 爲하야
休暇部라 稱하는 一이나 又[쏘]는 二以上의 部를 設함

〈헌법61_재판130조1항원문〉 合議裁判所ニ於テハ休暇中事務取扱ノ爲休暇部ト
稱スル一若ハ二以上ノ部ヲ設ク

〈헌법61_재판130조2항번역〉 休暇部의 組成은 休暇가 始[비로]소하기 前에 裁
判所長이 此[이]를 定함 第二十三條는 此[이] 部에도 亦[쏘]한 此[이]를 適用함

〈헌법61_재판130조2항원문〉 休暇部ノ組立ハ休暇ノ始マル前裁判所長之ヲ定ム
第二十三條ハ此ノ部ニモ亦之ヲ適用ス

〈헌법61_재판130조3항번역〉 二人以上의 判事를 置[두]ㄴ 區裁判所의 休暇事務
掌理方法은 監督判事가 此[이]를 定함

〈헌법61_재판130조3항원문〉 二人以上ノ判事ヲ置キタル區裁判所ノ休暇事務取
扱方法ハ監督判事之ヲ定ム

〈헌법61_재판제목번역〉 第六章 法律上의 共助

〈헌법61_재판제목원문〉 第六章 法律上ノ共助

〈헌법61_재판131조1항번역〉 裁判所는 訴訟法이나 又[쏘]는 特別法의 定하는
所[바]에 依하야 互[서]루 法律上의 輔助를 함

〈헌법61_재판131조1항원문〉 裁判所ハ訴訟法又ハ特別法ノ定ムル所ニ依リ互ニ
法律上ノ輔助ヲ爲ス

〈헌법61_재판130조2항번역〉 法律上의 輔助는 別로히 法律의 定한 境遇의 外에
는 所要의 事務를 掌理하갯는 地[짜]의 區裁判所에서 此[이]를 함

〈헌법61_재판130조2항원문〉 法律上ノ輔助ハ別ニ法律ニ定メタル場合ノ外ハ所

要ノ事務ヲ取扱フヘキ地ノ區裁判所ニ於テ之ヲ爲ス

〈헌법61_재판132조번역〉 檢事局도 亦[쏘]한 各自의 管轄區域 內에서 掌理하겟는 事務에 當하야 互[서]루 法律上의 輔助를 함

〈헌법61_재판132조원문〉 檢事局モ亦各自ノ管轄區域內ニ於テ取扱フヘキ事務ニ付互ニ法律上ノ輔助ヲ爲ス

〈헌법61_재판133조번역〉 裁判所書記課도 亦[쏘]한 其[그] 權內의 事件이나 又[쏘]는 其[그] 管下의 執達吏의 權內의 事件에 當하야 互[서]루 法律上의[89] 輔助를 함

〈헌법61_재판133조원문〉 裁判所書記課モ亦其ノ權內ノ事件又ハ其ノ配下ノ執達吏ノ權內ノ事件ニ付互ニ法律上ノ輔助ヲ爲ス

〈헌법62_재판제목번역〉 第四編 司法行政의 職務와 及[밋] 監督權

〈헌법62_재판제목원문〉 第四編 司法行政ノ職務及監督權

〈헌법62_재판134조번역〉 合議裁判所長、區裁判所의 判事나 或 監督判事、檢事總長、檢事長과 及[밋] 檢事正은 司法大臣의 所管으로以[써][90] 司法行政의 職務를 行하는 官吏로 함

〈헌법62_재판134조원문〉 合議裁判所長區裁判所ノ判事若ハ監督判事檢事總長檢事長檢事正ハ司法大臣ノ由テ以テ司法行政ノ職務ヲ行フノ官吏トス

〈헌법62_재판135조번역〉 司法行政 監督權의 施行은 左의 規程에 依함

〈헌법62_재판135조원문〉 司法行政監督權ノ施行ハ左ノ規程ニ依ル

〈헌법62_재판135조(1)번역〉 第一 司法大臣은 各裁判所와 及[밋] 各檢事局을 監督함

〈헌법62_재판135조(1)원문〉 第一 司法大臣ハ各裁判所及各檢事局ヲ監督ス

〈헌법62_재판135조(2)번역〉 第二 大審院長은 大審院을 監督함

〈헌법62_재판135조(2)원문〉 第二 大審院長ハ大審院ヲ監督ス

〈헌법62_재판135조(3)번역〉 第三 控訴院長은 其[그] 控訴院과 及[밋] 其[그] 管轄區域 內의 下級裁判所를 監督함

---

89 의 : '에'로 잘못되었으나 정오표에 반영되지 않음.

90 [써] : '[써]'가 위 글자에 잘못 달렸으나 정오표에 반영되지 않음.

〈헌법62_재판135조(3)원문〉 第三 控訴院長ハ其ノ控訴院及其ノ管轄區域内ノ下
　級裁判所ヲ監督ス

〈헌법62_재판135조(4)번역〉 第四 地方裁判所長은 其[그] 裁判所나 又[또]는 其
　[그] 支部와 及[및] 其[그] 管轄區域 内의 區裁判所를 監督함

〈헌법62_재판135조(4)원문〉 第四 地方裁判所長ハ其ノ裁判所若ハ其ノ支部及其
　ノ管轄區域内ノ區裁判所ヲ監督ス

〈헌법62_재판135조(5)번역〉 第五 區裁判所의 一人의 判事나 又[또]는 監督判事
　는 其[그] 裁判所 所屬의 書記와 及[및] 執達吏를 監督함

〈헌법62_재판135조(5)원문〉 第五 區裁判所ノ一人ノ判事若ハ監督判事ハ其ノ裁
　判所所屬ノ書記及執達吏ヲ監督ス

〈헌법62_재판135조(6)번역〉 第六 檢事總長은 其[그] 檢事局과 及[및] 下級檢事
　局을 監督함

〈헌법62_재판135조(6)원문〉 第六 檢事總長ハ其ノ檢事局及下級檢事局ヲ監督ス

〈헌법62_재판135조(7)번역〉 第七 檢事長은 其[그] 檢事局과 及[및] 其[그] 局
　의 附置된 控訴院 管轄區域 内의 檢事局을 監督함

〈헌법62_재판135조(7)원문〉 第七 檢事長ハ其ノ檢事局及其ノ局ノ附置セラレタ
　ル控訴院管轄區域内ノ檢事局ヲ監督ス

〈헌법62_재판135조(8)번역〉 第八 檢事正은 其[그] 檢事局과 及[및] 其[그] 局
　의 附置된 地方裁判所 管轄區域 内의 檢事局을 監督함

〈헌법62_재판135조(8)원문〉 第八 檢事正ハ其ノ檢事局及其ノ局ノ附置セラレタ
　ル地方裁判所管轄區域内ノ檢事局ヲ監督ス

〈헌법63_재판136조번역〉 前條에 掲한 監督權은 左의 事項을 包含함

〈헌법63_재판136조원문〉 前條ニ掲ケタル監督權ハ左ノ事項ヲ包含ス

〈헌법63_재판136조(1)번역〉 第一 官吏가 不適當이나 又[또]는 不完足하게 掌
　理한 事務에 當하야 其[그] 注意를 促하며 及[및] 適當히 其[그] 事務를 掌理
　함을 此[이]에 訓令하는 事[일]

〈헌법63_재판136조(1)원문〉 第一 官吏不適當又ハ不充分ニ取扱ヒタル事務ニ付
　其ノ注意ヲ促シ並ニ適當ニ其ノ事務ヲ取扱フコトヲ之ニ訓令スル事

〈헌법63_재판136조(2)번역〉第二 官吏의 職務上이며 否함에 拘[거릿]기지 아니하고 其[그] 地位에 不相應한 行狀에 當하야 此[이]에 諭告하는 事[일] 但 此[이] 諭告를 하기 前에 其[그] 官吏로 辯明을 함을 得[으]ㄷ게 할지라

〈헌법63_재판136조(2)원문〉第二 官吏ノ職務上ト否トニ拘ラス其ノ地位ニ不相應ナル行狀ニ付之ニ諭告スル事但シ此ノ諭告ヲ爲ス前其ノ官吏ヲシテ辯明ヲ爲スコトヲ得セシムヘシ

〈헌법63_재판137조번역〉第十八條나 又[쏘]는 第八十四條에 揭한 官吏는 第百三十五條에 依하야 行할 監督을 受[바]ㄷ는 官吏中에 此[91][이]를 包含함

〈헌법63_재판137조원문〉 第十八條及第八十四條ニ揭ケタル官吏ハ第百三十五條ニ依リ行フヘキ監督ヲ受クルノ官吏中ニ之ヲ包含ス

〈헌법63_재판138조번역〉裁判所나 又[쏘]는 檢事局의 官吏로서 適當히 其[그] 職務를 行하지 아니하는 者나 又[쏘]는[92] 其[그] 行狀이 其[그] 地位에 不相應한 者에 當하야 第百三十六條를 適用함이 能하지 못한 時[째]에는 懲戒法에 從[조]차서 此[이]를 訴追함

〈헌법63_재판138조원문〉裁判所若ハ檢事局ノ官吏ニシテ適當ニ其ノ職務ヲ行ハサル者又ハ其ノ行狀其ノ地位ニ不相應ナル者ニ付第百三十六條ヲ適用スルコト能ハサルトキハ懲戒法ニ從ヒ之ヲ訴追ス

〈헌법63_재판139조번역〉前數條에 揭한 司法行政의 職務와 及[믿] 監督權은 判事나 又[쏘]는 檢事가 其[그] 官吏된 資格이나 又[쏘]는 其他의 資格으로 以[써] 한 事[일]에 對하야 起[이러]난 請求에 當하야 其[그] 請求를 滿足하게 함을 爲하야 此[이]를 執行함을 得[으]ㄷ지 못함

〈헌법63_재판139조원문〉前數條ニ揭ケタル司法行政ノ職務及監督權ハ判事若ハ檢事其ノ官吏タルノ資格又ハ其ノ他ノ資格ヲ以テ爲シタル事ニ對シテ起リタル請求ニ付其ノ請求ヲ滿足セシムル爲之ヲ執行スルコトヲ得ス

〈헌법63_재판140조번역〉司法事務 掌理의 方法에 對한 抗告、[93]殊히 某事務의

---

91 此 : '有'로 잘못된 것을 정오표에서 수정함.
92 는 : 'ㅁ'으로 잘못되었으나 정오표에 반영되지 않음.
93 、 : ,가 누락된 것을 정오표에서 수정함.

掌理方便에 對하거나 又[또]는 掌理의 延滯나 或 拒絶에 對한 抗告는 此[이]編에 揭한 司法行政의 職務와 及[밋] 監督權에 依하야 此[이]를 處分함

〈헌법63_재판140조원문〉 司法事務取扱ノ方法ニ對スル抗告殊ニ或ル事務ノ取扱方ニ對シ又ハ取扱ノ延滯若ハ拒絶ニ對スル抗告ハ此ノ編ニ揭ケタル司法行政ノ職務及監督權ニ依リ之ヲ處分ス

〈헌법64_재판141조번역〉 裁判所와 及[밋] 檢事局은 司法大臣이나 又[또]는 監督權이 有[이]ㅅ는 判事나 或 檢事의 要求가 有[이]ㅅ는 時[째]에는 法律上의 事項이나 又[또]는 司法行政에 關한 事項에 當하야 意見을 述함

〈헌법64_재판141조원문〉 裁判所及檢事局ハ司法大臣又ハ監督權アル判事若ハ檢事ノ要求アルトキハ法律上ノ事項又ハ司法行政ニ關ル事項ニ付意見ヲ述フ

〈헌법64_재판142조번역〉 司法官廳에 對하야 起[이러]난 民事의 訴訟에는 其[그] 訴訟을 受[바]든 裁判所의 檢事局은 司法官廳을 代表함

〈헌법64_재판142조원문〉 司法官廳ニ對シテ起リタル民事ノ訴訟ニ於テハ其ノ訴訟ヲ受ケタル裁判所ノ檢事局ハ司法官廳ヲ代表ス

〈헌법64_재판143조번역〉 此[이] 編에 揭한 前 各條의 規程은 裁判上 執務하는 判事의 裁判權에 影響을 及[미]치거나 又[또]는 此[이]를 制限함이 업슴

〈헌법64_재판143조원문〉 此ノ編ニ揭ケタル前各條ノ規程ハ裁判上執務スル判事ノ裁判權ニ影響ヲ及ホシ又ハ之ヲ制限スルコトナシ

〈헌법64_재판제목〉 附則

〈헌법64_재판144조번역〉 此[이] 法律의 施行에 關한 規程과 及[밋] 從來의 法律로서 此[이] 法律에 牴觸하드라도 現際에 猶[오히]려 効力을 有하게 하는 것은 別로히 法律로以[써] 此[이]를 定함

〈헌법64_재판144조원문〉 此ノ法律ノ施行ニ關ル規程並ニ從來ノ法律ニシテ此ノ法律ニ牴觸スト難モ當分ノ内仍ホ効力ヲ有セシムルモノハ別ニ法律ヲ以テ之ヲ定ム

〈헌법64_재판제목번역〉 日本國裁判所構成法 終

〈헌법64_재판제목원문〉 (없음)

『言文一致 日本國六法全書 分册第三 商法』
(박승빈 역, 1908)[1]

일러두기

1. 이 자료는『言文一致 日本國六法全書 分册第三 商法』(박승빈 역, 1908년 10월
   간행)[2]의 텍스트를 전산 입력하고 교감한 다음, 분절하고 가공한 뒤에, 일
   본어 원문을 나란히 배열한 것이다.[3]

2. 텍스트의 전산 입력과 교감은 다음의 원칙을 따랐다.
   (1) 텍스트의 배열은 가능한 한 원본을 형식을 따랐다.
   (2) 텍스트의 교감은 일본어 원문, 조문의 내용, 번역의 양상 등을 고려하여
       오류로 판단되는 경우 교감 결과를 본문에 반영하고 각주에 그 사실을
       기록하였다.

---

1 작성자: 장경준, 최종 작성일: 2021. 8. 23.
2 이 책의 판권지에 따르면 번역자는 朴勝彬, 발행자는 崔昌善, 인쇄자는 吉田幸吉, 인쇄소는
  京城日報社, 총발태처는 漢城 新文館, 정가는 60錢이다. 연세대 중앙도서관 국학자료실에
  유일본이 소장되어 있다(O 346.5307 상법 신).
3 이 자료는 원본의 체제대로 전산 입력하되 텍스트를 교감한 'textA', 여기에다 분절과 띄
  어쓰기 등의 가공을 추가한 'textB', 여기에다 일본어 원문을 나란히 배열한 'textC'의 세
  가지를 별도로 구축하여 한국어학회 누리집(www.koling.org) '박승빈 국어학상 게시판'에
  공개한 것을 출판용으로 가공한 것이다. 원자료의 textC를 바탕으로 textA의 교감주를 추
  가하였다.

(3) 한자 오른쪽에 한글로 표기한 훈독 표시는 해당 한자에 '[ ]'를 달고 그 안에 기록하였다.

(4) 한자의 경우 편의상 다음의 원칙을 적용하였다.

　ㄱ. 원본에서는 屬과 属을 혼용하였는데 정자인 屬으로 통일하여 입력하였다.

　ㄴ. 원본에서는 個와 箇를 혼용하거나 (個月의 경우) 個와 수를 혼용하였는데 빈도가 높은 個로 통일하여 입력하였다.

　ㄷ. 원본에서는 일본어 원문의 控除의 번역어로 喞除와 扣除를 혼용하였는데 빈도가 높은 喞除로 통일하여 입력하였다.

3. 텍스트의 분절과 가공은 다음의 원칙을 따랐다.

(1) 출전 표시는 원칙적으로 조(條) 단위로 분절하여 각 조문의 앞에 '〈상법001_001조〉'의 형식으로 '쪽수_조번호'를 표시하고, 한 조 안에서 항(項)이 나뉘는 경우 다시 분절하고 '000조1항, 000조2항'과 같이 표시하였다. 조나 항 안에서 '一二三' 또는 '第一 第二 第三'의 형식으로 나열된 호(號)는 다시 분절하여 '000조(1), 000조(2), 000조(3)'의 형식으로 표시하되 내용이 길지 않을 경우 편의상 몇 개씩 묶어서 '000조(1-3)'의 형식으로 표시하였다.

(2) 분절한 덩어리가 두 쪽에 걸쳐 있는 경우 시작 부분의 위치를 기준으로 쪽수를 기록하고, 조(條)보다 큰 단위인 편·장·절·관(編章節欵)의 제목은 조번호 대신 '제목'으로 표시하였다.

(3) 원본은 띄어쓰기가 되어 있지 않으나 이용의 편의를 위해 현대 한글맞춤법에 준하여 띄어쓰기를 추가하였다. 단, '會社財産, 調査終了, 資本減少'처럼 명사가 연속된 일부 표현은 띄지 않았다.

4. 일본어 원문의 배열은 다음의 원칙을 따랐다.

(1) 원문의 텍스트는 일본 나고야(名古屋)대 法律情報基盤 사이트(https://law-platform.jp)에서 제공하는 "明治商法(明治32年)"을 인용하였다.

(2) 조문마다 번역문을 먼저 제시하고 원문을 나중에 제시하였다.

(3) 제목은 번역문과 원문이 거의 차이가 없으므로 번역문과 원문이 일치하지 않는 경우에만 구분하여 제시하였다.

* 제1편(총칙), 제2편(회사), 제3편(상행위) 중에서 제1편(총칙), 제2편(회사)임

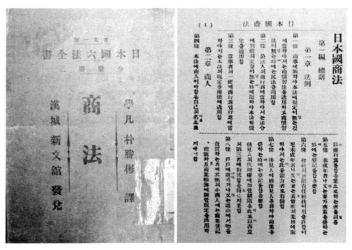

『일본국육법전서 분책제삼 상법』의 표지와 내용

〈상법001_제목번역〉 日本國商法 第一編 總則 第一章 法例

〈상법001_제목원문〉 商法 第一編 總則 第一章 法例

〈상법001_001조번역〉 商事에 關하야 本法에 規定이 無[업]는 것에 當하야서
는 商慣習法을 適用하고 商慣習法이 無[업]는 時[째]에는 民法을 適用함

〈상법001_001조원문〉 商事ニ関シ本法ニ規定ナキモノニ付テハ商慣習法ヲ適用
シ商慣習法ナキトキハ民法ヲ適用ス

〈상법001_002조번역〉 公法人의 商行爲에 當하야서는 法令에 別般의 定함이
無[업]는 時[째]에 限하야 本法의 規定을 適用함

〈상법001_002조원문〉 公法人ノ商行為ニ付テハ法令ニ別段ノ定ナキトキニ限リ
本法ノ規定ヲ適用ス

〈상법001_003조번역〉 當事者의 一便을 爲하야[4] 商行爲되는[5] 行爲에 當하야서
는 本法의 規定을 兩便에 適用함

〈상법001_003조원문〉 当事者ノ一方ノ為メニ商行為タル行為ニ付テハ本法ノ規
定ヲ双方ニ適用ス

〈상법001_제목〉 第二章 商人

〈상법001_004조번역〉 本法에 商人이라 함은 自己의 名[이름]으로以[써] 商行
爲를 함을 業으로 하는 者를 謂[일]름

〈상법001_004조원문〉 本法ニ於テ商人トハ自己ノ名ヲ以テ商行為ヲ為スヲ業ト
スル者ヲ謂フ

〈상법001_005조번역〉 未成年者나 又[쏘]는 妻가 商業을 營하는 時[째]에는 登
記를 함을 要함

〈상법001_005조원문〉 未成年者又ハ妻カ商業ヲ営ムトキハ登記ヲ為スコトヲ要
ス

〈상법001_006조번역〉 會社의 無限責任社員됨을 許함이 된 未成年者나 又[쏘]
는 妻는 其[그] 會社의 業務에 關하야서는 此[이]를 能力者로 看做함

〈상법001_006조원문〉 会社ノ無限責任社員ト為ルコトヲ許サレタル未成年者又

---

4 을爲하야 : '에'로 잘못되었으나 정오표에 반영되지 않음.
5 되는 : '인'으로 잘못되었으나 정오표에 반영되지 않음.

ハ妻ハ其会社ノ業務ニ関シテハ之ヲ能力者ト看做ス

〈상법001_007조1항번역〉 後見人이 被後見人을 爲하야 商業을 營하는 時[째]
　　에는 登記를 함을 要함

〈상법001_004조1항원문〉 後見人カ被後見人ノ為メニ商業ヲ営ムトキハ登記ヲ
　　為スコトヲ要ス

〈상법001_007조2항조번역〉 後見人의 代理權에 加한 制限은 此[이]로以[써] 善
　　意의 第三者에 對抗함을 得[으]ㄷ지 못함

〈상법001_007조2항조원문〉 後見人ノ代理權ニ加ヘタル制限ハ之ヲ以テ善意ノ
　　第三者ニ対抗スルコトヲ得ス

〈상법001_008조번역〉 戸戸에 就[나아]가거나 又[또]는 道路에서 物을 賣買
　　하는 者며 其他의 小商人에는 商業登記、商號와 及[밋] 商業帳簿에 關한 規定
　　을 適用하지 아니함

〈상법001_008조원문〉 戸戸ニ就キ又ハ道路ニ於テ物ヲ売買スル者其他小商人ニ
　　ハ商業登記、商号及ヒ商業帳簿ニ関スル規定ヲ適用セス

〈상법002_제목〉 第三章 商業登記

〈상법002_009조번역〉 本法의 規定에 依하야 登記하겟는 事項은 當事者의 請
　　求에 因하야 其[그] 營業所의 裁判所에 備置한 商業登記簿에 此[이]를 登記함

〈상법002_009조원문〉 本法ノ規定ニ依リ登記スヘキ事項ハ当事者ノ請求ニ因リ
　　其営業所ノ裁判所ニ備ヘタル商業登記簿ニ之ヲ登記ス

〈상법002_010조번역〉 本店의 所在地에 登記하겟는 事項은 本法에 別般의 定함
　　이 無[업]는 時[째]에는 支店의 所在地에도 亦[또]한 此[이]를 登記함을 要함

〈상법002_010조원문〉 本店ノ所在地ニ於テ登記スヘキ事項ハ本法ニ別段ノ定ナ
　　キトキハ支店ノ所在地ニ於テモ亦之ヲ登記スルコトヲ要ス

〈상법002_011조번역〉 登記한 事項은 裁判所에서 遲滯 無[업]시 此[이]를 公告
　　함을 要함

〈상법002_011조원문〉 登記シタル事項ハ裁判所ニ於テ遲滯ナク之ヲ公告スルコ
　　トヲ要ス

〈상법002_012조번역〉 登記하겟는 事項은 登記와 及[밋] 公告의 後에 아니면

此[이]로以[써] 善意의 第三者에 對抗함을 得[으]ㄷ지 못함 登記와 及[밋] 公
告의 後에라도 第三者가 正當한 事由에 因하야 此[이]를 知[아]ㄹ지 못하얏
슨 時[째]에 亦[坐]한 同[가]틈

〈상법002_012조원문〉 登記スヘキ事項ハ登記及ヒ公告ノ後ニ非サレハ之ヲ以テ
善意ノ第三者ニ対抗スルコトヲ得ス登記及ヒ公告ノ後ト雖モ第三者カ正当ノ事
由ニ因リテ之ヲ知ラサリシトキ亦同シ

〈상법002_013조번역〉 支店의 所在地에 登記하갯는 事項을 登記하지 아니하
얏슨 時[째]에는 前條의 規定은 其[그] 支店에서 한 去來에 當하야서만 此
[이]를 適用함

〈상법002_013조원문〉 支店ノ所在地ニ於テ登記スヘキ事項ヲ登記セサリシトキ
ハ前条ノ規定ハ其支店ニ於テ為シタル取引ニ付テノミ之ヲ適用ス

〈상법002_014조번역〉 登記는 其[그] 公告와 牴触하는 時[째]에라도 此[이]로
以[써] 第三者에 對抗함을 得[으]틈

〈상법002_014조원문〉 登記ハ其公告ト牴触スルトキト雖モ之ヲ以テ第三者ニ対
抗スルコトヲ得

〈상법002_015조번역〉 登記한 事項에 變更을 生하거나 又[坐]는 其[그] 事項이
消滅한 時[째]에는 當事者는 遲滯 無[업]시 變更이나 又[坐]는 消滅의 登記를
함을 要함

〈상법002_015조원문〉 登記シタル事項ニ変更ヲ生シ又ハ其事項カ消滅シタルト
キハ当事者ハ遅滞ナク変更又ハ消滅ノ登記ヲ為スコトヲ要ス

〈상법002_제목〉 第四章 商號

〈상법002_016조번역〉 商人은 其[그] 姓、姓名이며 其他의 名稱으로以[써] 商
號로 함을 得[으]틈

〈상법002_016조원문〉 商人ハ其氏、氏名其他ノ名称ヲ以テ商号ト為スコトヲ得

〈상법002_017조번역〉 會社의 商號中에는 其[그] 種類에 從[조]차서 合名會
社、合資會社、株式會社나 又[坐]는 株式合資會社인 文字를 用[쓰]ㅁ을 要함

〈상법002_017조원문〉 会社ノ商号中ニハ其種類ニ従ヒ合名会社、合資会社、株
式会社又ハ株式合資会社ナル文字ヲ用ユルコトヲ要ス

〈상법003_018조1항번역〉會社가 아니고 商號中에 會社임을 示[보]이는 文字를 用[쓰]ㅁ을 得[으]ㄷ지 못함 會社의 營業을 讓受한 時[째]에라도 亦[쏘]한 同[가]틈

〈상법003_018조1항원문〉会社ニ非スシテ商号中ニ会社タルコトヲ示スヘキ文字ヲ用ユルコトヲ得ス会社ノ營業ヲ讓受ケタルトキト雖モ亦同シ

〈상법003_018조2항번역〉前項의 規定에 違反한 者는 五圓以上 五十圓以下의 過料에 處함이 됨

〈상법003_018조2항원문〉前項ノ規定ニ違反シタル者ハ五円以上五十円以下ノ過料ニ処セラル

〈상법003_019조번역〉他人이 登記한 商號는 同市町村 內에서 同一한 營業을 爲하야 此[이]를 登記함을 得[으]ㄷ지 못함

〈상법003_019조원문〉他人カ登記シタル商号ハ同市町村內ニ於テ同一ノ營業ノ爲メニ之ヲ登記スルコトヲ得ス

〈상법003_020조1항번역〉商號의 登記를 한 者는 不正한 競爭의 目的으로以[써] 同一하거나 又[쏘]는 類似한 商號를 使用하는 者에 對하야 其[그] 使用을 止[그]침을 請求함을 得[으]듬 但 損害賠償의 請求를 妨碍하지 아니함

〈상법003_020조1항원문〉商号ノ登記ヲ爲シタル者ハ不正ノ競爭ノ目的ヲ以テ同一又ハ類似ノ商号ヲ使用スル者ニ対シテ其使用ヲ止ムヘキコトヲ請求スルコトヲ得但損害賠償ノ請求ヲ妨ケス

〈상법003_020조2항번역〉同市町村 內에서 同一한 營業을 爲하야 他人의 登記한 商號를 使用하는 者는 不正한 競爭의 目的으로以[써] 此[이]를6 使用하는 것으로 推定함

〈상법003_020조2항원문〉同市町村內ニ於テ同一ノ營業ノ爲メニ他人ノ登記シタル商号ヲ使用スル者ハ不正ノ競爭ノ目的ヲ以テ之ヲ使用スルモノト推定ス

〈상법003_021조번역〉商號의 讓渡는 其[그] 登記를 하지 아니하면 此[이]로以[써] 第三者에 對抗함을 得[으]ㄷ지 못함

---

6 를 : '틀'로 잘못된 것을 정오표에서 수정함.

〈상법003_021조원문〉商号ノ讓渡ハ其登記ヲ為スニ非サレハ之ヲ以テ第三者ニ
　　対抗スルコトヲ得ス

〈상법003_022조1항번역〉商號와 共[함]씌 營業을 讓渡한 境遇에 當事者가 別
　　般의 意思를 表示하지 아니한 時[째]에는 讓渡人은 同市町村 內에서 二十年
　　間 同一한 營業을 함을 得[으]디지 못함

〈상법003_022조1항원문〉商号ト共ニ營業ヲ讓渡シタル場合ニ於テ当事者カ別
　　段ノ意思ヲ表示セサリシトキハ讓渡人ハ同市町村内ニ於テ二十年間同一ノ營業
　　ヲ為スコトヲ得ス

〈상법003_022조2항번역〉讓渡人이 同一한 營業을 하지 아니할 特約을 한 時
　　[째]에는 其[그] 特約은 同府縣 內에 且[坐] 三十年을 超過하지 아니하는 範
　　圍 內에서만 其[그] 效力을 有함

〈상법003_022조2항원문〉　讓渡人カ同一ノ營業ヲ為ササル特約ヲ為シタルト
　　キハ其特約ハ同府縣内且三十年ヲ超エサル範囲内ニ於テノミ其効力ヲ有ス

〈상법004_022조3항번역〉讓渡人은 前二項의 規定에 拘[거릿]기지 아니하고 不
　　正한 競爭의 目的으로以[써] 同一한 營業을 함을 得[으]디지 못함

〈상법004_022조3항원문〉　讓渡人ハ前二項ノ規定ニ拘ハラス不正ノ競爭ノ目的
　　ヲ以テ同一ノ營業ヲ為スコトヲ得ス

〈상법004_023조번역〉前條의 規定은 營業만을 讓渡한 境遇에 此[이]를 準用함
〈상법004_023조원문〉前条ノ規定ハ營業ノミヲ讓渡シタル場合ニ之ヲ準用ス

〈상법004_024조1항번역〉商號의 登記를 한 者가 其[그] 商號를 廢止하거나
　　又[坐]는 此[이]를 變更한 境遇에 其[그] 廢止나 又[坐]는 變更의 登記를 하지
　　아니하는 時[째]에는 利害關係人은 其[그] 登記의 抹消를 裁判所에 請求함을
　　得[으]듬

〈상법004_024조1항원문〉商号ノ登記ヲ為シタル者カ其商号ヲ廃止シ又ハ之ヲ
　　変更シタル場合ニ於テ其廃止又ハ変更ノ登記ヲ為ササルトキハ利害関係人ハ
　　其登記ノ抹消ヲ裁判所ニ請求スルコトヲ得

〈상법004_024조2항번역〉前項의 境遇에 裁判所는 登記를 한 者에 對하야 相
　　當한 期間을 定하야 異議가 有[이]스면 其[그] 期間 內에 此[이]를 申呈할 意

[쑈]을 催告하고 若[만]일 其[그] 期間 內에 異議의 申呈이 無[업]는 時[째]에
는 卽[곧] 其[그] 登記를 抹消함을 要함

〈상법004_024조2항원문〉 前項ノ場合ニ於テ裁判所ハ登記ヲ為シタル者ニ対シ
相当ノ期間ヲ定メ異議アラハ其期間内ニ之ヲ申立ツヘキ旨ヲ催告シ若シ其期間
内ニ異議ノ申立ナキトキハ直チニ其登記ヲ抹消スルコトヲ要ス

〈상법004_제목〉 第五章 商業帳簿

〈상법004_025조1항번역〉 商人은 帳簿를 備置하야 此[이]에 日日의 去來며 其
他 財産에 影響을 及[밋7]치갯는 一切의 事項을 整然하며 且[또] 明瞭히 記載
함을 要함 但 家事費用은 一個月마다 其[그] 總額을 記載함으로以[써] 足함

〈상법005_025조1항원문〉 商人ハ帳簿ヲ備ヘ之ニ日日ノ取引其他財産ニ影響ヲ及
ホスヘキ一切ノ事項ヲ整然且明瞭ニ記載スルコトヲ要ス但家事費用ハ一个月毎
ニ其総額ヲ記載スルヲ以テ足ル

〈상법004_025조2항번역〉 小賣의 去來는 現金販賣와 信用販賣를 分[나]눠서
日日의 賣上總額만을 記載함을 得[으]듬

〈상법005_025조2항원문〉 小売ノ取引ハ現金売ト掛売トヲ分チ日日ノ売上総額
ノミヲ記載スルコトヲ得

〈상법004_026조1항번역〉 動産、不動産、債權、債務며 其他의 財産의 總目録
과 及[밋] 貸方借方의 對照表는 商人의 開業의 時[째]나 又[또]는 會社의 設立
登記의 時[째]와 及[밋] 每年 一回 一定한 時期에 此[이]를 製作하며 特히 設
置한 帳簿에 此[이]를 記載함을 要함

〈상법005_026조1항원문〉 動産、不動産、債権、債務其他ノ財産ノ総目録及ヒ
貸方借方ノ対照表ハ商人ノ開業ノ時又ハ会社ノ設立登記ノ時及ヒ毎年一回一定
ノ時期ニ於テ之ヲ作リ特ニ設ケタル帳簿ニ之ヲ記載スルコトヲ要ス

〈상법005_026조2항번역〉 財産目録에는動産、不動産、債權이며 其他의 財産
에 其[그] 目録을 調製하는 時[째]엣 價格을 懸[다]름을 要함

〈상법005_026조2항원문〉 財産目録ニハ動産、不動産、債権其他ノ財産ニ其目

---

7 밋 : '미'로 잘못되었으나 정오표에 반영되지 않음.

錄調製ノ時ニ於ケル価格ヲ附スルコトヲ要ス

〈상법005_027조번역〉 每年 二回以上 利益의 配當을 하는 會社에서는 每配當期에 前條의 規定에 從[조]차서 財産目錄과 及[밋] 貸借對照表를 製作함을 要함

〈상법005_027조원문〉 年二回以上利益ノ配当ヲ爲ス会社ニ在リテハ每配当期ニ前条ノ規定ニ従ヒ財産目録及ヒ貸借対照表ヲ作ルコトヲ要ス

〈상법005_028조1항번역〉 商人은 十年間 其[그] 商業帳簿와 及[밋] 其[그] 營業에 關한 書信을 保存함을 要함

〈상법005_028조1항원문〉 商人ハ十年間其商業帳簿及ヒ其営業ニ関スル信書ヲ保存スルコトヲ要ス

〈상법005_028조2항번역〉 前項의 期間은 商業帳簿에 當하야서는 其[그] 帳簿閉鎖의 時[째]로自[브]터 此[이]를 起算함

〈상법005_028조2항원문〉 前項ノ期間ハ商業帳簿ニ付テハ其帳簿閉鎖ノ時ヨリ之ヲ起算ス

〈상법005_제목〉 第六章 商業使用人

〈상법005_029조번역〉 商人은 支配人을 選任하여 其[그] 本店이나 又[쏘]는 支店에서 其[그] 商業을 營하게 함을 得[으]듬

〈상법005_029조원문〉 商人ハ支配人ヲ選任シ其本店又ハ支店ニ於テ其商業ヲ営マシムルコトヲ得

〈상법005_030조1항번역〉 支配人은 主人에 代[대신]하야 其[그] 營業에 關한 一切의 裁判上이나 又[쏘]는 裁判外의 行爲를 하는 權限을 有함

〈상법005_030조1항원문〉 支配人ハ主人ニ代ハリテ其営業ニ関スル一切ノ裁判上又ハ裁判外ノ行為ヲ爲ス権限ヲ有ス

〈상법005_030조2항번역〉 支配人은 差人、 使喚이며 其他의 使用人을 選任하거나 又[쏘]는 解任함을 得[으]듬

〈상법005_030조2항원문〉 支配人ハ番頭、手代其他ノ使用人ヲ選任又ハ解任スルコトヲ得

〈상법005_030조3항번역〉 支配人의 代理權에 加한 制限은 此[이]로以[써] 善意의 第三者에 對抗함을 得[으]디지 못함

〈상법005_030조3항원문〉 支配人ノ代理權ニ加ヘタル制限ハ之ヲ以テ善意ノ第
三者ニ対抗スルコトヲ得ス

〈상법005_031조번역〉 支配人의 選任과 及[밋] 其[그] 代理權의 消滅은 此[이]
를 置[두]ㄴ 本店이나 又[쏘]는 支店의 所在地에 主人이 此[이]를 登記함을
要함

〈상법005_031조원문〉 支配人ノ選任及ヒ其代理權ノ消滅ハ之ヲ置キタル本店又
ハ支店ノ所在地ニ於テ主人之ヲ登記スルコトヲ要ス

〈상법005_032조1항번역〉 支配人은 主人의 許諾이 有[이]ㅅ지 아니하면 自己
나 又[쏘]는 第三者를 爲하야 商行爲를 하거나 又[쏘]는 會社의 無限責任社員
이 됨을 得[으]ㄷ지 못함

〈상법005_032조1항원문〉 支配人ハ主人ノ許諾アルニ非サレハ自己又ハ第三者
ノ為ニ商行為ヲ為シ又ハ会社ノ無限責任社員ト為ルコトヲ得ス

〈상법006_032조2항번역〉 支配人이 前項의 規定에 反하야 自己[8]를 爲하야 商
行爲를 한 時[째]에는 主人은 此[이]로以[써] 自己[9]를 爲하야서 한 것으로
看做함을 得[으]듬

〈상법006_032조2항원문〉 支配人カ前項ノ規定ニ反シテ自己ノ為ニ商行為ヲ
為シタルトキハ主人ハ之ヲ以テ自己ノ為ニ為シタルモノト看做スコトヲ得

〈상법006_032조3항번역〉 前項에 定한 權利는 主人이 其[그] 行爲를 知[아]른
時[째]로自[브]터 二週間에 此[이]를 行하지 아니한 時[째]에는 消滅함 行爲
의 時[째]로自[브]터 一年을 經過한 時[째]에 亦[쏘]한 同[가]틈

〈상법006_032조3항원문〉 前項ニ定メタル權利ハ主人カ其行為ヲ知リタル時
ヨリ二週間之ヲ行ハサルトキハ消滅ス行為ノ時ヨリ一年ヲ経過シタルトキ亦
同シ

〈상법006_033조1항번역〉 商人은 差人이나 又[쏘]는 使喚을 選任하야 其[그]
營業에 關한 某種類나 又[쏘]는 特定한 事項을 委任함을 得[으]듬

〈상법006_033조1항원문〉 商人ハ番頭又ハ手代ヲ選任シ其営業ニ関スル或種類

---

8 己 : '已'로 잘못되었으나 정오표에 반영되지 않음.

9 己 : '已'로 잘못되었으나 정오표에 반영되지 않음.

又ハ特定ノ事項ヲ委任スルコトヲ得

〈상법006_033조2항번역〉 差人이나 又[쏘]는 使喚은 其[그] 委任을 受[바]든 事項에 關하야 一切의 行爲를 하는 權限을 有함

〈상법006_033조2항원문〉 番頭又ハ手代ハ其委任ヲ受ケタル事項ニ関シ一切ノ 行爲ヲ爲ス権限ヲ有ス

〈상법006_034조번역〉 支配人、差人이나 又[쏘]는 使喚이 아닌 使用人은 主人에 代[대신]하야 法律行爲를 하는 權限을10 有하지 아니한 것으로 推定함

〈상법006_034조원문〉 支配人、番頭又ハ手代ニ非サル使用人ハ主人ニ代ハリテ 法律行爲ヲ爲ス権限ヲ有セサルモノト推定ス

〈상법006_035조번역〉 本章의 規定은 主人과 商業使用人의 間[사이]에 生하는 雇傭關係에 當하야 民法의 規定을 適用함을 妨碍하지 아11니함

〈상법006_035조원문〉 本章ノ規定ハ主人ト商業使用人トノ間ニ生スル雇傭関係 ニ付キ民法ノ規定ヲ適用スルコトヲ妨ケス

〈상법006_제목〉 第七章 代理商

〈상법006_036조번역〉 代理商이라 함은 使用人이 아니고서 一定한 商人을 爲하야 平常에 其[그] 營業의 部類에 屬한 商行爲의 代理나 又[쏘]는 媒介를 하는 者를 謂[일]름

〈상법006_036조원문〉 代理商トハ使用人ニ非スシテ一定ノ商人ノ為メニ平常其 営業ノ部類ニ属スル商行爲ノ代理又ハ媒介ヲ為ス者ヲ謂フ

〈상법006_037조번역〉 代理商이 商行爲의 代理나 又[쏘]는 媒介를 한 時[째]에는 遲滯 無[업]시 本人에 對하야 其[그] 通知를 發함을 要함

〈상법006_037조원문〉 代理商カ商行爲ノ代理又ハ媒介ヲ為シタルトキハ遲滯 ナク本人ニ対シテ其通知ヲ発スルコトヲ要ス

〈상법006_038조1항번역〉 代理商은 本人의 許諾이 有[이]ㅅ지 아니하면 自己나 又[쏘]는 第三者를 爲하야 本人의 營業의 部類에 屬한 商行爲를 하거나 又[쏘]는 同種의 營業을 目的으로 하는 會社의 無限責任社員이 됨을 得[으]다

---

10 을 : '를'로 잘못되었으나 정오표에 반영되지 않음.

11 아 : '안'으로 잘못되었으나 정오표에 반영되지 않음.

지 못함

〈상법006_038조1항원문〉　代理商ハ本人ノ許諾アルニ非サレハ自己又ハ第三者
　　ノ為メニ本人ノ営業ノ部類ニ属スル商行為ヲ為シ又ハ同種ノ営業ヲ目的トス
　　ル会社ノ無限責任社員ト為ルコトヲ得ス

〈상법007_038조2항번역〉　第三十二條　第二項과　及[밋]　第三項의　規定은　代理商
　　이　前項의　規定에　違反한　境遇에　此[이]를　準用함

〈상법007_038조2항원문〉　第三十二条第二項及ヒ第三項ノ規定ハ代理商カ前項ノ
　　規定ニ違反シタル場合ニ之ヲ準用ス

〈상법007_039조번역〉　物品販賣의　委託[12]을　受[바]든　代理商은　賣買의　目的物
　　의　瑕疵나　又[쏘]는　其[그]　數量의　不足이며　其他　賣買의　履行에　關한　通知를
　　受[바]ㄷ는　權限을　有함

〈상법007_039조원문〉　物品販売ノ委託ヲ受ケタル代理商ハ売買ノ目的物ノ瑕疵
　　又ハ其数量ノ不足其他売買ノ履行ニ関スル通知ヲ受クル権限ヲ有ス

〈상법007_040조1항번역〉　當事者가　契約의　期間을　定하지　아니하얏슨　時[째]
　　에는　各當事者는　二介月　前에　豫告를　하야　其[그]　契約의　解除를　함을　得[으]
　　듬

〈상법007_040조1항원문〉　当事者カ契約ノ期間ヲ定メサリシトキハ各当事者ハ
　　二个月前ニ予告ヲ為シテ其契約ノ解除ヲ為スコトヲ得

〈상법007_040조2항번역〉　當事者가　契約의　期間을　定하얏슴과　否함을[13]　問
　　[무]ㄹ지　아니하고　不得已[14]한　事由가　有[이]ㅅ는　時[째]에는　各當事者는　何
　　[어느]時[째]에든지　其[그]　契約의　解除를　함을　得[으]듬

〈상법007_040조2항원문〉　当事者カ契約ノ期間ヲ定メタルト否トヲ問ハス已ム
　　コトヲ得サル事由アルトキハ各当事者ハ何時ニテモ其契約ノ解除ヲ為スコト
　　ヲ得

〈상법007_041조번역〉　代理商은　商行爲의　代理나　又[쏘]는　媒介를　함에　因하야

---

12 託 : ‘托’으로 잘못되었으나 정오표에 반영되지 않음.
13 을 : ‘은’으로 잘못된 것을 정오표에서 수정함.
14 已 : ‘己’로 잘못되었으나 정오표에 반영되지 않음.

生한 債權에 當하야서 本人을 爲하야 占有한 物을 留置함을 得[으]듬 但 別般
의 意思表示가 有[이]슨[15] 時[째]에는 此[이] 限에 在[이]ㅅ지 아니함

〈상법007_041조원문〉 代理商ハ商行爲ノ代理又ハ媒介ヲ爲シタルニ因リテ生シ
タル債權ニ付キ本人ノ爲メニ占有スル物ヲ留置スルコトヲ得但別段ノ意思表示
アリタルトキハ此限ニ在ラス

〈상법007_제목〉 第二編 會社 第一章 總則

〈상법007_042조번역〉 本法에 會社라 함은 商行爲를 함을 業으로 할 目的으로
以[써] 設立한 社団을 謂[일]름

〈상법007_042조원문〉 本法ニ於テ会社トハ商行爲ヲ爲スヲ業トスル目的ヲ以
テ設立シタル社団ヲ謂フ

〈상법008_043조번역〉 會社는 合名會社、合資會社、株式會社와 及[밋] 株式合
資會社의 四種으로 함

〈상법008_043조원문〉 会社ハ合名会社、合資会社、株式会社及ヒ株式合資会社
ノ四種トス

〈상법008_044조1항번역〉 會社는 此[이]를 法人으로 함

〈상법008_044조1항원문〉 会社ハ之ヲ法人トス

〈상법008_044조2항번역〉 會社의 住所는 其[그] 本店의 所在地에 在[이]ㅅ는
것으로 함

〈상법008_044조2항원문〉 会社ノ住所ハ其本店ノ所在地ニ在ルモノトス

〈상법008_045조번역〉 會社의 設立은 其[그] 本店의 所在地에 登記를 하지 아
니하면 此[이]로以[써] 第三者에 對抗함을 得[으]ㄷ지 못함

〈상법008_045조원문〉 会社ノ設立ハ其本店ノ所在地ニ於テ登記ヲ爲スニ非サレ
ハ之ヲ以テ第三者ニ対抗スルコトヲ得ス

〈상법008_046조번역〉 會社는 其[그] 本店의 所在地에 登記를 하지 아니하면
開業의 準備에 着手함을 得[으]ㄷ지 못함

〈상법008_046조원문〉 会社ハ其本店ノ所在地ニ於テ登記ヲ爲スニ非サレハ開業

---

15 슨 : '슨' 앞에 'ㅅ'이 잘못 들어간 것을 정오표에서 수정함.

ノ準備ニ著手スルコトヲ得ス

〈상법008_047조번역〉會社가 本店의 所在地에 登記를 한 後 六個月 內에 開業을 하지 아니한 時[째]에는 裁判所는 檢事의 請求에 因하거나 又[坐]는 職權으로 以[써] 其[그] 解散을 命함을 得[으]듬 但 正當한 事由가 有[이]ㅅ는 時[째]에는 其[그] 會社의 請求에 因하야 此[이] 期間을 伸長함을 得[으]듬

〈상법008_047조원문〉会社カ本店ノ所在地ニ於テ登記ヲ為シタル後六个月内ニ開業ヲ為ササルトキハ裁判所ハ檢事ノ請求ニ因リ又ハ職權ヲ以テ其解散ヲ命スルコトヲ得但正当ノ事由アルトキハ其会社ノ請求ニ因リ此期間ヲ伸長スルコトヲ得

〈상법008_048조번역〉會社가 公共의 秩序나 又[坐]는 善良한 風俗에 反하는 行爲를 한 時[째]에는 裁判所는 檢事의 請求에 因하거나 又[坐]는 職權으로 以[써] 其[그] 解散을 命함을 得[으]듬

〈상법008_048조원문〉 会社カ公ノ秩序又ハ善良ノ風俗ニ反スル行為ヲ為シタルトキハ裁判所ハ檢事ノ請求ニ因リ又ハ職權ヲ以テ其解散ヲ命スルコトヲ得

〈상법008_제목〉第二章 合名會社 第一節 設立

〈상법008_049조번역〉合名會社를 設立함에는 定欵을 製作함을 要함

〈상법008_049조원문〉合名会社ヲ設立スルニハ定款ヲ作ルコトヲ要ス

〈상법008_050조번역〉合名會社의 定欵에는 左의 事項을 記載하고 各 社員이 此[이]에 署名함을 要함

〈상법008_050조원문〉 合名会社ノ定款ニハ左ノ事項ヲ記載シ各社員之ニ署名スルコトヲ要ス

〈상법008_050조(1-5)번역〉一 目的 二 商號 三 社員의 姓名、住所 四 本店과 及[및] 支店의 所在地 五 社員의 出資의 種類와 及[및] 價格이나 又[坐]는 評價의 標準

〈상법008_050조(1-5)원문〉一 目的 二 商号 三 社員ノ氏名、住所 四 本店及ヒ支店ノ所在地 五 社員ノ出資ノ種類及ヒ価格又ハ評価ノ標準

〈상법009_051조1항번역〉會社는 定欵을 製作한 日[날]로自[브]터 二週間 內에 其[그] 本店과 及[및]16 支店의 所在地에 左의 事項을 登記함을 要함

〈상법009_051조1항원문〉 会社ハ定款ヲ作リタル日ヨリ二週間内ニ其本店及ヒ
支店ノ所在地ニ於テ左ノ事項ヲ登記スルコトヲ要ス

〈상법009_051조1항(1-6)번역〉 一 前條 第一號 至 第三號에 掲한 事項 二 本店
과 及[밋] 支店 三 設立의 年月日 四 存立時期나 又는 解散의 事由를 定한 時
[째]에는 其[그] 時期나 又는 事由 五 社員의 出資의 種類와 及[밋] 財産을 目
的으로 하는 出資의 價格 六 會社를 代表할 社員을 定한 時[째]에는 其[그]
姓名

〈상법009_051조1항(1-6)원문〉 一 前条第一号乃至第三号ニ掲ケタル事項 二 本
店及ヒ支店 三 設立ノ年月日 四 存立時期又ハ解散ノ事由ヲ定メタルトキハ其時
期又ハ事由 五 社員ノ出資ノ種類及ヒ財産ヲ目的トスル出資ノ価格 六 会社ヲ代
表スヘキ社員ヲ定メタルトキハ其氏名

〈상법009_051조2항번역〉 會社設立의 後에 支店을 設置한 時[째]에는 其[그]
支店의 所在地에는 二週間 內에 前項에 定한 登記를 하고 本店과 及[밋] 他
[다]른 支店의 所在地에는 同期間 內에 其[그] 支店을 設置하얏슴을 登記함을
要함

〈상법009_051조2항원문〉 会社設立ノ後支店ヲ設ケタルトキハ其支店ノ所在地
ニ於テハ二週間内ニ前項ニ定メタル登記ヲ為シ本店及ヒ他ノ支店ノ所在地ニ於
テハ同期間内ニ其支店ヲ設ケタルコトヲ登記スルコトヲ要ス

〈상법009_051조3항번역〉 本店이나 又[쏘][17]는 支店의 所在地를 管轄하는 登
記所의 管轄區域 內에 新[새]로 支店을 設置한 時[째]에는 其[그] 支店을 設置
하얏슴을 登記함으로以[써] 足함

〈상법009_051조3항원문〉 本店又ハ支店ノ所在地ヲ管轄スル登記所ノ管轄区域
内ニ於テ新ニ支店ヲ設ケタルトキハ其支店ヲ設ケタルコトヲ登記スルヲ以テ
足ル

〈상법010_052조1항번역〉 會社가 其[그] 本店이나 又[쏘][18]는 支店을 移轉한

---

16 [밋] : '[밋]'이 누락되었으나 정오표에 반영되지 않음.
17 [쏘] : '[쏘]'가 누락되었으나 정오표에 반영되지 않음.
18 [쏘] : '[쏘]'가 누락되었으나 정오표에 반영되지 않음.

時[째]에는 舊所在地에는 二週間 內에 移轉의 登記를 하고 新所在地에는 同期間 內에 前條 第一項에 定한 登記를 함을 要함

〈상법009_052조1항원문〉 会社カ其本店又ハ支店ヲ移転シタルトキハ旧所在地ニ於テハ二週間内ニ移転ノ登記ヲ為シ新所在地ニ於テハ同期間内ニ前条第一項ニ定メタル登記ヲ為スコトヲ要ス

〈상법010_052조2항번역〉 同一의 登記所의 管轄區域 內에 本店이나 又[쏘]는 支店을 移轉한 時[째]에는 其[그] 移轉만의 登記를 함을 要함

〈상법010_052조2항원문〉 同一ノ登記所ノ管轄区域内ニ於テ本店又ハ支店ヲ移転シタルトキハ其移転ノミノ登記ヲ為スコトヲ要ス

〈상법010_053조번역〉 第五十一條 第一項에 掲한 事項中에 變更이 生한 時[째]에는 二週間 內에 本店과 及[밋] 支店의 所在地에 其[그] 登記함[19]을 要함

〈상법010_053조원문〉 第五十一条第一項ニ掲ケタル事項中ニ変更ヲ生シタルトキハ二週間内ニ本店及ヒ支店ノ所在地ニ於テ其登記ヲ為スコトヲ要ス

〈상법010_제목번역〉 第二節 會社의 內部의 關係

〈상법010_제목원문〉 第二節 会社ノ内部ノ関係

〈상법010_054조번역〉 會社의 內部의 關係에 當하야서는 定欵이나 又[쏘]는 本法에 別般의 定함이 無[업]는 時[째]에는 組合에 關한 民法의 規定을 準用함

〈상법010_054조원문〉 会社ノ内部ノ関係ニ付テハ定款又ハ本法ニ別段ノ定ナキトキハ組合ニ関スル民法ノ規定ヲ準用ス

〈상법010_055조번역〉 社員이 債權으로 以[써] 出資의 目的으로 한 境遇에 債務者가 辦償期에 辦償을 하지 아니한 時[째]에는 社員은 其[그] 辦償의 責을 任[마]틈 此[이] 境遇에는 其[그] 利息을 支撥하는 外에 尙[오히]려 損害의 賠償을 함을 要함

〈상법010_055조원문〉 社員カ債権ヲ以テ出資ノ目的ト為シタル場合ニ於テ債務者カ弁済期ニ弁済ヲ為ササリシトキハ社員ハ其弁済ノ責ニ任ス此場合ニ於テ

---

19 함 : '함'이 누락된 것을 정오표에서 수정함.

ハ其利息ヲ払フ外尚ホ損害ノ賠償ヲ為スコトヲ要ス

〈상법010_056조번역〉 各社員은 定欵에 別般의 定함이 無[업]는 時[째]에는 會社의 業務를 執行하는 權利를 有하며 義務를 負함

〈상법010_056조원문〉 各社員ハ定款ニ別段ノ定ナキトキハ会社ノ業務ヲ執行スル權利ヲ有シ義務ヲ負フ

〈상법010_057조번역〉 支配人의 選任과[20] 及[밋] 解任은 特히 業務執行社員을 定한 時[째]에라도 社員의 過半數로以[써] 此[이]를 決함

〈상법010_057조원문〉 支配人ノ選任及ヒ解任ハ特ニ業務執行社員ヲ定メタルトキト雖モ社員ノ過半数ヲ以テ之ヲ決ス

〈상법010_058조번역〉 定欵의 變更이며 其他 會社의 目的의 範圍 內에 在[이]ㅅ지 아니하는 行爲를 함에는 總社員의 同意가 有[이]슴을 要함

〈상법010_058조원문〉 定款ノ変更其他会社ノ目的ノ範囲内ニ在ラサル行為ヲ為スニハ総社員ノ同意アルコトヲ要ス

〈상법011_059조번역〉 社員이 他[다]른 社員의 承諾을 得[으]ㄷ지 아니하고 其[그] 持分의 全部나 又[쏘][21]는 一部를 他人에 讓渡한 時[째]에는 其[그] 讓渡는 此[이]로以[써] 會社에 對抗함을 得[으]ㄷ지 못함

〈상법011_059조원문〉 社員カ他ノ社員ノ承諾ヲ得スシテ其持分ノ全部又ハ一部ヲ他人ニ讓渡シタルトキハ其讓渡ハ之ヲ以テ会社ニ対抗スルコトヲ得ス

〈상법011_060조1항번역〉 社員은 他[다]른 社員의 承諾이 有[이]ㅅ지 아니하면 自己나 又[쏘]는 第三者를 爲하야 會社의 營業의 部類에 屬한 商行爲를 하거나 又[쏘]는 同種의 營業을 目的으로 하는 他[다]른 會社의 無限責任社員이 됨을 得[으]ㄷ지 못함

〈상법011_060조1항원문〉 社員ハ他ノ社員ノ承諾アルニ非サレハ自己又ハ第三者ノ為メニ会社ノ営業ノ部類ニ属スル商行為ヲ為シ又ハ同種ノ営業ヲ目的トスル他ノ会社ノ無限責任社員ト為ルコトヲ得ス

〈상법011_060조2항번역〉 社員이 前項의 規定에 反하야 自己를 爲하야 商行爲

---

20 과 : '파'로 잘못된 것을 정오표에서 수정함.
21 [쏘] : '[쏘]'가 누락되었으나 정오표에 반영되지 않음.

를 한 時[째]에는 他[다]른 社員은 過半數의 決議에 依하야 此[이]로以[써]
會社를 爲하야서 한 것으로 看做함을 得[으]듬

〈상법011_060조2항원문〉 社員カ前項ノ規定ニ反シテ自己ノ爲メニ商行爲ヲ爲
シタルトキハ他ノ社員ハ過半數ノ決議ニ依リ之ヲ以テ會社ノ爲メニ爲シタル
モノト看做スコトヲ得

〈상법011_060조3항번역〉 前項에 定한 權利는 他[다]른 社員一人이 其[그] 行
爲를 知[아]른 時[째]로自[브]터 二週間에 此[이]를 行하지 아니한 時[째]에
는 消滅함 行爲의 時[째]로自[브]터 一年을 經過한 時[째]에 亦[쏘]한 同[가]
듬

〈언문일치상법011_060조3항원문〉 前項ニ定メタル權利ハ他ノ社員ノ一人カ其
行爲ヲ知リタル時ヨリ二週間之ヲ行ハサルトキハ消滅ス行爲ノ時ヨリ一年ヲ
經過シタルトキ亦同シ

〈상법011_제목번역〉 第三節 會社의 外部의 關係

〈상법011_제목원문〉 第三節 會社ノ外部ノ關係

〈상법011_061조번역〉 定款이나 又[쏘]는 總社員의 同意로以[써] 特히 會社를
代表할 社員을 定하지 아니한 時[째]에는 各社員이 會社를 代表함

〈상법011_061조원문〉 定款又ハ總社員ノ同意ヲ以テ特ニ會社ヲ代表スヘキ社員
ヲ定メサルトキハ各社員會社ヲ代表ス

〈상법011_062조1항번역〉 會社를 代表하는 社員은 會社의 營業에 關한 一切의
裁判上이나 又[쏘]는 裁判外의 行爲를 하는 權限을 有함

〈상법011_062조1항원문〉 會社ヲ代表スヘキ社員ハ會社ノ營業ニ關スル一切ノ
裁判上又ハ裁判外ノ行爲ヲ爲ス權限ヲ有ス

〈상법011_062조2항번역〉 民法 第四十四條 第一項과22 及[및] 第五十四條의 規
定은 合名會社에 此[이]를 適用함

〈상법011_062조2항원문〉 民法第四十四條第一項及ヒ第五十四條ノ規定ハ合名會
社ニ之ヲ準用ス

---

22 과 : '파'로 잘못된 것을 정오표에서 수정함.

〈상법012_063조번역〉會社의 財産으로以[써] 會社의 債務를 完償함이 能하지 못한 時[째]에는 各社員이 連帶하야 其[그] 辦23償의 責을 任[마]틈

〈상법012_063조원문〉 会社財産ヲ以テ会社ノ債務ヲ完済スルコト能ハサルトキハ各社員連帶シテ其弁済ノ責ニ任ス

〈상법012_064조번역〉設立 後에 會社에 加入한 社員은 其[그] 加入 前에 生한 會社의 債務에 當하야서도 亦[쏘]한 責任을 負함

〈상법012_064조원문〉設立ノ後会社ニ加入シタル社員ハ其加入前ニ生シタル会社ノ債務ニ付テモ亦責任ヲ負フ

〈상법012_065조번역〉社員이 아닌 者에24 自己25를 社員이라고 信[미]ㄷ갯게 한 行爲가 有[이]슨 時[째]에는 其[그] 者는 善意의 第三者에 對하야 社員과 同一한 責任을 負함

〈상법012_065조원문〉社員ニ非サル者ニ自己ヲ社員ナリト信セシムヘキ行為アリタルトキハ其者ハ善意ノ第三者ニ対シテ社員ト同一ノ責任ヲ負フ

〈상법012_066조번역〉社員의 出資의 減少는 此[이]로以[써] 會社의 債權者에26 對抗함을 得[으]ㄷ지 못함 但 本店의 所在地에 其[그] 登記를 한 後 二年 間 債權者가 此[이]에 對하야 異議를 述하지 아니한 時[째]에는 此[이] 限에 在[이]ㅅ지 아니함

〈상법012_066조원문〉社員ノ出資ノ減少ハ之ヲ以テ会社ノ債権者ニ対抗スルコトヲ得ス但本店ノ所在地ニ於テ其登記ヲ為シタル後二年間債権者カ之ニ対シテ異議ヲ述ヘサリシトキハ此限ニ在ラス

〈상법012_067조1항번역〉會社는 損失을 補充한 後에 아니면 利益의 配當을 함을 得[으]ㄷ지 못함

〈상법012_067조1항원문〉 会社ハ損失ヲ填補シタル後ニ非サレハ利益ノ配当ヲ為スコトヲ得ス

---

23 辦 : '辨'으로 잘못된 것을 정오표에서 수정함.
24 에 : '에게'로 잘못된 것을 정오표에서 수정함.
25 己 : '已'로 잘못되었으나 정오표에 반영되지 않음.
26 에 : '에게'로 잘못된 것을 정오표에서 수정함.

〈상법012_067조2항번역〉前項의 規定에 違反하야 配當을 한 時[째]에는 會社의 債權者는 此[이]를 返還하게 함을 得[으]틈

〈상법012_067조2항원문〉前項ノ規定ニ違反シテ配当ヲ為シタルトキハ会社ノ 債權者ハ之ヲ返還セシムルコトヲ得

〈상법012_제목번역〉第四節 社員의 退社

〈상법012_제목원문〉第四節 社員ノ退社

〈상법012_068조1항번역〉定欵으로以[써] 會社의 存立時期를 定하지 아니한 時[째]에나 又[쏘]는 某社員의 終身間 會社가 存續하갯슴을 定한 時[째]에는 各社員은 營業年度의 終에 退社를 함을 得[으]틈 但 六個月 前에 其[그] 豫告 를 함을 要함

〈상법012_068조1항원문〉 定款ヲ以テ会社ノ存立時期ヲ定メサリシトキ又ハ或 社員ノ終身間会社ノ存續スヘキコトヲ定メタルトキハ各社員ハ營業年度ノ終 ニ於テ退社ヲ為スコトヲ得但六个月前ニ其予告ヲ為スコトヲ要ス

〈상법012_068조2항번역〉會社의 存立時期를 定하얏스며 否함을 問[무]르지 아니하고 不得已한 事由가 有[이]ㅅ는 時[째]에는 各社員은 何[어느]時[째] 에든지 退社를 함을 得[으]틈

〈상법012_068조2항원문〉会社ノ存立時期ヲ定メタルト否トヲ問ハス已ムコト ヲ得サル事由アルトキハ各社員ハ何時ニテモ退社ヲ為スコトヲ得

〈상법013_069조번역〉前條에 揭한 境遇의 外에 社員은 左의 事由에 因하야 退 社함

〈상법013_069조원문〉前条ニ揭ケタル場合ノ外社員ハ左ノ事由ニ因リテ退社ス

〈상법013_069조(1-6)번역〉一 定欵에 定한 事由의 發生 二 總社員의 同意 三 死亡 四 破産 五 禁治産 六 除名

〈상법013_069조(1-6)원문〉一 定款ニ定メタル事由ノ發生 二 総社員ノ同意 三 死亡 四 破産 五 禁治産 六 除名

〈상법013_070조번역〉社員의 除名은 左의 境遇에 限하야 他[다]른 社員의 一 致로以[써] 此[이]를 함을 得[으]틈 但 除名된 社員에 其[그] 意[뜻]을 通知하 지 아니하면 此[이]로以[써] 其[그] 社員에 對抗함을 得[으]디지 못함

〈상법013_070조원문〉 社員ノ除名ハ左ノ場合ニ限リ他ノ社員ノ一致ヲ以テ之ヲ 爲スコトヲ得但除名シタル社員ニ其旨ヲ通知スルニ非サレハ之ヲ以テ其社員 ニ對抗スルコトヲ得ス

〈상법013_070조(1)번역〉 一 社員이 出資를 함이 能하지 못한 時[째]나 又[쏘] 는 催告를 受[바]든 後에 相當한 期間 內에 出資를 하지 아니한 時[째]

〈상법013_070조(1)원문〉 一 社員カ出資ヲ爲スコト能ハサルトキ又ハ催告ヲ受 ケタル後相當ノ期間內ニ出資ヲ爲ササルトキ

〈상법013_070조(2)번역〉 二 社員이 第六十條 第一項의 規定에 違反한 時[째]

〈상법013_070조(2)원문〉 二 社員カ第六十条第一項ノ規定ニ違反シタルトキ

〈상법013_070조(3)번역〉 三 社員이 會社의 業務를 執行하거나 又[쏘]는 會社 를 代表함에 當하야 會社에 對하야 不正한 行爲를 한 時[째]

〈상법013_070조(3)원문〉 三 社員カ会社ノ業務ヲ執行シ又ハ会社ヲ代表スルニ 當タリ会社ニ對シテ不正ノ行爲ヲ爲シタルトキ

〈상법013_070조(4)번역〉 四 社員이 會社의 業務를 執行하는 權利를 有하지 아 니한 境遇에 其[그] 業務의 執行에 干與한 時[째]

〈상법013_070조(4)원문〉 四 社員カ会社ノ業務ヲ執行スル權利ヲ有セサル場合 ニ於テ其業務ノ執行ニ干与シタルトキ

〈상법013_070조(5)번역〉 五 其他 社員이 重要한 義務를 盡[다]하지 아니한 時 [째]

〈상법013_070조(5)원문〉 五 其他社員カ重要ナル義務ヲ盡ササルトキ

〈상법013_071조번역〉 退社員은 勞務나 又[쏘]는 信用으로以[써] 出資의 目的 으로 한 時[째]에라도 其[그] 持分의 撥還을 受[바]듬을 得[으]듬 但 定欵에 別般의 定함이 有[이]ㅅ는 時[째]에는 此[이] 限에 在[이]ㅅ지 아니함

〈상법013_071조원문〉 退社員ハ勞務又ハ信用ヲ以テ出資ノ目的ト爲シタルトキ ト雖モ其持分ノ払戻ヲ受クルコトヲ得但定款ニ別段ノ定アルトキハ此限ニ在 ラス

〈상법014_072조번역〉 會社의 商號中에 退社員의 姓이나 又[쏘]는 姓名을 用 [쓰]ㄴ 時[째]에는 退社員은 其[그] 姓이나 又[쏘]는 姓名의 使用을 止[그]침

을 請求함을 得[으]듬

<상법014_072조원문> 会社ノ商号中ニ退社員ノ氏又ハ氏名ヲ用井タルトキハ退
社員ハ其氏又ハ氏名ノ使用ヲ止ムヘキコトヲ請求スルコトヲ得

<상법014_073조1항번역> 退社員은 本店의 所在地에 退社의 登記를 하기 前에
生한 會社의 債務에 當하야 責任을 負함 此[이] 責任은 其[그] 登記 後 二年을
經過한 時[째]에는 消滅함

<상법014_073조1항원문> 退社員ハ本店ノ所在地ニ於テ退社ノ登記ヲ為ス前ニ生
シタル会社ノ債務ニ付キ責任ヲ負フ此責任ハ其登記後二年ヲ経過シタルトキ
ハ消滅ス

<상법014_073조2항번역> 前項의 規定은 他[다]른 社員의 承諾을 得[으]더서
持分을 讓渡한 社員에27 此[이]를 準用함

<상법014_073조2항원문> 前項ノ規定ハ他ノ社員ノ承諾ヲ得テ持分ヲ讓渡シタ
ル社員ニ之ヲ準用ス

<상법014_제목> 第五節 解散

<상법014_074조번역> 會社는 左의 事由에 因하야 解散함

<상법014_074조원문> 会社ハ左ノ事由ニ因リテ解散ス

<상법014_074조(1-7)번역> 一 存立時期의 滿了며 其他 定欵에 定한 事由의 發
生 二 會社의 目的인 事業의 成功이나 又[쏘]는 其[그] 成功의 不能 三 總社員
의 同意 四 會社의 合併 五 社員이 一人이 되얏슴 六 會社의 破産 七 裁判所의
命令

<상법014_074조(1-7)원문> 一 存立時期ノ滿了其他定款ニ定メタル事由ノ発生
二 会社ノ目的タル事業ノ成功又ハ其成功ノ不能 三 総社員ノ同意 四 会社ノ合
併 五 社員カ一人ト為リタルコト 六 会社ノ破産 七 裁判所ノ命令

<상법014_075조번역> 前條 第一號의 境遇에는 社員의 全部나 又[쏘]는 一部의
同意로以[써] 會社를 繼續함을 得[으]듬 但 同意를 하지 아니한 社員은 退社
를 한 것으로 看做함

---

27 에 : '에게'로 잘못된 것을 정오표에서 수정함.

〈상법014_075조원문〉 前条第一号ノ場合ニ於テハ社員ノ全部又ハ一部ノ同意ヲ
以テ会社ヲ継続スルコトヲ得但同意ヲ為ササリシ社員ハ退社ヲ為シタルモノ
ト看做ス

〈상법015_076조번역〉 會社가 解散한 時[째]에는 合併과 及[밋] 破産의 境遇를
除한 外에 二週間 內에 本店과 及[밋] 支店의 所在地에[28] 其[그] 登記를 함을
要함

〈상법015_076조원문〉 会社カ解散シタルトキハ合併及ヒ破産ノ場合ヲ除ク外二
週間内ニ本店及ヒ支店ノ所在地ニ於テ其登記ヲ為スコトヲ要ス

〈상법015_077조번역〉 會社의 合併은 總社員의 同意로以[써] 此[이]를 함을 得
[으]듬

〈상법015_077조원문〉 会社ノ合併ハ総社員ノ同意ヲ以テ之ヲ為スコトヲ得

〈상법015_078조1항번역〉 會社가 合併의 決議를 한 時[째]에는 其[그] 決議日
로自[브]터 二週間 內에 財産目録과 及[밋] 貸借對照表를 製作함을 要함

〈상법015_078조1항원문〉 会社カ合併ノ決議ヲ為シタルトキハ其決議ノ日ヨリ
二週間内ニ財産目録及ヒ貸借対照表ヲ作ルコトヲ要ス

〈상법015_078조2항번역〉 會社는 前項의 期間 內에 其[그] 債權者에[29] 對하야
異議가 有[이]스면 一定한 期間 內에 此[이]를 述할 意[쯧]을[30] 公告하고 且
[쏘][31] 知[아]른 債權者에[32]는 各別히 此[이]를 催告함을 要함 但 其[그] 期間
은 二介月에 下[나]림을 得[으]ㄷ지 못함

〈상법015_078조2항원문〉 会社ハ前項ノ期間内ニ其債権者ニ対シ異議アラハ一
定ノ期間内ニ之ヲ述フヘキ旨ヲ公告シ且知レタル債権者ニハ各別ニ之ヲ催告
スルコトヲ要ス但其期間ハ二个月ヲ下ルコトヲ得ス

〈상법015_079조1항번역〉 債權者가 前條 第二項의 期間 內에 會社의 合併에 對
하야 異議를 述하지 아니한 時[째]에는 此[이]를 承認한 것으로 看做함

---

28 에 : '애'로 잘못된 것을 정오표에서 수정함.
29 에 : '에게'로 잘못된 것을 정오표에서 수정함.
30 을 : '를'로 잘못된 것을 정오표에서 수정함.
31 [쏘] : '[쏘]'가 누락되었으나 정오표에 반영되지 않음.
32 에 : '에게'로 잘못된 것을 정오표에서 수정함.

〈상법015_079조1항원문〉 債権者カ前条第二項ノ期間内ニ会社ノ合併ニ対シテ 異議ヲ述ヘサリシトキハ之ヲ承認シタルモノト看做ス

〈상법015_079조2항번역〉 債權者가 異議를 述한 時[때]에는 會社는 此[이]에 辨償을 하거나 又[또]는 相當한 擔保를 供하지 아니하면 合併을 함을 得[으]ㄹ지 못함

〈상법015_079조2항원문〉 債権者カ異議ヲ述ヘタルトキハ会社ハ之ニ弁済ヲ為シ又ハ相当ノ担保ヲ供スルニ非サレハ合併ヲ為スコトヲ得ス

〈상법015_079조3항번역〉 前項의 規定에 反하야 合併을 한 時[때]에는 此[이]로以[써] 異議를 述한 債權者에 對抗함을 得[으]ㄹ지 못함

〈상법015_079조3항원문〉 前項ノ規定ニ反シテ合併ヲ為シタルトキハ之ヲ以テ 異議ヲ述ヘタル債権者ニ対抗スルコトヲ得ス

〈상법015_080조1항번역〉 會社가 第七十八條 第二項에 定한 公告를 하지 아니 하고 合併을 한 時[때]에는 其[그] 合併은 此[이]로以[써] 其[그][33] 債權者에 對抗함을 得[으]ㄹ지 못함

〈상법015_080조1항원문〉 会社カ第七十八条第二項ニ定メタル公告ヲ為サスシ テ合併ヲ為シタルトキハ其合併ハ之ヲ以テ其債権者ニ対抗スルコトヲ得ス

〈상법015_080조2항번역〉 會社가 知[아]른 債權者에 催告를 하지 아니하고 合 併을 한 時[때]에는 其[그] 合併은 此[이]로以[써] 其[그] 催告를 受[바]ㄷ지 아니한 債權者에 對抗함을 得[으]ㄹ지 못함

〈상법015_080조2항원문〉 会社カ知レタル債権者ニ催告ヲ為サスシテ合併ヲ為 シタルトキハ其合併ハ之ヲ以テ其催告ヲ受ケサリシ債権者ニ対抗スルコトヲ 得ス

〈상법016_081조번역〉 會社가 合併을 한 時[때]에는 二週間 內에 本店과 及 [밋] 支店의 所在地에 合併 後에 存續하는 會社에 當하야서는 變更의 登記를 하며 合併에 因하야 消滅한 會社에 當하야서는 解散의 登記를 하며 合併에 因하야 設立한 會社에 當하야서는 第五十一條 第一項에 定한 登記를 함을 要

---

[33] [그] : '[그]'가 누락되었으나 정오표에 반영되지 않음.

함

〈상법016_081조원문〉 会社カ合併ヲ為シタルトキハ二週間内ニ本店及ヒ支店ノ
所在地ニ於テ合併後存続スル会社ニ付テハ変更ノ登記ヲ為シ、合併ニ因リテ
消滅シタル会社ニ付テハ解散ノ登記ヲ為シ、合併ニ因リテ設立シタル会社ニ
付テハ第五十一条第一項ニ定メタル登記ヲ為スコトヲ要ス

〈상법016_082조번역〉 合併 後에 存續하는 會社나 又[쏘]는 合併에 因하야 設
立한 會社는 合併에 因하야 消滅한 會社의 權利義務를 承繼함

〈상법016_082조원문〉 合併後存続スル会社又ハ合併ニ因リテ設立シタル会社ハ
合併ニ因リテ消滅シタル会社ノ権利義務ヲ承継ス

〈상법016_083조번역〉 不得已한 事由가 有[이]ㄴ는 時[째]에는 各社員은 會社
의 解散을 裁判所에 請求함을 得[으]듬 但 裁判所는 社員의 請求에 因하야 會
社의 解散에 代[대신]하야 某社員을 除名함을 得[으]듬

〈상법016_083조원문〉 已ムコトヲ得サル事由アルトキハ各社員ハ会社ノ解散ヲ
裁判所ニ請求スルコトヲ得但裁判所ハ社員ノ請求ニ因リ会社ノ解散ニ代ヘテ或
社員ヲ除名スルコトヲ得

〈상법016_제목〉 第六節 淸算

〈상법016_084조번역〉 會社는 解散 後에라도 淸算의 目的의 範圍 內에서는 尙
[오히]려 存續하는 것으로 看做함

〈상법016_084조원문〉 会社ハ解散ノ後ト雖モ清算ノ目的ノ範囲内ニ於テハ尚ホ
存続スルモノト看做ス

〈상법016_085조1항번역〉 解散의 境遇에 會社財産의 處分方法은 定欵이나 又
[쏘]는 總社員의 同意로以[써] 此[이]를 定함을 得[으]듬 此[이] 境遇에는 解
散日로自[브]터 二週間 內에 財産目錄과 及[밋] 貸借對照表를 製作함을 要함

〈상법016_085조1항원문〉 解散ノ場合ニ於ケル会社財産ノ処分方法ハ定款又ハ
総社員ノ同意ヲ以テ之ヲ定ムルコトヲ得此場合ニ於テハ解散ノ日ヨリ二週間内
ニ財産目録及ヒ貸借対照表ヲ作ルコトヲ要ス

〈상법016_085조2항번역〉 第七十八條 第二項、第七十九條와 及[밋] 第八十條의
規定은 前項의 境遇에 此[이]를 準用함

〈상법016_085조2항원문〉第七十八条第二項、第七十九条及ヒ第八十条ノ規定ハ
　前項ノ場合ニ之ヲ準用ス

〈상법017_086조번역〉前條의 規定에 依하야 會社財産의 處分方法을 定하지 아
　니하얏슨 時[째]에는 合併과 及[밋] 破産의 境遇를 除한 外에 後十三條의 規
　定에 從[조]차서 淸算을 함을 要함

〈상법017_086조원문〉前条ノ規定ニ依リテ会社財産ノ処分方法ヲ定メサリシト
　キハ合併及ヒ破産ノ場合ヲ除ク外後十三条ノ規定ニ従ヒテ淸算ヲ為スコトヲ
　要ス

〈상법017_087조1항번역〉淸算은 總社員이나 又[쏘]는 其[그] 選任한 者가 此
　[이]를 함

〈상법017_087조1항원문〉淸算ハ総社員又ハ其選任シタル者ニ於テ之ヲ為ス

〈상법017_087조2항번역〉淸算人의 選任은 社員의 過半數로以[써] 此[이]를 決
　함

〈상법017_087조2항원문〉淸算人ノ選任ハ社員ノ過半数ヲ以テ之ヲ決ス

〈상법017_088조번역〉第七十四條 第五號의 境遇에는 裁判所ᄂᆫ 利害關係人의 請
　求에 因하야 淸算人을 選任함

〈상법017_088조원문〉 第七十四条第五号ノ場合ニ於テハ裁判所ハ利害関係人ノ
　請求ニ因リ淸算人ヲ選任ス

〈상법017_089조번역〉會社가 裁判所의 命令에 因하야 解散한 時[째]에는 裁判所
　는 利害關係人이나 又[쏘]는 檢事의 請求에 因하야 淸算人을 選任함

〈상법017_089조원문〉会社カ裁判所ノ命令ニ因リテ解散シタルトキハ裁判所ハ
　利害関係人又ハ檢事ノ請求ニ因リ淸算人ヲ選任ス

〈상법017_090조번역〉淸算人의 選任이 有[이]슨 時[째]에는 其[그] 淸算人은
　二週間 內에 本店과 及[밋] 支店의 所在地에 自己의 姓名、住所를 登記함을 要
　함

〈상법017_090조원문〉淸算人ノ選任アリタルトキハ其淸算人ハ二週間内ニ本店
　及ヒ支店ノ所在地ニ於テ自己ノ氏名、住所ヲ登記スルコトヲ要ス

〈상법017_091조1항번역〉淸算人의 職務ᄂᆫ 左와 如[가]틈

一 現務의 結了 二 債權의 推尋과 及[밋] 債務의 辦償 三 殘餘財産의 分配

〈상법017_091조1항원문〉清算人ノ職務左ノ如シ

一 現務ノ結了 二 債權ノ取立及ヒ債務ノ弁済 三 残余財産ノ分配

〈상법017_091조2항번역〉清算人은 前項의 職務를 行함을 爲하야 必要한 一切의 裁判上이나 又[쏘]는 裁判外의 行爲를 하는 權限을 有함

〈상법017_091조2항원문〉 清算人ハ前項ノ職務ヲ行フ為メ二必要ナル一切ノ裁判上又ハ裁判外ノ行為ヲ為ス權限ヲ有ス

〈상법017_091조3항번역〉清算人의 代理權에 加한 制限은 此[이]로以[써] 善意의 第三者에 對抗함을 得[으]디지 못함

〈상법017_091조3항원문〉 清算人ノ代理権二加ヘタル制限ハ之ヲ以テ善意ノ第三者二対抗スルコトヲ得ス

〈상법017_091조4항번역〉民法 第八十一條의 規定은 合名會社의 清算의 境遇에 此[이]를 準用함

〈상법017_091조4항원문〉民法第八十一条ノ規定ハ合名会社ノ清算ノ場合二之ヲ準用ス

〈상법018_092조번역〉會社에 現存한 財産이 其[그] 債務를 完償함에 不足한 時[쌔]에는 清算人은 辦償期에 拘[거릿]기지 아니하고 社員으로 出資를 하게 함을 得[으]듬

〈상법018_092조원문〉 会社二現存スル財産カ其債務ヲ完済スルニ不足ナルトキハ清算人ハ弁済期二拘ハラス社員ヲシテ出資ヲ為サシムルコトヲ得

〈상법018_093조번역〉清算人 數人이 有[이]ㅅ는 時[쌔]에는 清算에 關한 行爲는 其[그] 過半數로以[써] 此[이]를 決함 但 第三者에 對하야서는 各自로 會社를 代表함

〈상법018_093조원문〉 清算人数人アルトキハ清算二関スル行為ハ其過半数ヲ以テ之ヲ決ス但第三者二対シテハ各自会社ヲ代表ス

〈상법018_094조1항번역〉清算人은 就職 後에 遲滯 無[업]시 會社財産의 現況을 調査하고 財産目錄과 及[밋] 貸借對照表를 製作하야 此[이]를 社員에 交付함을 要함

〈상법018_094조1항원문〉 清算人ハ就職ノ後遅滞ナク会社財産ノ現況ヲ調査シ 財産目録及ヒ貸借対照表ヲ作リ之ヲ社員ニ交付スルコトヲ要ス

〈상법018_094조2항번역〉 清算人은 社員의 請求에 因하야 每月에 清算의 狀況 을 報告함을 要함

〈상법018_094조2항원문〉 清算人ハ社員ノ請求ニ因リ每月清算ノ狀況ヲ報告ス ルコトヲ要ス

〈상법018_095조번역〉 清算人은 會社의 債務를 辨償한 後에 아니면 會社財産 을 社員에 分配함을 得[으]디지 못함

〈상법018_095조원문〉 清算人ハ会社ノ債務ヲ弁済シタル後ニ非サレハ会社財産 ヲ社員ニ分配スルコトヲ得ス

〈상법018_096조1항번역〉 社員이 選任한 清算人은 何[어느]時[째]에든지 解任 함을 得[으]듬 此[이] 解任은 社員의 過半數로以[써] 此[이]를 決함

〈상법018_096조1항원문〉 社員カ選任シタル清算人ハ何時ニテモ之ヲ解任スル コトヲ得此解任ハ社員ノ過半数ヲ以テ之ヲ決ス

〈상법018_096조2항번역〉 重要한 事由가 有[이]ㅅ는 時[째]에는 裁判所는 利 害關係人의 請求에 因하야 清算人을 解任함을 得[으]듬

〈상법018_096조2항원문〉 重要ナル事由アルトキハ裁判所ハ利害関係人ノ請求 ニ因リ清算人ヲ解任スルコトヲ得

〈상법018_097조번역〉 清算人의 解任이나 又[쏘]는 變更은 二週間 內에 本店과 及[밋] 支店의 所在地에 此[이]를 登記함을 要함

〈상법018_097조원문〉 清算人ノ解任又ハ変更ハ二週間内ニ本店及ヒ支店ノ所在 地ニ於テ之ヲ登記スルコトヲ要ス

〈언문일치상법018_098조1항번역〉 清算人의 任務가 終了한 時[째]에는 清算 人은 遅滞 無[업]시 計算을 하야 各社員의 承認을 求함을 要함

〈상법018_098조1항원문〉 清算人ノ任務カ終了シタルトキハ清算人ハ遅滞ナク 計算ヲ為シテ各社員ノ承認ヲ求ムルコトヲ要ス

〈상법019_098조2항번역〉 前項의 計算에 對하야 社員이 一介月 內에 異議를 述 하지 아니한 時[째]에는 此[이]를 承認한 것으로 看做함 但 清算人에 不正한

行爲가 有[이]슨 時[재]에는 此[이] 限에 在[이]ㅅ지 아니함

〈상법019_098조2항원문〉 前項ノ計算ニ対シ社員カ一个月内ニ異議ヲ述ヘサリシトキハ之ヲ承認シタルモノト看做ス但清算人ニ不正ノ行為アリタルトキハ此限ニ在ラス

〈상법019_099조번역〉 清算이 結了한 時[재]에는 清算人은 遲滯 無[업]시 本店과 及[밋] 支店의 所在地에 其[그] 登記를 함을 要함

〈상법019_099조원문〉 清算カ結了シタルトキハ清算人ハ遲滯ナク本店及ヒ支店ノ所在地ニ於テ其登記ヲ為スコトヲ要ス

〈상법019_100조번역〉 會社가 事業에 着手한 後에 其[그] 設立이 纖消된 時[재]에는 解散의 境遇에 準하야 清算을 함을 要함 此[이] 境遇에는 裁判所는 利害關係人의 請求에 因하야 清算人을 選任함

〈상법019_100조원문〉 会社カ事業ニ著手シタル後其設立カ取消サレタルトキハ解散ノ場合ニ準シテ清算ヲ為スコトヲ要ス此場合ニ於テハ裁判所ハ利害関係人ノ請求ニ因リ清算人ヲ選任ス

〈상법019_101조번역〉 會社의 帳簿、[34]其[그] 營業에 關한 書信과 及[밋] 清算에 關한 一切의 書類는 第八十五條의 境遇에는 本店의 所在地에 解散의 登記를 한 後、[35]其他의 境遇에는 清算結了의 登記를 한 後 十年間 此[이]를 保存함을 要함 其[그] 保存者는 社員의 過半數로以[써] 此[이]를 定함

〈상법019_101조원문〉 会社ノ帳簿、其営業ニ関スル信書及ヒ清算ニ関スル一切ノ書類ハ第八十五条ノ場合ニ在リテハ本店ノ所在地ニ於テ解散ノ登記ヲ為シタル後其他ノ場合ニ在リテハ清算結了ノ登記ヲ為シタル後十年間之ヲ保存スルコトヲ要ス其保存者ハ社員ノ過半数ヲ以テ之ヲ定ム

〈상법019_102조번역〉 社員이 死亡한 境遇에 其[그] 相續人 數人이 有[이]ㅅ는 時[재]에는 清算에 關하야 社員의 權利를 行할 者 一人을 定함을 要함

〈상법019_102조원문〉 社員カ死亡シタル場合ニ於テ其相続人数人アルトキハ清算ニ関シテ社員ノ権利ヲ行フヘキ者一人ヲ定ムルコトヲ要ス

---

34 : 가 누락된 것을 정오표에서 수정함.
35 : 가 누락된 것을 정오표에서 수정함.

〈상법019_103조1항번역〉 第六十三條에 定한 社員의 責任은 本店의 所在地에 解散의 登記를 한 後 五年을 經過한 時[째]에는 消滅함

〈상법019_103조1항원문〉 第六十三条二定メタル社員ノ責任ハ本店ノ所在地二於テ解散ノ登記ヲ為シタル後五年ヲ経過シタルトキハ消滅ス

〈상법019_103조2항번역〉 前項의 期間 經過한 後에라도 分配하지 아니한 殘餘財産이 尚[오히]려 存[이]ㅅ는 時[째]에는 會社의 債權者는 此[이]에 對하야 辨償을 請求함을 得[으]듬

〈상법019_103조2항원문〉 前項ノ期間経過ノ後ト雖モ分配セサル残余財産尚ホ存スルトキハ会社ノ債権者ハ之二対シテ弁済ヲ請求スルコトヲ得

〈상법019_제목〉 第三章 合資會社

〈상법019_104조번역〉 合資會社는 有限責任社員과 無限責任社員으로以[써] 此[이]를 組織함

〈상법019_104조원문〉 合資会社ハ有限責任社員ト無限責任社員トヲ以テ之ヲ組織ス

〈상법020_105조번역〉 合資會社에는 本章에 別般의 定함이 有[이]ㅅ는 境遇를 除한 外에 合名會社에 關한 規定을 準用함

〈상법020_105조원문〉 合資会社二ハ本章二別段ノ定アル場合ヲ除ク外合名会社二関スル規定ヲ準用ス

〈상법020_106조번역〉 合資會社의 定欵에는 第五十條에 揭한 事項의 外에 各社員의 責任의 有限이나 又[또]는 無限임을 記載함을 要함

〈상법020_106조원문〉 合資会社ノ定款二ハ第五十条二揭ケタル事項ノ外各社員ノ責任ノ有限又ハ無限ナルコトヲ記載スルコトヲ要ス

〈상법020_107조번역〉 會社는 定欵을 製作한 日[날]로自[브]터 二週間 內에 其[그] 本店과 及[밋] 支店의 所在地에 第五十一條 第一項에 揭한 事項의 外에 各社員의 責任의 有限이나 又[또]는 無限임을 登記함을 要함

〈상법020_107조원문〉 会社ハ定款ヲ作リタル日ヨリ二週間内二其本店及ヒ支店ノ所在地二於テ第五十一条第一項二揭ケタル事項ノ外各社員ノ責任ノ有限又ハ無限ナルコトヲ登記スルコトヲ要ス

〈상법020_108조번역〉 有限責任社員은 金錢이며 其他의 財産만으로以[써] 其
[그] 出資의 目的으로 함을 得[으]듬

〈상법020_108조원문〉 有限責任社員ハ金錢其他ノ財産ノミヲ以テ其出資ノ目的
ト為スコトヲ得

〈상법020_109조1항번역〉 各無限責任社員은 定欸에 別般의 定함이 無[업]는 時
[째]에는 會社의 業務를³⁶ 執行하는 權利를 有하며 義務를 負함

〈상법020_109조1항원문〉 各無限責任社員ハ定款ニ別段ノ定ナキトキハ会社ノ
業務ヲ執行スル権利ヲ有シ義務ヲ負フ

〈상법020_109조2항번역〉 無限責任社員 數人이 有[이]ㅅ는 時[째]에는 會社의
業務執行은 其[그] 過半數로以[써] 此[이]를³⁷ 決함

〈상법020_109조2항원문〉 無限責任社員数人アルトキハ会社ノ業務執行ハ其過
半数ヲ以テ之ヲ決ス

〈상법020_110조번역〉 支配人의 選任과 及[밋] 解任은 特히 業務執行社員을 定
한 時[째]에라도 無限責任社員의 過半數로以[써] 此[이]를 決함

〈상법020_110조원문〉 支配人ノ選任及ヒ解任ハ特ニ業務執行社員ヲ定メタルト
キト雖モ無限責任社員ノ過半数ヲ以テ之ヲ決ス

〈상법020_111조1항번역〉 有限責任社員은 營業年度의 終[마침]에 營業時間 內
에 限하야 會社의 財産目錄과 及[밋] 貸借對照表의 閱覽을 求하며 且[쏘] 會
社의 業務와 及[밋] 會社財産의 狀況을 檢査함을 得[으]듬

〈상법020_111조1항원문〉 有限責任社員ハ営業年度ノ終ニ於テ営業時間内ニ限リ
会社ノ財産目録及ヒ貸借対照表ノ閱覽ヲ求メ且会社ノ業務及ヒ会社財産ノ狀況
ヲ檢査スルコトヲ得

〈상법020_111조2항번역〉 重要한 事由가 有[이]ㅅ는 時[째]에는 裁判所는 有限
責任社員의 請求에 因하야 何[어느]時[째]에든지 會社의 業務와 及[밋] 會社
財産의 狀況의 檢査를³⁸ 許함을 得[으]듬

---

36 를 : '틀'로 잘못된 것을 정오표에서 수정함.
37 此[이]를 : '此[이]를'이 누락된 것을 정오표에서 수정함.
38 를 : '틀'로 잘못된 것을 정오표에서 수정함.

〈상법020_111조2항원문〉重要ナル事由アルトキハ裁判所ハ有限責任社員ノ請求
　ニ因リ何時ニテモ会社ノ業務及ヒ会社財産ノ状況ノ検査ヲ許スコトヲ得

〈상법021_112조번역〉有限責任社員은 無限責任社員 全員의 承諾이 有[이]ㅅ는
　時[째]에는[39] 其[그] 持分의 全部나 又[쏘]는 一部를 他人에 讓渡함을 得[으]
　듬

〈상법021_112조원문〉有限責任社員ハ無限責任社員全員ノ承諾アルトキハ其持分
　ノ全部又ハ一部ヲ他人ニ讓渡スコトヲ得

〈상법021_113조번역〉有限責任社員은 自己나 又[쏘]는 第三者를 爲하야 會社
　의 營業의 部類에 屬한 商行爲를 하거나 又[쏘]는 同種의 營業을 目的으로 하
　는 他[다]른 會社의 無限責任社員이 됨을 得[으]듬

〈상법021_113조원문〉　有限責任社員ハ自己又ハ第三者ノ爲メニ会社ノ営業ノ部
　類ニ属スル商行為ヲ爲シ又ハ同種ノ営業ヲ目的トスル他ノ会社ノ無限責任社員
　ト為ルコトヲ得

〈상법021_114조번역〉定歎이나 又[쏘]는 總社員의 同意로以[써] 特히 會社를
　代表할 無限責任社員을 定하지 아니한 時[째]에는 各無限責任社員이 會社를
　代表함

〈상법021_114조원문〉　定款又ハ総社員ノ同意ヲ以テ特ニ会社ヲ代表スヘキ無限
　責任社員ヲ定メサルトキハ各無限責任社員会社ヲ代表ス

〈상법021_115조번역〉有限責任社員은 會社의 業務를 執行하거나 又[쏘]는 會
　社를 代表함을 得[으]디지 못함

〈상법021_115조원문〉　有限責任社員ハ会社ノ業務ヲ執行シ又ハ会社ヲ代表スル
　コトヲ得ス

〈상법021_116조번역〉有限責任社員에 自己[40]를 無限責任社員이라고 信[미]드
　갯게 한 行爲가 有[이]슨[41] 時[째]에는 其[그] 社員은 善意의 第三者에 對하
　야 無限責任社員과[42] 同一한 責任을 負함

---

39 는 : 'ㅁ'으로 잘못된 것을 정오표에서 수정함.
40 己 : '已'로 잘못되었으나 정오표에 반영되지 않음.
41 슨 : 'ㅅ는'으로 잘못된 것을 정오표에서 수정함.

〈상법021_116조원문〉 有限責任社員ニ自己ヲ無限責任社員ナリト信セシムヘキ
行為アリタルトキハ其社員ハ善意ノ第三者ニ対シテ無限責任社員ト同一ノ責任
ヲ負フ

〈상법021_117조1항번역〉 有限責任社員이 死亡한 時[째]에는 其[그] 相續人이
此[이]에 對하야 社員이 됨

〈상법021_117조1항원문〉 有限責任社員カ死亡シタルトキハ其相続人之ニ代ハリ
テ社員ト為ル

〈상법021_117조2항번역〉 有限責任社員은 禁治産의 宣告를 受[바]다도 此[이]
에 因하야 退社하지 아니함

〈상법021_117조2항원문〉 有限責任社員ハ禁治産ノ宣告ヲ受クルモ之ニ因リテ退
社セス

〈상법021_118조1항번역〉 合資會社는 無限責任社員이나 又[쏘]는 有限責任社員
의 全員이 退社한 時[째]에는 解散함 但 有限責任社員의 全員이 退社한 境遇에
無限責任社員의 一致로以[써] 合名會社로 하야 會社를 継續함을 妨碍[43]하지
아니함

〈상법021_118조1항원문〉 合資会社ハ無限責任社員又ハ有限責任社員ノ全員カ退
社シタルトキハ解散ス但有限責任社員ノ全員カ退社シタル場合ニ於テ無限責任
社員ノ一致ヲ以テ合名会社トシテ会社ヲ継続スルコトヲ妨ケス

〈상법021_118조2항번역〉 前項 但書의 境遇에는 二週間 內에 本店과 及[밋] 支
店의 所在地에 合資會社에 當하야서는 解散의 登記를 하며 合名會社에 當하
야서는 第五十一條 第一項에 定한 登記를 함을 要함

〈상법021_118조2항원문〉 前項但書ノ場合ニ於テハ二週間内ニ本店及ヒ支店ノ所
在地ニ於テ合資会社ニ付テハ解散ノ登記ヲ為シ合名会社ニ付テハ第五十一条第
一項ニ定メタル登記ヲ為スコトヲ要ス

〈상법022_제목〉 第四章 株式會社 第一節 設立

〈상법022_119조번역〉 株式會社의 設立에는 七人以上의 發起人이 有[이]음을

要함

〈상법022_119조원문〉 株式会社ノ設立ニハ七人以上ノ発起人アルコトヲ要ス

〈상법022_120조번역〉 發起人은 定欵을 製作하야 此[이]에 左의 事項을 記載하고 署名함을 要함

〈상법022_120조원문〉 発起人ハ定款ヲ作リ之ニ左ノ事項ヲ記載シテ署名スルコトヲ要ス

〈상법022_120조(1-7)번역〉 一 目的 二 商號 三 資本의 総額 四 一株의 金額 五 總務員이 有하갯는 株式의 數 六 本店과 及[밋] 支店의 所在地 七 會社가 公告를 하는 方法 八 發起人의 姓名、住所

〈상법022_120조(1-7)원문〉 一 目的 二 商号 三 資本ノ総額 四 一株ノ金額 五 取締役カ有スヘキ株式ノ数 六 本店及ヒ支店ノ所在地 七 会社カ公告ヲ為ス方法 八 発起人ノ氏名、住所

〈상법022_121조1항번역〉 前條44 第五號 至 第七號에 揭한 事項을 定欵에 記載하지 아니한 時[때]에는 創立總會나 又[쏘]는 株主總會에서 此[이]를 補足함을 得[으]듬

〈상법022_121조1항원문〉 前条第五号乃至第七号ニ掲ケタル事項ヲ定款ニ記載セサリシトキハ創立総会又ハ株主総会ニ於テ之ヲ補足スルコトヲ得

〈상법022_121조2항번역〉 前項의 株主總會의 決議는 第二百九條의 規定에 從[조]차서 此[이]를 함을 要함

〈상법022_121조2항원문〉 前項ノ株主総会ノ決議ハ第二百九条ノ規定ニ従ヒテ之ヲ為スコトヲ要ス

〈상법022_122조번역〉 左에 揭한 事項을 定한 時[때]에는 此[이]를 定欵에 記載하지 아니하면 其[그] 效가 無[업]슴

〈상법022_122조원문〉 左ニ掲ケタル事項ヲ定メタルトキハ之ヲ定款ニ記載スルニ非サレハ其効ナシ

〈상법022_122조(1-5)번역〉 一 存立時期나 又[쏘]는 解散의 事由 二 株式의 額

---

44 條 : '項'으로 잘못되었으나 정오표에 반영되지 않음.

面以上의 發行 三 發起人이 受[바]들 特別의 利益과 及[밋] 此[이]를 受[바]들 者의 姓名 四 金錢 外[45]의 財産으로以[써] 出資의 目的으로 하는 者의 姓名、其[그][46] 財産의 種類、價格과[47] 及[밋] 此[이]에 對하야 與할 株式의 數 五 會社의 負擔에 歸할 設立費用과 及[밋] 發起人이 受[바]들 報酬의 額

〈상법022_122조(1-5)원문〉 一 存立時期又ハ解散ノ事由 二 株式ノ額面以上ノ發行 三 發起人カ受クヘキ特別ノ利益及ヒ之ヲ受クヘキ者ノ氏名 四 金錢以外ノ財産ヲ以テ出資ノ目的ト為ス者ノ氏名、其財産ノ種類、価格及ヒ之ニ対シテ与フル株式ノ数 五 会社ノ負担ニ帰スヘキ設立費用及ヒ發起人カ受クヘキ報酬ノ額

〈상법023_123조번역〉 發起人이 株式의 總數를 擔當한 時[째]에는 會社는 此[이]에 因하야 成立함 此[이] 境遇에는 發起人은 遲滯 無[업]시 株金의 四分之一에 下[나]리지 아니하는 第一回의 辦納을 하고 且[또] 總務員과 及[밋] 監査員을 選任함을 要함 此[이] 選任은 發起人의 議決權의 過半數로以[써] 此[이]를 決함

〈상법023_123조원문〉 發起人カ株式ノ総数ヲ引受ケタルトキハ会社ハ之ニ因リテ成立ス此場合ニ於テハ發起人ハ遲滯ナク株金ノ四分ノ一ヲ下ラサル第一回ノ払込ヲ為シ且取締役及ヒ監査役ヲ選任スルコトヲ要ス此選任ハ發起人ノ議決權ノ過半数ヲ以テ之ヲ決ス

〈상법023_124조1항번역〉 總務員은 其[그] 選任 後에 遲滯 無[업]시 第百二十二條 第三號 至 第五號에 揭한 事項과 及[밋] 第一回의 辦納을 하얏스며 否함을 調査하게 함을 爲하야 檢查員의 選任을 裁判所에 請求함을 要함

〈상법023_124조1항원문〉 取締役ハ其選任後遲滯ナク第百二十二条第三号乃至第五号ニ揭ケタル事項及ヒ第一回ノ払込ヲ為シタルヤ否ヤヲ調査セシムル為メ檢查役ノ選任ヲ裁判所ニ請求スルコトヲ要ス

〈상법023_124조2항번역〉 裁判所는 檢查員의 報告를 聽[드]르고 第百三十五條

의 規定에 準據하야 相當한 處分을 함을 得[으]듬

〈상법023_124조2항원문〉　裁判所ハ検査役ノ報告ヲ聴キ第百三十五条ノ規定ニ準拠シテ相当ノ処分ヲ為スコトヲ得

〈상법023_125조번역〉發起人이 株式의 總數를 擔當하지 아니한 時[째]에는 株主를 募集함을 要함

〈상법023_125조원문〉発起人カ株式ノ総数ヲ引受ケサルトキハ株主ヲ募集スルコトヲ要ス

〈상법023_126조1항번역〉株式의 提請을 하랴는 者는 株式提請證書 二度에 其[그] 擔當할 株式의 數을 記載하고 此[이]에 署名함을 要함

〈상법023_126조1항원문〉　株式ノ申込ヲ為サントスル者ハ株式申込証二通ニ其引受クヘキ株式ノ数ヲ記載シ之ニ署名スルコトヲ要ス

〈상법023_126조2항번역〉株式提請證書는 發起人이 此[이]를 製作하고 此[이]에 左의 事項을 記載함을 要함

〈상법023_126조2항원문〉　株式申込証ハ発起人之ヲ作リ之ニ左ノ事項ヲ記載スルコトヲ要ス

〈상법023_126조2항(1-4)번역〉一 定欵作成의 年月日 二 第百二十條와 及[밋] 第百二十二條에 掲한 事項 三 各發起人이 擔當한 株式의 數 四 第一回 辦納의 金額

〈상법023_126조2항(1-4)원문〉一 定款作成ノ年月日 二 第百二十条及ヒ第百二十二条ニ掲ケタル事項 三 各発起人カ引受ケタル株式ノ数 四 第一回払込ノ金額

〈상법023_126조3항번역〉額面以上의 價額으로以[써] 株式을 發行하는 境遇에는 株式提請人은 株式提請證書에 擔當價額을 記載함을 要함

〈상법023_126조3항원문〉　額面以上ノ価額ヲ以テ株式ヲ発行スル場合ニ於テハ株式申込人ハ株式申込証ニ引受価額ヲ記載スルコトヲ要ス

〈상법024_127조번역〉株式의 提請을 한 者는 其[그] 擔當할 株式의 數에 應하야 辦納을 할 義務를 負함

〈상법024_127조원문〉　株式ノ申込ヲ為シタル者ハ其引受クヘキ株式ノ数ニ応

シテ払込ヲ為ス義務ヲ負フ

〈상법024_128조1항번역〉 株式發行의 價額은 券面額에 下[나]림을 得[으]디지 못함

〈상법024_128조1항원문〉 株式発行ノ価額ハ券面額ヲ下ルコトヲ得ス

〈상법024_128조2항번역〉 第一回 辨納의 金額은 株金의 四分之一에 下[나]림을 得[으]디지 못함

〈상법024_128조2항원문〉 第一回払込ノ金額ハ株金ノ四分ノ一ヲ下ルコトヲ得ス

〈상법024_129조1항번역〉 株式總數의 擔當이 有[이]슨 時[째]에는 發起人은 遲滯 無[업]시 各株에 當하야 第一回의 辨納을 하게 함을 要함

〈상법024_129조1항원문〉 株式総数ノ引受アリタルトキハ発起人ハ遅滞ナク各株ニ付キ第一回ノ払込ヲ為サシムルコトヲ要ス

〈상법024_129조2항번역〉 額面以上의 價額으로以[써] 株式을 發行한 時[째]에는 其[그] 額面에 超過하는 金額은 第一回의 辨納과 同時에 此[이]를 辨納하게 함을 要함

〈상법024_129조2항원문〉 額面以上ノ価額ヲ以テ株式ヲ発行シタルトキハ其額面ヲ超ユル金額ハ第一回ノ払込ト同時ニ之ヲ払込マシムルコトヲ要ス

〈상법024_130조1항번역〉 株式擔當人이 前條의 辨納을 하지 아니하는 時[째]에는 發起人은 一定한 期間 內에 其[그] 辨納을 할 意[뜻]과 及[밋] 其[그] 期間 內[48]에 此[이]를 하지 아니하는 時[째]에는 其[그] 權利를 失[이]를 意[뜻]을 其[그] 株式擔當人에 通知함을 得[으]듬 但 其[그] 期間은 二週間에 下[나]림을 得[으]디지 못함

〈상법024_130조1항원문〉 株式引受人カ前条ノ払込ヲ為ササルトキハ発起人ハ一定ノ期間内ニ其払込ヲ為スヘキ旨及ヒ其期間内ニ之ヲ為ササルトキハ其権利ヲ失フヘキ旨ヲ其株式引受人ニ通知スルコトヲ得但其期間ハ二週間ヲ下ルコトヲ得ス

---

48 内 : '內'가 누락되었으나 정오표에 반영되지 않음.

〈상법025_130조2항번역〉 發起人이 前項의 通知를 하얏서도 株式擔當人이 辦納을 하지 아니한 時[째]에는 其[그] 權利를 失[이]름 此[이] 境遇에 發起人은 其[그] 者가 擔當한 株式에 當하야 更[다]시 株主를⁴⁹ 募集함을 得[으]듬

〈상법025_130조2항원문〉 發起人カ前項ノ通知ヲ爲シタルモ株式引受人カ拂込ヲ爲ササルトキハ其權利ヲ失フ此場合ニ於テ發起人ハ其者カ引受ケタル株式ニ付キ更ニ株主ヲ募集スルコトヲ得

〈상법025_130조3항번역〉 前二項의 規定은 株式擔當人에 對한 損害賞償의 請求를 妨碍하지 아니함

〈상법025_130조3항원문〉 前二項ノ規定ハ株式引受人ニ対スル損害賠償ノ請求ヲ妨ケス

〈상법025_131조1항번역〉 各株에 當하야 第百二十九條의 辦納이 有[이]슨 時[째]에는 發起人은 遲滯 無[업]시 創立總會를 招集함을 要함

〈상법025_131조1항원문〉 各株ニ付キ第百二十九条ノ拂込アリタルトキハ發起人ハ遲滯ナク創立総会ヲ招集スルコトヲ要ス

〈상법025_131조2항번역〉 創立總會에는 株式擔當人의 半數以上으로서 資本의 半額以上을 擔當한 者가 出席하야 其[그] 議決權의 過半數로以[써] 一切의 決議를 함

〈상법025_131조2항원문〉 創立総会ニハ株式引受人ノ半数以上ニシテ資本ノ半額以上ヲ引受ケタル者出席シ其議決権ノ過半数ヲ以テ一切ノ決議ヲ爲ス

〈상법025_131조3항번역〉 第百五十六條 第一項、第二項、第百六十一條 第三項、第四項、第百六十二條와 及[밋] 第百六十三條 第一項、第二項의 規定은 創立總會에 此[이]를 準用함

〈상법025_131조3항원문〉 第百五十六条第一項、第二項及ヒ第百六十一条第三項、第四項、第百六十二条及ヒ第百六十三条第一項、第二項ノ規定ハ創立総会ニ之ヲ準用ス

〈상법025_132조번역〉 發起人은 會社의 創立에 關한 事項을 創立總會에 報告함

---

49 를 : '을로 잘못되었으나 정오표에 반영되지 않음.

을 要함

〈상법025_132조원문〉 発起人ハ会社ノ創立ニ関スル事項ヲ創立総会ニ報告スル
コトヲ要ス

〈상법025_133조번역〉 創立總會에서 總務員과 及[밋] 監査員을 選任함을 要함

〈상법025_133조원문〉 創立総会ニ於テハ取締役及ヒ監査役ヲ選任スルコトヲ要
ス

〈상법025_134조1항번역〉 總務員과 及[밋] 監査員은 左에 揭한 事項을 調査하
야 此[이]를 創立總會에 報告함을 要함

〈상법025_134조1항원문〉 取締役及ヒ監査役ハ左ニ揭ケタル事項ヲ調査シ之ヲ
創立総会ニ報告スルコトヲ要ス

〈상법025_134조1항(1-3)번역〉 一 株式總數의 擔當이 有[이]섯스며 否함 二 各
株에 當하야 第百二十九條의 辨納이 有[이]섯스며 否함 三 第百二十二條 第三
號 至 第五號에 揭한 事項의 正當하며 否함

〈상법025_134조1항(1-3)원문〉 一 株式総数ノ引受アリタルヤ否ヤ 二 各株ニ付
キ第百二十九条ノ払込アリタルヤ否ヤ 三 第百二十二条第三号乃至第五号ニ揭
ケタル事項ノ正当ナルヤ否ヤ

〈상법026_134조2항번역〉 總務員이나 又[쏘]는 監査員中에 發起人으로自[브]
터 選任된 者가 有[이]ㅅ는 時[째]에는 創立總會는 特히 檢査員을 選任하야
서 其[그] 者에 代[대신]하야 前項의 調査와 及[밋] 報告를 하게 함을 得[으]
듬

〈상법026_134조2항원문〉 取締役又ハ監査役中発起人ヨリ選任セラレタル者ア
ルトキハ創立総会ハ特ニ検査役ヲ選任シ其者ニ代ハリテ前項ノ調査及ヒ報告
ヲ為サシムルコトヲ得

〈상법026_135조번역〉 創立總會에서 第百二十二條 第三號 至 第五號에 揭한 事
項을 不當함으로 認한 時[째]에는 此[이]를 變更함을 得[으]듬 但 金錢 以外
의 財産으로以[써] 出資의 目的으로 하는 者가 有[이]ㅅ는 境遇에 此[이]에
對하야 與할 株式의 數를 減한 時[째]에는 其[그] 者는 金錢으로以[써] 辨納
을 함을 得[으]듬

〈상법026_135조원문〉 創立総会ニ於テ第百二十二条第三号乃至第五号ニ掲ケタ
ル事項ヲ不当ト認メタルトキハ之ヲ変更スルコトヲ得但金銭以外ノ財産ヲ以
テ出資ノ目的ト為ス者アル場合ニ於テ之ニ対シテ与フル株式ノ数ヲ減シタル
トキハ其者ハ金銭ヲ以テ払込ヲ為スコトヲ得

〈상법026_136조번역〉 擔當이 無[업]는 株式이나 又[쏘]는 第百二十九條의 辦
納이 未畢한 株式이 有[이]ㅅ는 時[째]에는 發起人은 連帶하야 其[그] 株式을
擔當하거나 又[쏘]는 其[그] 辦納을 할 義務를 負함 株式의 提請이 繳消된 時
[째]에 亦[쏘]한 同[가]틈

〈상법026_136조원문〉 引受ナキ株式又ハ第百二十九条ノ払込ノ未済ナル株式ア
ルトキハ発起人ハ連帯シテ其株式ヲ引受ケ又ハ其払込ヲ為ス義務ヲ負フ株式
ノ申込カ取消サレタルトキ亦同シ

〈상법026_137조번역〉 前二條[50]의 規定은 發起人에 對한 損害賠償의 請求를 妨
碍하지 아니함

〈상법026_137조원문〉 前二条ノ規定ハ発起人ニ対スル損害賠償ノ請求ヲ妨ケス

〈상법026_138조번역〉 創立總會에서는 定欵의 變更이나 又[쏘]는 設立의 廢止
의 決議도[51] 함을 得[으]틈

〈상법026_138조원문〉 創立総会ニ於テハ定款ノ変更又ハ設立ノ廃止ノ決議ヲモ
為スコトヲ得

〈상법026_139조번역〉 發起人이 株式의 總數를 擔當하지 아니하얏슨 時[째]에
는 會社는 創立總會의 終結에 因하야 成立함

〈상법026_139조원문〉 発起人カ株式ノ総数ヲ引受ケサリシトキハ会社ハ創立
総会ノ終結ニ因リテ成立ス

〈상법026_140조번역〉 株式總數의 擔當이 有[이]슨 後 一年 內에 第百二十九條
의 辦納이 終[마]치지 아니한 時[째]에나 又[쏘]는 其[그] 辦納이 終[마]친 後
六個月 內에 發起人이 創立總會를 招集하지 아니한 時[째]에는 株式擔當人은
其[그] 提請을 繳消하고 辦[52]納한 金額의 返還을 請求함을 得[으]틈

---

50 條 : '項'으로 잘못되었으나 정오표에 반영되지 않음.
51 도 : '로'로 잘못된 것을 정오표에서 수정함.

〈상법026_140조원문〉 株式総数ノ引受アリタル後一年内ニ第百二十九条ノ払込
　カ終ハラサルトキ又ハ其払込カ終ハリタル後六个月内ニ発起人カ創立総会ヲ
　招集セサルトキハ株式引受人ハ其申込ヲ取消シ払込ミタル金額ノ返還ヲ請求
　スルコトヲ得

〈상법027_141조1항번역〉 會社는 發起人이 株式의 總數를 擔當한 時[째]에는
　第百二十四條에 定한 調査終了의 日[날]로自[브]터、發起人이 株式의 總數를
　擔當하지 아니하얏슨 時[째]에는 創立總會終結의 日[날]로自[브]터 二週間
　內에 其[그] 本店과 及[밋] 支店의 所在地에 左의 事項을 登記함을 要함

〈상법027_141조1항원문〉 会社ハ発起人カ株式ノ総数ヲ引受ケタルトキハ第百
　二十四条ニ定メタル調査終了ノ日ヨリ又発起人カ株式ノ総数ヲ引受ケサリシ
　トキハ創立総会終結ノ日ヨリ二週間内ニ其本店及ヒ支店ノ所在地ニ於テ左ノ事
　項ヲ登記スルコトヲ要ス

〈상법027_141조1항(1-7)번역〉 一 第百二十條 第一號 至 第四號와 及[밋] 第七號
　에 揭한 事項 二 本店과 及[밋] 支店 三 設立의 年月日 四 存立時期나 又[쏘]는
　解散의 事由를 定한 時[째]에는 其[그] 時期나 又[쏘]는 事由 五 各株에 當하
　야 辦納한 株金額 六 開業前에 利息을 配當하겟슴을 定한 時[째]에는 其[그]
　利率 七 總務員 과 及[밋] 監査員의 姓名、住所

〈상법027_141조1항(1-7)원문〉 一 第百二十条第一号乃至第四号及ヒ第七号ニ揭
　ケタル事項 二 本店及ヒ支店 三 設立ノ年月日 四 存立時期又ハ解散ノ事由ヲ定
　メタルトキハ其時期又ハ事由 五 各株ニ付キ払込ミタル株金額 六 開業前ニ利
　息ヲ配当スヘキコトヲ定メタルトキハ其利率 七 取締役及ヒ監査役ノ氏名、住
　所

〈상법027_141조2항번역〉 第五十一條 第二項、第三項、第五十二條와 及[밋] 第
　五十三條의 規定은 株式會社에 此[이]를 準用함

〈상법027_141조2항원문〉 第五十一条第二項、第三項、第五十二条及ヒ第五十三
　条ノ規定ハ株式会社ニ之ヲ準用ス

---

52 辦：‘分’으로 잘못된 것을 정오표에서 수정함.

〈상법027_142조번역〉會社가 前條 第一項의 規定에 從[조]차서 本店의 所在地
에 登記를 한 後에는 株式擔當人은 詐欺나 又[쏘]는 强迫에 因하야서 其[그]
提請을 纖消함을 得[으]ㄷ지 못함

〈상법027_142조원문〉 会社カ前条第一項ノ規定ニ從ヒ本店ノ所在地ニ於テ登記
ヲ為シタル後ハ株式引受人ハ詐欺又ハ强迫ニ因リテ其申込ヲ取消スコトヲ得
ス

〈상법027_제목〉 第二節 株式

〈상법027_143조번역〉 株式會社의 資本은 此[이]를 株式에 分[나]눔을 要함

〈상법027_143조원문〉 株式会社ノ資本ハ之ヲ株式ニ分ツコトヲ要ス

〈상법028_144조1항번역〉 株主의 責任은 其[그] 擔當하거나 又[쏘]는 讓受한
株式의 金額을 限度로 함

〈상법028_144조1항원문〉 株主ノ責任ハ其引受ケ又ハ讓受ケタル株式ノ金額ヲ
限度トス

〈상법028_144조2항번역〉 株主는 株金의 辦納에 當하야 相殺로以[써] 會社에
對抗함을 得[으]ㄷ지 못함

〈상법028_144조2항원문〉 株主ハ株金ノ払込ニ付キ相殺ヲ以テ会社ニ対抗スル
コトヲ得ス

〈상법028_145조1항번역〉 株式의 金額은 均一함을 要함

〈상법028_145조1항원문〉 株式ノ金額ハ均一ナルコトヲ要ス

〈상법028_145조2항번역〉 株式의 金額은 五十圓에 下[나]림을 得[으]ㄷ지 못
함 但 一時에 株式[53]의 金額을 辦納할 境遇에 限하야 此[이]를 二十圓까지에
下[나]림을 得[으]듬

〈상법028_145조2항원문〉 株式ノ金額ハ五十円ヲ下ルコトヲ得ス但一時ニ株金
ノ全額ヲ払込ムヘキ場合ニ限リ之ヲ二十円マテニ下スコトヲ得

〈상법028_146조1항번역〉 株式이 數人의 共有에 屬한 時[째]에는 共有者는 株
主의 權利를 行할 者 一人을 定함을 要함

---

53 式 : ‘金’으로 잘못된 것을 정오표에서 수정함.

〈상법028_146조1항원문〉 株式カ数人ノ共有ニ属スルトキハ共有者ハ株主ノ權利ヲ行フヘキ者一人ヲ定ムルコトヲ要ス

〈상법028_146조2항번역〉 共有者는 會社에[54] 對하야서 連帶하야 株金의 辦納을 할 義務를 負함

〈상법028_146조2항원문〉 共有者ハ会社ニ対シ連帶シテ株金ノ払込ヲ為ス義務ヲ負フ

〈상법028_147조1항번역〉 株券은 第百四十一條 第一項의 規定에 從[조]차서 本店의 所在地에 登記를 한 後에 아니면 此[이]를 發行함을 得[으]ㄷ지 못함

〈상법028_147조1항원문〉 株券ハ第百四十一条第一項ノ規定ニ從ヒ本店ノ所在地ニ於テ登記ヲ為シタル後ニ非サレハ之ヲ発行スルコトヲ得ス

〈상법028_147조2항번역〉 前項의 規定에 反하야 發行한 株券은 無效로 함 但 株券을 發行한 者에 對한 損害賠償의 請求를 妨碍하지 아니함

〈상법028_147조2항원문〉 前項ノ規定ニ反シテ発行シタル株券ハ無効トス但株券ヲ発行シタル者ニ対スル損害賠償ノ請求ヲ妨ケス

〈상법028_148조1항번역〉 株券에는 左의 事項과 及[밋] 番號를 記載하고 總務員이 此[이]에 署名함을 要함

〈상법028_148조1항원문〉 株券ニハ左ノ事項及ヒ番号ヲ記載シ取締役之ニ署名スルコトヲ要ス

〈상법028_148조1항(1-4)번역〉 一 會社의 商號 二 第百四十一條 第一項의 規定에 從[조]차서 本店의 所在地에 登記를 한 年月日 三 資本의 總額 四 一株의 金額

〈상법028_148조1항(1-4)원문〉 一 会社ノ商号 二 第百四十一条第一項ノ規定ニ從ヒ本店ノ所在地ニ於テ登記ヲ為シタル年月日 三 資本ノ総額 四 一株ノ金額

〈상법028_148조2항번역〉 一時에 株式[55]의 全額을 辦納하게 하지 아니하는 境遇에는 辦納이 有[이]ㅅ는 마다 其[그] 金額을 株券에 記載함을 要함

〈상법028_148조2항원문〉 一時ニ株金ノ全額ヲ払込マシメサル場合ニ於テハ払

---

54 에 : '의'로 잘못된 것을 정오표에서 수정함.
55 式 : '金'으로 잘못된 것을 정오표에서 수정함.

込アル毎ニ其金額ヲ株券ニ記載スルコトヲ要ス

〈상법029_149조번역〉株式은 定欵에 別般의 定함이 無[업]는 時[째]에는 會社의 承諾이 無[업]시 此[이]를 他人에 讓渡함을 得[으]듬 但 第百四十一條 第一項의 規定에 從[조]차서 本店의 所在地에 登記를 하기까지는 此[이]를 讓渡하거나 又[쏘]는 其[그] 讓渡의 豫約을 함을 得[으]ㄷ지 못함

〈상법029_149조원문〉株式ハ定款ニ別段ノ定ナキトキハ会社ノ承諾ナクシテ之ヲ他人ニ讓渡スコトヲ得但第百四十一条第一項ノ規定ニ從ヒ本店ノ所在地ニ於テ登記ヲ為スマテハ之ヲ讓渡シ又ハ其讓渡ノ予約ヲ為スコトヲ得ス

〈상법029_150조번역〉記名株式의 讓渡는 讓受[56]人의 姓名、住所를 株主名簿에 記載하고 且[쏘] 其[그] 姓名을 株券에 記載하지 아니하면 此[이]로以[써] 會社며 其他의 第三者에 對抗함을 得[으]ㄷ지 못함

〈상법029_150조원문〉記名株式ノ讓渡ハ讓受人ノ氏名、住所ヲ株主名簿ニ記載シ且其氏名ヲ株券ニ記載スルニ非サレハ之ヲ以テ会社其他ノ第三者ニ対抗スルコトヲ得ス

〈상법029_151조1항번역〉會社는 自己의 株式을 取得하거나 又[쏘]는 質權의 目的으로 하야 此[이]를 受[바]듬을 得[으]ㄷ지 못함

〈언문일치상법029_151조1항원문〉会社ハ自己ノ株式ヲ取得シ又ハ質権ノ目的トシテ之ヲ受クルコトヲ得ス

〈상법029_151조2항번역〉株式은 資本減少의 規定에 從[조]츰이 아니면 此[이]를 消却함을 得[으]ㄷ지 못함 但 定欵의 定한 所[바]에 從[조]차서 株主에 配當할 利益으로以[써] 함은 此[이] 限에 在[이]ㅅ지 아니함

〈상법029_151조2항원문〉株式ハ資本減少ノ規定ニ從フニ非サレハ之ヲ消却スルコトヲ得ス但定款ノ定ムル所ニ従ヒ株主ニ配当スヘキ利益ヲ以テスルハ此限ニ在ラス

〈상법029_152조1항번역〉株金의 辨納은 二週間 前에 此[이]를 各株主에 催告함을 要함

---

56 受 : ʻ渡ʼ로 잘못된 것을 정오표에서 수정함.

〈상법029_152조1항원문〉 株金ノ払込ハ二週間前ニ之ヲ各株主ニ催告スルコト
ヲ要ス

〈상법029_152조2항번역〉 株主가 期日에 辦納을 하지 아니한 時[째]에는 會社
는 更[다]시 一定한 期間 內에 其[그] 辦納을 할 意[뜻]과 及[밋] 其[그] 期間
內에 此[이]를 하지 아니하는 時[째]에는 株主의 權利를 失[이]를 意[뜻]을
其[그] 株主에 通知함을 得[으]듬 但 其[그] 期間은 二週間에 下[나]림을 得
[으]ㄷ지 못함

〈상법029_152조2항원문〉 株主カ期日ニ払込ヲ為ササルトキハ会社ハ更ニ一定
ノ期間内ニ其払込ヲ為スヘキ旨及ヒ其期間内ニ之ヲ為ササルトキハ株主ノ權
利ヲ失フヘキ旨ヲ其株主ニ通知スルコトヲ得但其期間ハ二週間ヲ下ルコトヲ得
ス

〈상법029_153조1항번역〉 會社가 前條에 定한 節次를 踐行하얏서도 株主가 辦
納을 하지 아니한 時[째]에는 其[그] 權利를 失[이]름

〈상법029_153조1항원문〉 会社カ前条ニ定メタル手続ヲ践ミタルモ株主カ払込
ヲ為ササルトキハ其權利ヲ失フ

〈상법029_153조2항번역〉 前項의 境遇에는 會社는 株式의 各讓渡人에 對하야
二週間에 下[나]리지 아니하는 期間 內에 辦納을 할 意[뜻]의 催告를 發함을
要함 此[이] 境遇에는 最[가]장 先[먼]저 滯納金額의 辦納을 한 讓渡人이 株式
을 取得함

〈상법029_153조2항원문〉 前項ノ場合ニ於テハ会社ハ株式ノ各讓渡人ニ対シ二
週間ヲ下ラサル期間内ニ払込ヲ為スヘキ旨ノ催告ヲ発スルコトヲ要ス此場合
ニ於テハ最モ先ニ滯納金額ノ払込ヲ為シタル讓渡人株式ヲ取得ス

〈상법029_153조3항번역〉 讓渡人이 辦納을 하지 아니하는 時[째]에는 會社는
株式을 競賣함을 要함 此[이] 境遇에 競賣에 依하야 得[으]든 金額이 滯納金
額에 滿[차]지 못하는 時[째]에는 從前의 株主로 其[그] 不足額을 辦償하게
함을 得[으]듬 若[만]일 從前의 株主가 二週間 內에 此[이]를 辦償하지 아니
한 時[째]에는 會社는 讓渡人에 對하야 其[그] 辦償을 請求함을 得[으]듬

〈상법029_153조3항원문〉 讓渡人カ払込ヲ為ササルトキハ会社ハ株式ヲ競売ス

ルコトヲ要ス此場合ニ於テ競売ニ依リテ得タル金額カ滞納金額ニ満タサルト

キハ従前ノ株主ヲシテ其不足額ヲ弁済セシムルコトヲ得若シ従前ノ株主カ二

週間内ニ之ヲ弁済セサルトキハ会社ハ譲渡人ニ対シテ其弁済ヲ請求スルコト

ヲ得

〈상법029_153조4항번역〉 前三項의 規定은 會社가 損害賠償과 及[밋] 定欵으로

　以[써] 定한 違約金의 請求를 함을 妨碍하지 아니함

〈상법029_153조4항원문〉　前三項ノ規定ハ会社カ損害賠償及ヒ定款ヲ以テ定メ

　タル違約金ノ請求ヲ為スコトヲ妨ケス

〈상법030_154조번역〉 前條[57]에 定한 讓渡人의 責任은 讓渡를 株主名簿에 記載

　한 後 二年을 經過한 時[째]에는 消滅함

〈상법030_154조원문〉 前条ニ定メタル讓渡人ノ責任ハ讓渡ヲ株主名簿ニ記載シ

　タル後二年ヲ経過シタルトキハ消滅ス

〈상법030_155조1항번역〉 株金全額의 辨納이 有[이]슨 時[째]에는 株主는 其

　[그] 株券을 無記名式으로 함을 請求함을 得[으]듬

〈상법030_155조1항원문〉　株金全額ノ払込アリタルトキハ株主ハ其株券ヲ無記

　名式ト為スコトヲ請求スルコトヲ得

〈상법030_155조2항번역〉 株主는 何[어느][58]時[째][59]에든지 其[그] 無記名式

　의 株券을 記名式으로 함을 請求함을 得[으]듬

〈상법030_155조2항원문〉　株主ハ何時ニテモ其無記名式ノ株券ヲ記名式ト為ス

　コトヲ請求スルコトヲ得

〈상법030_제목번역〉 第三節 會社의 機關　第一欵 株主總會

〈상법030_제목원문〉 第三節 会社ノ機関　第一款 株主総会

〈상법030_156조1항번역〉 總會를 招集함에는 會日로自[브]터 二週間 前에 各株

　主에 對하야 其[그] 通知를 發함을 要함

〈상법030_156조1항원문〉 総会ヲ招集スルニハ会日ヨリ二週間前ニ各株主ニ対

57　前條 : '前二條'로 잘못되었으나 정오표에 반영되지 않음.

58　[어느] : '[어느]'가 누락되었으나 정오표에 반영되지 않음.

59　[째] : '[째]'가 누락되었으나 정오표에 반영되지 않음.

シテ其通知ヲ発スルコトヲ要ス

〈상법030_156조2항번역〉 前項의 通知에는 總會의 目的과 及[밋] 總會에서 決議할 事項을 記載함을 要함

〈상법030_156조2항원문〉 前項ノ通知ニハ総会ノ目的及ヒ総会ニ於テ決議スヘキ事項ヲ記載スルコトヲ要ス

〈상법030_156조3항번역〉 會社가 無記名式의 株券을 發行한 境遇에는 會日로 自[브]터 三週間 前에 總會를 開[여]를 意[뜻]과 及[밋] 前項에 揭한 事項을 公告함을 要함

〈상법030_156조3항원문〉 会社カ無記名式ノ株券ヲ発行シタル場合ニ於テハ会日ヨリ三週間前ニ総会ヲ開クヘキ旨及ヒ前項ニ揭ケタル事項ヲ公告スルコトヲ要ス

〈상법031_157조1항번역〉 定期總會는 每年 一回로 一定한 時期에 總務員이 此[이]를 招集함을 要함

〈상법031_157조1항원문〉 定時総会ハ毎年一回一定ノ時期ニ於テ取締役之ヲ招集スルコトヲ要ス

〈상법031_157조2항번역〉 年 二回以上으로 利益의 配當을 하는 會社에서는 每 配當期에 總會를 招集함을 要함

〈상법031_157조2항원문〉 年二回以上利益ノ配当ヲ為ス会社ニ在リテハ每配当期ニ総会ヲ招集スルコトヲ要ス

〈상법031_158조1항번역〉 定期總會는 總務員이 提出한 書類와 及[밋] 監査員의 報告書를 調査하며 且[또] 利益이나 又[또]는 利息의 配當을 決議함

〈상법031_158조1항원문〉 定時総会ハ取締役カ提出シタル書類及ヒ監査役ノ報告書ヲ調査シ且利益又ハ利息ノ配当ヲ決議ス

〈상법031_158조2항번역〉 前項에 揭한 書類의 當否를[60] 調査하게 함을 爲하야 總會는 特히 檢査員을 選任함을 得[으]듬

〈상법031_158조2항원문〉 前項ニ揭ケタル書類ノ当否ヲ調査セシムル為メ総会

---

60 를 : '을'로 잘못되었으나 정오표에 반영되지 않음.

ハ特ニ検査役ヲ選任スルコトヲ得

〈상법031_159조번역〉 臨時總會는 必要가 有[이]ㅅ는 마다 總務[61]員이 此[이]를 招集함

〈상법031_159조원문〉 臨時総会ハ必要アル毎ニ取締役之ヲ招集ス

〈상법031_160조1항번역〉 資本의 十分之一以上에 當하는 株主는 總會의 目的과 及[및] 其[그] 招集의 理由를 記載한 書面을 總務員에 提出하야 總會의 招集을 請求함을 得[으]듬

〈상법031_160조1항원문〉 資本ノ十分ノ一以上ニ当タル株主ハ総会ノ目的及ヒ 其招集ノ理由ヲ記載シタル書面ヲ取締役ニ提出シテ総会ノ招集ヲ請求スルコト ヲ得

〈상법031_160조2항번역〉 總務員이 前項의 請求가 有[이]ㅅ 後 二週間 內에 總會招集의 節次를 하지 아니한 時[째]에는 其[그] 請求를 한 株主는 裁判所의 許可를 得[으]더서 其[그] 招集을 함을 得[으]듬

〈상법031_160조2항원문〉 取締役カ前項ノ請求アリタル後二週間内ニ総会招集 ノ手続ヲ為ササルトキハ其請求ヲ為シタル株主ハ裁判所ノ許可ヲ得テ其招集 ヲ為スコトヲ得

〈상법031_161조1항번역〉 總會의 決議는 本法이나 又[쏘]는 定欵에 別般의 定 함이 有[이]ㅅ는 境遇를 除한 外에 出席한 株主의 議決權의 過半數로以[써] 此[이]를 함

〈상법031_161조1항원문〉 総会ノ決議ハ本法又ハ定款ニ別段ノ定アル場合ヲ除ク 外出席シタル株主ノ議決権ノ過半数ヲ以テ之ヲ為ス

〈상법032_161조2항번역〉 無記名式의 株券을 有한 者는 會日로自[브]터 一週間 前에 其[그] 株券을 會社에 供託하지 아니하면 其[그] 議決權을 行함을 得 [으]ㄷ지 못함

〈상법032_161조2항원문〉 無記名式ノ株券ヲ有スル者ハ会日ヨリ一週間前ニ其株 券ヲ会社ニ供託スルニ非サレハ其議決権ヲ行フコトヲ得ス

---

61 務: '會'로 잘못된 것을 정오표에서 수정함.

〈상법032_161조3항번역〉株主는 代理人으로以[써] 其[그] 議決權을 行함을 得[으]름 但 其[그] 代理人은 代理權을 證明하는 書面을 會社에 呈出함을 要함

〈상법032_161조3항원문〉株主ハ代理人ヲ以テ其議決權ヲ行フコトヲ得但其代理人ハ代理權ヲ証スル書面ヲ会社ニ差出タスコトヲ要ス

〈상법032_161조4항번역〉總會의 決議에 當하야 特別의 利害關係를 有한 者는 其[그] 議決權을 行함을 得[으]디지 못함

〈상법032_161조4항원문〉 総会ノ決議ニ付キ特別ノ利害関係ヲ有スル者ハ其議決権ヲ行フコトヲ得ス

〈상법032_162조번역〉各株主는 一株에 當하야 一個의 議決權을 有함 但 十一株以上을 有한 株主의 議決權은 定欵으로以[써] 此[이]를 制限함을 得[으]름

〈상법032_162조원문〉 各株主ハ一株ニ付キ一箇ノ議決権ヲ有ス但十一株以上ヲ有スル株主ノ議決権ハ定款ヲ以テ之ヲ制限スルコトヲ得

〈상법032_163조1항번역〉總會招集의 節次나 又[또]는 其[그] 決議의 方法이 法令이나 又[또]는 定欵에 反한 時[째]에는 株主는 其[그] 決議의 無效의 宣告를 裁判所에 請求함을 得[으]름

〈상법032_163조1항원문〉総会招集ノ手続又ハ其決議ノ方法カ法令又ハ定款ニ反スルトキハ株主ハ其決議ノ無効ノ宣告ヲ裁判所ニ請求スルコトヲ得

〈상법032_163조2항번역〉前項의 請求는 決議의 日[날]로自[브]터 一個月 內에 此[이]를 함을 要함

〈상법032_163조2항원문〉 前項ノ請求ハ決議ノ日ヨリ一个月内ニ之ヲ為スコトヲ要ス

〈상법032_163조3항번역〉總務員이나 又[또]는 監査員이 아닌 株主가 第一項의 請求를 한 時[째]에는 其[그] 株券을 供託하며 且[또] 會社의 請求에 因하야 相當한 擔保를 供함을 要함

〈상법032_163조3항원문〉 取締役又ハ監査役ニ非サル株主カ第一項ノ請求ヲ為シタルトキハ其株券ヲ供託シ且会社ノ請求ニ因リ相当ノ担保ヲ供スルコトヲ要ス

〈상법032_제목번역〉第二欵 總務員

〈상법032_제목원문〉第二款 取締役

〈상법032_164조번역〉總務員은 株主總會에서 株主中으로自[브]터 此[이]를 選
任함

〈상법032_164조원문〉取締役ハ株主総会ニ於テ株主中ヨリ之ヲ選任ス

〈상법032_165조번역〉總務員은 三人以上됨을 要함

〈상법032_165조원문〉取締役ハ三人以上タルコトヲ要ス

〈상법032_166조번역〉總務員의 任期는 三年에 超過함을 得[으]디지 못함 但
其[그] 任期滿了의 後에 此[이]를 再選함을 妨碍하지 아니함

〈상법032_166조원문〉取締役ノ任期ハ三年ヲ超ユルコトヲ得ス但其任期滿了ノ
後之ヲ再選スルコトヲ妨ケス

〈상법033_167조번역〉總務員은 何[어느]時[째]에든지 株主總會의 決議로以
[써] 此[이]를 解任함을 得[으]듬 但 任期의 定함이 有[이]는 境遇에 正當
한 理由가 無[업]시 其[그] 任期 前에 此[이]를 解任한 時[째]에는 其[그] 總
務員은 會社에 對하야 解任에 因하야 生한 損害의[62] 賠償을 請求함을 得[으]
듬

〈상법033_167조원문〉取締役ハ何時ニテモ株主総会ノ決議ヲ以テ之ヲ解任スル
コトヲ得但任期ノ定アル場合ニ於テ正当ノ理由ナクシテ其任期前ニ之ヲ解任シ
タルトキハ其取締役ハ会社ニ対シ解任ニ因リテ生シタル損害ノ賠償ヲ請求ス
ルコトヲ得

〈상법033_168조번역〉總務員은 定欵에 定한 數의 株券을 監査員에 供託함을
要함

〈상법033_168조원문〉取締役ハ定款ニ定メタル員数ノ株券ヲ監査役ニ供託スル
コトヲ要ス

〈상법033_169조번역〉會社의 業務執行은 定欵에 別般의 定함이 無[업]는 時
[째]에는 總務員의 過半數로以[써] 此[이]를 決함 支配人의 選任과 及[밋] 解
任도 亦[쏘]한 同[가]틈

---

62 의 : '에'로 잘못된 것을 정오표에서 수정함.

〈상법033_169조원문〉 会社ノ業務執行ハ定款ニ別段ノ定ナキトキハ取締役ノ過
　半数ヲ以テ之ヲ決ス支配人ノ選任及ヒ解任亦同シ

〈상법033_170조1항번역〉 總務員은 各自로 會社를 代表함

〈상법033_170조1항원문〉 取締役ハ各自会社ヲ代表ス

〈상법033_170조2항번역〉 第六十二條의 規定은 總務員에 此[이]를 準用함

〈상법033_170조2항원문〉 第六十二条ノ規定ハ取締役ニ之ヲ準用ス

〈상법033_171조1항번역〉 總務員은 定欵과 及[밋] 總會의 決議錄을 本店과 及
　[밋] 支店에 備置하며 且[또] 株主名簿와 及[밋] 社債原簿를 本店에 備置함을
　要함

〈상법033_171조1항원문〉 取締役ハ定款及ヒ総会ノ決議録ヲ本店及ヒ支店ニ備ヘ
　置キ且株主名簿及ヒ社債原簿ヲ本店ニ備ヘ置クコトヲ要ス

〈상법033_171조2항번역〉 株主와 及[밋] 會社의 債權者는 營業時間 內에 何[어
　느]時[째]에든지 前項에[63] 揭한 書類의 閱覽을 求함을 得[으]듬

〈상법033_171조2항원문〉 　株主及ヒ会社ノ債権者ハ営業時間内何時ニテモ前項
　ニ掲ケタル書類ノ閲覧ヲ求ムルコトヲ得

〈상법033_172조번역〉 株主名簿에는 左의 事項을 記載함을 要함

〈상법033_172조원문〉 株主名簿ニハ左ノ事項ヲ記載スルコトヲ要ス

〈상법033_172조(1-5)번역〉 一 株主의 姓名、住所 二 各株主의 株式의 數와 及
　[밋] 株券의 番號 三 各株에 當하야 辨納한 株金額과 及[밋] 辨納의 年月日 四
　各株式의 取得의 年月日 五 無記名式의 株券을 發行한 時[째]에는 其[그] 數、
　番號와 及[밋][64] 發行의 年月日

〈상법033_172조(1-5)원문〉 一 株主ノ氏名、住所 二 各株主ノ株式ノ数及ヒ株券
　ノ番号 三 各株ニ付キ払込ミタル株金額及ヒ払込ノ年月日 四 各株式ノ取得ノ
　年月日 五 無記名式ノ株券ヲ発行シタルトキハ其数、番号及ヒ発行ノ年月日

〈상법034_173조번역〉 社債原簿에는 左의 事項을 記載함을 要함

〈상법034_173조원문〉 社債原簿ニハ左ノ事項ヲ記載スルコトヲ要ス

---

63 에 : '의'로 잘못된 것을 정오표에서 수정함.
64 [밋] : '[밋]'이 위의 글자에 잘못 달린 것을 정오표에서 수정함.

〈상법034_173조(1-9)번역〉 一 社債權者의 姓名、住所 二 債券[65]의 番號 三 社債의 總額 四 各社債의 金額 五 社債의 利率 六 社債償還의 方法과 及[및] 期限 七 債券發行의 年月日 八 各社債의 取得의 年月日 九 無記名式의 債券을 發行한 時[째]에는 其[그] 數、番號와 及[및] 發行의 年月日

〈상법034_173조(1-9)원문〉 一 社債權者ノ氏名、住所 二 債券ノ番号 三 社債ノ 總額 四 各社債ノ金額 五 社債ノ利率 六 社債償還ノ方法及ヒ期限 七 債券発行ノ 年月日 八 各社債ノ取得ノ年月日 九 無記名式ノ債券ヲ発行シタルトキハ其数、 番号及ヒ発行ノ年月日

〈상법034_174조1항번역〉 會社가 其[그] 資本의 半額을 失[이]른 時[째]에는 總務 員은 遲滯 無[업]시 株主總會를 招集하야 此[이]를 報告함을 要함

〈상법034_174조1항원문〉 会社カ其資本ノ半額ヲ失ヒタルトキハ取締役ハ遲滯 ナク株主総会ヲ招集シテ之ヲ報告スルコトヲ要ス

〈상법034_174조2항번역〉 會社財産으로以[써] 會社의 債務를 完[66]償함이 能하 지 못함에 至[이르]른 時[째]에는 總務員은 即[곧] 破産宣告의 請求를 함을 要함

〈상법034_174조2항원문〉 会社財産ヲ以テ会社ノ債務ヲ完済スルコト能ハサル ニ至リタルトキハ取締役ハ直チニ破産宣告ノ請求ヲ為スコトヲ要ス

〈상법034_175조1항번역〉 總務員은 株主總會의 認許가 有[이]ㅅ지 아니하면 自己나 又[쏘]는 第三者를 爲하야 會社의 營業의 部類에 屬한 商行爲를 하거 나 又[쏘]는 同種의 營業을 目的으로 하는 他[다]른 會社의 無限責任社員이 됨을 得[으]ㄷ지 못함

〈상법034_175조1항원문〉 取締役ハ株主総会ノ認許アルニ非サレハ自己又ハ第 三者ノ為メニ会社ノ営業ノ部類ニ属スル商行為ヲ為シ又ハ同種ノ営業ヲ目的 トスル他ノ会社ノ無限責任社員ト為ルコトヲ得ス

〈상법034_175조2항번역〉 總務員이 前項의 規定에 反하야 自己를 爲하야 商行 爲를 한 時[째]에는 株主總會는 此[이]로以[써67] 會社를 爲하야 한 것으로

---

65 券 : '權'으로 잘못된 것을 정오표에서 수정함.
66 完 : '辨'으로 잘못되었으나 정오표에 반영되지 않음.

看做함을 得[으]듬

〈상법034_175조2항원문〉 取締役カ前項ノ規定ニ反シテ自己ノ為メニ商行為ヲ
爲シタルトキハ株主総会ハ之ヲ以テ会社ノ爲メニ爲シタルモノト看做スコト
ヲ得

〈상법035_175조3항번역〉 前項에 定한 權利는 監査員의 一人이 其[그] 行爲를
知[아]른 時[째]로自[브]터 二個月間에 此[이]를 行하지 아니한 時[째]에는
消滅함 行爲의 時[째]로自[브]터 一年을 經過한 時[째]에 亦[쏘]한 同[가]틈

〈상법035_175조3항원문〉 前項ニ定メタル權利ハ監査役ノ一人カ其行為ヲ知リ
タル時ヨリ二个月間之ヲ行ハサルトキハ消滅ス行為ノ時ヨリ一年ヲ経過シタ
ルトキ亦同シ

〈상법035_176조번역〉 總務員은 監査員의 承認을 得[으]든 時[째]에 限하야 自
己나 又[쏘]는 第三者를 爲하야 會社와 去來를 함을 得[으]듬

〈상법035_176조원문〉 取締役ハ監査役ノ承認ヲ得タルトキニ限リ自己又ハ第三
者ノ爲メニ会社ト取引ヲ爲スコトヲ得

〈상법035_177조1항번역〉 總務員이 法令이나 又[쏘]는 定欸에 反하는 行爲를
한 時[째]에는 株主總會의 決議에 依한 境遇에라도 第三者에 對하야 損害賠償
의 責을 免함을 得[으]디지 못함

〈상법035_177조1항원문〉 取締役カ法令又ハ定款ニ反スル行為ヲ爲シタルトキ
ハ株主総会ノ決議ニ依リタル場合ト雖モ第三者ニ対シテ損害賠償ノ責ヲ免ル
ルコトヲ得ス

〈상법035_177조2항번역〉 前項의 規定은 其[그] 行爲에 對하야 株主總會에서
異議를 述하고 且[쏘] 監査員에 其[그] 意[쯧]을 通知한 總務員에는 此[이]를
適用하지 아니함

〈상법035_177조2항원문〉 前項ノ規定ハ其行為ニ対シ株主総会ニ於テ異議ヲ述
ヘ且監査役ニ其旨ヲ通知シタル取締役ニハ之ヲ適用セス

〈상법035_178조1항번역〉 株主總會에서 總務員에 對하야 呈訴를 提起함을 決

---

67 써 : '세'로 잘못되었으나 정오표에 반영되지 않음.

議한 時[째]에나 又[쏘]는 此[이]를 否決한 境遇에 資本의 十分之一以上에 當
하는 株主가 此[이]를 監査員에 請求한 時[째]에는 會社는 決議나 又[쏘]는
請求의 日[날]로自[브]터 一個月 內에 呈訴를 提起함을 要함

〈상법035_178조1항원문〉 株主総会ニ於テ取締役ニ対シテ訴ヲ提起スルコトヲ
決議シタルトキ又ハ之ヲ否決シタル場合ニ於テ資本ノ十分ノ一以上ニ当タル株
主カ之ヲ監査役ニ請求シタルトキハ会社ハ決議又ハ請求ノ日ヨリ一个月内ニ訴
ヲ提起スルコトヲ要ス

〈상법035_178조2항번역〉 前項의 請求를 한 株主는 其[그] 株券을 供託하며 且
[쏘] 監査員의 請求에 因하야 相當한 擔保를 供함을 要함

〈상법035_178조2항원문〉 前項ノ請求ヲ為シタル株主ハ其株券ヲ供託シ且監査
役ノ請求ニ因リ相当ノ担保ヲ供スルコトヲ要ス

〈상법035_178조3항번역〉 會社가 敗訴한 時[째]에는 右의 株主는 會社에 對하
야서만 損害賠償의 責을 任[마]틈

〈상법035_178조3항원문〉 会社カ敗訴シタルトキハ右ノ株主ハ会社ニ対シテノ
ミ損害賠償ノ責ニ任ス

〈상법035_179조번역〉 總務員이 受[바]들 報酬는 定款에 其[그] 額을 定하지
아니한 時[째]에는 株主總會의 決議로以[써] 此[이]를 定함

〈상법035_179조원문〉 取締役カ受クヘキ報酬ハ定款ニ其額ヲ定メサリシトキハ
株主総会ノ決議ヲ以テ之ヲ定ム

〈상법036_제목번역〉 第三欵 監査員

〈상법036_제목원문〉 第三款 監査役

〈상법036_180조번역〉 監査員의 任期는 此[이]를 一年으로 함 但 其[그] 任期滿
了의 後에 此[이]를 再選함을 妨碍하지 아니함

〈상법036_180조원문〉 監査役ノ任期ハ之ヲ一年トス但其任期満了ノ後之ヲ再選
スルコトヲ妨ケス

〈상법036_181조번역〉 監査員은 何[어느]時[째]에든지 總務員에 對하야 營業
의 報告를 求하거나 又[쏘]는 會社의 業務와 及[밋] 會社財産의 狀況을 調査
함을 得[으]틈

〈상법036_181조원문〉 監査役ハ何時ニテモ取締役ニ対シテ営業ノ報告ヲ求メ又ハ会社ノ業務及ヒ会社財産ノ状況ヲ調査スルコトヲ得

〈상법036_182조번역〉 監査員은 株主總會를 招集할 必要가 有[이]合으로 認한 時[째]에는 其[그] 招集을 함을 得[으]듬 此[이] 總會에서는 會社의 業務와 及[밋] 會社財産의 狀況을 調査하게 함을 爲하야 特히 檢査員을 選任함을 得[으]듬

〈상법036_182조원문〉 監査役ハ株主総会ヲ招集スル必要アリト認メタルトキハ其招集ヲ為スコトヲ得此総会ニ於テハ会社ノ業務及ヒ会社財産ノ状況ヲ調査セシムル為メ特ニ検査役ヲ選任スルコトヲ得

〈상법036_183조번역〉 監査員은 總務員이 株主總會에 提出하랴는 書類를 調査하고 株主總會에 其[그] 意見을 報告함을 要함

〈상법036_183조원문〉 監査役ハ取締役カ株主総会ニ提出セントスル書類ヲ調査シ株主総会ニ其意見ヲ報告スルコトヲ要ス

〈상법036_184조1항번역〉 監査員은 總務員이나 又[쏘]는 支配人을 兼함을 得[으]디 못함 但 總務員中에 缺員이 有[이]ㅅ는 時[째]에는 總務員과 及[밋] 監査員의 協議로以[써] 監査員中으로自[브]터 一時 總務員의 職務를 行할 者를 定함을 得[으]듬

〈상법036_184조1항원문〉 監査役ハ取締役又ハ支配人ヲ兼ヌルコトヲ得ス但取締役中ニ缺員アルトキハ取締役及ヒ監査役ノ協議ヲ以テ監査役中ヨリ一時取締役ノ職務ヲ行フヘキ者ヲ定ムルコトヲ得

〈상법036_184조2항번역〉 前項의 規定에 依하야 總務員의 職務를 行하는 監査員은 第百九十二條 第一項의 規定에 從[조]차서 株主總會의 承認을 得[으]디기까지는 監査員의 職務를 行함을 得[으]디지 못함

〈상법036_184조2항원문〉 前項ノ規定ニ依リテ取締役ノ職務ヲ行フ監査役ハ第百九十二条第一項ノ規定ニ従ヒ株主総会ノ承認ヲ得ルマテハ監査役ノ職務ヲ行フコトヲ得ス

〈상법036_185조1항번역〉 會社가 總務員에 對하거나 又[쏘]는 總務員이 會社에 對하야 呈訴를 提起한 境遇에는 其[그] 呈訴에 當하야서는 監査員이 會社

를 代表함 但 株主總會는 他人으로 此[이]를 代表하게 함을 得[으]듬

〈상법036_185조1항원문〉 会社カ取締役ニ対シ又ハ取締役カ会社ニ対シ訴ヲ提
起スル場合ニ於テハ其訴ニ付テハ監査役会社ヲ代表ス但株主総会ハ他人ヲシテ
之ヲ代表セシムルコトヲ得

〈상법036_185조2항번역〉 資本의 十分之一以上에 當하는 株主가 總務員에 對
하야 呈訴를 提起함을 請求한 時[째]에는 特히 代表者를 指定함을 得[으]듬

〈상법036_185조2항원문〉 資本ノ十分ノ一以上ニ当タル株主カ取締役ニ対シテ訴
ヲ提起スルコトヲ請求シタルトキハ特ニ代表者ヲ指定スルコトヲ得

〈상법037_186조번역〉 監査員이 其[그] 職務를 怠[게을]리한 時[째]에는 會社
와 及[밋] 第三者에 對하야 損害賠償의 責을 任[마]틈

〈상법037_186조원문〉 監査役カ其任務ヲ怠リタルトキハ会社及ヒ第三者ニ対シ
テ損害賠償ノ責ニ任ス

〈상법037_187조1항번역〉 株主總會에서 監査員에 對하[68]야 呈訴를 提起함을
決議한 時[째]에나 又[쏘]는 此[이]를 否決한 境遇에 資本의 十分之一以上에
當하는 株主가 此[이]를 總務員에 請求한 時[째]에는 會社는 決議나 又[쏘]는
請求의 日[날]로自[브]터 一個月 內에 呈訴를 提起함을 要함 此[이] 境遇에는
第百八十五條 第一項 但書와 及[밋] 第二項의 規定을 準用함

〈상법037_187조1항원문〉 株主総会ニ於テ監査役ニ対シテ訴ヲ提起スルコトヲ
決議シタルトキ又ハ之ヲ否決シタル場合ニ於テ資本ノ十分ノ一以上ニ当タル株
主カ之ヲ取締役ニ請求シタルトキハ会社ハ決議又ハ請求ノ日ヨリ一个月内ニ訴
ヲ提起スルコトヲ要ス此場合ニ於テハ第百八十五条第一項但書及ヒ第二項ノ規
定ヲ準用ス

〈상법037_187조2항번역〉 前[69]項의 請求를 한 株主는 其[그] 株券을 供託하며
且[쏘] 總務員의 請求에 因하야 相當한 擔保를 供함을 要함

〈상법037_187조2항원문〉 前項ノ請求ヲ為シタル株主ハ其株券ヲ供託シ且取締
役ノ請求ニ因リ相当ノ担保ヲ供スルコトヲ要ス

---

68 하 : 'ᅙ'로 잘못되었으나 정오표에 반영되지 않음.
69 前 : 별행으로 나누지 않은 것을 정오표에서 수정함.

〈상법037_187조3항번역〉會社가 敗訴한 時[째]에는 右의 株主는 會社에 對하야서만 損害賠償의 責을 任[마]틈

〈상법037_187조3항원문〉 会社カ敗訴シタルトキハ右ノ株主ハ会社二対シテノミ損害賠償ノ責二任ス

〈상법037_188조번역〉 監査員은 其[그] 破産이나 又[또]는 禁治産에 因하야 退任함

〈상법037_188조원문〉 監査役ハ其破産又ハ禁治産二因リテ退任ス

〈상법037_189조번역〉 第百六十四條、第百六十七條와 及[밋] 第百七十九條의 規定은 監査員에 此[이]를 準用함

〈상법037_189조원문〉 第百六十四条、第百六十七条及ヒ第百七十九条ノ規定ハ監査役二之ヲ準用ス

〈상법037_제목번역〉 第四節 會社의 計算

〈상법037_제목원문〉 第四節 会社ノ計算

〈상법038_190조번역〉 總務員은 定期總會의 會日로自[브]터 一週間 前에 左의 書類를 監査員에 提出함을 要함

〈상법038_190조원문〉 取締役ハ定時総会ノ会日ヨリ一週間前二左ノ書類ヲ監査役二提出スルコトヲ要ス

〈상법038_190조(1-5)번역〉 一 財産[70]目録 二 貸借對照表 三 營業報告書 四 損益計算書 五 準備金과 及[밋] 利益이나 又[또]는 利息의 配當에 關한 議案

〈상법038_190조(1-5)원문〉 一 財産目録 二 貸借対照表 三 營業報告書 四 損益計算書 五 準備金及ヒ利益又ハ利息ノ配当二関スル議案

〈상법038_191조1항번역〉 總務員은 定期總會의 會日 前에 前條에 揭한 書類와 及[밋] 監査員의 報告書를 本店에 備置함을 要함

〈상법038_191조1항원문〉 取締役ハ定時総会ノ会日前二前条二揭ケタル書類及ヒ監査役ノ報告書ヲ本店二備フルコトヲ要ス

〈상법038_191조2항번역〉 株主와 及[밋] 會社의 債權者는 營業時間 內에 何[어

---

70 財産 : '産財'로 잘못되었으나 정오표에 반영되지 않음.

느^{71]}時[째]에든지 前項에 揭한 書類의 閱覽을 求함을 得[으]듬

〈상법038_191조2항원문〉 株主及ヒ会社ノ債権者ハ營業時間内何時ニテモ前項ニ揭ケタル書類ノ閱覽ヲ求ムルコトヲ得

〈상법038_192조1항번역〉 總務員은 第百九十條에 揭한 書類를 定期總會에 提出하야 其[그] 承認을 求함을 要함

〈상법038_192조1항원문〉 取締役ハ第百九十条ニ揭ケタル書類ヲ定時総会ニ提出シテ其承認ヲ求ムルコトヲ要ス

〈상법038_192조2항번역〉 總務員은 前項의 承認을 得[으]든 後에 貸借對照表를 公告함을 要함

〈상법038_192조2항원문〉 取締役ハ前項ノ承認ヲ得タル後貸借対照表ヲ公告スルコトヲ要ス

〈상법038_193조번역〉 定期總會에서 前條 第一項의 承認을 한 時[째]에는 會社는 總務員과 及[밋] 監査員에 對하야 其[그] 責任을 解除한 것으로 看做함 但 總務員이나 又[쏘]는 監査員에 不正한 行爲가 有[이]슨 時[째]에는 此[이] 限에 在[이]ㅅ지 아니함

〈상법038_193조원문〉 定時総会ニ於テ前条第一項ノ承認ヲ爲シタルトキハ会社ハ取締役及ヒ監査役ニ対シテ其責任ヲ解除シタルモノト看做ス但取締役又ハ監査役ニ不正ノ行爲アリタルトキハ此限ニ在ラス

〈상법038_194조1항번역〉 會社는 其[그] 資本의 四分之一에 達하기까지는 利益을 配當하는 마다 準備金으로 하야 其[그] 利益의 二十分之一以上을 積立함을 要함

〈상법038_194조1항원문〉 会社ハ其資本ノ四分ノ一ニ達スルマテハ利益ヲ配当スル毎ニ準備金トシテ其利益ノ二十分ノ一以上ヲ積立ツルコトヲ要ス

〈상법039_194조2항번역〉 額面以上의 價額으로以[써] 株式을 發行한 時[째]에는 其[그] 額面에 超過하는 金額은 前項의 額에 達하기까지 此[이]를 準備金에 編入함을 要함

---

71 느 : '[느]'가 다음 행에 잘못 달린 것을 정오표에서 수정함.

〈상법039_194조2항원문〉 額面以上ノ価額ヲ以テ株式ヲ発行シタルトキハ其額
面ヲ超ユル金額ハ前項ノ額ニ達スルマテ之ヲ準備金ニ組入ルルコトヲ要ス

〈상법039_195조1항번역〉 會社는 損失을 塡補하고 且[또] 前條 第一項에 定한
準備金을 叩除한 後에 아니면 利益의 配當을 함을 得[으]ㄷ지 못함

〈상법039_195조1항원문〉 会社ハ損失ヲ塡補シ且前条第一項ニ定メタル準備金
ヲ控除シタル後ニ非サレハ利益ノ配当ヲ為スコトヲ得ス

〈상법039_195조2항번역〉 前項의 規定에 違反하야 配當을 한 時[째]에는 會社
의 債權者는 此[이]를 返還하게 함을 得[으]듬

〈상법039_195조2항원문〉 前項ノ規定ニ違反シテ配当ヲ為シタルトキハ会社ノ
債權者ハ之ヲ返還セシムルコトヲ得

〈상법039_196조1항번역〉 會社의 目的인 事業의 性質에 依하야 第百四十一條
第一項의 規定에 從[조]차서 本店의 所在地에 登記를 한 後 二年以上 開業을
함이지 못한 것으로 認하는 時[째]에는 會社는 定欵으로以[써] 開業을 함에
至[이르72]르기까지 一定한 利息을 株主에 配當하갯슴을 定함을 得[으]듬
但 其[그] 利率은 法定利率에 超過함을 得[으]ㄷ지 못함

〈상법039_196조1항원문〉 会社ノ目的タル事業ノ性質ニ依リ第百四十一条第一項
ノ規定ニ從ヒ本店ノ所在地ニ於テ登記ヲ為シタル後二年以上開業ヲ為スコト能
ハサルモノト認ムルトキハ会社ハ定款ヲ以テ開業ヲ為スニ至ルマテ一定ノ利
息ヲ株主ニ配当スヘキコトヲ定ムルコトヲ得但其利率ハ法定利率ニ超ユルコ
トヲ得ス

〈상법039_196조2항번역〉 前項에 掲한 定欵의 規定은 裁判所의 認可를 得[으]
듬을 要함

〈상법039_196조2항원문〉 前項ニ掲ケタル定款ノ規定ハ裁判所ノ認可ヲ得ルコ
トヲ要ス

〈상법039_197조번역〉 利益이나 又[또]는 利息의 配當은 定欵에 依하야 辦納
한 株金額의 比例에 應하야 此[이]를 함 但 會社가 優先株를 發行한 境遇에

---

72 르 : '르'가 누락된 것을 정오표에서 수정함.

此[이]와 異[달]른 定함이 有[이]ㅅ는 時[째]에는 此[이] 限에 在[이]ㅅ지 아
니함

〈상법039_197조원문〉 利益又ハ利息ノ配当ハ定款ニ依リテ払込ミタル株金額ノ
割合ニ応シテ之ヲ為ス但会社カ優先株ヲ発行シタル場合ニ於テ之ニ異ナリタ
ル定アルトキハ此限ニ在ラス

〈상법039_198조1항번역〉 裁判所는 資本의 十分之一以上에 當하는 株主의 請求
에 因하야 會社의 業務와 及[밋] 會社財産의 狀況을 調査하게 함을 爲하야 檢
査員을 選任함을 得[으]듬

〈상법039_198조1항원문〉 裁判所ハ資本ノ十分ノ一以上ニ当タル株主ノ請求ニ因
リ会社ノ業務及ヒ会社財産ノ状況ヲ調査セシムル為メ検査役ヲ選任スルコト
ヲ得

〈상법040_198조2항번역〉 檢査員은 其[그] 調査의 結果를 裁判所에 報告함을
要함 此[이] 境遇에 裁判所는 必要가 有[이]슴으로 認하는 時[째]에는 監査員
으로 株主總會를 招集하게 함을 得[으]듬

〈상법040_198조2항원문〉 検査役ハ其調査ノ結果ヲ裁判所ニ報告スルコトヲ要
ス此場合ニ於テ裁判所ハ必要アリト認ムルトキハ監査役ヲシテ株主総会ヲ招集
セシムルコトヲ得

〈상법040_제목〉 第五節 社債

〈상법040_199조번역〉 社債는 第二百九條에 定한 決議에 依함이 아니면 此[이]
를 募集함을 得[으]디지 못함

〈상법040_199조원문〉 社債ハ第二百九条ニ定メタル決議ニ依ルニ非サレハ之ヲ
募集スルコトヲ得ス

〈상법040_200조1항번역〉 社債의 總額은 辦納한 株金額에 超過함을 得[으]디
지 못함

〈상법040_200조1항원문〉 社債ノ総額ハ払込ミタル株金額ニ超ユルコトヲ得ス

〈상법040_200조2항번역〉 最終의 貸借對照表에 依하야 會社에 現存한 財産이
前項의 金額에 滿[차]지 못하는 時[째]에는 社債의 總額은 其[그] 財産의 額
에 超過함을 得[으]디지 못함

〈상법040_200조2항원문〉 最終ノ貸借対照表ニ依リ会社ニ現存スル財産カ前項
　ノ金額ニ滿タサルトキハ社債ノ總額ハ其財産ノ額ニ超ユルコトヲ得ス
〈상법040_201조번역〉 各社債의 金額은 二十圓에 下[나]림을 得[으]디지 못함
〈상법040_201조원문〉 各社債ノ金額ハ二十円ヲ下ルコトヲ得ス
〈상법040_202조번역〉 社債權者에 償還할 金額이 券面額에 超過하갯슴을 定한
　時[째]에는 其[그] 金額은 各社債에 當하야 同一함을 要함
〈상법040_202조원문〉 社債權者ニ償還スヘキ金額カ券面額ニ超ユヘキコトヲ定
　メタルトキハ其金額ハ各社債ニ付キ同一ナルコトヲ要ス
〈상법040_203조번역〉 社債를 募集하랴는 時[째]에는 總務員은 左의 事項을
　公告함을 要함
〈상법040_203조원문〉 社債ヲ募集セントスルトキハ取締役ハ左ノ事項ヲ公告ス
　ルコトヲ要ス
〈상법040_203조(1-6)번역〉 一 第百七十三條 第三號 至 第六號에 掲한 事項 二
　會社의 商號 三 前에 社債를 募集하얏슨 時[째]에는 其[그] 償還을 了[마]치
　지 못한 總額 四 社債發行의 價額이나 又[쏘]는 其[그] 最低價額 五 會社의 資
　本과 及[밋] 辦納한 株金의 總額 六 最終의 貸借對照表에 依하야 會社에 現存
　한 財産의 額
〈상법040_203조(1-6)원문〉 一 第百七十三条第三号乃至第六号ニ掲ケタル事項
　二 会社ノ商号 三 前ニ社債ヲ募集シタルトキハ其償還ヲ了ヘサル總額 四 社債
　發行ノ價額又ハ其最低價額 五 会社ノ資本ヽ払込ミタル株金ノ總額 六 最終
　ノ貸借対照表ニ依リ会社ニ現存スル財産ノ額
〈상법041_204조1항번역〉 社債의 募集이 完了한 時[째]에는 總務員은 各社債에
　當하야 其[그] 全額을 辦納하게 함을 要함
〈상법041_204조1항원문〉 社債ノ募集カ完了シタルトキハ取締役ハ各社債ニ付
　キ其全額ヲ払込マシムルコトヲ要ス
〈상법041_204조2항번역〉 總務員은 前項의 規定에 從[조]차서 全額의 辦納을
　受[바]든 日[날]로自[브]터 二週間 內에 本店과 及[밋] 支店의 所在地에 第百
　七十三條 第三號 至 第六號에 掲한 事項을 登記함을 要함

〈상법041_204조2항원문〉取締役ハ前項ノ規定ニ従ヒ全額ノ払込ヲ受ケタル日ヨリ二週間内ニ本店及ヒ支店ノ所在地ニ於テ第百七十三条第三号乃至第六号ニ掲ケタル事項ヲ登記スルコトヲ要ス

〈상법041_205조번역〉債券에는 第二百三條 第一號와 及[및73] 第二號에 掲한 事項과 及[및] 番號를 記載하고 總務員이 此[이]에 署名함을 要함

〈상법041_205조원문〉債券ニハ第二百三条第一号及ヒ第二号ニ掲ケタル事項及ヒ番号ヲ記載シ取締役之ニ署名スルコトヲ要ス

〈상법041_206조번역〉記名社債의 讓渡는 讓受人의 姓名、住所를 社債原簿에 記載하고 且[또] 其[그] 姓名을 債券에 記載하지 아니하면 此[이]로以[써] 會社며 其他의 第三者에 對抗함을 得[으]ㄹ지 못함

〈상법041_206조원문〉記名社債ノ讓渡ハ讓受人ノ氏名、住所ヲ社債原簿ニ記載シ且其氏名ヲ債券ニ記載スルニ非サレハ之ヲ以テ会社其他ノ第三者ニ対抗スルコトヲ得ス

〈상법041_207조번역〉第百五十五條의 規定은 債券에 此[이]를 準用함

〈상법041_207조원문〉第百五十五条ノ規定ハ債券ニ之ヲ準用ス

〈상법041_제목번역〉第六節 定欵의 變更

〈상법041_제목원문〉第六節 定款ノ変更

〈상법041_208조번역〉定欵은 株主總會의 決議에 依하야서만 此[이]를74 變更함을 得[으]듬

〈상법041_208조원문〉定款ハ株主総会ノ決議ニ依リテノミ之ヲ変更スルコトヲ得

〈상법041_209조1항번역〉定欵의 變更은 總株主의 半數以上으로서 資本의 半額以上에 當하는 株主가 出席하야 其[그] 議決權의 過半數로以[써] 此[이]를 決함

〈상법041_209조1항원문〉定款ノ変更ハ総株主ノ半数以上ニシテ資本ノ半額以上ニ当タル株主出席シ其議決権ノ過半数ヲ以テ之ヲ決ス

---

73 밋 : '릿'으로 잘못되었으나 정오표에 반영되지 않음.

74 를 : '틀'로 잘못된 것을 정오표에서 수정함.

〈상법041_209조2항번역〉 前項에 定한 員數의 株主가 出席하지 아니한 時[째]
    에는 出席한 株主의 議決權의 過半數로以[써] 假決議를 함을 得[으]듬 此[이]
    境遇에는 各株主에 對하야 其[그] 假決議의 趣旨의 通知를 發하며 且[또] 無記
    名式의 株券을 發行한 時[째]에는 其[그] 趣旨를 公告하고 更[다]시 一個月에
    下[나]리지 아니하는 期間 內에 第二回의 株主總會를 招集함을 要함
〈상법041_209조2항원문〉 前項ニ定メタル員数ノ株主カ出席セサルトキハ出席
    シタル株主ノ議決権ノ過半数ヲ以テ仮決議ヲ為スコトヲ得此場合ニ於テハ各
    株主ニ対シテ其仮決議ノ趣旨ノ通知ヲ発シ且無記名式ノ株券ヲ発行シタルト
    キハ其趣旨ヲ公告シ更ニ一个月ヲ下ラサル期間内ニ第二回ノ株主総会ヲ招集ス
    ルコトヲ要ス
〈상법042_209조3항번역〉 第二回의 株主總會에서는 出席한 株主의 議決權의
    過半數로以[써] 假決議의 認否를 決함
〈상법042_209조3항원문〉 第二回ノ株主総会ニ於テハ出席シタル株主ノ議決権
    ノ過半数ヲ以テ仮決議ノ認否ヲ決ス
〈상법042_209조4항번역〉 前二項의 規定은 會社의 目的되는 事業을 變更하는
    境遇에는 此[이]를 適用하지 아니함
〈상법042_209조4항원문〉 前二項ノ規定ハ会社ノ目的タル事業ヲ変更スル場合
    ニハ之ヲ適用セス
〈상법042_210조번역〉 會社의 資本은 株金全額 辦納의 後에 아니면 此[이]를
    增加함을 得[으]ㄷ지 못함
〈상법042_210조원문〉 会社ノ資本ハ株金全額払込ノ後ニ非サレハ之ヲ増加スル
    コトヲ得ス
〈상법042_211조번역〉 會社는 其[그] 資本을 增加하는 境遇에 限하야 優先株를
    發行함을 得[으]듬 此[이] 境遇에는 其[그] 意[뜻]을 定欵에 記載함을 要함
〈상법042_211조원문〉 会社ハ其資本ヲ増加スル場合ニ限リ優先株ヲ発行スルコ
    トヲ得此場合ニ於テハ其旨ヲ定款ニ記載スルコトヲ要ス
〈상법042_212조1항번역〉 會社가 優先株를 發行한 境遇에 定欵의 變更이 優先
    株主에 損害를 及[밋]치겟는 時[째]에는 株主總會의 決議의 外에 優先株主의

總會의 決議가 有[이]슴을 要함

〈상법042_212조1항원문〉 会社カ優先株ヲ発行シタル場合ニ於テ定款ノ変更カ
優先株主ニ損害ヲ及ホスヘキトキハ株主総会ノ決議ノ外優先株主ノ総会ノ決議
アルコトヲ要ス

〈상법042_212조2항번역〉 優先株主의 總會에는 株主總會에 關한 規定을 準用
함

〈상법042_212조2항원문〉 優先株主ノ総会ニハ株主総会ニ関スル規定ヲ準用ス

〈상법042_213조번역〉 會社가 其[그] 資本을 增加한 境遇에 各新[새]株에 當하
야 第百二十九條의 辦納이 有[이]슴 時[째]에는 總務員은 遲滯 無[업]시 株主
總會를 招集하야 此[이]에 新[새]株의 募集에 關한 事項을 報告함을 要함

〈상법042_213조원문〉 会社カ其資本ヲ増加シタル場合ニ於テ各新株ニ付キ第百
二十九条ノ払込アリタルトキハ取締役ハ遅滞ナク株主総会ヲ招集シテ之ニ新
株ノ募集ニ関スル事項ヲ報告スルコトヲ要ス

〈상법042_214조1항번역〉 監査員은 左에 掲한 事項을 調査하야 此[이]를 株主
總會에 報告함을 要함

〈상법042_214조1항원문〉 監査役ハ左ニ掲ケタル事項ヲ調査シ之ヲ株主総会ニ
報告スルコトヲ要ス

〈상법042_214조1항(1)번역〉 一 新[새]株總數의 擔當이 有[이]섯스며 否함

〈상법042_214조1항(1)원문〉 一 新株総数ノ引受アリタルや否や

〈상법042_214조1항(2)번역〉 二 各新[새]株에 當하야 第百二十九條의 辦納이
有[이]섯스며 否함

〈상법042_214조1항(2)원문〉 二 各新株ニ付キ第百二十九条ノ払込アリタルや
否や

〈상법042_214조1항(3)번역〉 三 金錢 外의 財産으로 以[써] 出資의 目的으로 한
者가 有[이]ㄴ는 時[째]에는 其[그] 財産에 對하야 與할 株式의 數가 正當하
며 否함

〈상법042_214조1항(3)원문〉 三 金銭以外ノ財産ヲ以テ出資ノ目的ト為シタル者
アルトキハ其財産ニ対シテ与フル株式ノ数ノ正当ナルや否や

〈상법042_214조2항번역〉株主總會는 前項의 調査와 及[밋] 報告를 하게 함을 爲하야 特히 檢查員을 選任함을 得[의]듬

〈상법042_214조2항원문〉 株主総会ハ前項ノ調査及ヒ報告ヲ爲サシムル爲メ特ニ檢查役ヲ選任スルコトヲ得

〈상법043_215조번역〉 株主總會에서 金錢 外의 財産에 對하야 與할 株式의 數를 不當함으로 認한 時[째]에는 此[이]를 減少함을 得[의]듬 此[이] 境遇에는 第百三十五條 但書의 規定을 準用함

〈상법043_215조원문〉 株主総会ニ於テ金銭以外ノ財産ニ対シテ与フル株式ノ数ヲ不当ト認メタルトキハ之ヲ減少スルコトヲ得此場合ニ於テハ第百三十五条但書ノ規定ヲ準用ス

〈상법043_216조번역〉 擔當이 無[업]는 株式이나 又[坐]는 第百二十九條의 辨納의 未畢한 株式이 有[이]ㅅ는 時[째]에는 總務員은 連帶하야 其[그] 株式을 擔當하거나 又[坐]는 其[그] 辨納을 할 義務를 負함 株式의 提請이 激消된 時[째]에 亦[坐]한 同[가]틈

〈상법043_216조원문〉 引受ナキ株式又ハ第百二十九条ノ払込ノ未済ナル株式アルトキハ取締役ハ連帯シテ其株式ヲ引受ケ又ハ其払込ヲ爲ス義務ヲ負フ株式ノ申込カ取消サレタルトキ亦同シ

〈상법043_217조1항번역〉 會社는 第二百十三條의 規定에 依하야 招集한 株主總會 終結의 日[날]로自[브]터 二週間 內에 本店과 及[밋] 支店의 所在地에 左의 事項을 登記함을 要함

〈상법043_217조1항원문〉 会社ハ第二百十三条ノ規定ニ依リテ招集シタル株主総会終結ノ日ヨリ二週間内ニ本店及ヒ支店ノ所在地ニ於テ左ノ事項ヲ登記スルコトヲ要ス

〈상법043_217조1항(1-4)번역〉 一 增加한 資本의 總額 二 資本增加의 決議의 年月日 三 各新[새]株에 當하야 辨納한 株金額 四 優先株를 發行한 時[째]에는 其[그] 株主의 權利

〈상법043_217조1항(1-4)원문〉 一 增加シタル資本ノ総額 二 資本增加ノ決議ノ年月日 三 各新株ニ付キ払込ミタル株金額 四 優先株ヲ発行シタルトキハ其株

主ノ權利

〈상법043_217조2항번역〉 前項의 規定에 從[조]차서 本店의 所在地에 登記를 하기까[75]지는 新[새]株券의 發行과 及[밋] 新[새]株의 讓渡나 又[쏘]는 其[그] 豫約을 함을 得[으]ㄷ지 못함

〈상법043_217조2항원문〉 前項ノ規定ニ從ヒ本店ノ所在地ニ於テ登記ヲ為スマテハ新株券ノ発行及ヒ新株ノ讓渡又ハ其予約ヲ為スコトヲ得ス

〈상법044_218조1항번역〉 新[새]株를 發行한 時[째]에는 前條 第一項의 規定에 從[조]차서 本店의 所在地에 登記를 한 年月日을 株券에 記載함을 要함

〈상법044_218조1항원문〉 新株ヲ発行シタルトキハ前条第一項ノ規定ニ從ヒ本店ノ所在地ニ於テ登記ヲ為シタル年月日ヲ株券ニ記載スルコトヲ要ス

〈상법044_218조2항번역〉 優先株를 發行한 時[째]에는 其[그] 株主의 權利를 株券에 記載함을 要함

〈상법044_218조2항원문〉 優先株ヲ発行シタルトキハ其株主ノ權利ヲ株券ニ記載スルコトヲ要ス

〈상법044_219조번역〉 第百二十七條 至 第百三十條、第百四十條、第百四十二條와 及[밋] 第百四十七條 第二項의 規定은 新[새]株發行의 境遇에 此[이]를 準用함

〈상법044_219조원문〉 第百二十七条乃至第百三十条、第百四十条、第百四十二条及ヒ第百四十七条第二項ノ規定ハ新株発行ノ場合ニ之ヲ準用ス

〈상법044_220조1항번역〉 株主總會에서 資本減少의 決議를 하는 時[째]에는 同時에 其[그] 減少의 方法을 決議함을 要함

〈상법044_220조1항원문〉 株主総会ニ於テ資本減少ノ決議ヲ為ストキハ同時ニ其減少ノ方法ヲ決議スルコトヲ要ス

〈상법044_220조2항번역〉 第七十八條 至 第八十條의 規定은 資本減少의 境遇에 此[이][76]를 準用함

〈상법044_220조2항원문〉 第七十八条乃至第八十条ノ規定ハ資本減少ノ場合ニ之

---

75 까 : '섯'로 잘못되었으나 정오표에 반영되지 않음.
76 [이] : '[이]'가 앞의 글자에 잘못 달린 것을 정오표에서 수정함.

ヲ準用ス

〈상법044_제목〉 第七節 解散

〈상법044_221조번역〉 會社는 左의 事由에 因하야 解散함

〈상법044_221조원문〉 会社ハ左ノ事由ニ因リテ解散ス

〈상법044_221조(1-3)번역〉 一 第七十四條 第一號、第二號、第四號、第六號와 及[및] 第七號에 揭한 事由 二 株主總會의[77] 決議 三 株主가 七人未滿에 減하얏슴

〈상법044_221조(1-3)원문〉 一 第七十四条第一号、第二号、第四号、第六号及ヒ第七号ニ揭ケタル事由 二 株主総会ノ決議 三 株主カ七人未満ニ減シタルコト

〈상법044_222조번역〉 前條 第二號와 及[및] 合併의 決議는 第二百九條의 規定에 從[조]슴이 아니면 此[이]를 함을 得[으]지 못함

〈상법044_222조원문〉 前条第二号及ヒ合併ノ決議ハ第二百九条ノ規定ニ從フニ非サレハ之ヲ為スコトヲ得ス

〈상법044_223조1항번역〉 會社가 合併을 하랴는 時[째]에는 其[그] 意[쯧]을 公告하야 株主總會의 會日 前 一個月에 超過하지 아니하는 期間과 及[및] 開會中에 記名株의 讓渡를 停止함을 得[으]슴

〈상법044_223조1항원문〉 会社カ合併ヲ為サント欲スルトキハ其旨ヲ公告シテ株主総会ノ会日前一个月ヲ超エサル期間及ヒ開会中記名株ノ讓渡ヲ停止スルコトヲ得

〈상법044_223조2항번역〉 株主總會에서 合併의 決議를 한 時[째]에는 其[그] 決議의 日[날]로自[브]터 第八十一條의 規定에 從[조]차서 本店의 所在地에 登記를 하기까지는 株主는 其[그] 記名株를 讓渡함을 得[으]ᄃ지 못함

〈상법044_223조2항원문〉 株主総会ニ於テ合併ノ決議ヲ為シタルトキハ其決議ノ日ヨリ第八十一条ノ規定ニ從ヒ本店ノ所在地ニ於テ登記ヲ為スマテハ株主ハ其記名株ヲ讓渡スコトヲ得ス

---

77 의 : '에'로 잘못된 것을 정오표에서 수정함.

〈상법045_224조번역〉會社가 解散한 時[째]에는 破産의 境遇를 除한 外에 總
務員은 遲滯 無[업]시 株主에 對하야 其[그] 通知를 發하고 且[쏘] 無記名式의
株券을 發行한 境遇에는 此[이]를 公告함을 要함

〈상법045_224조원문〉会社カ解散シタルトキハ破産ノ場合ヲ除ク外取締役ハ遲
滯ナク株主ニ対シテ其通知ヲ発シ且無記名式ノ株券ヲ発行シタル場合ニ於テ
ハ之ヲ公告スルコトヲ要ス

〈상법045_225조번역〉第七十六條와 及[밋] 第七十八條 至 第八十二條의 規定은
株式會社에 此[이]를 準用함

〈상법045_225조원문〉 第七十六条及ヒ第七十八条乃至第八十二条ノ規定ハ株式
会社ニ之ヲ準用ス

〈상법045_제목〉第八78節 清算

〈상법045_226조1항번역〉會社가 解散한 時[째]에는 合併과 及[밋] 破産의 境
遇를 除한 外에 總務員이 其[그] 清算人이 됨 但 定欵에 別般의 定함이 有[이]
ㅅ는 時[째]나 又[쏘]는 株主總會에서 他人을 選任한 時[째]에는 此[이] 限에
在[이]ㅅ지 아니함

〈상법045_226조1항원문〉 会社カ解散シタルトキハ合併及ヒ破産ノ場合ヲ除ク
外取締役其清算人ト為ル但定款ニ別段ノ定アルトキ又ハ株主総会ニ於テ他人ヲ
選任シタルトキハ此限ニ在ラス

〈상법045_226조2항번역〉前項의 規定에 依하야 清算人되는 者가 無[업]는 時
[째]에는 裁判所는 利害關係人의 請求에 因하야 清算人을 選任함

〈상법045_226조2항원문〉 前項ノ規定ニ依リテ清算人タル者ナキトキハ裁判所
ハ利害関係人ノ請求ニ因リ清算人ヲ選任ス

〈상법045_227조1항번역〉清算人은 就職의 後에 遲滯 無[업]시 會社財産現況
을 調査하고 財産目録과 及[밋] 貸借對照表를 製作하야 此[이]를 株主總會에
提出하야 其[그] 承認을 求함을 要함

〈상법045_227조1항원문〉 清算人ハ就職ノ後遲滯ナク会社財産ノ現況ヲ調査シ

---

78 八 : '四'로 잘못된 것을 정오표에서 수정함.

財産目録及ヒ貸借対照表ヲ作リ之ヲ株主総会ニ提出シテ其承認ヲ求ムルコトヲ要ス

〈상법045_227조2항번역〉 第百五十八條 第二項과 及[밋] 第百九十二條 第二項의 規定은 前項의 境遇에 此[이]를 準用함

〈상법045_227조2항원문〉 第百五十八条第二項及ヒ第百九十二条第二項ノ規定ハ前項ノ場合ニ之ヲ準用ス

〈상법046_228조1항번역〉 株主總會에서 選任한 淸算人은 何[어느]時[때]에든지 株主總會의 決議로以[써] 此[이]를 解任함을 得[으]듬

〈상법046_228조1항원문〉 株主総会ニ於テ選任シタル清算人ハ何時ニテモ株主総会ノ決議ヲ以テ之ヲ解任スルコトヲ得

〈상법046_228조2항번역〉 重要한 事由가 有[이]ㅅ는 時[때]에는 裁判所는 監査員이나 又[또]는 資本의 十分之一以上에 當하는 株主의 請求에 因하야 淸算人을 解任함을 得[으]듬

〈상법046_228조2항원문〉 重要ナル事由アルトキハ裁判所ハ監査役又ハ資本ノ十分ノ一以上ニ当タル株主ノ請求ニ因リ清算人ヲ解任スルコトヲ得

〈상법046_229조번역〉 殘餘財産은 定欵에 依하야 辦納한 株金額의 比例에 應하야 此[이]를 株主에 分配함을 要함 但 會社가 優先株를 發行한 境遇에 此[이]와 異[달]른 定함이 有[이]ㅅ는 時[때]에는 此[이] 限에 在[이]ㅅ지 아니함

〈상법046_229조원문〉 残余財産ハ定款ニ依リテ払込ミタル株金額ノ割合ニ応シテ之ヲ株主ニ分配スルコトヲ要ス但会社カ優先株ヲ発行シタル場合ニ於テ之ニ異ナリタル定アルトキハ此限ニ在ラス

〈상법046_230조1항번역〉 淸算事務가 終[마]친 時[때]에는 淸算人은 遲滯 無[업]시 決算報告書를 製作하야 此[이]를 株主總會에 提出하야 其[그] 承認을 求함을 要함

〈상법046_230조1항원문〉 清算事務カ終ハリタルトキハ清算人ハ遅滞ナク決算報告書ヲ作リ之ヲ株主総会ニ提出シテ其承認ヲ求ムルコトヲ要ス

〈상법046_230조2항번역〉 第百五十八條 第二項과 及[밋] 第百九十三條의 規定

은 前項의 境遇에 此[이]를 準用함

〈상법046_230조2항원문〉第百五十八条第二項及ヒ第百九十三条ノ規定ハ前項ノ
場合ニ之ヲ準用ス

〈상법046_231조번역〉 總會招集의 節次나 又[또]는 其[그] 決議의 方法이 法令
이나 又[또]는 定欵에 反한 時[째]에는 淸算人은 其[그] 決議의 無効의 宣告
를 請求함을 要함

〈상법046_231조원문〉 總会招集ノ手続又ハ其決議ノ方法カ法令又ハ定款ニ反ス
ルトキハ淸算人ハ其決議ノ無効ノ宣告ヲ請求スルコトヲ要ス

〈상법046_232조번역〉 會社가 事業에 着手한 後에 其[그] 設立의 無効임을 發
見한 時[째]에는 解散의 境遇에 準하야 淸算을 함을 要함 此[이] 境遇에는
裁判所는 利害關係人의 請求에 因하야 淸算人을 選任함

〈상법046_232조원문〉 会社カ事業ニ著手シタル後其設立ノ無効ナルコトヲ発見
シタルトキハ解散ノ場合ニ準シテ淸算ヲ為スコトヲ要ス此場合ニ於テハ裁判
所ハ利害関係人ノ請求ニ因リ淸算人ヲ選任ス

〈상법046_233조번역〉 會社의 帳簿、其[그] 營業에 關한 書信과 及[밋] 淸算에
關한 一切의 書類는 本店의 所在地에 淸算結了의 登記를 한 後 十年間 此[이]
를 保存함을 要함 其[그] 保存者는 淸算人이며 其他의 利害關係人의 請求에
因하야 裁判所가 此[이]를 選任함

〈상법046_233조원문〉 会社ノ帳簿、其営業ニ関スル信書及ヒ淸算ニ関スル一切
ノ書類ハ本店ノ所在地ニ於テ淸算結了ノ登記ヲ為シタル後十年間之ヲ保存スル
コトヲ要ス其保存者ハ淸算人其他ノ利害関係人ノ請求ニ因リ裁判所之ヲ選任ス

〈상법047_234조번역〉 第八十四條、第八十九條 至 第九十三條、第九十五條、第
九十七條、第九十九條、第百五十九條、第百六十條、第百六十三條、第百七十六
條 至 第百七十八條、第百八十一條、第百八十三條 至 第百八十五條、第百八十七
條와 及[밋] 民法 第七十九條、第八十條의 規定은 株式會社의 淸算의 境遇에
此[이]를 準用함

〈상법047_234조원문〉 第八十四条、第八十九条乃至第九十三条、第九十五条、
第九十七条、第九十九条、第百五十九条、第百六十条、第百六十三条、第百七

十六条乃至第百七十八条、第百八十一条、第百八十三条乃至第百八十五条、第百
八十七条及ヒ民法第七十九条、第八十条ノ規定ハ株式会社ノ清算ノ場合ニ之ヲ
準用ス

〈상법047_제목〉第五章 株式合資會社

〈상법047_235조번역〉株式合資會社는 無限責任社員과 及[밋] 株主로以[써] 此
[이]를 組織함

〈상법047_235조원문〉株式合資会社ハ無限責任社員ト株主トヲ以テ之ヲ組織ス

〈상법047_236조1항번역〉左의 事項에 當하야⁷⁹서는⁸⁰ 合資會社에 關한 規定
을 準用함

〈상법047_236조1항원문〉左ノ事項ニ付テハ合資会社ニ関スル規定ヲ準用ス

〈상법047_236조1항(1-3)번역〉一 無限責任社員 互相間의 關係 二 無限責任社員
과 株主와 及[밋] 第三者의 關係 三 無限責任社員의 退社

〈상법047_236조1항(1-3)원문〉一 無限責任社員相互間ノ関係 二 無限責任社員
ト株主及ヒ第三者トノ関係 三 無限責任社員ノ退社

〈상법047_236조2항번역〉此[이] 外에 株式合資會社에는 本章에 別般의 定함
이 有[이]ㅅ는 境遇를 除한 外에 株式會社에 關한 規定을 準用함

〈상법047_236조2항원문〉 此他株式合資会社ニハ本章ニ別段ノ定アル場合ヲ除
ク外株式会社ニ関スル規定ヲ準用ス

〈상법047_237조번역〉無限責任社員은 發起人이 되야서 定欵을 製作하야 此
[이]에 左의 事項을 記載하고 署名함을 要함

〈상법047_237조원문〉 無限責任社員ハ発起人ト為リテ定款ヲ作リ之ニ左ノ事項
ヲ記載シテ署名スルコトヲ要ス

〈상법047_237조(1-4)번역〉一 第百二十條 第一號、第二號、第四號、第六號와
及[밋] 第七號에 掲한 事項 二 株金의 總額 三 無限責任社員의 姓名、住所 四
無限責任社員의 株金 外의 出資의 種類와 及[밋] 價格이나 又[쏘]는 評價의 標
準

---

79 야 : '에'로 잘못되었으나 정오표에 반영되지 않음.
80 는 : '는'이 누락되었으나 정오표에서 수정함.

〈상법047_237조(1-4)원문〉 一 第百二十条第一号、第二号、第四号、第六号及ヒ第七号ニ掲ケタル事項 二 株金ノ總額 三 無限責任社員ノ氏名、住所 四 無限責任社員ノ株金以外ノ出資ノ種類及ヒ價格又ハ評價ノ標準

〈상법048_238조1항번역〉 無限責任社員은 株主를 募集함을 要함

〈상법048_238조1항원문〉 無限責任社員ハ株主ヲ募集スルコトヲ要ス

〈상법048_238조2항번역〉 株式提請證書에는 左의 事項을 記載함을 要함

〈상법048_238조2항원문〉 株式申込証ニハ左ノ事項ヲ記載スルコトヲ要ス

〈상법048_238조2항(1-2)번역〉 一 第百二十二條、第百二十六條 第二[81]項 第一號、第四號와 及[밋] 前條에 掲한 事項 二 無限責任社員이 株式을 擔當한 時[째]에는 其[그] 各自가 擔當한 株式의 數

〈상법048_238조2항(1-2)원문〉 一 第百二十二条、第百二十六条第二項第一号、第四号及ヒ前条ニ掲ケタル事項 二 無限責任社員カ株式ヲ引受ケタルトキハ其各自カ引受ケタル株式ノ数

〈상법048_239조1항번역〉 創立總會에서는 監査員을 選任함을 要함

〈상법048_239조1항원문〉 創立総会ニ於テハ監査役ヲ選任スルコトヲ要ス

〈상법048_239조2항번역〉 無限責任社員은 監査員이 됨을 得[으]ㄷ지 못함

〈상법048_239조2항원문〉 無限責任社員ハ監査役ト為ルコトヲ得ス

〈상법048_240조1항번역〉 無限責任社員은 創立總會에 出席하야 其[그] 意見을 述함을 得[으]듬 但 株式을 擔當한 時[째]에라도 議決의 數에 加함을 得[으]ㄷ지 못함

〈상법048_240조1항원문〉 無限責任社員ハ創立総会ニ出席シテ其意見ヲ述フルコトヲ得但株式ヲ引受ケタルトキト雖モ議決ノ数ニ加ハルコトヲ得ス

〈상법048_240조2항번역〉 無限責任社員이 擔當한 株式이며 其他의 出資는 議決權에 關하야서는 此[이]를 算入하지 아니함

〈상법048_240조2항원문〉 無限責任社員カ引受ケタル株式其他ノ出資ハ議決権ニ関シテハ之ヲ算入セス

---

81 二 : '一'로 잘못되었으나 정오표에 반영되지 않음.

〈상법048_240조3항번역〉 前二項의 規定은 株主總會에 此[이]를 準用함

〈상법048_240조3항원문〉 前二項ノ規定ハ株主総会ニ之ヲ準用ス

〈상법048_241조번역〉 監査員은 第百三十四條 第一項과 及[및] 第二百三十七條 第四號에 掲한 事項을 調査하야 此[이]를 創立總會에 報告함을 要함

〈상법048_241조원문〉 監査役ハ第百三十四条第一項及ヒ第二百三十七条第四号ニ掲ケタル事項ヲ調査シ之ヲ創立総会ニ報告スルコトヲ要ス

〈상법049_242조번역〉 會社는 創立總會 終結의 日[날]로自[브]터 二週間 內에 其[그] 本店과 及[및] 支店의 所在地에 左의 事項을 登記함을 要함

〈상법049_242조원문〉 会社ハ創立総会終結ノ日ヨリ二週間内ニ其本店及ヒ支店ノ所在地ニ於テ左ノ事項ヲ登記スルコトヲ要ス

〈상법049_242조(1-6)번역〉 一 第百二十條 第一號、第二號、第四號、第七號와 及[및] 第百四十一條 第一項 第二號 至 第六號에 掲한 事項 二 株金의 總額 三 無限責任社員의 姓名、住所 四 無限責任社員의 株金 外의 出資의 種類와 及[및] 財産을 目的으로 하는 出資의 價格 五 會社를 代表할 無限責任社員을 定한 時[째]에는 其[그] 姓名 六 監査員의 姓名、住所

〈상법049_242조(1-6)원문〉 一 第百二十条第一号、第二号、第四号、第七号及ヒ第百四十一条第一項第二号乃至第六号ニ掲ケタル事項 二 株金ノ総額 三 無限責任社員ノ氏名、住所 四 無限責任社員ノ株金以外ノ出資ノ種類及ヒ財産ヲ目的トスル出資ノ価格 五 会社ヲ代表スヘキ無限責任社員ヲ定メタルトキハ其氏名 六 監査役ノ氏名、住所

〈상법049_243조번역〉 會社를 代表할 無限責任社員에는 株式會社의 總務員에 關한 規定을 準用함 但 第百六十四條 至 第百六十八條、第百七十五條와 及[및] 第百七十九條의 規定은 此[이] 限에 在[이]ㅅ지 아니함

〈상법049_243조원문〉 会社ヲ代表スヘキ無限責任社員ニハ株式会社ノ取締役ニ関スル規定ヲ準用ス但第百六十四条乃至第百六十八条、第百七十五条及ヒ第百七十九条ノ規定ハ此限ニ在ラス

〈상법049_244조1항번역〉 合資會社에서 總社[82]員의 同意를 要하는 事項에 當하야서는 株主總會의 決議의 外에 無限責任社員의 一致가 有[이]ㅅ음을 要함

〈상법049_244조1항원문〉 合資会社ニ於テ総社員ノ同意ヲ要スル事項ニ付テハ
株主総会ノ決議ノ外無限責任社員ノ一致アルコトヲ要ス

〈상법049_244조2항번역〉 第二百九條의 規定은 前項의 決議에 此[이]를 準用
함

〈상법049_244조2항원문〉 第二百九条ノ規定ハ前項ノ決議ニ之ヲ準用ス

〈상법049_245조번역〉 監査員은 無限責任社員으로 株主總會의 決議를 執行하
게 하는 責을 任[마]틈

〈상법049_245조원문〉 監査役ハ無限責任社員ヲシテ株主総会ノ決議ヲ執行セシ
ムル責ニ任ス

〈상법050_246조번역〉 株式合資會社는 合資會社와 同一한 事由에 因하야 解散
함 但 第八十三條의 境遇에는 此[이] 限에 有[이]ㅅ지 아니함

〈상법050_246조원문〉 株式合資会社ハ合資会社ト同一ノ事由ニ因リテ解散ス但
第八十三条ノ場合ハ此限ニ在ラス

〈상법050_247조1항번역〉 無限責任社員의 全員이 退社한 境遇에 株主는 第二百
九條에 定한 決議에 依하야 株式會社로 하야 會社를 繼續함을 得[으]든 此
[이] 境遇에는 株式會社의 組織에 必要한 事項을 決議함을 要함

〈상법050_247조1항원문〉 無限責任社員ノ全員カ退社シタル場合ニ於テ株主ハ第
二百九条ニ定メタル決議ニ依リ株式会社トシテ会社ヲ継続スルコトヲ得此場
合ニ於テハ株式会社ノ組織ニ必要ナル事項ヲ決議スルコトヲ要ス

〈상법050_247조2항번역〉 第百十八條 第二項의 規定은 前項의 境遇에 此[이]를
準用함

〈상법050_247조2항원문〉 第百十八条第二項ノ規定ハ前項ノ場合ニ之ヲ準用ス

〈상법050_248조1항번역〉 會社가 解散한 時[째]에는 合倂, 破産이나 又[또]는
裁判所의 命令에 因하야 解散한 境遇를 除한 外에 淸算은 無限責任社員의 全
員이나 又[또]는 其[그] 選任한 者와 及[밋] 株主總會에서 選任한 者가 此[이]
를 함 但 定欵에 別般의 定함이 有[이]ㅅ는 時[째]에는 此[이] 限에 在[이]ㅅ

---

82 社 : '務'로 잘못된 것을 정오표에서 수정함.

지 아니함

〈상법050_248조1항원문〉 会社カ解散シタルトキハ合併、破産又ハ裁判所ノ命
令ニ因リテ解散シタル場合ヲ除ク外清算ハ無限責任社員ノ全員又ハ其選任シタ
ル者及ヒ株主総会ニ於テ選任シタル者之ヲ為ス但定款ニ別段ノ定アルトキハ
此限ニ在ラス

〈상법050_248조2항번역〉 無限責任社員이 清算人을 選任하는 時[째]에는 其
[그] 過半數로以[써] 此[이]를 決함

〈상법050_248조2항원문〉 無限責任社員カ清算人ヲ選任スルトキハ其過半数ヲ
以テ之ヲ決ス

〈상법050_248조3항번역〉 株主總會에서 選任하는 清算人은 無限責任社員의 全
員이나 或 其[그] 相續人이나 又[쏘]는 其[그] 選任하는 者와 同數됨을 要함

〈상법050_248조3항원문〉 株主総会ニ於テ選任スル清算人ハ無限責任社員ノ全
員若クハ其相続人又ハ其選任スル者ト同数ナルコトヲ要ス

〈상법050_249조1항번역〉 無限責任社員은 何[어느]時[째]에든지 其[그] 選任
한 清算人을 解任함을 得[으]듬

〈상법050_249조1항원문〉 無限責任社員ハ何時ニテモ其選任シタル清算人ヲ解
任スルコトヲ得

〈상법050_249조2항번역〉 前條 第二項의 規定은 清算人의 解任에 此[이]를 準
用함

〈상법050_249조2항원문〉 前条第二項ノ規定ハ清算人ノ解任ニ之ヲ準用ス

〈상법050_250조번역〉 第百二條의 規定은 株式合資會社의 無限責任社員에 此
[이]를 準用함

〈상법050_250조원문〉 第百二条ノ規定ハ株式合資会社ノ無限責任社員ニ之ヲ準
用ス

〈상법051_251조번역〉 清算人은 第二百二十七條 第一項과 及[밋] 第二百三十條
第一項에 定한 計算에 當하야 株主總會의 承認의 外에 無限責任社員 全員의 承
認을 得[으]듬을 要함

〈상법051_251조원문〉 清算人ハ第二百二十七条第一項及ヒ第二百三十条第一項ニ

定メタル計算ニ付キ株主総会ノ承認ノ外無限責任社員全員ノ承認ヲ得ルコトヲ
要ス

〈상법051_252조번역〉 株式合資會社는 第二百四十四條의 規定에 從[조]차서 其
[그] 組織을 變更하야 此[이]를 株式會社로 함을 得[으]듬

〈상법051_252조원문〉 株式合資会社ハ第二百四十四条ノ規定ニ從ヒ其組織ヲ変
更シテ之ヲ株式会社ト為スコトヲ得

〈상법051_253조1항번역〉 前條의 境遇에는 株主總會는 即[곳] 株式會社의 組織
에 必要한 事項을 決議함을 要함 此[이] 總會에서는 無限責任社員도 亦[쏘]한
其[그] 擔當할 株式의 數에 應하야 議決權을 行함을 得[으]듬

〈상법051_253조1항원문〉 前条ノ場合ニ於テハ株主総会ハ直チニ株式会社ノ組
織ニ必要ナル事項ヲ決議スルコトヲ要ス此総会ニ於テハ無限責任社員モ亦其引
受クヘキ株式ノ数ニ応シテ議決権ヲ行フコトヲ得

〈상법051_253조2항번역〉 第七十八條와 及[밋] 第七十九條 第一項、第二項의 規
定은 前項의 境遇에 此[이]를 準用함

〈상법051_253조2항원문〉 第七十八条及ヒ第七十九条第一項、第二項ノ規定ハ前
項ノ場合ニ之ヲ準用ス

〈상법051_254조번역〉 會社는 組織變更에 當하야 債權者의 承認을 得[으]ㄷ거
나 又[쏘]는 第七十九條 第二項에 定한 義務를 履行한 後 二週間 內에 其[그]
本店과 及[밋] 支店의 所在地에 株式合資會社에 當하야서는 解散의 登記를 하
고 株式會社에 當하야서는 第百四十一條 第一項에 定한 登記를 함을 要함

〈상법051_254조원문〉 会社ハ組織変更ニ付キ債権者ノ承認ヲ得又ハ第七十九条
第二項ニ定メタル義務ヲ履行シタル後二週間内ニ其本店及ヒ支店ノ所在地ニ於
テ株式合資会社ニ付テハ解散ノ登記ヲ為シ株式会社ニ付テハ第百四十一条第一
項ニ定メタル登記ヲ為スコトヲ要ス

〈상법051_제목〉 第六章 外國會社

〈상법051_255조1항번역〉 外國會社가 日本에 支店을 設置한 時[째]에는 日本에
서 成立하는 同種의 것이나 又[쏘]는 最[가]장 此[이]에 類似한 것과 同一한
登記와 及[밋] 公告를 함을 要함

〈상법051_255조1항원문〉 外国会社カ日本ニ支店ヲ設ケタルトキハ日本ニ成立
スル同種ノモノ又ハ最モ之ニ類似セルモノト同一ノ登記及ヒ公告ヲ為スコト
ヲ要ス

〈상법052_255조2항번역〉 右의 外에 日本에 支店을 設置한 外國會社는 其[그]
日本엣 代表者를 定하고 且[또] 支店設立의 登記와 同時에 其[그] 姓名、住所
를 登記함을 要함

〈상법052_255조2항원문〉 右ノ外日本ニ支店ヲ設ケタル外国会社ハ其日本ニ於
ケル代表者ヲ定メ且支店設立ノ登記ト同時ニ其氏名、住所ヲ登記スルコトヲ要
ス

〈상법052_255조3항번역〉 第六十二條의 規定은 外國會社의 代表者에 此[이]를
準用함

〈상법052_255조3항원문〉 第六十二条ノ規定ハ外国会社ノ代表者ニ之ヲ準用ス

〈상법052_256조번역〉 前條 第一項과 及[밋] 第二項의 規定에 依하야 登記하겟
는 事項이 外國에서 生한 時[째]에는 登記의 期間은 其[그] 通知의 到達한 時
[째]로自[브]터 此[이]를 起算함

〈상법052_256조원문〉 前条第一項及ヒ第二項ノ規定ニ依リ登記スヘキ事項カ外
国ニ於テ生シタルトキハ登記ノ期間ハ其通知ノ到達シタル時ヨリ之ヲ起算ス

〈상법052_257조번역〉 外國會社가 始[비로]소 日本에 支店을 設置한 時[째]에
는 其[그] 支店의 所在地에 登記를 하기까지는 第三者는[83] 其[그] 會社의 成
立을 否認함을 得[으]듬

〈상법052_257조원문〉 外国会社カ始メテ日本ニ支店ヲ設ケタルトキハ其支店ノ
所在地ニ於テ登記ヲ為スマテハ第三者ハ其会社ノ成立ヲ否認スルコトヲ得

〈상법052_258조번역〉 日本에 本店을 設置하거나 又[또]는 日本에서 商業을
營함으로以[써] 主되는 目的으로 하는 會社는 外國에서 設立하는 것이라도
日本에서 設立하는 會社와 同一한 規定에 從[조]츰을 要함

〈상법052_258조원문〉 日本ニ本店ヲ設ケ又ハ日本ニ於テ商業ヲ営ムヲ以テ主タ

---

83 는 : 'ㅁ으로 잘못된 것을 정오표에서 수정함.

ル目的トスル会社ハ外国ニ於テ設立スルモノト雖モ日本ニ於テ設立スル会社
ト同一ノ規定ニ従フコトヲ要ス

〈상법052_259조번역〉 第百四十七條、第百四十九條、第百五十條、第百五十五條
第一項、第二百六條、第二百七條와 及[밋] 第二百十七條 第二項의 規定은 日本
에서 하는 外國會社의 株式의 發行과 及[밋] 其[그] 株式이나 或 社債의 讓渡
에 此[이]를 準用함 此[이] 境遇에는 始[비로]소 日本에 設置한 支店으로以
[써] 本店으로 看做함

〈상법052_259조원문〉 第百四十七条、第百四十九条、第百五十条、第百五十五
条第一項[84]、第二百六条、第二百七条及ヒ第二百十七条第二項ノ規定ハ日本ニ
於テスル外国会社ノ株式ノ発行及ヒ其株式若クハ社債ノ讓渡ニ之ヲ準用ス此場
合ニ於テハ始メテ日本ニ設ケタル支店ヲ以テ本店ト看做ス

〈상법052_260조번역〉 外國會社가 日本에 支店을 設置한 境遇에 其[그] 代表者
가 會社의 業務에 當하야 公共의 秩序나 又[또]는 善良한 風俗에 反하는 行爲
를 한 時[째]에는 裁判所는 檢事의 請求에 因하거나 又[또]는 職權으로以
[써] 其[그] 支店의 閉鎖를 命함을 得[으]들

〈상법052_260조원문〉 外国会社カ日本ニ支店ヲ設ケタル場合ニ於テ其代表者カ
会社ノ業務ニ付キ公ノ秩序又ハ善良ノ風俗ニ反スル行為ヲ為シタルトキハ裁
判所ハ検事ノ請求ニ因リ又ハ職権ヲ以テ其支店ノ閉鎖ヲ命スルコトヲ得

〈상법053_제목〉 第七章 罰則

〈상법053_261조번역〉 發起人、會社의 業務를 執行하는 社員、總務員、外國會
社의 代表者、監査員이나 又[또]는 淸算人은 左의 境遇에는 五圓以上 五百圓
以下의 過料에 處함이 됨

〈상법053_261조원문〉 発起人、会社ノ業務ヲ執行スル社員、取締役、外国会社
ノ代表者、監査役又ハ淸算人ハ左ノ場合ニ於テハ五円以上五百円以下ノ過料ニ
処セラル

〈상법053_261조(1)번역〉 一 本編에 定한 登記를 함을 怠[게을]리한 時[째]

---

84 項: '項項'으로 잘못된 것을 정오표에서 수정함.

〈상법053_261조(1)원문〉 一 本編ニ定メタル登記ヲ為スコトヲ怠リタルトキ

〈상법053_261조(2)번역〉 二 本編에 定한 公告나 或 通知를 함을 怠[게을]리하거나 又[또]는 不正한 公告나 或 通知를 한 時[째]

〈상법053_261조(2)원문〉 二 本編ニ定メタル公告若クハ通知ヲ為スコトヲ怠リ又ハ不正ノ公告若クハ通知ヲ為シタルトキ

〈상법053_261조(3)번역〉 三 本編의 規定에 依하야 閲覽을 許하갯는 書類를 正當한 理由가 無[업]시 閲覽하게 하지 아니한 時[째]

〈상법053_261조(3)원문〉 三 本編ノ規定ニ依リ閲覽ヲ許スヘキ書類ヲ正当ノ理由ナクシテ閲覽セシメサリシトキ

〈상법053_261조(4)번역〉 四 本編의 規定에 依한 調査를 妨碍한 時[째]

〈상법053_261조(4)원문〉 四 本編ノ規定ニ依ル調査ヲ妨ケタルトキ

〈상법053_261조(5)원문〉 五 第四十六条ノ規定ニ違反シテ開業ノ準備ニ著手シタルトキ

〈상법053_261조(5)번역〉 五 第四十六條의 規定에 違反하야 開業의 準備에 着手한 時[째]

〈상법053_261조(6)번역〉 六 第百二十六條 第二項과 及[밋] 第二百三十八條 第二項의 規定에 反하야 株式提請證書를[85] 製作하지 아니하며、此[이]에 記載할 事項을 記載하지 아니하거나 又[또]는 不正한 記載를 한 時[째]

〈상법053_261조(6)원문〉 六 第百二十六条第二項及ヒ第二百三十八条第二項ノ規定ニ反シ株式申込証ヲ作ラス、之ニ記載スヘキ事項ヲ記載セス又ハ不正ノ記載ヲ為シタルトキ

〈상법053_261조(7)번역〉 七 第百四十七條 第一項이나 又[또]는 第二百十七條 第二項의 規定에 違反하야 株券을 發行한 時[째]

〈상법053_261조(7)원문〉 七 第百四十七条第一項又ハ第二百十七条第二項ノ規定ニ違反シテ株券ヲ発行シタルトキ

〈상법053_261조(8)번역〉 八 株券이나 又[또]는 債券에 記載하갯는 事項을 記

---

85 를 : '을'로 잘못되었으나 정오표에 반영되지 않음.

載하지 아니하거나 又[쏘]는 不正한 記載를 한 時[째]

〈상법053_261조(8)원문〉 八 株券又ハ債券ニ記載スヘキ事項ヲ記載セス又ハ不
正ノ記載ヲ為シタルトキ

〈상법053_261조(9)번역〉 九 定欵、株主名簿、社債原簿、總會의 決議録、財産
目録 貸借對照表、營業報告書、損益計算書와 及[밋] 準備金과 與[다]못 利益
이나 又[쏘]는 利息의 配當에 關한 議案을 本店이나 或 支店에 備置하지 아니
하며、此[이]에 記載하갯는 事項을 記載하지 아니하거나 又[쏘]는 此[이]에
不正한 記載를 한 時[째]

〈상법053_261조(9)원문〉 九 定款、株主名簿、社債原簿、総会ノ決議録、財産
目録 貸借対照表、営業報告書、損益計算書及ヒ準備金並ニ利益又ハ利息ノ配
当ニ関スル議案ヲ本店若クハ支店ニ備ヘ置カス、之ニ記載スヘキ事項ヲ記載
セス又ハ之ニ不正ノ記載ヲ為シタルトキ

〈언문일치상법〈언문〈언문일치상법053_261조(10)번역〉 十 第百七十四條 第
一項이나 又[쏘]는 第百九十八條 第二項의 規定에 反하야 株主總會를 招集하
지 아니한 時[째]

〈상법053_261조(10)원문〉 十 第百七十四条第一項又ハ第百九十八条第二項ノ規
定ニ反シテ株主総会ヲ招集セサルトキ

〈상법054_262조번역〉 發起人、會社의 業務를 執行하는 社員、總務員、外國會
社의 代表者、監査員이나 又[쏘]는 清算人은 左의 境遇에는 十圓以上 千圓以
下의 過料에 處함이 됨

〈상법054_262조원문〉 発起人、会社ノ業務ヲ執行スル社員、取締役、外国会社
ノ代表者、監査役又ハ清算人ハ左ノ場合ニ於テハ十円以上千円以下ノ過料ニ処
セラル

〈상법054_262조(1)번역〉 一 官廳이나 又[쏘]는 總會에 對하야 不實한 申呈을
하거나 又[쏘]는 事實을 隱蔽한 時[째]

〈상법054_262조(1)원문〉 一 官庁又ハ総会ニ対シ不実ノ申立ヲ為シ又ハ事実ヲ
隱蔽シタルトキ

〈상법054_262조(2)번역〉 二 第七十八條 至 第八十條의 規定에 違反하야 合

併、會社財産의 處分、資本의 減少나 又[쏘]는 組織의 變更을 한 時[째]

〈상법054_262조(2)원문〉 二 第七十八条乃至第八十条ノ規定ニ違反シテ合併、会社財産ノ処分、資本ノ減少又ハ組織ノ変更ヲ為シタルトキ

〈상법054_262조(3)번역〉 三 檢查員의 調查를 妨碍한 時[째]

〈상법054_262조(3)원문〉 三 檢查役ノ調查ヲ妨ケタルトキ

〈상법054_262조(4)번역〉 四 第百五十一條 第一項의 規定에 反하야 株式을 取得하거나 或 質權의 目的으로 하야 此[이]를 受[바]ㄷ거나 又[쏘]는 同條 第二項의 規定에 違反하야 此[이]를 消却한 時[째]

〈상법054_262조(4)원문〉 四 第百五十一条第一項ノ規定ニ反シ株式ヲ取得シ若クハ質権ノ目的トシテ之ヲ受ケ又ハ同条第二項ノ規定ニ違反シテ之ヲ消却シタルトキ

〈상법054_262조(5)번역〉 五 第百五十五條 第一項의 規定에 違反하야 株券을 無記名式으로 한 時[째]

〈상법054_262조(5)원문〉 五 第百五十五条第一項ノ規定ニ違反シテ株券ヲ無記名式ト為シタルトキ

〈상법054_262조(6)번역〉 六 第百七十四條 第二項이나 又[쏘]는 民法 第八十一條의 規定에 反하야 破産宣告의 請求를 함을 怠[게을]리한 時[째]

〈상법054_262조(6)원문〉 六 第百七十四条第二項又ハ民法第八十一条ノ規定ニ反シ破産宣告ノ請求ヲ為スコトヲ怠リタルトキ

〈상법054_262조(7)번역〉 七 第百九十四條의 規定에 反하야 準備金을 積立하지 아니하거나 又[쏘]는 第百九十五條 第一項이나 或 第百九十六條의 規定에 違反하야 配當을 한 時[째]

〈상법054_262조(7)원문〉 七 第百九十四条ノ規定ニ反シ準備金ヲ積立テス又ハ第百九十五条第一項若クハ第百九十六条ノ規定ニ違反シテ配当ヲ為シタルトキ

〈상법054_262조(8)번역〉 八 第二百條의 規定에 違反하야 社債를 募集한 時[째]

〈상법054_262조(8)원문〉 八 第二百条ノ規定ニ違反シテ社債ヲ募集シタルトキ

〈상법054_262조(9)번역〉 九 第二百六十條의 規定에 依한 裁判所의 命令에 違反

한 時[째]

〈상법054_262조(9)원문〉 九 第二百六十条ノ規定ニ依ル裁判所ノ命令ニ違反シ
タルトキ

〈상법054_262조(10)번역〉 十 民法 第七十九條의 期間 內에 某債權者에 辨償을
하거나 又[쏘]는 第九十五條의 規定에 違反하야 會社財産을 分配한 時[째]

〈상법054_262조(10)원문〉 十
民法第七十九条ノ期間內ニ或債権者ニ弁済ヲ為シ又ハ第九十五条ノ規定ニ違反
シテ会社財産ヲ分配シタルトキ

색인